COLLECTION LANGUE ET CULTURE
DIRIGÉE PAR JEAN-CLAUDE CORBEIL

LA NOUVELLE GRAMMAIRE EN TABLEAUX

DE LA MÊME AUTEURE CHEZ LE MÊME ÉDITEUR

LE MULTIDICTIONNAIRE DE LA LANGUE FRANÇAISE

MULTICONJUGUEUR

LE VIF DÉSIR DE DURER. ILLUSTRATION DE LA NORME RÉELLE DU FRANÇAIS QUÉBÉCOIS

LE MULTI DES JEUNES. DICTIONNAIRE DE LA LANGUE FRANÇAISE

LE DICO PRATIQUE (EN COÉDITION AVEC LAROUSSE)

MARIE-ÉVA DE VILLERS

AVEC LA COLLABORATION D'ANNIE DESNOYERS ET DE KARINE POULIOT

LA NOUVELLE GRAMMAIRE EN TABLEAUX

+

UN RECUEIL DE CONJUGAISON

LES MODÈLES POUR CONJUGUER
TOUS LES VERBES D'USAGE COURANT

QuébecAmérique

Québec Amérique
7240, rue Saint-Hubert
Montréal (Québec) Canada H2R 2N1
Téléphone : 514 499-3000, télécopieur : 514 499-3010

Nous reconnaissons l'aide financière du gouvernement du Canada par l'entremise du Fonds du livre du Canada pour nos activités d'édition.

Nous remercions le Conseil des arts du Canada de son soutien. L'an dernier, le Conseil a investi 157 millions de dollars pour mettre de l'art dans la vie des Canadiennes et des Canadiens de tout le pays.

Nous tenons également à remercier la SODEC pour son appui financier.
Gouvernement du Québec – Programme de crédit d'impôt pour l'édition de livres – Gestion SODEC.

Canada   Conseil des arts Canada Council   SODEC
          du Canada   for the Arts   Québec

Catalogage avant publication de Bibliothèque et Archives nationales du Québec et Bibliothèque et Archives Canada

Villers, Marie-Éva de
[Grammaire en tableaux]
La nouvelle grammaire en tableaux
6e édition.
Publié antérieurement sous le titre : La grammaire en tableaux. 1991.
ISBN 978-2-7644-2881-8
1. Français (Langue) - Grammaire. 2. Français (Langue) - Grammaire - Tableaux.
3. Français (Langue) - Conjugaison. I. Titre. II. Titre : Grammaire en tableaux.
PC2105.V54 2015   448.2   C2015-940467-3

Dépôt légal, Bibliothèque et Archives nationales du Québec, 2015
Dépôt légal, Bibliothèque et Archives du Canada, 2015

Réimpression : août 2018

Imprimé au Canada

DIRECTION
Jacques Fortin – éditeur
Caroline Fortin – directrice générale
Martine Podesto – directrice des éditions
Jean-Claude Corbeil – directeur linguistique

CONCEPTION ET RÉDACTION
Marie-Éva de Villers
avec la collaboration d'Annie Desnoyers et de Karine Pouliot

COORDINATION RÉDACTIONNELLE ET RECHERCHE
Liliane Michaud

SUIVI ÉDITORIAL ET COORDINATION
Any Guindon

LECTURE-CORRECTION
Yvon Delisle
Éditions précédentes : Karine Pouliot,
Agnès Guitard, Odette Dubois-Comeau, Roger Magini

ÉLABORATION DE L'INDEX
Liliane Michaud

CONCEPTION GRAPHIQUE DE LA COUVERTURE
acapelladesign.com

MONTAGE
Sara Tétreault
Julie Villemaire
Nathalie Caron

COORDINATRICE DE PRODUCTION
Claude Laporte

RESPONSABLE DE L'IMPRESSION
Mylaine Lemire

RESPONSABLE DU PRÉPRESSE
François Hénault

TABLE DES MATIÈRES

INTRODUCTION

De consultation pratique, *La Nouvelle Grammaire en tableaux* poursuit l'objectif de présenter sous forme de synthèses les connaissances fondamentales de la grammaire, de la syntaxe, de l'orthographe, du lexique et de la typographie dans le but de les mettre à la portée de tous. Grâce à ces tableaux présentés à l'ordre alphabétique du mot clé, il est possible d'accéder très facilement aux renseignements recherchés sans avoir à recourir à un index ou à une table des matières.

La sixième édition comprend de nombreux enrichissements, que ce soit de nouveaux tableaux ou de nouvelles explications insérées dans les tableaux des précédentes éditions. Mentionnons tout particulièrement les tableaux ayant trait à l'orthographe grammaticale, dont le tableau ACCORD DU VERBE qui énumère les différents cas de figures de ce qui constitue l'une des principales difficultés de la langue française ainsi que les tableaux sur l'accord des ADJECTIFS DE COULEUR, du PARTICIPE PASSÉ et des verbes PRONOMINAUX, le PLURIEL DES NOMS, le PLURIEL ET FÉMININ DES ADJECTIFS.

Un tableau intitulé TERMINOLOGIE GRAMMATICALE établit la correspondance entre les termes de la grammaire classique et ceux de la nouvelle grammaire. Les notions d'ADJECTIF, d'ADVERBE, d'ATTRIBUT, d'AUXILIAIRE, de COLLECTIF, de CONNECTEUR, de DÉTERMINANT, de GENRE, de NOM, de VERBE font notamment l'objet de synthèses. L'ouvrage comprend en outre des tableaux portant sur la grammaire de la phrase (TYPES ET FORMES DE LA PHRASE) et sur les COMPLÉMENTS, tableaux conçus par Annie Desnoyers lors de la précédente édition. Il est à noter que la terminologie des tableaux grammaticaux est conforme aux programmes de français du ministère de l'Éducation du Québec.

Dans le contexte du français au Québec, le tableau intitulé QUÉBÉCISMES fait état des québécismes originaires de France, des québécismes de création et des québécismes d'emprunt, tandis que le tableau enrichi sur les ANGLICISMES distingue les anglicismes lexicaux qui sont utiles ou nécessaires de ceux qui sont inutiles, les anglicismes sémantiques (faux amis) et les anglicismes syntaxiques (calques).

Sur le plan lexical, *La Nouvelle Grammaire en tableaux* traite d'étymologie par ses tableaux sur les EMPRUNTS À L'ANGLAIS, les EMPRUNTS À L'ARABE, les EMPRUNTS À L'ESPAGNOL, les EMPRUNTS AU GREC, les EMPRUNTS À L'ITALIEN et les EMPRUNTS AU LATIN. Des tableaux explicitent les EMPLOIS FIGURÉS, les notions de FAMILLE DE MOTS et de LOCUTIONS FIGÉES. Le processus de création des NÉOLOGISMES y est défini et illustré par de nombreux exemples.

La typographie fait aussi l'objet de plusieurs tableaux ; parmi les thèmes abordés, citons particulièrement les RÈGLES DE L'ABRÉVIATION, les CHIFFRES ARABES et les CHIFFRES ROMAINS, la DIVISION DES MOTS, l'ÉCRITURE DES NOMBRES, les ESPACEMENTS, les GRADES ET DIPLÔMES UNIVERSITAIRES, les GUILLEMETS, l'ITALIQUE, l'emploi des MAJUSCULES ET MINUSCULES, les NOMS GÉOGRAPHIQUES, les NOMS DE PEUPLES, la PONCTUATION, les RÉFÉRENCES BIBLIOGRAPHIQUES, les SYMBOLES, les SYMBOLES DES UNITÉS DE MESURE, les SYMBOLES DES UNITÉS MONÉTAIRES et les TITRES D'ŒUVRES.

Citons aussi les tableaux de Karine Pouliot sur les RECTIFICATIONS ORTHOGRAPHIQUES, sur le COURRIEL ainsi que les nouveaux modèles de CURRICULUM VITÆ qu'elle a rédigés et qui s'ajoutent aux tableaux sur la CORRESPONDANCE et la rédaction de la LETTRE.

La Nouvelle Grammaire en tableaux comprend également un **recueil de conjugaison** composé de 76 modèles complets classés à l'ordre alphabétique du verbe type ainsi qu'un **dictionnaire de verbes** où sont précisés les modèles à imiter pour chacun des verbes répertoriés.

UN REPÉRAGE FACILE DE L'INFORMATION

Pour trouver le renseignement recherché, l'usager, l'usagère peut consulter :

1. la **liste alphabétique des tableaux** où sont répertoriés les titres des quelque 200 pages de tableaux ;

2. l'**index détaillé des mots clés**, qui donne par ordre alphabétique la majorité des mots figurant dans les tableaux avec l'indication des pages où l'on peut les retrouver ;

3. le **dictionnaire des verbes**, qui recense les verbes dans l'ordre alphabétique et renvoie aux modèles complets de conjugaison composant la seconde partie de l'ouvrage.

Grâce à ces trois accès faciles, *La Grammaire en tableaux* permet d'acquérir ou de retrouver aisément les notions essentielles à la maîtrise du français.

Destinée particulièrement aux élèves, aux étudiants et aux étudiantes tout autant qu'aux enseignants et enseignantes, *La Nouvelle Grammaire en tableaux* s'adresse aussi aux langagiers et langagières, à l'ensemble du personnel administratif, à tous ceux et celles qui recherchent prioritairement la qualité de la langue et de la communication.

Marie-Éva de Villers

LISTE DES TABLEAUX

Cette liste renvoie aux tableaux classés par ordre alphabétique (p. 2 à 191).

LISTE DES MODÈLES DE CONJUGAISON

Cette liste renvoie aux modèles de conjugaison classés par ordre alphabétique (p. 194 à 269).

XIV

ABRÉVIATIONS ET SYMBOLES UTILISÉS DANS L'OUVRAGE

abrév. .... abréviation
adv. .... adverbe
CD .... complément direct
CI .... complément indirect
ex. .... exemple
f. .... féminin
fam. .... familier
fém. .... féminin
fig. .... figuré
intr. .... intransitif
litt. .... littéraire
m. .... masculin
masc. .... masculin
n. .... nom
préf. .... préfixe
symb. .... symbole
tr. .... transitif
v. .... verbe

◁ La bouche précède une note sur la prononciation.

◁ L'engrenage précède une note syntaxique.

⚜ La fleur de lis précède un québécisme.

⊷ La punaise précède une note linguistique, sémantique ou technique.

▭ La règle précède une note grammaticale.

Ⓣ La lettre T précède une note typographique.

✏ Le crayon précède une note orthographique.

* L'astérisque précède une forme ou une expression fautive, une impropriété. L'astérisque, lorsqu'il suit un mot, indique un appel de note dans les tableaux de l'ouvrage.

[ ] Les crochets encadrent les transcriptions phonétiques.

( ) Les parenthèses indiquent une possibilité de double lecture ou l'inversion d'un mot.

ALPHABET PHONÉTIQUE
(ASSOCIATION PHONÉTIQUE INTERNATIONALE)

VOYELLES	CONSONNES	SEMI-CONSONNES
[i] lyre, riz	[p] poivre, loupe	[j] yeux, travail
[e] jouer, clé	[t] vite, trop	[w] jouer, oie
[ɛ] laid, mère	[k] cri, quitter	[ɥ] huit, bruit
[a] natte, la	[b] bonbon	
[ɑ] lâche, las	[d] aide, drap	
[ɔ] donner, port	[g] bague, gant	
[o] dôme, eau	[f] photo, enfant	
[u] genou, rouler	[s] sel, descendre	
[y] nu, plutôt	[ʃ] chat, manche	
[ø] peu, meute	[v] voler, fauve	
[œ] peur, fleur	[z] zéro, maison	
[ə] regard, ce	[ʒ] je, tige	
[ɛ̃] matin, feinte	[l] soleil, lumière	
[ɑ̃] dans, moment	[r] route, avenir	
[ɔ̃] pompe, long	[m] maison, femme	
[œ̃] parfum, un	[n] nœud, tonnerre	
	[ɲ] vigne, campagne	
	['] haricot (pas de liaison)	
	[ŋ] (emprunts à l'anglais) camping	

LA NOUVELLE GRAMMAIRE EN TABLEAUX
TABLEAUX

RÈGLES DE **L'ABRÉVIATION**

L'abréviation est la suppression de lettres dans un mot à des fins d'économie d'espace ou de temps.

ABRÉVIATION

Mot dont on a supprimé des lettres.

Mme est l'abréviation de *madame*; *M.*, de *monsieur*; *app.*, de *appartement*; *p.*, de *page*.

☞ Lors d'une première mention dans un texte, il importe d'écrire au long la signification de toute abréviation non usuelle, tout sigle, acronyme ou symbole non courant.

SIGLE

Abréviation constituée par les initiales de plusieurs mots et qui s'épelle lettre par lettre.

PME est le sigle de *petite et moyenne entreprise*; *SVP*, de *s'il vous plaît*; *BD*, de *bande dessinée*.

ACRONYME

Sigle composé des initiales ou des premières lettres d'une désignation et qui se prononce comme un seul mot.

Cégep est l'acronyme de *collège d'enseignement général et professionnel*;

OACI, de *Organisation de l'aviation civile internationale*.

SYMBOLE

Signe conventionnel constitué par une lettre, un groupe de lettres, etc.
Par exemple, les symboles des unités de mesure, les symboles chimiques et mathématiques.

Le symbole de *mètre* est *m*, celui de *kilogramme*, *kg*, celui de *dollar*, *$*.

☞ Certains symboles appartiennent au système de notation des sciences et des techniques et s'écrivent sans point abréviatif.

▶ **Pluriel des abréviations**

Les abréviations, les sigles et les symboles ne prennent pas la marque du pluriel, à l'exception de certaines abréviations consacrées par l'usage.

Mme *Mmes*   *n^o* *n^{os}*   *M.* *MM.*

▶ **Accents et traits d'union**

Les accents et les traits d'union du mot abrégé sont conservés dans l'abréviation.

c'est-à-dire *c.-à-d.*   *États-Unis* *É.-U.*

▶ **Point abréviatif en fin de phrase**

En fin de phrase, le point abréviatif se confond avec le point final.

Ces étudiantes sont titulaires d'un M.B.A.

► **Absence de point abréviatif pour les symboles**

Les symboles ne comportent pas de point abréviatif.

année **a**   *centimètre* **cm**   *mercure* **Hg**   *cent* (monnaie) **¢**   *heure* **h**   *watt* **W**

► **Espacement des symboles**

Les symboles des unités de mesure et les symboles des unités monétaires sont séparés par un espacement simple du nombre entier ou fractionnaire obligatoirement exprimé en chiffres.

15 ¢   *10,5 cm*

En l'absence d'une abréviation consacrée par l'usage, on abrégera selon les modes suivants :

- SUPPRESSION DES LETTRES FINALES
  (après une consonne et avant une voyelle)

  La dernière lettre de l'abréviation est suivie du point abréviatif. On abrège généralement devant la voyelle de l'avant-dernière syllabe.

  environ **env.**   *introduction* **introd.**   *traduction* **trad.**   *exemple* **ex.**

  Ⓣ S'il n'y a pas de risque de confusion, il est possible de supprimer un plus grand nombre de lettres.

  quelque chose **qqch.**   *téléphone* **tél.**

- SUPPRESSION DES LETTRES MÉDIANES

  La lettre finale n'est pas suivie du point abréviatif, puisque la lettre finale de l'abréviation correspond à la dernière lettre du mot.

  compagnie **Cie**   *maître* **M^e**   *madame* **Mme**   *vieux* **vx**

  Ⓣ L'abréviation des adjectifs numéraux ordinaux obéit à cette règle.

  premier **1er**   *deuxième* **2e**

- SUPPRESSION DE TOUTES LES LETTRES, À L'EXCEPTION DE L'INITIALE

  L'initiale est suivie du point abréviatif.

  monsieur **M.**   *page* **p.**   *siècle* **s.**   *verbe* **v.**

- SUPPRESSION DES LETTRES DE PLUSIEURS MOTS, À L'EXCEPTION DES INITIALES

  Les sigles et les acronymes sont constitués par les lettres initiales de plusieurs mots. Par souci de simplification, on observe une tendance à omettre les points abréviatifs dans les sigles et les acronymes.

  Organisation des Nations Unies **ONU**   *Société Radio-Canada* **SRC**
  Produit national brut **PNB**   *Train à grande vitesse* **TGV**

VOIR TABLEAUX ► ABRÉVIATIONS COURANTES. ► ACRONYME. ► SIGLE. ► SYMBOLE.

ABRÉVIATIONS COURANTES

a............ année
AC.......... atmosphère contrôlée
adr.......... adresse
al........... alinéa
Alb......... Alberta
AM.......... modulation
     d'amplitude
app.......... appartement
apr. J.-C..... après Jésus-Christ
art........... article
a/s de...... aux soins de
av........... avenue
av. J.-C...... avant Jésus-Christ

BD......... bande dessinée
bdc......... bas-de-casse
bibl......... bibliothèque
bibliogr..... bibliographie
boul......... boulevard
bur.......... bureau

c............. contre
CA ou c. a.... comptable agréé
CA ou c. a.... comptable agréée
c. a.......... courant alternatif
c.-à-d........ c'est-à-dire
C.-B........ Colombie-Britannique
c. c.......... copie conforme
c. c.......... courant continu
C/c......... compte courant
c. élec....... courrier électronique
cf., conf..... *confer*
ch........... chacun, chacune
ch........... chemin
chap........ chapitre
ch. de f..... chemin de fer
Cie.......... compagnie
coll.......... collection
C. P......... case postale
C. R......... contre
     remboursement
cté, cté...... comté
CV.......... curriculum vitæ

dom......... domicile
Dr, Dr...... docteur
Dre, Dre.... docteure

E............. est
éd........... édition
édit......... éditeur
édit......... éditrice
enr.......... enregistrée
env.......... environ
et al......... *et alii*
etc........... *et cetera*
É.-U., USA... États-Unis
ex........... exemple
excl......... exclusivement
exp......... expéditeur, expéditrice

FAB........ franco à bord
féd.......... fédéral
fig........... figure
FM.......... modulation de
     fréquence

gouv........ gouvernement

H., haut...... hauteur
HT.......... hors taxes

ibid.......... *ibidem*
id............ *idem*
inc........... incorporée
incl.......... inclusivement
Î.-P.-É....... Île-du-Prince-Édouard

l., larg....... largeur
l., long...... longueur
ltée........ limitée

M........... monsieur
Man......... Manitoba
max......... maximum
MD.......... marque déposée
Me.......... maître
Mes......... maîtres
min.......... minimum
Mlle......... mademoiselle
Mlles........ mesdemoiselles
MM.......... messieurs
Mme......... madame
Mmes........ mesdames

N............ nord
N. B......... *nota bene*
N.-B......... Nouveau-Brunswick
nbre......... nombre
NDLR...... note de la rédaction
NDT....... note du traducteur
N.-É......... Nouvelle-Écosse
No, no...... numéro
Nos, nos...... numéros
Nt.......... Nunavut

O............ ouest
o............ octet
Ont......... Ontario

p............. page(s)
%, p. c.,
p. cent...... pour cent
p. c. q....... parce que
p.-d. g.,
pdg........ président-directeur
     général
p.-d. g.,
pdg........ présidente-
     directrice générale
p. ex........ par exemple

pH........... potentiel hydrogène
p. j........... pièce jointe
Pr, Pr....... professeur
Pre, Pre...... professeure
prov......... province
prov......... provincial
P.-S........... post-scriptum
p.-v.......... procès-verbal

Qc.......... Québec
qq........... quelque
qqch......... quelque chose
qqn......... quelqu'un
quest., Q..... question

RC, r.-de-ch... rez-de-chaussée
réf........... référence
rép., R....... réponse
ro............ recto
RR.......... route rurale
RSVP........ répondez, s'il
     vous plaît
rte, rte....... route
r.-v........... rendez-vous

s............. siècle
S............. sud
Sask......... Saskatchewan
sc........... science(s)
s. d........... sans date
SI............ Système international
     d'unités
s. l........... sans lieu
s. l. n. d....... sans lieu ni date
s. o........... sans objet
St, Sts....... Saint, Saints
Ste, Stes....... Sainte, Saintes
Sté........... société
suppl......... supplément
SVP, svp..... s'il vous plaît

t............. tome
tél........... téléphone
tél. cell....... téléphone cellulaire
téléc......... télécopie
T.-N.-L....... Terre-Neuve-
     et-Labrador
T. N.-O...... Territoires du
     Nord-Ouest
TSVP........ tournez, s'il vous plaît
TTC, t. t. c.... toutes taxes
     comprises
TU........... temps universel

V., v.......... voir
vo............ verso
vol........... volume(s)
v.-p.......... vice-président
v.-p.......... vice-présidente
Yn.......... Territoire du Yukon

VOIR TABLEAUX ► ABRÉVIATION (RÈGLES DE L'). ► GRADES ET DIPLÔMES UNIVERSITAIRES. ► SIGLE.

ACCENTS

Les accents sont des signes qui se placent sur certaines voyelles afin d'en préciser la prononciation ou de distinguer des mots ayant une prononciation identique, mais une signification différente (homophones).

⊨⊢ Certains accents ne sont présents que par tradition orthographique.

► **Accent aigu** ☐
Éléphant, école, accéléré, cinéma, télévision, féminiser, malgré, nuitée, péril.

► **Accent grave** ☐
Règle, grève, lèvre, complètement, baromètre, lèche-vitrines, nèfle, parallèle.

► **Accent circonflexe** ☐
Arôme, câble, extrême, pâle, tâche, forêt, prêt, quête, plutôt, rôder, jeûner.

► **Tréma** ☐
Signe orthographique que l'on met sur les voyelles *e, i, u* pour indiquer que cette voyelle doit être prononcée séparément de celle qui précède ou qui suit.

Noël, héroïsme, capharnaüm, naïf, laïque, maïs, haïr, inouï, mosaïque.

ACCENTS ET SENS

En plus d'indiquer la prononciation, les accents permettent de distinguer certains mots de forme semblable, mais dont la signification varie :

acre	« surface »	et	âcre	« irritant »
chasse	« poursuite du gibier »	et	châsse	« coffret »
colon	« membre d'une colonie »	et	côlon	« intestin »
cote	« mesure »	et	côte	« pente »
haler	« tirer »	et	hâler	« bronzer »
mat	« non brillant »	et	mât	« pièce dressée d'un voilier »
mur	« paroi »	et	mûr	« parvenu à maturité »
roder	« mettre au point »	et	rôder	« aller et venir »
sur	« aigre »	et	sûr	« certain »
tache	« marque »	et	tâche	« travail »

ACCENTS ET MAJUSCULES

Parce que les accents permettent de préciser la prononciation ou le sens des mots, il importe d'accentuer les majuscules aussi bien que les minuscules. En effet, l'absence d'accents peut modifier complètement le sens d'un mot ou d'une phrase. Ainsi, les mots *SALE* et *SALÉ*, *MEUBLE* et *MEUBLÉ* ne se distinguent que par l'accent. Autre exemple : seul l'accent permet de différencier les phrases *UN ASSASSIN TUÉ* et *UN ASSASSIN TUE*.

☐ Les abréviations, les sigles et les acronymes n'échappent pas à cette règle. *É.-U.* (abréviation de *États-Unis*).

ACCENTS ET PRONONCIATION

Pour harmoniser l'orthographe et la prononciation de certains mots, l'Académie française a admis l'emploi d'un accent grave en remplacement de l'accent aigu devant une syllabe contenant un *e* muet.

abrègement	(traditionnellement orthographié *abrégement*)
allègement	(traditionnellement orthographié *allégement*)
allègrement	(traditionnellement orthographié *allégrement*)
évènement	(traditionnellement orthographié *événement*)

⊨⊢ Les *Rectifications orthographiques* (1990) harmonisent l'orthographe et la prononciation de certains mots.

VOIR TABLEAUX ► ACCENTS PIÈGES. ► RECTIFICATIONS ORTHOGRAPHIQUES.

ACCENTS PIÈGES

L'orthographe de la langue française comporte de nombreuses anomalies qui peuvent être la cause d'erreurs. Voici, à titre d'exemples, une liste de mots pour lesquels les fautes d'accent sont fréquentes.

MOTS DE MÊME ORIGINE AVEC OU SANS ACCENT ?

âcre	et	acrimonie	infâme	et	infamie
arôme	et	aromatique	jeûner	et	déjeuner
binôme	et	binomial	pôle	et	polaire
côte	et	coteau	râteau	et	ratisser
diplôme	et	diplomatique	sûr	et	assurer
grâce	et	gracieux	symptôme	et	symptomatique
impôt	et	imposer	trône	et	introniser

MOTS AVEC OU SANS ACCENT CIRCONFLEXE ?

Les participes passés des verbes *croître*, *devoir* et *mouvoir* :
crû, mais *crue, crus, crues* – *dû*, mais *due, dus, dues* – *mû*, mais *mue, mus, mues*.

Avec un accent circonflexe		**Sans** accent circonflexe	
abîme	fraîche	barème	cyclone
aîné	gîte	bateau	égout
bâbord	huître	boiter	flèche
blême	maître	chalet	guépard
câble	mât	chapitre	pédiatre
chaîne	piqûre	cime	racler
dégât	voûte	crèche	toit

Avec un accent circonflexe	**Sans** accent circonflexe
assidûment	éperdument
crûment	ingénument
dûment	prétendument

MOTS AVEC UN ACCENT AIGU OU UN ACCENT GRAVE ?

Avec un accent **aigu**		Avec un accent **grave**	Avec un accent **aigu**		Avec un accent **grave**
assécher	et	assèchement	réglementer	et	règlement
bohémien	et	bohème	régler	et	règle
crémerie	et	crème	régner	et	règne
hypothéquer	et	hypothèque	repérer	et	repère
poésie	et	poète	zébrer	et	zèbre

MOTS AVEC OU SANS TRÉMA ?

Avec un tréma		**Sans** tréma
aïeul	haïr	coefficient
archaïque	héroïsme	goéland
caïd	inouï	goélette
caïman	maïs	homogénéiser
canoë	mosaïque	israélien
coïncidence	naïf	kaléidoscope
égoïste	ouïe	moelle
faïence	païen	poème
glaïeul	troïka	protéine

Les *Rectifications orthographiques* (1990) suppriment ou modifient les accents de certains mots.

VOIR TABLEAU ► ACCENTS.

ACCORD DU VERBE

Le verbe s'accorde en **personne** (1ʳᵉ, 2ᵉ ou 3ᵉ personne) et en **nombre** (singulier ou pluriel) avec son sujet.

Je chant**e**, *tu* dans**es**, *il* ou *elle* dessin**e**, *nous* allum**ons**, *vous* cherch**ez**, *ils* ou *elles* aim**ent**.

☞ Aux temps composés, c'est l'<u>*auxiliaire*</u> qui s'accorde en personne et en nombre avec le sujet.
*Vous **avez** cueilli des pommes.*

LE SUJET

▶ Le sujet désigne l'être ou l'objet **qui fait l'action du verbe** (verbe d'action).
*Delphine **a planté** des fleurs. Qui a planté des fleurs ? Delphine.*

▶ Le sujet désigne l'être ou l'objet qui se trouve **dans l'état exprimé par le verbe** (verbe attributif).
*Le chien Filou **est** gourmand. Qui est-ce qui est gourmand ? Le chien Filou.*

▶ Le sujet désigne l'être ou l'objet qui **subit l'action du verbe** (phrase passive).
*La pomme **est mangée** par Julien. Qu'est-ce qui est mangé ? La pomme.*

📖 Pour trouver le sujet d'un verbe, on pose la question *qui est-ce qui ?* (pour un être vivant) ou *qu'est-ce qui ?* (pour une chose). Attention : dans une question, l'ordre des mots est inversé. *Plante-t-elle des fleurs ?*

NATURE DU SUJET

Le sujet peut être :

▶ un groupe nominal :
  • un **nom commun**, son **déterminant** et un **adjectif**. *La table ronde **est** en bois. Les enfants **jouent** dehors.*
  • un **nom propre**. *Jacques **joue** du piano.*
  • un **pronom**. *Nous **sommes** d'accord. Qui **est** là ?*

▶ une **phrase infinitive**. *Nager tous les jours **est** bon pour la santé.*

▶ une **phrase subordonnée**. *Qui vivra **verra**.*

ACCORD DU VERBE

Le sujet est un **donneur d'accord**. Il est important de connaître le sujet du verbe dans une phrase parce que c'est avec lui qu'on accorde le verbe, l'attribut du sujet ou le participe passé, s'il y a lieu.

*Tu **as dormi** pendant deux heures.*
(Le verbe est à la 2ᵉ personne du singulier parce que le sujet est *tu*.)

*Les chats **sont partis**.* (Le verbe est à la 3ᵉ personne du pluriel et le participe passé conjugué avec l'auxiliaire *être* est au masculin pluriel parce que le sujet du verbe est *les chats*.)

UN SEUL SUJET

▶ **Un pronom personnel**

  📖 Le verbe se met à la personne désignée.
  *Je **plante** des fleurs. Tu **es** venu. Elle **arrive** demain. Nous **avons marché**. Vous **travaillez** bien. Ils **iront** skier demain.*

▶ **Un groupe nominal, un nom propre ou un pronom autre que personnel**

  📖 Le verbe se met à la 3ᵉ personne, au singulier ou au pluriel, selon le nombre du sujet.
  *Ces chevaux **courent** vite. Léa **aime** lire. Quelqu'un **est passé** en ton absence. Tous **sont** d'accord.*

▶ **Un nom collectif employé seul (sans complément)**

  📖 Le verbe se met **au singulier**.
  *La foule **se pressait** sur la place Jacques-Cartier.*

A
8

▶ **Un nom collectif précédé d'un déterminant indéfini (*un, une*) et suivi d'un complément au pluriel.**

⌨ Le verbe se met au singulier lorsque l'auteur veut insister sur le tout, l'ensemble.
*Une majorité d'élèves **a réussi** l'examen.*

⌨ Le verbe se met au pluriel s'il veut insister sur la pluralité.
*Une majorité d'élèves **ont réussi** l'examen.*

▶ **Un nom collectif précédé d'un déterminant défini (*le, la*), d'un déterminant possessif (*mon, ma*) ou d'un déterminant démonstratif (*ce, cet, cette*) et suivi d'un complément au pluriel.**

⌨ Le verbe se met au singulier parce que l'accent est mis sur l'ensemble.
*La bande de copains **est** en excursion. Mon groupe d'amis **raffole** de cette musique.*

▶ ***La plupart (de)* suivi ou non d'un complément au pluriel**

⌨ Le verbe se met au pluriel. *La plupart des étudiants **étaient** présents. La plupart **donnèrent** leur accord.*

⌨ Si la locution *la plupart de* est suivie d'un complément au singulier, le verbe se met au singulier.
*La plupart du temps **se passa** à jouer dehors.*

▶ **Locutions *un grand nombre de, un certain nombre de, un petit nombre de*... suivies d'un complément au pluriel**

⌨ Le verbe se met au singulier lorsque l'auteur veut insister sur le tout, l'ensemble.
*Un petit nombre de spectateurs **a manifesté** son mécontentement.*

⌨ Le verbe se met au pluriel lorsque l'auteur veut insister sur le complément au pluriel
(la pluralité). *Un grand nombre d'électeurs **se proposent** de voter lors des prochaines élections.*

▶ **Locutions de quantité *assez (de), beaucoup (de), bien des, combien (de), la totalité des, nombre (de), peu (de), quantité (de), tant (de), trop (de), infinité de...* suivies d'un complément au pluriel**

⌨ Le verbe s'accorde avec le complément au pluriel du nom ou du pronom.
*Bien des invités **étaient** de la fête. Beaucoup d'entre elles **ignoraient** ce principe. Une infinité de roses **sont cultivées** dans ce jardin.*

▶ **Une fraction, un pourcentage, un nom exprimant une quantité au singulier suivi d'un complément au pluriel**

⌨ Le verbe se met au singulier lorsque l'auteur veut insister sur l'ensemble, le tout.
*Une vingtaine de peintres **a exposé** des tableaux. Une moitié des pommes **est tombée**.*

⌨ Le verbe se met au pluriel quand l'auteur veut mettre l'accent sur la pluralité.
*Une moitié des pommes **sont tombées**. Un pour cent de nos exportations **sont destinées** aux États-Unis.*

▶ **Une fraction, un pourcentage, un nom exprimant une quantité au pluriel suivi d'un complément au pluriel**

⌨ Le verbe se met au pluriel.
*Un tiers des frais **ont été assumés** par l'employeur. Un million d'électeurs **ont suivi** le débat.*

▶ **Termes *espèce, façon, manière, sorte, type* suivis d'un complément au pluriel**

⌨ Le verbe s'accorde généralement avec le complément au pluriel de l'un de ces termes désignant l'espèce s'il est précédé de *un, une* et suivi d'un complément au pluriel.
*Un nouveau type d'enquêtes **ont été effectuées**.*

⌨ Le verbe se met généralement au singulier si l'un de ces termes est précédé d'un déterminant défini
(*le, la*), d'un déterminant possessif (*mon, ma*) ou d'un déterminant démonstratif (*ce, cet, cette*) et suivi
d'un complément au pluriel.
*Ce type de recherches **est** peu commun.*

▶ **Le pronom sujet *qui***

⌨ Le verbe s'accorde avec le nom ou le pronom que le pronom *qui* représente (l'antécédent).
*Toi **qui** chantes si bien, interprète-nous cette chanson. Vous **qui êtes** favorables à cette décision, aidez-nous.*
*Les personnes **qui ont rencontré** nos amis ont été enchantées.*

⌨ Lorsque le pronom *qui* est employé au sens de « celui qui » et n'a pas d'antécédent, le verbe reste au
singulier. *Qui dort **dîne**. Qui vivra **verra**.*

▶ **Un pronom indéfini ou interrogatif suivi d'un pronom personnel**

    Le verbe s'accorde à la 3ᵉ personne avec le pronom indéfini ou interrogatif (et non pas avec le pronom personnel). *Certains d'entre vous ne **seront** (et non *serez) pas d'accord.*

▶ **Verbe précédé du pronom *ce***

    Le verbe s'accorde avec le sujet placé après le verbe.
*C'**est** une journée ensoleillée. Ce **sont** des amis très sympathiques.*

PLUSIEURS SUJETS

▶ **Des sujets au singulier coordonnés par la conjonction *et***

    Le verbe se met au pluriel. *Le chien et le chat de Marie-Ève et de Geoffroy s'**entendent** bien.*

▶ **Deux sujets au singulier coordonnés par la conjonction *ou***

    Le verbe se met au pluriel suivant l'intention de l'auteur qui désire marquer la coordination.
*La surprise **ou** le plaisir **illuminèrent** son visage.*

    Le verbe se met au singulier suivant l'intention de l'auteur qui désire marquer l'absence de coordination.
*La surprise **ou** le plaisir **illumina** son visage.*

    Si la conjonction est précédée d'une virgule, le verbe se met au singulier, car la phrase exprime une absence de coordination : un élément ou un autre, non les deux. *L'inquiétude, **ou** le découragement, lui **fit** abandonner la recherche.*

▶ **Un sujet au singulier et un sujet au pluriel coordonnés par la conjonction *ou* ou *ni***

    Le verbe se met au pluriel.
*Un chien ou des chats s'**ajouteront** à la famille. Ni les filles ni les garçons ne **sont** d'accord.*

    Si l'un des sujets exclut l'autre, le verbe reste au singulier. *Des deux dernières concurrentes, Alexandra ou Tanya **sera retenue**.*

▶ **Un sujet au singulier et un synonyme**

    Le verbe se met au singulier.
*L'outarde, ou bernache du Canada, **est** une oie sauvage qui niche dans l'extrême Nord.*

    Le synonyme s'emploie sans déterminant.

▶ **Plusieurs sujets au singulier coordonnés par *avec, ainsi que, comme, de même que* au sens de « et »**

    Le verbe se met au pluriel. *Étienne ainsi que Delphine **viendront** ce soir.*

    Si les conjonctions ou locutions conjonctives *avec, ainsi que, comme, de même que* introduisent une comparaison placée entre virgules, le verbe reste au singulier. *Paul, de même qu'Étienne, **est** médecin. La ballerine, ainsi qu'un cygne, **évoluait** gracieusement.*

▶ **Pronoms personnels de personnes différentes**

    Le verbe se met au pluriel et s'accorde avec la personne qui a la priorité ; la 1ʳᵉ personne l'emporte sur les deux autres et la 2ᵉ personne, sur la 3ᵉ. *Vous et moi **sommes** d'avis que ce vin est excellent. Ta sœur et toi **avez obtenu** les meilleurs résultats.*

▶ **Sujets au singulier juxtaposés dans une énumération**

    Le verbe se met au pluriel. *Pivoine, muguet, rose **sont** des fleurs odorantes.*

▶ **Énumération de plusieurs éléments reprise par un mot au singulier**

    Le verbe se met au singulier. *Fromages, gâteaux, fruits, rien ne **pouvait** le rassasier.*

A

10

CAS PARTICULIERS

▶ *Le peu de* au sens de «une quantité insuffisante»

🔲 Le verbe se met au singulier. *Le peu d'efforts fournis* **explique** *peut-être cet échec.*

▶ *Le peu de* au sens de «une quantité suffisante»

🔲 Le verbe se met au pluriel. *Le peu de pommes cueillies* **ont** *tout de même permis de faire de la compote.*

▶ *L'un et l'autre*

🔲 Le verbe se met au pluriel. *L'un et l'autre* **viendront**.

▶ *L'un ou l'autre*

🔲 Le verbe se met au singulier. *L'une ou l'autre* **sera** *présente.*

▶ *Moins de*

🔲 Le verbe s'accorde au pluriel, malgré la logique. *Moins de deux heures* **se sont écoulées** *avant son arrivée.*

▶ *Ni l'un ni l'autre*

🔲 Le verbe se met au singulier ou au pluriel. *Ni l'un ni l'autre* **n'a** *ou* **n'ont** *accepté.*

▶ *On*

🔲 Le pronom indéfini *on* étant de la troisième personne du singulier, le verbe demeure toujours à la troisième personne du singulier. *On* **a pensé** *que vous étiez malade.*
L'accord de l'adjectif ou du participe passé se fait généralement au masculin singulier.
On **est venu** *livrer du bois.*

🔲 Si le pronom représente un sujet féminin au singulier ou au pluriel ou un sujet masculin pluriel, l'adjectif ou le participe passé s'accorde avec ce sujet, s'il y a lieu. *À titre de femme, on* **est persuadée** *que ce choix s'impose. On* **a été retenus** *dans le métro en raison d'une panne.*

▶ *Peu, peu de* suivi d'un complément au pluriel

🔲 Le verbe se met au pluriel, car il s'accorde avec le complément. *Peu de poires* **ont été cueillies**.

▶ *Plus d'un*

🔲 Le verbe s'accorde au singulier, malgré la logique. *Plus d'un élève* **était** *absent.*

▶ *Tout le monde*

🔲 Le verbe se met au singulier. *Tout le monde* **se mit** *à applaudir.*

▶ *Un peu de* suivi d'un complément au pluriel

🔲 L'accord se fait généralement avec le complément au pluriel. *Un peu de framboises* **décoraient** *la crème Chantilly.*

ACRONYME

L'acronyme est un sigle composé des initiales ou des premières lettres d'une désignation et qui se prononce comme un seul mot, à la différence du sigle, qui s'épelle lettre par lettre (SRC, PME, CLSC).

Benelux .... Belgique-Nederland-Luxembourg
Cégep .... Collège d'enseignement général et professionnel
CILF .... Conseil international de la langue française
Laser .... Light Amplification by Stimulated Emission of Radiation
Modem .... Modulateur démodulateur
OACI .... Organisation de l'aviation civile internationale
Radar .... Radio Detecting and Ranging

☞ À son premier emploi dans un texte, l'acronyme est généralement précédé de sa désignation au long.

▸ **Points abréviatifs**

La tendance actuelle est d'omettre les points abréviatifs. Dans cet ouvrage, les acronymes sont notés sans points ; cependant, la forme avec points est généralement correcte.

▸ **Genre et nombre des acronymes**

Les acronymes sont du genre et du nombre du mot principal de la désignation abrégée.

La ZEC (zone [féminin singulier] *d'exploitation contrôlée).*
Le SIDA (syndrome [masculin singulier] *immuno-déficitaire acquis).*

ACDI .... Agence canadienne de développement international
AFNOR .... Association française de normalisation
ALÉNA .... Accord de libre-échange nord-américain
CÉLI .... Compte d'épargne libre d'impôt
CHU .... Centre hospitalier universitaire
CHUM .... Centre hospitalier de l'Université de Montréal
CNUCED .... Conférence des Nations Unies sur le commerce et le développement
CUSM .... Centre universitaire de santé McGill
DOM .... Département (français) d'outre-mer
ÉNA .... École nationale d'administration (France)
ÉNAP .... École nationale d'administration publique
MIDEM .... Marché international du disque et de l'édition musicale
NASA .... National Aeronautics and Space Administration
ONU .... Organisation des Nations Unies
OPEP .... Organisation des pays exportateurs de pétrole
OTAN .... Organisation du traité de l'Atlantique Nord
OVNI .... Objet volant non identifié
PISA .... Programme international pour le suivi des acquis
REÉÉ .... Régime enregistré d'épargne-études
REÉR .... Régime enregistré d'épargne-retraite
RREGOP .... Régime de retraite des employés du gouvernement et des organismes publics
SALT .... Strategic Arms Limitation Talks
SIDA .... Syndrome immuno-déficitaire acquis
UNICEF .... United Nations International Children's Emergency Fund
UQAM .... Université du Québec à Montréal
ZAC .... Zone d'aménagement et de conservation
ZEC .... Zone d'exploitation contrôlée
ZLÉA .... Zone de libre-échange des Amériques

VOIR TABLEAUX ▸ ABRÉVIATION (RÈGLES DE L'). ▸ ABRÉVIATIONS COURANTES. ▸ SIGLE. ▸ SYMBOLE.

ADJECTIF

On distingue deux catégories d'adjectifs :

► L'**adjectif qualifiant**, qui exprime une qualité de l'être ou de l'objet désigné par un nom.
*Un **beau** citron, des roses **odorantes**, des avis **discutables**, une analyse **minutieuse**.*

🖘 La qualité exprimée par l'adjectif qualifiant peut être objective ou subjective, positive ou négative.

► L'**adjectif classifiant**, qui attribue une catégorie à l'être ou à l'objet désigné par un nom.
*Un animal **invertébré**, des cours **obligatoires**, des plantes **aquatiques**, un dictionnaire **encyclopédique**.*

🖘 L'adjectif classifiant exprime une caractéristique objective.

FORMATION DU FÉMININ ET DU PLURIEL DES ADJECTIFS

Pour mettre un adjectif au féminin, il faut généralement ajouter un *e* à la forme du masculin.
Grand, grande ; vert, verte ; coquin, coquine ; pressé, pressée.

Pour mettre un adjectif au pluriel, il faut généralement ajouter un *s* à la forme du singulier.
Grands, grandes ; verts, vertes ; coquins, coquines ; pressés, pressées.

VOIR TABLEAU ► PLURIEL ET FÉMININ DES ADJECTIFS.

ACCORD DE L'ADJECTIF

L'adjectif est un receveur d'accord : il s'accorde en **genre** (masculin ou féminin) et en **nombre** (singulier ou pluriel) avec le nom ou le pronom auquel il se rapporte.
Ces plantes aquatiques sont très odorantes. Elles sont très compétentes.

ACCORDS PARTICULIERS

• Avec **plusieurs noms au singulier** auxquels il se rapporte, l'adjectif se met au pluriel.
*Un fruit et un légume **mûrs**. Une pomme et une orange **juteuses**.*

• Avec **plusieurs noms de genre différent**, l'adjectif se met au masculin pluriel.
*Une mère et un fils **avisés**.*

• Avec des **mots séparés par** *ou*, si l'un des mots exclut l'autre, l'adjectif s'accorde avec le dernier.
*Il est d'une générosité ou d'une bêtise **extraordinaire** : il donne sans compter.*

• Avec des mots coordonnés par *ainsi que, avec, comme, de même que...*, l'adjectif se met au pluriel s'il y a addition et au masculin, dans le cas où les noms sont de genre différent. *L'imagination ainsi que le style **débridés** de cet auteur ont surpris les lecteurs.* L'adjectif s'accorde avec le premier nom s'il y a comparaison.
*Sa générosité, comme son désintéressement, tellement **inusitée**, force l'admiration.*

• Avec un **nom collectif**, l'adjectif s'accorde avec le collectif ou avec son complément, selon le sens.
*Ce groupe de touristes **est américain**. Un groupe de touristes **américains**.*

VOIR TABLEAU ► COLLECTIF.

• Si deux adjectifs classifiants se rapportent à un même nom au pluriel, ils se mettent au singulier ou au pluriel, selon le sens.
Les gouvernements fédéral et provincial. Les cours obligatoires et optionnels.

• L'adjectif se met au masculin singulier lorsqu'il se rapporte à une unité qui n'a ni genre ni nombre, par exemple quand il se rapporte à un infinitif.
Manger des fruits et des légumes est bon pour la santé.

• Les adjectifs de couleur de forme simple s'accordent en genre et en nombre, alors que les adjectifs composés et les noms employés pour exprimer la couleur restent invariables.
*Des robes **bleues**, des costumes **noirs**. Une jupe **vert forêt**, des cheveux **poivre et sel**.*
*Des écharpes **tangerine**, des foulards **turquoise** ou **kaki**.*

VOIR TABLEAU ► COULEUR (ADJECTIFS DE).

- Certains adjectifs, comme les adverbes, peuvent modifier le sens d'un verbe ; dans ce cas, ils sont invariables.

    *Ces produits coûtent **cher**. Cette soupe sent **bon**. Ils vont **vite**. Elles s'habillent **jeune**.*

DEGRÉS DE SIGNIFICATION

Les adjectifs **qualifiants** peuvent s'employer :

- au **positif**	qualité attribuée	*La rose est belle.*
- au **comparatif**	supériorité	*La rose est **plus** belle **que** l'iris.*
	égalité	*La rose est **aussi** belle **que** l'iris.*
	infériorité	*La rose est **moins** belle **que** l'iris.*
- au **superlatif** relatif	supériorité	*La rose est **la plus** belle de toutes.*
	infériorité	*La rose est **la moins** belle de toutes.*
- au **superlatif** absolu	supériorité	*La rose est **très** belle.*
	infériorité	*La rose est **très peu** belle.*

Les adjectifs **classifiants** ne peuvent être accompagnés d'un adverbe modificateur pour exprimer divers degrés. *Un animal invertébré (et non un animal **très** invertébré), des plantes aquatiques (et non des plantes **très** aquatiques).*

PLACE DE L'ADJECTIF

L'adjectif se place généralement à la suite du nom qu'il accompagne.

▸ Les **adjectifs qualifiants** obéissent généralement à cette règle et suivent le plus souvent le nom.

Une histoire fantaisiste. Des outils maniables. Un véhicule rapide. Des images originales.

Cependant, les adjectifs qualifiants précèdent parfois le nom qu'ils accompagnent :

- s'ils sont courts (souvent monosyllabiques) et d'emploi très courant tels que *beau, bon, grand, gros, jeune, joli, long, meilleur, nouveau, petit, vieux…* (ex. : *un bon garçon, un beau voilier, un grand jardin, une grosse somme, un vieux château)* ;

- si l'usage a consacré cet ordre (ex. : *un faible taux d'abandon, en piètre état, une excellente maîtrise de la langue)* ;

- s'ils ont une signification différente selon qu'ils sont placés avant ou après le nom qu'ils accompagnent, par exemple :

    une église ancienne = « qui existe depuis longtemps », *une ancienne église* = « désaffectée »,

    une personne curieuse = « indiscrète », *une curieuse personne* = « étrange »,

    un homme jeune = « qui n'est pas âgé », *un jeune homme* = « célibataire »,

    une voiture propre = « nette », *sa propre voiture* = « qui lui appartient »,

    un patron seul = « solitaire », *un seul patron* = « unique » ;

- s'il s'agit d'un choix stylistique, notamment dans le style littéraire ou poétique (ex. : *le blanc manteau, un lourd chagrin, un élégant badinage).*

🕮 Les adjectifs de couleur, les adjectifs exprimant la forme et les adjectifs participes (issus d'un participe présent ou d'un participe passé) suivent généralement le nom qu'ils accompagnent. *Des pantalons verts, une table rectangulaire, un chapeau pointu, des écharpes tricotées, des couleurs flamboyantes.*

A

14

▶ Les adjectifs **classifiants** suivent le nom qu'ils déterminent, sauf s'ils marquent le rang (adjectifs ordinaux).
Un parti fédéral, des cours facultatifs, une direction régionale, une recherche scientifique, un bâtiment municipal, mais *la Première Avenue, la dernière semaine, le cinquième prix.*

• Les adjectifs classifiants qui marquent le rang précèdent le nom qu'ils déterminent. Ils sont formés du déterminant numéral auquel on ajoute la terminaison **ième** (à l'exception de **premier** et de **dernier**).
Les premières (1res) pages, les cinquièmes (5es) places.

Abréviations courantes: premier **1er**, première **1re**, deuxième **2e**, troisième **3e**, quatrième **4e** et ainsi de suite **100e**, **500e**, **1 000e**. Philippe **Ier**, **1re** année, **6e** étage. Les autres manières d'abréger ne doivent pas être retenues (1ère, 2ème, 2ième, 2^{è}…).

ADJECTIF PARTICIPE

Certains adjectifs proviennent d'un verbe au participe passé ou au participe présent.
De la crème fouettée. Un regard fuyant. Une élève déterminée. Des carottes cuites.

Ces adjectifs, nommés adjectifs participes, s'accordent en genre et en nombre avec le nom ou le pronom auquel ils se rapportent.

🔲 Il ne faut pas confondre l'adjectif participe se terminant par *-ant* ou *-ent* et le participe présent. Alors que le participe présent, toujours invariable, exprime une action qui a lieu en même temps que l'action du verbe qu'il accompagne, l'adjectif participe traduit un état, une qualité; il prend la marque du genre et du nombre et ne peut être suivi d'un complément de verbe ni d'un complément de phrase.

L'orthographe du participe présent d'un verbe diffère parfois de celle de l'adjectif participe qui en est issu:

PARTICIPE PRÉSENT	ADJECTIF PARTICIPE
adhérant	adhérent
affluant	affluent
communiquant	communicant
convainquant	convaincant
convergeant	convergent
différant	différent
divergeant	divergent
émergeant	émergent
équivalant	équivalent
fatiguant	fatigant
influant	influent
intriguant	intrigant
naviguant	navigant
néligeant	négligent
précédant	précédent
provoquant	provocant
somnolant	somnolent
suffoquant	suffocant
zigzaguant	zigzagant

Négligeant leur rôle d'arbitres, ils ont pris parti pour nos adversaires. Ces arbitres *négligents* seront congédiés.
Les articles vendus équivalant à plusieurs milliers, le chiffre d'affaires est excellent. Il faut acheter des quantités équivalentes à celles de l'an dernier.

VOIR TABLEAU ▶ **PARTICIPE PRÉSENT.**

ADRESSE

RÈGLES D'ÉCRITURE

EXEMPLES

A
15

1. DESTINATAIRE

- **Titre de civilité** au long, prénom et nom
  - T Le titre de civilité (le plus souvent *Monsieur* ou *Madame*) s'écrit au long et le prénom est abrégé ou non.

- **Fonction**, s'il y a lieu

- **Nom de l'entreprise, de l'organisme**, s'il y a lieu

Madame Laurence Dubois
Directrice des communications
Dubuffet et Lavigne

Monsieur Philippe Larue
Chef de produit
Groupe Gamma

2. DESTINATION

- **Numéro et nom de la voie publique**

  - T L'indication du numéro est suivie d'une virgule, du nom générique (*avenue, boulevard, chemin, côte, place, rue,* etc.) écrit en minuscules et enfin du nom spécifique de la voie publique. Si ce nom comporte plusieurs éléments, ils sont joints par des traits d'union.

37, avenue Claude-Champagne
55, place Cambray

NOMS GÉNÉRIQUES USUELS	ABRÉVIATIONS
avenue	**av.**
boulevard	**boul.**
chemin	**ch.**
route	**rte** ou **r**te

- **Point cardinal**, s'il y a lieu

  - T Le point cardinal (abrégé ou non) s'écrit avec une majuscule à la suite du nom spécifique de la voie publique.

  VOIR TABLEAU ▶ ODONYMES.

630, boul. Laurentien Ouest ou O.

ABRÉVIATIONS DES POINTS CARDINAUX			
Est	**E.**	Ouest . .	**O.**
Nord. . .	**N.**	Sud	**S.**

- **Appartement, bureau**, s'il y a lieu

  - T Le nom *appartement* s'abrège en *app.* (et non *apt.) et le nom *bureau* en *bur.* L'emploi du nom *suite en ce sens est un anglicisme.

234, rue Lajoie, app. 102
630, boul. Lebeau, bureau 500

- **Bureau de poste**, s'il y a lieu

  - ⌖ Pour des raisons d'uniformisation, le nouveau *Guide canadien d'adressage* recommande d'utiliser le terme *case postale* (abrégé *C. P.*) de préférence à l'expression *boîte postale* (abrégée *B. P.*).

Case postale 6204, succursale
Centre-ville
ou
C. P. 6204, succ. Centre-ville

A

16

• **Nom de la ville** et **de la province,** s'il y a lieu

Il est recommandé d'écrire le nom de la province au long entre parenthèses. S'il est nécessaire d'abréger, on utilisera l'abréviation normalisée.

T L'Office québécois de la langue française a normalisé le symbole **QC** (pour **Québec**), dans le cas où une forme abrégée est nécessaire. Selon la septième édition du *Français au bureau* (2014) de l'OQLF, « l'emploi de ce symbole est réservé à certains usages techniques : formulaires informatisés, tableaux statistiques, etc. » ou dans une adresse lorsque la place est vraiment restreinte. L'organisme note que l'abréviation **Qc** « est d'un usage très rare et cède généralement la place au symbole **QC** ».

Montréal (Québec)
Ottawa (Ontario)

ABRÉVIATIONS NORMALISÉES DES PROVINCES
ET TERRITOIRES DU CANADA

Alberta	Alb.
Colombie-Britannique	C.-B.
Île-du-Prince-Édouard	Î.-P.-É.
Manitoba	Man.
Nouveau-Brunswick	N.-B.
Nouvelle-Écosse	N.-É.
Nunavut	Nt
Ontario	Ont.
Québec	Qc
Saskatchewan	Sask.
Terre-Neuve-et-Labrador	T.-N.-L.
Territoire du Yukon	Yn
Territoires du Nord-Ouest	T. N.-O.

• **Code postal**

Mention obligatoire, le code postal doit figurer en majuscules après l'indication de la ville et de la province, s'il y a lieu. Dans la mesure du possible, le code postal suit la mention de la ville et de la province après un espacement équivalant à deux caractères. Sinon, il figure à la ligne suivante.

Montréal (Québec) H3T 1A3

Hudson (Québec) J0P 1J0

Sainte-Agathe-des-Monts (Québec)
J2D 4G8

• **Nom du pays**

Pour les lettres destinées à l'étranger, on écrit le nom du pays en majuscules à la dernière ligne de l'adresse. Au Québec, il est préférable d'écrire le nom du pays en français puisque cette indication sert au tri postal du pays de départ. Dans la mesure du possible, il importe de se conformer aux usages du pays de destination.

19, rue Bonaparte
75006 Paris
FRANCE

Time Magazine
541 North Fairbanks Court
Chicago
Illinois
ÉTATS-UNIS 60611

3. NATURE ET MODE D'ACHEMINEMENT

Les mentions relatives à la nature de l'envoi ainsi qu'au mode d'acheminement s'écrivent au **masculin singulier en majuscules.**

VOIR TABLEAU ► ENVELOPPE.

RECOMMANDÉ
PERSONNEL
CONFIDENTIEL

REMARQUE GÉNÉRALE : Ces règles d'écriture sont conformes au *Guide canadien d'adressage* de la Société canadienne des postes. Il importe de respecter l'usage français en ce qui a trait à l'emploi des majuscules et des minuscules, à l'emploi de la virgule et des abréviations ; c'est pourquoi il est déconseillé de noter l'adresse en majuscules non accentuées et sans ponctuation ainsi que le propose la Société canadienne des postes dans l'adresse qu'elle qualifie d'optimale.

ADVERBE

L'adverbe est un mot invariable qui se joint à un autre mot pour en modifier ou en préciser le sens.

L'adverbe peut ainsi modifier ou préciser :

– un verbe	*Il dessine **bien**.*
– un adjectif	*Une maison **trop** petite.*
– un autre adverbe	*Elle chante **tellement** mal !*
– un nom	*Un roi **vraiment** roi.*
– un pronom	*C'est **bien** lui, mon ami.*
– une phrase	***Généralement**, il arrive à l'heure.*
– une préposition	*Il est arrivé **peu** après huit heures.*

Les adverbes peuvent exprimer :

– la manière	*tendrement, férocement*
– le lieu	*derrière, devant*
– le temps	*demain, hier*
– la quantité	*beaucoup, peu*
– l'affirmation	*certainement, assurément*
– la négation	*nullement, aucunement*
– le doute	*peut-être, probablement*
– l'interrogation	*où ? combien ? quand ? comment ?*

LES ADVERBES DE **MANIÈRE**

COMMENT ?

ainsi	exprès	calmement
beau	faux	doucement
bien	fort	méchamment
bon	gratis	prudemment
cher	juste	rapidement
comment	mal	sagement
d'aplomb	pêle-mêle…	la plupart des adverbes en -**ment**.

📖 Certains adjectifs comme ***bon, cher, faux, fort, jeune, juste…*** peuvent, comme les adverbes, modifier le sens d'un verbe ; ils sont alors invariables. *Ces fleurs sentent bon, des vêtements qui coûtent cher et font jeune, elles chantent juste, ils courent vite.*

DANS QUEL ORDRE ?

après	premièrement	primo
auparavant	deuxièmement	secundo
avant	troisièmement	tertio
d'abord	quatrièmement	quarto
dernièrement	cinquièmement	quinto
de suite	sixièmement	sexto
ensuite	septièmement	septimo
successivement…	huitièmement…	octavo…

LES ADVERBES DE **LIEU**

OÙ ?

ailleurs	autour	là
alentour	dedans	là-bas
au-dedans	dehors	loin
au-dehors	derrière	par-derrière
au-delà	dessous	par-devant
au-dessous	dessus	partout
au-dessus	devant	près…
au-devant	ici	

📖 Certains mots comme ***autour, devant, derrière, dessous, dessus, près, au-devant…*** ne sont des adverbes de lieu simples ou composés que s'ils modifient le sens du mot auquel ils se rapportent. *Elle joue **derrière**. Ils sont assis **devant**.* S'ils sont suivis d'un complément, ils sont des prépositions. *Il y a un arbre **derrière** la maison. Ils jouent **devant** l'école. Prends le sentier **près de** la maison.*

A

18

LES ADVERBES DE **TEMPS**

QUAND?

antérieurement	désormais	postérieurement
après	dorénavant	puis
aujourd'hui	encore	soudain
auparavant	ensuite	souvent
autrefois	hier	tantôt
avant-hier	jadis	tard
bientôt	jamais	tôt
demain	naguère	toujours…
dernièrement	parfois	

PENDANT COMBIEN DE TEMPS? brièvement, longtemps…
DEPUIS COMBIEN DE TEMPS? depuis longtemps, depuis peu…

LES ADVERBES DE **QUANTITÉ** ET D'**INTENSITÉ**

COMBIEN?

assez	entièrement	quasi
aussi	le moins	tant
autant	le plus	tellement
beaucoup	moins	tout
bien	peu	très
comme	plus	trop…
davantage	presque	

1° Certains mots comme *aussi, comme*… peuvent être également des conjonctions. *J'arrivais comme* (conjonction) *il partait. Comme* (adverbe) *il est grand! Ces produits ne sont pas biodégradables, aussi* (conjonction) *vaut-il mieux ne pas les utiliser. Il est aussi* (adverbe) *gentil qu'elle.*

2° Les mots *autant, bien, tant, tellement*… immédiatement suivis de la conjonction *que* forment des *locutions conjonctives de subordination. Je ne le changerai pas tant qu'il fonctionnera.*

LES ADVERBES D'**AFFIRMATION**

absolument	effectivement	parfaitement
assurément	évidemment	précisément
certainement	exactement	si
certes	justement	sûr
d'accord	oui	volontiers…

LES ADVERBES DE **NÉGATION**

aucunement	ne	nullement…
jamais	non	

LES ADVERBES DE **DOUTE**

apparemment	éventuellement	probablement…
environ	peut-être	

LES ADVERBES D'**INTERROGATION**

combien?	n'est-ce pas?	quand?…
comment?	où?	
est-ce que?	pourquoi?	

Bon nombre de mots anglais – empruntés principalement au cours du XIXe siècle – sont passés dans l'usage français tout en conservant leur forme originale. Ces emprunts, qui appartiennent surtout à la langue des sports, des techniques et des transports, sont utiles parce que le français ne dispose pas d'équivalents pour ces mots.

En voici quelques exemples :

aluminium	cortisone	laser	slogan
auburn	cottage	lock-out	smoking
autocar	cow-boy	music-hall	snob
bacon	crawl	nylon	soda
badminton	curling	palace	square
bar	cyclone	plaid	stand
barman	drain	poker	standard
barracuda	ferry	punch	steak
baseball	film	quota	stock
basket-ball	folklore	radar	studio
bifteck	football	rade	tank
blazer	geyser	raglan	tartan
bluff	gin	raid	test
bobsleigh	golf	rail	tract
boomerang	hall	rallye	tramway
bridge	handicap	record	transistor
camping	harmonica	reporter	volley-ball
cardigan	hockey	revolver	wagon
cheddar	jazz	rhum	water-polo
clone	jockey	sandwich	western
clown	jogging	scotch	whisky…
club	joker	scout	
cocktail	kilt	short	
coroner	krach	sketch	

▶ **Orthographe**

Ces emprunts conservent le plus souvent leur graphie d'origine et s'écrivent sans accents ; la plupart prennent un **s** au pluriel *(des crawls, des cocktails)*, certains sont invariables *(des manches raglan)*, d'autres prennent la marque du pluriel ou gardent leur pluriel anglais *(des sandwichs ou sandwiches, des whiskys ou whiskies)*. On consultera ces mots à leur entrée alphabétique.

▶ **Un juste retour des choses**

Certains emprunts à l'anglais réintègrent leur langue d'origine puisqu'ils proviennent eux-mêmes du français.

Exemples : antilope   de *antelope* « animal fabuleux »
budget   de *bougette* au sens de « petit sac »
flirt   de *fleureter* au sens de « conter fleurette »
gentleman   de *gentilhomme* au sens de « homme noble »
hockey   de *hoquet* au sens de « bâton crochu »
palace   de *palais* au sens de « résidence des rois »
stencil   de *estinceler* « parer de couleurs éclatantes »
tennis   de *tenez*, exclamation du joueur lançant la balle au jeu de paume
ticket   de *estiquette* « marque fixée à un pieu »
toast   de *tosté* au sens de « grillé »

VOIR TABLEAU ▶ ANGLICISMES.

ANGLICISMES

Les anglicismes sont des mots, des expressions, des sens, des constructions propres à la langue anglaise et qui sont empruntés par une autre langue.

On distingue principalement :

- l'**anglicisme lexical** ou **anglicisme formel** (emprunt d'un mot anglais ou d'une expression anglaise) ;
- l'**anglicisme sémantique** (emploi d'un mot français dans un sens anglais) ;
- l'**anglicisme syntaxique** (emploi d'une construction calquée sur celle de l'anglais).

ANGLICISME LEXICAL OU ANGLICISME FORMEL (EMPRUNT À L'ANGLAIS)

Emploi d'une unité lexicale originaire de l'anglais avec ou sans adaptation phonétique, graphique ou morphologique.

EMPRUNT UTILE

Emploi d'un mot, d'un terme anglais parce que le français ne dispose pas de mot pour désigner une notion.

> Ex. : *baseball, coroner, golf, rail, scout, soccer, steak, stock, tennis.*

☞ Ces emprunts – souvent anciens – sont passés dans l'usage français. La langue des sports notamment comprend plusieurs de ces emprunts. Les linguistes Ferdinand Brunot et Charles Bruneau qualifient ces emplois d'**emprunts nécessaires**.

EMPRUNT INUTILE

Emploi d'un mot, d'un terme ou d'une expression emprunté directement à l'anglais, alors que le français dispose déjà de mots pour désigner ces notions.

☞ Les linguistes Ferdinand Brunot et Charles Bruneau qualifient ces emplois d'**emprunts de luxe**.

> Ex. : *bumper pour **pare-chocs**,   *opener pour **ouvre-bouteille**,
> *computer pour **ordinateur**,   *refill pour **recharge**,
> *discount pour **rabais**,   *software pour **logiciel**.

ANGLICISME SÉMANTIQUE (FAUX AMI)

Emploi d'un mot français dans un sens qu'il ne possède pas, sous l'influence d'un mot anglais qui a une forme semblable.

> Ex. : *accomplissement au sens de ***exploit**,   *juridiction au sens de **compétence**,
> *articulé au sens de **éloquent**,   *quitter au sens de **démissionner**,
> *balance au sens de **solde**,   *sanctuaire au sens de **réserve (naturelle)**,
> *batterie au sens de **pile**,   *voûte au sens de **chambre forte**.

ANGLICISME SYNTAXIQUE (CALQUE)

Traduction littérale d'une expression anglaise, transposition d'une construction de l'anglais.

> Ex. : *à date, calque de « *up-to-date* » au lieu de **jusqu'à maintenant, à ce jour**,
> *aller en grève, calque de « *to go on strike* » au lieu de **faire la grève**,
> *hors d'ordre, calque de « *out of order* » au lieu de **en panne**,
> *passé dû, calque de « *past due* » au lieu de **échu**,
> *prendre pour acquis, calque de « *to take for granted* » au lieu de **tenir pour acquis**,
> *prime de séparation, calque de « *severance pay* » au lieu de **indemnité de départ**,
> *retourner un appel, calque de « *to return a call* » au lieu de **rappeler**,
> *siéger sur un comité, calque de « *to sit on a board* » au lieu de **siéger à un comité**,
> *temps supplémentaire, calque de « *overtime* » au lieu de **heures supplémentaires**.

VOIR TABLEAU ▸ ANGLAIS (EMPRUNTS À L').

ANIMAUX

Les animaux **domestiques** vivent à la maison, servent aux besoins de l'homme ou à son agrément, et sont nourris, logés et protégés par lui, tandis que les animaux **sauvages** vivent dans les forêts, les déserts, en liberté.

Les animaux **terrestres** vivent sur terre, les animaux **aquatiques**, dans l'eau et les **amphibies**, aussi bien sur terre que dans l'eau.

Les animaux **carnivores** se nourrissent de chair, les **herbivores**, d'herbe, les **frugivores**, de fruits ou de graines, les **granivores**, exclusivement de graines, les **insectivores**, d'insectes et les **omnivores**, à la fois de végétaux et d'animaux.

Les **ovipares** se reproduisent par des œufs, les **vivipares** mettent au monde des petits complètement développés, qui peuvent mener une vie autonome dès leur naissance.

LES NOMS ET LES BRUITS D'ANIMAUX

Le nom de l'animal désigne généralement et le mâle et la femelle.

Ainsi, on dira une *autruche mâle* pour la différencier de la femelle, *une couleuvre mâle*, ou *un gorille femelle* pour le distinguer du mâle, *une grenouille mâle* ou *femelle*.

Cependant, le vocabulaire des animaux qui nous sont plus familiers comporte parfois des désignations spécifiques du mâle, de la femelle, du petit, des cris ou des bruits, de l'accouplement ou de la mise bas.

MÂLE	FEMELLE	PETIT	BRUIT
abeille, faux bourdon	reine (mère), ouvrière	larve, nymphe	bourdonne
aigle (un)	aigle (une)	aiglon, aiglonne	glapit, trompette
alouette mâle	alouette femelle		turlute
âne	ânesse	ânon	brait
bouc	chèvre	chevreau, chevrette	bêle, chevrote
bœuf, taureau	vache, taure	veau, génisse	meugle, beugle
buffle	bufflonne	buffletin, bufflette	mugit, souffle
canard	cane	caneton	nasille
carpe mâle	carpe femelle	carpeau	elle est muette !
cerf	biche	faon, hère	brame
chameau	chamelle	chamelon	blatère
chat, matou	chatte	chaton	miaule, ronronne
cheval, étalon	jument	poulain, pouliche	hennit
chevreuil	chevrette	faon, chevrotin	brame
chien	chienne	chiot	aboie, jappe, hurle, grogne
chouette mâle	chouette femelle		(h)ulule
cigale mâle	cigale femelle		chante, stridule
cigogne mâle	cigogne femelle	cigogneau	craquette
cochon, porc, verrat	truie	goret, porcelet	grogne, grouine
coq	poule	poussin	chante (coq), glousse (poule)
corbeau mâle	corbeau femelle	corbillat	croasse
crocodile mâle	crocodile femelle		pleure, vagit
daim	daine	faon	brame
dindon	dinde	dindonneau	glougloute
éléphant	éléphante	éléphanteau	barrit
faisan	faisane	faisandeau	criaille
geai mâle	geai femelle		cajole
girafe mâle	girafe femelle	girafeau, girafon	
grenouille mâle	grenouille femelle	grenouillette, têtard	coasse

A

22

hibou mâle	hibou femelle		(h)ulule
hirondelle mâle	hirondelle femelle	hirondeau	gazouille, tridule, trisse
jars	oie	oison	criaille, jargonne
lapin	lapine	lapereau	clapit, glapit
lièvre	hase	levraut	vagit
lion	lionne	lionceau	rugit
loup	louve	louveteau	hurle
marmotte mâle	marmotte femelle		siffle
merle	merlette	merleau	flûte, siffle
moineau mâle	moineau femelle		pépie
mouton, bélier	brebis	agneau, agnelle, agnelet	bêle
ours	ourse	ourson	gronde, grogne
paon	paonne	paonneau	braille
perdrix mâle	perdrix femelle	perdreau	cacabe, glousse
perroquet mâle	perroquet femelle		parle, cause
perruche mâle	perruche femelle		jacasse, siffle
pie mâle	pie femelle		jacasse, jase
pigeon	pigeonne	pigeonneau	roucoule
pintade mâle	pintade femelle	pintadeau	cacabe, criaille
rat	rate	raton	chicote, couine
renard	renarde	renardeau	glapit
rhinocéros mâle	rhinocéros femelle		barète, barrit
rossignol mâle	rossignol femelle	rossignolet	chante, trille
sanglier	laie	marcassin	grumelle, grommelle
serpent mâle	serpent femelle	serpenteau	siffle
singe	guenon		crie, hurle
souris mâle	souris femelle	souriceau	chicote
tigre	tigresse		râle, feule
tourterelle mâle	tourterelle femelle	tourtereau	roucoule
zèbre mâle	zèbre femelle		hennit

► **Les animaux hybrides**

Certains animaux proviennent du croisement de deux races, de deux espèces différentes. *Le mulet, la mule proviennent d'une jument et d'un âne.*

► **Reproduction des animaux**

Pour se reproduire, *l'âne* **saillit**, *le bélier* **lutte**, *l'étalon et le taureau* **montent** *ou* **saillissent**, *le lapin, le lièvre* **bouquinent**, *l'oiseau mâle* **côche**, *les oiseaux s'***apparient**, *le poisson* **fraye**…

La mise bas se nomme différemment selon les animaux : *la brebis* **agnelle**, *la biche et la chevrette* **faonnent**, *la chatte* **chatte**, *la chèvre* **chevrote**, *la chienne* **chienne**, *la jument* **pouline**, *la lapine* **lapine**, *la louve* **louvette**, *la truie* **cochonne**, *la vache* **vêle**…

ANOMALIES ORTHOGRAPHIQUES

Certains mots d'une même origine, d'une même famille ont des orthographes différentes.

Orthographes différentes

À titre d'exemples, voici quelques mots dont il faut se méfier :

affoler	et	folle
asepsie	et	aseptique
assonance	et	sonner
barrique	et	baril
battu	et	courbatu
bonhomme	et	bonhomie[1]
boursoufler[1]	et	souffler
chariot[1]	et	charrette
combattant	et	combatif[1]
concourir	et	concurrence
consonne	et	consonance
coureur	et	courrier
dissoner	et	sonner
donner	et	donation
exclu	et	inclus
hypothèse	et	hypoténuse
imbécile	et	imbécillité[1]
interpeller[1]	et	appeler
invaincu	et	invincible
mamelle	et	mammifère
nourrice	et	nourisson
nullité	et	annuler
panneau	et	panonceau
patronage	et	patronner
nommer	et	nomination
persifler[1]	et	siffler
pomme	et	pomiculteur
psychose	et	métempsycose
relais	et	délai
résonance	et	résonner
spacieux	et	spatial
trappe	et	trapu
tonnerre	et	détonation
vaisselle	et	vaisselier
verglas	et	verglacer…

Variantes orthographiques

Plusieurs mots ont des **orthographes multiples**, appelées **variantes orthographiques**. Ces mots, qui sont souvent empruntés à d'autres langues, peuvent s'écrire de deux façons, parfois davantage. En voici quelques exemples :

acuponcture	ou	acupuncture
cacher	ou	kascher, casher, cascher
cari	ou	carry, curry
clé	ou	clef
cleptomane	ou	kleptomane
cola	ou	kola
cuiller	ou	cuillère
gaieté	ou	(vx) gaîté
haschisch	ou	haschich, hachisch
hululement	ou	ululement
iglou	ou	igloo
irakien, ienne	ou	iraquien, ienne
lis	ou	lys
muesli	ou	musli
paie	ou	paye
pudding	et	pouding
tsar	ou	tzar
tsigane	ou	tzigane
vantail	ou	ventail
xérès	ou	jerez
yak	ou	yack
yaourt	ou	yogourt, yoghourt

Une écriture partiellement phonétique

Contrairement à l'espagnol ou à l'italien, où chaque lettre note un son, l'écriture du français n'est pas complètement phonétique. Au fil du temps, la prononciation du français a évolué plus rapidement que son orthographe; c'est pourquoi la forme écrite de certains mots ne correspond pas tout à fait à la façon de les prononcer. Par exemple, les noms *sculpteur* et *sculpture* s'orthographient avec un *p* même si on ne prononce plus cette lettre dans ces mots.

Une orthographe étymologique

Dans certains mots, l'orthographe sert à rappeler leur filiation, leur étymologie. Ainsi les lettres ph et th des noms *philosophie* et *thermomètre* rappellent l'origine de ces mots formés à partir d'éléments empruntés au grec.

---

1. Les *Rectifications orthographiques* (1990) permettent d'harmoniser l'orthographe de ce mot avec celle de sa famille. On consultera ce mot à l'ordre alphabétique dans le dictionnaire.

ANTONYMES

Les antonymes ou contraires sont des mots de même catégorie grammaticale qui ont une signification opposée.

beauté	et	laideur	(noms)
chaud	et	froid	(adjectifs)
allumer	et	éteindre	(verbes)
rapidement	et	lentement	(adverbes)

Voici quelques exemples d'antonymes :

abréger et allonger	domestique et sauvage	masculin et féminin
abroger et instituer	embrouiller et clarifier	minimal et maximal
ancien et moderne	fini et infini	monter et descendre
antipathique et sympathique	force et faiblesse	mou et dur
attacher et détacher	fort et faible	optimisme et pessimisme
avare et généreux	générique et spécifique	plat et accidenté
avenant et acariâtre	grand et petit	plein et vide
baisser et monter	grave et aigu	premier et dernier
banal et exceptionnel	haut et bas	public et privé
bien et mal	horizontal et vertical	ralentissement et accélération
bon et méchant	ignorer et connaître	rapide et lent
calmer et exciter	incertain et certain	refuser et accepter
célèbre et inconnu	jeune et vieux	riche et pauvre
clair et sombre	léger et lourd	rigide et flexible
concret et abstrait	limpide et confus	sec et humide
confiance et méfiance	logique et illogique	souvent et rarement
court et long	malheur et bonheur	théorique et pratique
difficilement et facilement	malveillant et bienveillant	visibilité et invisibilité

Ne pas confondre avec les mots suivants :

▶ **homonymes**, mots qui s'écrivent ou se prononcent de façon identique sans avoir la même signification :

air (expression)
air (mélange gazeux)
air (mélodie)
aire (surface)
ère (époque)
erre (vitesse acquise d'un navire)
hère (malheureux)
hère (jeune cerf)

▶ **paronymes**, mots qui présentent une ressemblance d'orthographe ou de prononciation sans avoir la même signification :

acception (sens d'un mot)
acceptation (accord)

allocation (somme d'argent)
allocution (discours bref)

notable (digne d'être noté)
notoire (qui est bien connu)

originaire (qui vient d'un lieu)
original (inédit)

▶ **synonymes**, mots qui ont la même signification ou une signification très voisine :

affable, aimable
berner, duper
commencer, débuter
copieusement, abondamment
cordial, chaleureux
désuet, périmé
dispute, querelle
gravement, grièvement
riche, fortuné
sens, signification

APOSTROPHE

Signe orthographique en forme de virgule qui se place en haut et à droite d'une lettre, l'apostrophe remplace la voyelle finale *(a, e, i)* qu'un mot perd devant un mot qui commence par une voyelle ou un *h* muet. Cette suppression de la voyelle finale, appelée *élision*, n'a pas lieu devant un mot commençant par un *h* aspiré.

> *D'abord, je prendrai l'orange, s'il vous plaît, puis le homard.*

> ▱ Certains mots qui comportaient une apostrophe s'écrivent maintenant en un seul mot.
> *Entracte, entraide,* mais *entr'apercevoir…*

Les mots qui peuvent s'élider sont :

le	se	
la	ne	
je	de	— devant une voyelle ou un *h* muet. *J'aurai ce qui convient.*
me	que	
te	ce	
jusque		— devant une voyelle. *Jusqu'au matin.*
lorsque		— devant *il, elle, en, on, un, une, ainsi* seulement. *Lorsqu'elle est contente.*
puisque		*Puisqu'il est arrivé. Quoiqu'on ait prétendu certaines choses…*
quoique		
presque		— devant *île* seulement. *Une presqu'île,* mais *un bâtiment presque achevé.*
quelque		— devant *un, une* seulement. *Quelqu'un, quelqu'une.*
si		— devant *il* seulement. *S'il fait beau.*

VOIR TABLEAU ► ÉLISION.

APPEL DE NOTE

Signe noté dans un texte pour signaler qu'une note, un éclaircissement ou une référence bibliographique figure au bas de la page, à la fin du chapitre ou à la fin de l'ouvrage.

L'appel de note est indiqué par un chiffre, une lettre, un astérisque inscrit entre parenthèses ou non, généralement en exposant, après la mention faisant l'objet du renvoi.

> Ex. : Boucane n. f. (Amérindianisme) Fumée. *Il y a de la boucane quand il y a un incendie*[1].
> Épinglette n. f. Bijou (général. porté par les femmes) muni d'une épingle, qui peut être orné d'une pierre précieuse. Vieilli *Épinglette de dame.* syn. broche (auj. plus usuel)[2]. […]

On s'en tiendra à une présentation uniforme des appels de note tout au long du texte. Si l'on a recours à l'astérisque, il est recommandé de ne pas effectuer plus de trois appels de note par page (*), (**), (***).

1. Gaston Dulong, *Dictionnaire des canadianismes*, Montréal, Larousse, 1989, p. 57.
2. *Dictionnaire historique du français québécois*, sous la direction de Claude Poirier, par l'équipe du *Trésor de la langue française au Québec,* Sainte-Foy, Presses de l'Université Laval, 1998, p. 257-258.

> ▱ Dans la note, le prénom précède le nom de famille, contrairement à la bibliographie, où le nom de famille est inscrit avant le prénom pour faciliter le classement alphabétique.

VOIR TABLEAU ► RÉFÉRENCES BIBLIOGRAPHIQUES.

EMPRUNTS À L'**ARABE**

La langue arabe a donné au français quelques centaines de mots:

- • par emprunt direct (*couscous, fakir, haschisch, khôl, sofa*),
- • par l'espagnol (*alcôve, guitare, sarabande*),
- • par le portugais (*marabout, pastèque*),
- • par l'italien (*artichaut, assassin, mosquée, nacre, sorbet*),
- • par le provençal (*lime, luth, orange*),
- • par le latin (*laque, nuque, raquette*),
- • par le grec (*élixir*).

De nombreux emprunts à la langue arabe commencent par les lettres *al* (déterminant arabe signifiant « le, la »).

Emprunt	Signification du mot arabe d'origine
alcôve	« la grotte, la petite chambre »
alezan	« le cheval »
algarade	« l'attaque de nuit »
algèbre	« la réduction des calculs »
algorithme	d'après Al-Khawarizmi, grand mathématicien arabe

▶ **Orthographe**

Les mots empruntés à l'arabe sont généralement francisés ; ils s'écrivent avec des accents, s'il y a lieu, et prennent la marque du pluriel. *Des camaïeux, des émirs, des razzias.*

Voici quelques exemples de mots provenant de l'arabe :

abricot	cafard	girafe	mousson
alambic	caïd	goudron	musulman
alcalin	calife	guitare	nacre
alchimie	camaïeu	harem	nadir
alcool	camphre	hasard	nénuphar
alcôve	câpre	haschisch	nuque
alezan	caroube	henné	orange
algarade	carrousel	jarre	pastèque
algèbre	carvi	jasmin	raquette
algorithme	cheik	jujube	razzia
alkékenge	chiffre	khôl	récif
almanach	chimie	kif-kif	safran
ambre	coran	laque	salamalecs
amiral	coton	lilas	salsepareille
arak	couscous	lime	sarabande
arsenal	djellaba	luth	sirop
artichaut	douane	magasin	sofa
assassin	échec	marabout	sorbet
avanie	élixir	massepain	sucre
avarie	émir	matelas	sultan
azimut	épinard	matraque	taboulé
azur	estragon	méchoui	talisman
babouche	fakir	mesquin	tambour
baobab	fanfaron	minaret	tasse
bédouin	fez	moka	timbale
bled	gandoura	momie	zénith
burnous	gazelle	mosquée	zéro...

ATTRIBUT

L'attribut est un mot ou un groupe de mots exprimant une qualité, une manière d'être attribuée à un être ou à un objet par l'intermédiaire d'un verbe, le plus souvent, le verbe *être*. *Elle était émue quand on l'a nommée présidente.*

☞ Fonction grammaticale exercée dans la plupart des cas par un adjectif ou un nom, l'attribut fait partie du groupe verbal.

Plusieurs verbes – **essentiellement** ou **occasionnellement attributifs** – peuvent jouer le même rôle :

appeler	demeurer	faire	savoir
choisir	devenir	juger	sembler
connaître	dire	paraître	trouver
croire	élire	proclamer	vivre
déclarer	estimer	rester	vouloir…

▶ **Attribut du sujet**

*La maison paraît **grande** lorsque les enfants sont **absents**. Étienne est devenu **neurologue** en 2005.*

*Ces chiens semblent **attachés** à Françoise : ce sont **les siens**. Elle restera **présidente**.*

📏 L'attribut du sujet est un receveur d'accord : s'il est de forme variable, il s'accorde en genre et en nombre avec le sujet du verbe.

▶ **Attribut du complément du verbe**

*Je le crois **fou de toi**. Le directeur la trouve **compétente**. On la nomma **trésorière**.*

📏 L'attribut du complément direct est un receveur d'accord : s'il est de forme variable, il **s'accorde en genre et en nombre avec le complément direct du verbe.**

▶ **L'attribut peut être**

Un adjectif ou **un groupe adjectival (groupe de l'adjectif).**
*Cette maison est **accueillante**. Ces mères semblent **bien fières de leur enfant**.*

Un nom ou **un groupe nominal (groupe du nom).**
*Les membres l'élurent **président**. Les framboises sont **des fruits succulents**.*

Un pronom.
*Cette bicyclette est **la tienne**. **Qui** es-tu ?*

Un adverbe ou **un groupe adverbial (groupe de l'adverbe).**
*Elle est **chic**. Ce texte est **très bien**.*

Un groupe prépositionnel (groupe de la préposition).
*Mes amis sont **d'accord**. Les lilas sont **en fleurs**.*

Une phrase subordonnée.
*Notre objectif est **que tous les étudiants maîtrisent bien cette matière**.*

Un participe.
*Le jardin est **ombragé**. Ces personnes semblent **touchées**.*

Un infinitif ou **une phrase infinitive.**
*Partir, c'est **mourir un peu**.*

▶ **Place de l'attribut**

L'attribut se place généralement **après** le verbe qui le relie au mot qu'il qualifie. *La fleur est rouge.*

Il est parfois **avant** le verbe, notamment dans les interrogations, dans les phrases où le verbe est sous-entendu, lorsque l'auteur veut mettre l'accent sur l'attribut. *Quel est ton âge ? Heureux les insouciants ! Grande était sa joie.*

AUXILIAIRE

LES AUXILIAIRES DE CONJUGAISON

Verbes servant à la **formation des temps composés** pour la conjugaison des verbes.

⊶ Les auxiliaires de conjugaison sont *avoir* et *être*; ils n'ont pas de signification propre et marquent la personne, le nombre, le temps et le mode du verbe aux divers temps composés.

Auxiliaire *avoir*			Auxiliaire *être*		
j'	**ai**	aimé	je	**suis**	venu, ue
tu	**as**	aimé	tu	**es**	venu, ue
elle	**a**	aimé	elle	**est**	venue
il	**a**	aimé	il	**est**	venu
nous	**avons**	aimé	nous	**sommes**	venus, ues
vous	**avez**	aimé	vous	**êtes**	venus, ues
elles	**ont**	aimé	elles	**sont**	venues
ils	**ont**	aimé	ils	**sont**	venus

⊶ Le mot *auxiliaire* signifie « aide ».

FORMATION DES TEMPS COMPOSÉS AVEC L'AUXILIAIRE *AVOIR* ET LE PARTICIPE PASSÉ

Les verbes *avoir* et *être*. *J'ai eu froid, j'ai été malade.*

Tous les **verbes transitifs**. *Tu as lu des livres.*
⤷ Les verbes transitifs directs peuvent avoir un complément direct du verbe; les verbes transitifs indirects peuvent avoir un complément indirect du verbe.

La plupart des **verbes intransitifs**. *Elle a voyagé.*
⤷ Les verbes intransitifs n'admettent jamais de complément.

Les verbes essentiellement **impersonnels non pronominaux**. *Il a neigé.*
▭ Les verbes impersonnels ne s'emploient qu'à la troisième personne du singulier avec le sujet impersonnel *il.*

FORMATION DES TEMPS COMPOSÉS AVEC L'AUXILIAIRE *ÊTRE* ET LE PARTICIPE PASSÉ

Certains verbes **intransitifs** et certains verbes **transitifs indirects**. *Il est arrivé depuis hier. Elles sont revenues.*

advenir	décéder	intervenir	partir	revenir
aller	devenir	mourir	redevenir	survenir
arriver	échoir	naître	rester	venir...

⤷ Les verbes intransitifs sont employés sans complément du verbe.

Tous les verbes à la **forme pronominale**. *Elle s'est regardée. Nous nous sommes vues.*
⤷ Les verbes pronominaux sont accompagnés d'un pronom personnel qui renvoie au sujet.

Tous les verbes à la **forme passive**. *Tu seras apprécié par tes amis.*
⊶ La forme passive exprime l'action à partir de l'objet qui la subit *(la pomme est mangée)*, alors que la forme active exprime l'action à partir du sujet qui la fait *(je mange la pomme).*

FORMATION DES TEMPS COMPOSÉS AVEC L'AUXILIAIRE *AVOIR* OU *ÊTRE* ET LE PARTICIPE PASSÉ

Certains verbes se conjuguent avec l'auxiliaire *avoir* pour exprimer une action et avec l'auxiliaire *être* pour exprimer l'état qui résulte de l'action. *Il **a** passé ses vacances ici. L'hiver **est** enfin passé.*

accoucher	crever	diminuer	enlaidir	pourrir
accourir	déborder	disparaître	entrer	rajeunir
apparaître	décamper	divorcer	expirer	rentrer
atterrir	décroître	échapper	grandir	retourner
augmenter	dégeler	échouer	grossir	sonner
baisser	dégénérer	éclater	maigrir	stationner
camper	déménager	éclore	monter	tourner
changer	demeurer	embellir	paraître	trépasser
chavirer	descendre	empirer	passer	vieillir...

LES AUXILIAIRES

► **Les auxiliaires d'aspect**

Les auxiliaires d'aspect sont des verbes construits avec un infinitif et jouant le rôle d'un auxiliaire pour situer **le moment de l'action** exprimée par le verbe à l'infinitif.

Certains auxiliaires d'aspect marquent l'étape du déroulement de l'action :

- **avant le déroulement** *(aller, être sur le point de, être en passe de…)*
  Le réveil va sonner. Tu étais sur le point de t'endormir. Elles sont en passe de réussir.
  ☞ La forme verbale traduit un futur proche.

- **au début du déroulement** *(commencer à, se mettre à…)*
  Il commence à pleuvoir. Il s'est mis à neiger.

- **en cours de déroulement** *(être en train de, être à…)*
  Les enfants sont en train de jouer. Ils sont à dessiner.

- **en fin de déroulement** *(achever de, cesser de, finir de…)*
  Elle achève de manger. Ils finissent de dormir.

- **après le déroulement** *(avoir fini de, venir de…)*
  Les orateurs viennent de terminer leur discours. Vous avez fini de repeindre le salon.
  ☞ La forme verbale traduit un passé proche.

► **Les auxiliaires de modalité (ou auxiliaires modaux)**

Les auxiliaires de modalité sont des verbes construits avec l'infinitif et jouant le rôle d'un auxiliaire pour marquer **la possibilité** ou **l'obligation** *(pouvoir, devoir).*
Ces adolescents peuvent fêter : ils ont réussi leurs examens. Ils doivent rentrer avant minuit.

☞ Ces verbes peuvent aussi exprimer **la probabilité.**
Selon nos calculs, le chiffre d'affaires peut atteindre un million. Il doit neiger ce soir.

► **Les auxiliaires factitifs**

Les auxiliaires factitifs sont des verbes construits avec un infinitif et jouant le rôle d'un auxiliaire pour indiquer **que le sujet fait faire l'action par autrui** *(faire et laisser).*
Nos voisins ont fait construire une maison. Ils ont laissé les enfants dormir.

AVIS LINGUISTIQUES ET TERMINOLOGIQUES

C'est la Charte de la langue française – sanctionnée le 26 août 1977 – qui a confié à l'Office de la langue française (OLF) la mission de recommander ou de normaliser certains termes par leur publication à la *Gazette officielle*. Le 1er octobre 2002, l'OLF est devenu l'Office québécois de la langue française (OQLF).

Les avis de l'organisme portent principalement sur des terminologies présentant un phénomène massif d'emprunt, sur des terminologies traditionnelles régionales qui entrent en conflit avec des terminologies françaises, sur des terminologies en voie d'élaboration.

En France, le gouvernement a également constitué des commissions de terminologie qui ont pour objet d'étudier le vocabulaire de certains domaines menacés par l'anglicisation et de formuler des recommandations officielles.

VOICI QUELQUES EXEMPLES D'AVIS :

▶ **Accentuation des majuscules**

Les majuscules sont notées avec accents, tréma et cédille lorsque les minuscules équivalentes en comportent.

▶ **Signalisation des issues de secours**

– *sortie,* équivalent français de « *exit* »

▶ **Signalisation routière**

– *halte routière,* équivalent français de « *rest area* »

▶ **Commerce**

– *dépanneur,* équivalent français de « *convenience store* »

– *centre commercial* (et non *centre d'achats), équivalent français de « *shopping center* »

▶ **Règles d'écriture**

Indication de l'heure selon la période de 24 heures. Ex. : *20 h 30 min* ou *20 h 30*

Symbole du dollar à la suite de la partie numérique. Ex. : *75 \$, 50,25 \$*

▶ **Informatique**

– *éditique,* équivalent français de « *desktop publishing* »

– *courriel,* équivalent français de « *electronic mail* », « *e-mail* »

▶ **Publicité**

– *commanditaire,* équivalent français de « *sponsor* »

– *commandite,* équivalent français de « *sponsorship* »

▶ **Espèces marines québécoises**

– *saumon de l'Atlantique,* équivalent français de « *Atlantic salmon* » (appellation non retenue : saumon de Gaspé)

– *pétoncle,* équivalent français de « *scallop* » (appellation non retenue : coquille Saint-Jacques)

– *crevette nordique,* équivalent français de « *pink shrimp* » (appellations non retenues : crevette de Matane, crevette rose, crevette de Sept-Îles)

▶ **Mentions**

– *breveté,* équivalent français de « *patented* »

– *imprimé à, au, en,* équivalent français de « *printed in* »

– *fabriqué à, au, en,* équivalent français de « *made in* »

▶ **Éducation**

– *sanction des études* (et non *certification)

– *délivrance des diplômes* (et non *émission des diplômes)

– *droits de scolarité* (et non *frais de scolarité)

CHIFFRES ARABES

Les chiffres sont des caractères servant à écrire les nombres. *Nous employons généralement les **chiffres arabes**, mais nous recourons parfois aux **chiffres romains**.*

La numération arabe est composée de dix chiffres : **0, 1, 2, 3, 4, 5, 6, 7, 8, 9**.

T Les nombres s'écrivent par **tranches de trois chiffres** séparées entre elles par un espace (de droite à gauche pour les entiers, de gauche à droite pour les décimales). *1 865 234,626 125*
Si le nombre ne comprend que quatre chiffres, il peut s'écrire avec ou sans espace. *1 865 ou 1865*
Le **signe décimal** du système métrique est la **virgule**. *45,14 (et non plus *45.14)*

On recourt généralement aux chiffres arabes pour noter les nombres dans la langue courante ainsi que dans les textes techniques, scientifiques, financiers ou administratifs.

T Cependant, tout nombre qui commence une phrase doit être noté en toutes lettres. *Trente élèves ont réussi.* En fin de ligne, on veillera à ne pas séparer un nombre en chiffres du nom qu'il accompagne.

PRINCIPAUX EMPLOIS DES CHIFFRES ARABES

1. Quantité complexe.
Il y a 12 000 étudiants qui fréquentent l'École des HEC cette année, dont 3 608 étudiants étrangers.

T Dans un texte de style soutenu, on écrit généralement en toutes lettres les nombres de **0** à **9**.

2. Date, heure et âge.
Le 31 juillet 1996 à 11 h 30, Marie-Ève a eu 20 ans.

3. Numéros d'ordre.
Adresse. *Ils habitent 35, rue des Bouleaux.*
Numéro de loi, d'article, de règlement. *Projet de loi 40, article 2.*
Numéro de page, de paragraphe. *Voir p. 354, paragr. 4.*

4. Pourcentage et taux (%).
La note de passage est de 60 %. Un taux d'intérêt de 8,5 %.

T Le symbole % est séparé par un espace du nombre qu'il suit.

5. Nombre suivi d'un **symbole d'unité de mesure**.
Un poids de 15 kg, une longueur de 35 cm, une température de 25 °C.

T Le symbole de l'unité de mesure est séparé par un espace du nombre qu'il suit et il s'écrit sans point abréviatif.

6. Nombre suivi d'un **symbole d'unité monétaire**.
Le prix est de 100 $, 500 €, 250 £.

7. Fraction, échelle de carte.
Les 2/3 des élèves ou 66,66 % ont réussi. Une carte à l'échelle de 1/50 000.

T Les fractions décimales sont toujours composées en chiffres. Les unités ne se séparent pas des dixièmes. *Une distance de 15,5 km (et non *15 km 5).* Si le nombre est inférieur à **1**, la fraction décimale est précédée d'un **0** ; on ne laisse pas d'espace avant ni après la virgule décimale. *Un écart de 0,38 cm a été constaté.*

VOIR TABLEAUX ▶ **CHIFFRES ROMAINS.** ▶ **NOMBRES.** ▶ **SYMBOLE.**

CHIFFRES ROMAINS

Les chiffres romains sont notés à l'aide de sept lettres majuscules auxquelles correspondent des valeurs numériques.

I	V	X	L	C	D	M
1	5	10	50	100	500	1 000

🗝 Comme les chiffres arabes, les chiffres romains s'écrivent de gauche à droite en commençant par les milliers, puis les centaines, les dizaines et les unités.

Les nombres sont constitués :

▸ **par addition** : en inscrivant les chiffres plus petits ou égaux à droite des chiffres plus grands.

XIII	CXX	MCL
10 + 3 = 13	100 + 10 + 10 = 120	1 000 + 100 + 50 = 1 150

▸ **par soustraction** : en inscrivant les chiffres plus petits à gauche des chiffres plus grands.

IV	XL	CMXCIX
-1 + 5 = 4	- 10 + 50 = 40	(-100 + 1000) + (-10 + 100) + (-1 + 10) = 999

▸ **par multiplication** : un trait horizontal au-dessus d'un chiffre romain le multiplie par 1 000.

$$\overline{V} = 5\ 000 \qquad \overline{X} = 10\ 000 \qquad \overline{M} = 1\ 000\ 000$$

🗝 Le chiffre **I** ne peut être soustrait que de **V** ou de **X** ;
le chiffre **X** ne peut être soustrait que de **L** ou de **C** ;
le chiffre **C** ne peut être soustrait que de **D** ou de **M**.

On ne peut additionner plus de trois unités du même nombre, on recourt ensuite à la soustraction.

III,	IV	XXX,	XL
3,	4	30,	40

PRINCIPAUX EMPLOIS DES CHIFFRES ROMAINS

1. Noms de **siècles** et de **millénaires**. *Le XVIe siècle, le IIe millénaire.*

2. Noms de **souverains** et ordre des **dynasties**. *Louis XIV, IIIe dynastie.*

3. Noms d'**olympiades**, de **manifestations**. *Les XXIIes Jeux olympiques.*

4. **Divisions d'un texte**. *Tome IV, volume III, fascicule IX, avant-propos p. IV.*

5. Inscription de la **date sur un monument**, au **générique d'un film**. *MCMLXXXIX.*

🗝 Contrairement aux chiffres arabes, les chiffres romains d'une colonne s'alignent verticalement à gauche.

VOIR TABLEAU ▸ CHIFFRES ARABES.

CHIFFRES ARABES	CHIFFRES ROMAINS	CHIFFRES ARABES	CHIFFRES ROMAINS	CHIFFRES ARABES	CHIFFRES ROMAINS
1	I	40	XL	700	DCC
2	II	50	L	800	DCCC
3	III	60	LX	900	CM
4	IV	70	LXX	1000	M
5	V	80	LXXX	1534	MDXXXIV
6	VI	90	XC	1642	MDCXLII
7	VII	100	C	1965	MCMLXV
8	VIII	200	CC	1987	MCMLXXXVII
9	IX	300	CCC	1990	MCMXC
10	X	400	CD	1998	MCMXCVIII
20	XX	500	D	1999	MCMXCIX
30	XXX	600	DC	2000	MM

COLLECTIF

Nom singulier ou locution désignant une réunion d'êtres ou de choses.

COLLECTIFS COURANTS

amas	dizaine	lot	poignée	troupe
armée	douzaine	majorité	quantité	troupeau...
bande	ensemble	masse	série	
brassée	foule	minorité	tas	
centaine	groupe	multitude	totalité	
cortège	infinité	nuée	tribu	

► **1.** Nom collectif **employé seul**

Si le sujet est un collectif employé sans complément, le verbe se met **au singulier.**
L'équipe gagna la partie.

► **2.** Nom collectif **suivi d'un complément au singulier**

Si le sujet est un collectif suivi d'un complément au singulier, le verbe se met **au singulier.**
La plupart du temps se passe à jouer dehors.

► **3.** Nom collectif **précédé d'un déterminant indéfini suivi d'un complément au pluriel**

Si le sujet est un collectif précédé d'un déterminant indéfini *(un, une)* et suivi d'un complément au pluriel, le verbe se met **au singulier** lorsque l'auteur veut insister sur l'ensemble, **au pluriel,** s'il veut insister sur le complément au pluriel (la pluralité).
Une majorité d'élèves a réussi ou *ont réussi l'examen.*

► **4.** Nom collectif **précédé d'un déterminant défini, d'un déterminant possessif ou d'un déterminant démonstratif et suivi d'un complément au pluriel**

Si le sujet est un collectif précédé d'un déterminant défini *(le, la),* d'un déterminant possessif *(mon, ma)* ou d'un déterminant démonstratif *(ce, cette)* et suivi d'un complément au pluriel, le verbe se met généralement **au singulier.**
La bande de copains est en excursion. Mon groupe d'amis raffole de cette musique.

► **5.** Locutions *un des, une moitié des, un grand nombre de, un certain nombre de, un petit nombre de... suivies d'un complément au pluriel*

Si le sujet est l'une de ces expressions, le verbe se met **au singulier** lorsque l'auteur veut insister sur l'ensemble, **au pluriel,** lorsqu'il veut insister sur le complément au pluriel (la pluralité).
Une moitié des pommes est tombée ou *sont tombées.*

► **6.** Locutions *assez (de), beaucoup (de), bien des, combien (de), la plupart (des), la totalité des, nombre (de), peu (de), quantité (de), tant (de), trop (de), infinité de... suivies d'un complément au pluriel*

Si le sujet est une expression qui exprime la quantité, l'accord du verbe se fait avec le complément **au pluriel** du nom ou du pronom.
La plupart des amis étaient là. Une infinité de roses sont cultivées dans ce jardin.

    ▭ Malgré la logique,
- le verbe s'accorde **au singulier** après *plus d'un (plus d'un élève était absent);*
- le verbe s'accorde **au pluriel** après *moins de deux (moins de deux heures se sont écoulées avant son arrivée).*

► **7.** Termes *espèce, sorte, type*

Si le sujet est l'un de ces termes désignant l'espèce et qu'il est précédé de *un, une* et suivi d'un complément au pluriel, c'est avec celui-ci que se fait généralement l'accord. *Un nouveau type d'enquêtes ont été effectuées.* Si l'un de ces termes est précédé d'un déterminant défini *(le, la),* d'un déterminant possessif *(mon, ma)* ou d'un déterminant démonstratif *(ce, cette)* et suivi d'un complément au pluriel, le verbe se met généralement au singulier. *Ce type de recherches est peu commun.*

COMPLÉMENT[1]

Le **complément** est un groupe de mots ou une phrase qui complète le sens d'un mot ou d'une phrase.

COMPLÉMENT DE LA PHRASE

La **phrase** de base est constituée de son sujet et de son prédicat (ce qui est dit à propos du sujet), ces deux constituants étant obligatoires et fixes; elle peut comprendre aussi un ou plusieurs **compléments de phrase** facultatifs et mobiles.

Quatre catégories grammaticales peuvent remplir la fonction de complément de phrase:

▸ **groupe de la préposition**
*Je vais te le dire **à ce moment-là**. Il aime Julie **depuis ce jour**.*

▸ **groupe de l'adverbe**
*Un accident est arrivé **hier**. Elle mangeait de la viande **autrefois**.*

▸ **groupe du nom**
*Cet enfant rit **toute la journée**. Il a perdu son emploi **le mois dernier**.*

▸ **phrase subordonnée**
*Vous commencerez **quand vous serez prêt**.* (SUBORDONNÉE CIRCONSTANCIELLE)

COMPLÉMENT DU VERBE

Un **groupe du verbe** est formé d'un verbe et, selon ce que commande l'emploi de ce verbe, d'aucun, d'un ou de plusieurs **compléments du verbe**.

Six catégories grammaticales peuvent faire partie du complément du verbe:

▸ **groupe du nom**
*Il plantait **des arbres**.* (COMPLÉMENT DIRECT DU VERBE)
*Le chat est **un mammifère**.* (ATTRIBUT DU SUJET)

▸ **groupe de la préposition**
*Elle parle **à son père**.* (COMPLÉMENT INDIRECT DU VERBE)
*Il semble **de la bonne sorte**.* (ATTRIBUT DU SUJET)

▸ **groupe de l'adverbe**
*Elles iront **ailleurs**.* (COMPLÉMENT INDIRECT DU VERBE)
*Ils paraissent **très bien**.* (ATTRIBUT DU SUJET)

▸ **groupe de l'adjectif**
*Elle est **heureuse**.* (ATTRIBUT DU SUJET)
*Il rend ses parents **heureux**.* (ATTRIBUT DU COMPLÉMENT DIRECT DU VERBE)

▸ **phrase infinitive**
*Ils aiment **raconter des histoires drôles**.* (SUBORDONNÉE COMPLÉTIVE, COMPLÉMENT DIRECT DU VERBE)

▸ **phrase subordonnée**
*Il pense **que l'été est fini**.* (SUBORDONNÉE COMPLÉTIVE, COMPLÉMENT DIRECT DU VERBE)
*Elle sait **quel est ton tarif pour les corrections**.* (SUBORDONNÉE COMPLÉTIVE, COMPLÉMENT DIRECT DU VERBE)

COMPLÉMENT | *SUITE* >

1. Conception du tableau: Annie Desnoyers.

La différence entre un **complément de phrase** et un **complément de verbe** est que le premier est facultatif et mobile, alors que le second est obligatoire selon le verbe utilisé et se place normalement après ce verbe.

Sujet de la phrase	Prédicat de la phrase	Complément de la phrase
		(facultatif et mobile)
Le verglas	*a endommagé l'érablière*	*en 1998.*
Des agents secrets	*ont attenté à la vie du roi*	*dans ce pays.*

Le verglas a endommagé l'érablière. / En 1998, le verglas a endommagé l'érablière. / *Le verglas a endommagé en 1998. / *L'érablière, le verglas a endommagé en 1998.

Des agents secrets ont attenté à la vie du roi. / Dans ce pays, des agents secrets ont attenté à la vie du roi. / *Des agents secrets ont attenté dans ce pays. / *À la vie du roi, des agents secrets ont attenté dans ce pays.

☞ Les phrases précédées d'un astérisque sont agrammaticales.

COMPLÉMENT DU NOM (ET DU PRONOM)

Un **groupe du nom** est formé d'un nom commun et son déterminant ou d'un nom propre, puis facultativement, d'un ou de plusieurs **compléments du nom**. Les compléments du nom peuvent prendre deux sens : ils peuvent servir à déterminer de quelle réalité il est question (ils sont alors nécessaires à la phrase et ne sont pas encadrés par des virgules) ou ils peuvent servir seulement à donner une explication de plus sur la réalité dont on parle (ils sont alors facultatifs dans la phrase et sont encadrés par des virgules).

Quatre catégories grammaticales peuvent jouer le rôle de complément du nom :

▸ **groupe de l'adjectif**
  *ma grand-mère **paternelle***   *ma mère, **toujours généreuse**,*

▸ **groupe de la préposition**
  *les promenades **à vélo***   *ces promenades, **au clair de lune**,*

▸ **groupe du nom**
  *des tables **style bistro***   *la table, **un meuble indispensable**,*

▸ **phrase subordonnée**
  *la dame **qui porte un chapeau*** (SUBORDONNÉE RELATIVE)
  *cette dame, **qui porte un chapeau**,* (SUBORDONNÉE RELATIVE)
  *le désir **qu'elle revienne vite*** (SUBORDONNÉE COMPLÉTIVE)

Dans le groupe du nom, un **pronom** peut aussi remplacer le nom puis, facultativement, être suivi d'un **complément du pronom**.

Deux catégories grammaticales peuvent jouer le rôle de complément du pronom :

▸ **groupe de la préposition**
  *celle **de ma sœur***   *aucun **des deux***   *ceux **de jadis***
▸ **phrase subordonnée**
  *celle **qui porte un grand chapeau blanc*** (SUBORDONNÉE RELATIVE)

C
35

C

36

COMPLÉMENT DE L'ADJECTIF

Un **groupe de l'adjectif** contient un adjectif et, facultativement, un **complément de l'adjectif**.

Deux catégories grammaticales peuvent remplir la fonction de complément de l'adjectif :

- ► **groupe de la préposition**
  *bonne **en physique***

- ► **phrase subordonnée**
  *certains **qu'elle réussira l'examen final*** (SUBORDONNÉE COMPLÉTIVE)

COMPLÉMENT DE LA PRÉPOSITION

Un **groupe de la préposition** est composé d'une préposition et, obligatoirement, d'un **complément de la préposition**.

Quatre catégories grammaticales peuvent jouer le rôle de complément de la préposition :

- ► **groupe du nom**.................*dans **sa chambre***

- ► **groupe de la préposition**.....*de **derrière la maison***

- ► **groupe de l'adverbe**..........*d'**hier***

- ► **phrase infinitive**...............*pour **te voir arriver le matin***

COMPLÉMENT DE L'ADVERBE

Un **groupe de l'adverbe** contient un adverbe et, facultativement, un **complément de l'adverbe**.
Seul le groupe de la préposition peut jouer le rôle de complément de l'adverbe.
*conformément **à vos dispositions***

VOIR TABLEAUX ► ADJECTIF. ► ADVERBE. ► NOM.   ►PRÉPOSITION. ► PRONOM. ► VERBE.

Le temps du verbe principal ou verbe de la phrase principale définit le mode et le temps du verbe subordonné selon que l'action de celui-ci a eu lieu AVANT (antériorité), a lieu PENDANT (simultanéité) ou aura lieu APRÈS (postériorité) celle du verbe principal.

🖈 Le temps grammatical prend pour point d'ancrage le moment de l'énonciation.

TEMPS DU VERBE PRINCIPAL (PHRASE PRINCIPALE)	MOMENT DE L'ACTION DU VERBE SUBORDONNÉ	MODE ET TEMPS DU VERBE SUBORDONNÉ (PHRASE SUBORDONNÉE)	
▶ PRÉSENT		INDICATIF	
	AVANT	qu'il était là	(imparfait)
		qu'il a été là	(passé composé)
		qu'il fut malade	(passé simple)
Il pense		qu'il avait été malade	(plus-que-parfait)
	PENDANT	qu'il est là	(présent)
	APRÈS	qu'il sera là	(futur)
		SUBJONCTIF	
	AVANT	qu'elle ait été malade	(passé)
Elle redoute	PENDANT	qu'elle soit malade maintenant	(présent)
	APRÈS	qu'elle vienne en retard	(présent)
▶ PASSÉ		INDICATIF	
Elle pensait	AVANT	qu'il avait été là	(plus-que-parfait)
Elle a pensé	PENDANT	qu'il était là	(imparfait)
Elle pensa	APRÈS	qu'il serait là	(conditionnel présent)
Elle avait pensé			
		SUBJONCTIF	
	AVANT	qu'elle eût été malade	(plus-que-parfait)
Elle redoutait	PENDANT	qu'elle fût malade	(imparfait)
	APRÈS	qu'elle fût malade désormais	(imparfait)
▶ FUTUR		INDICATIF	
	AVANT	qu'il a été là	(passé composé)
		qu'il était là	(imparfait)
Ils diront		qu'il fut là	(passé simple)
Elles auront dit	PENDANT	qu'il est là	(présent)
	APRÈS	qu'il viendra	(futur)
		SUBJONCTIF	
	AVANT	qu'il ait été là	(passé)
Il doutera	PENDANT	qu'elle vienne	(présent)
	APRÈS	qu'elle soit là à temps	(présent)

TEMPS DU VERBE PRINCIPAL (PHRASE PRINCIPALE)	MOMENT DE L'ACTION DU VERBE SUBORDONNÉ	MODE ET TEMPS DU VERBE SUBORDONNÉ (PHRASE SUBORDONNÉE)
▶ CONDITIONNEL PRÉSENT		SUBJONCTIF
Elle douterait	AVANT	qu'il eût été là .... (plus-que-parfait)
	PENDANT	qu'il soit là .... (présent)
	APRÈS	qu'il soit malade .... (présent)
▶ CONDITIONNEL PASSÉ		SUBJONCTIF
Il aurait douté	AVANT	qu'elle eût été malade .... (plus-que-parfait)
	PENDANT	qu'elle fût là .... (imparfait)
	APRÈS	qu'elle fût présente désormais .... (imparfait)

📖 L'emploi du subjonctif imparfait ou plus-que-parfait relève aujourd'hui de la langue écrite ou littéraire. Dans la langue orale, le subjonctif imparfait est généralement remplacé par le présent du subjonctif (*elle douterait que tu sois malade*); le subjonctif plus-que-parfait, par le subjonctif passé (*elle douterait que tu sois parti*).

VOIR TABLEAUX ▶ FUTUR. ▶ INDICATIF. ▶ PASSÉ (TEMPS DU). ▶ PRÉSENT. ▶ SUBJONCTIF.

CONCORDANCE DES TEMPS DANS LE TEXTE[1]

La **concordance des temps** des verbes entre plusieurs phrases autonomes relève de la grammaire du texte: elle concerne la cohérence textuelle.

📌 La concordance des temps et des modes des verbes à l'intérieur d'une phrase autonome contenant au moins une phrase subordonnée relève de la grammaire de la phrase.

VOIR TABLEAU ▶ CONCORDANCE DES TEMPS DANS LA PHRASE.

La **concordance des temps dans le texte** est l'emploi des temps verbaux pour marquer:
- le temps principal du texte;
- les situations qui ont lieu AVANT (antériorité), PENDANT (simultanéité) et APRÈS (postériorité) ce temps principal.

TEXTE AU PRÉSENT (temps principal)

Les situations antérieures au temps principal du texte sont exprimées par un verbe conjugué à un temps du passé, les situations simultanées, par un verbe au présent, et les situations postérieures, par un verbe au futur.

*Ce soir, le ciel <u>brille</u> d'étoiles. Les enfants <u>sont</u> assis sur la galerie du chalet, blottis contre mamie Arlette, emmitouflés dans une couverture. Sur le quai, grand-papa Gilles <u>prépare</u> quelque chose de mystérieux. Le matin, il **a dit** aux enfants de s'attendre à une surprise le soir venu.*

Soudain, un grand bruit <u>éclate</u>! Une fusée lumineuse <u>grimpe</u> vers le ciel, puis <u>se change</u> en une merveilleuse explosion de couleurs.

*— «Bleu, vert, jaune, rose!», <u>crient</u> Amélie, Antoine, Catherine et mamie, ravis du feu d'artifice. Cette soirée **restera** gravée dans leur mémoire pour toujours.*

1. Conception du tableau: Annie Desnoyers.

TEXTE AU PASSÉ (temps principal)

Les situations qui ont lieu avant ce temps principal sont exprimées par un verbe conjugué au plus-que-parfait. Les situations qui se déroulent en même temps que le temps principal sont exprimées par un verbe soit à l'imparfait dans le cas d'une description, soit au passé composé (ou au passé simple) s'il s'agit de relater un évènement. Les situations qui ont lieu après le temps principal du texte sont exprimées par un verbe au conditionnel présent.

> *Ce soir-là, le ciel brillait d'étoiles. Les enfants étaient assis sur la galerie du chalet, blottis contre mamie Arlette, emmitouflés dans une couverture. Sur le quai, grand-papa Gilles préparait quelque chose de mystérieux. Le matin, il **avait dit** aux enfants de s'attendre à une surprise le soir venu.*

> *Soudain, un grand bruit a éclaté (ou éclata)! Une fusée lumineuse a grimpé (ou grimpa) vers le ciel, puis s'est changée (ou se changea) en une merveilleuse explosion de couleurs.*

> *— « Bleu, vert, jaune, rose! », ont crié (ou crièrent) Amélie, Antoine, Catherine et mamie, ravis du feu d'artifice. Cette soirée **resterait** gravée dans leur mémoire pour toujours.*

TEXTE AU FUTUR (temps principal)

Les situations qui ont lieu avant ce temps principal sont exprimées par un verbe conjugué à un temps du passé ou au futur antérieur, les situations qui se déroulent en même temps sont exprimées par un verbe au présent ou au futur. Les situations qui ont lieu après le temps principal du texte sont exprimées par un verbe au futur.

> *Ce soir, le ciel brillera d'étoiles. Les enfants seront assis sur la galerie du chalet, blottis contre mamie Arlette, emmitouflés dans une couverture. Sur le quai, grand-papa Gilles préparera quelque chose de mystérieux. L'après-midi, il **aura dit** aux enfants de s'attendre à une surprise le soir venu.*

> *Soudain, un grand bruit éclatera! Une fusée lumineuse grimpera vers le ciel, puis se changera en une merveilleuse explosion de couleurs.*

> *— « Bleu, vert, jaune, rose! », crieront Amélie, Antoine, Catherine et mamie, ravis du feu d'artifice. Cette soirée **restera** gravée dans leur mémoire pour toujours.*

VOIR TABLEAUX ▶ PRÉSENT. ▶ PASSÉ (TEMPS DU). ▶ FUTUR.

CONJONCTION DE COORDINATION[1]

La **conjonction de coordination** ou **coordonnant** unit deux mots, deux groupes ou deux phrases subordonnées de même fonction.

> *Nous avons acheté **des fruits** et **des légumes**.*
> *Comme dessert, les élèves pourront choisir* soit *un fruit,* soit *un gâteau.*
> *Qu'il **parte en voyage** ou **qu'il s'achète une auto** m'importe peu.*

🖙 La conjonction de coordination est un type de connecteur. Les coordonnants peuvent être de forme simple ou composée (locution conjonctive de coordination). *Je m'achèterai des pommes **ou** des oranges. Ses études, **mais aussi** ses recherches, lui demandent beaucoup de temps.*

PRINCIPAUX COORDONNANTS SIMPLES OU COMPOSÉS

ᔓ Les coordonnants n'imposent pas de mode particulier pour le verbe s'ils unissent deux phrases subordonnées.

ALTERNATIVE	CONSÉQUENCE	LIAISON	RESTRICTION
ou	donc	comme	mais
ou au contraire		et	
ou bien	EXPLICATION	mais aussi	SUITE
soit… soit	à savoir	même	puis
tantôt… tantôt	c'est-à-dire		
	par exemple	ni	TRANSITION
	soit	puis	peut-être
	voire		

CONNECTEURS TEXTUELS

Le nom **coordonnant** est parfois donné aussi à un autre type de connecteur, celui qui unit deux phrases autonomes. Il s'agit alors du connecteur textuel ou ***organisateur textuel***, le connecteur qui exprime les liens logiques ou séquentiels entre les phrases ou les parties de texte.

> *À cette fin, cependant, par conséquent, d'abord, ensuite, etc.*

Les connecteurs textuels sont des éléments qui établissent la liaison entre des phrases et qui assurent l'organisation générale d'un texte en marquant:

- • son **articulation logique**;
- • une **situation dans l'espace**;
- • une **succession dans le temps**.

On peut distinguer:

▶ **les connecteurs argumentatifs,** qui marquent l'articulation logique du raisonnement et qui servent à mettre en évidence la stratégie de démonstration retenue par l'auteur du texte (ex.: *car, cependant, certes, de plus, donc, malgré tout, par conséquent*);

▶ **les connecteurs spatiaux,** qui définissent la localisation au sens propre (ex.: *en haut, à droite, devant*) ou au figuré (ex. : *d'une part, d'autre part*);

▶ **les connecteurs temporels,** qui précisent la dimension chronologique (ex.: *tout d'abord, ensuite, finalement, en premier lieu, en dernier lieu*).

VOIR TABLEAUX ▶ CONJONCTION DE SUBORDINATION. ▶ CONNECTEUR.

---

1. En collaboration avec Annie Desnoyers.

La **conjonction de subordination** unit une phrase subordonnée à une phrase principale (ou matrice). *Nous ferons cette excursion **si** le temps le permet.*

🖙 Les conjonctions de subordination peuvent être de forme simple ou composée (locution conjonctive de subordination). *Les enfants jouaient dehors **quand** la pluie a commencé. **À supposer qu'**elle vienne, nous serons cinq. Il restera **jusqu'à ce que** le travail soit terminé.*

La **conjonction de subordination** et le pronom relatif jouent dans la phrase le rôle de **subordonnant**, c'est-à-dire de connecteur qui marque l'enchâssement d'une phrase dans une autre pour y remplir une fonction syntaxique.

> *Les mets que vous aimez tant sont là, tout chauds !*
> **que vous aimez tant** : phrase subordonnée complément du nom **mets** ;
> **que** : subordonnant (pronom relatif)

> *La possibilité que tu sois présent me sourit.*
> **que tu sois présent** : phrase subordonnée complément du nom **possibilité** ;
> **que** : subordonnant (conjonction de subordination)

> *Je voudrais que vous reveniez.*
> **que vous reveniez** : phrase subordonnée complément du verbe **voudrais** ;
> **que** : subordonnant (conjonction de subordination)

VOIR TABLEAUX ▶ QUE, CONJONCTION DE SUBORDINATION. ▶ QUE, PRONOM. ▶ PRONOM.

PRINCIPALES CONJONCTIONS DE SUBORDINATION SIMPLES OU COMPOSÉES

↪ La conjonction de subordination définit le mode de la phrase subordonnée. Ainsi, la plupart de celles qui expriment la cause, la conséquence, la comparaison se construisent avec un verbe à un temps de l'indicatif (**i**), dont certains plus précisément au conditionnel (**c**) ; certaines conjonctions de subordination de concession, de but, de condition et de temps expriment une incertitude et imposent le mode subjonctif (**s**).

BUT
afin que . . . . (s)
de crainte que. . . . . (s)
de façon que . . . . (s)
de manière que . . . . (s)
de peur que . . . . (s)
de sorte que . . . . (s)
de telle sorte que . . . . (s)
pour que . . . . (s)
que . . . . (s)

CAUSE
attendu que. . . . . (ic)
comme. . . . . (ic)
du fait que . . . . (ic)
étant donné que . . . . (ic)
parce que . . . . (ic)
puisque. . . . . (ic)
sous prétexte que . . . . . . (ic)
vu que. . . . . (ic)

COMPARAISON
autant que . . . . (ic)
ainsi que. . . . . (ic)
comme. . . . . (ic)
de même que . . . . (ic)
moins que. . . . . (ic)
plus que. . . . . (ic)

CONCESSION
alors que . . . . (ic)
bien que. . . . . (s)
en admettant que. . . . . . (s)
encore que . . . . (s)
en dépit du fait que . . . . (s)
malgré que . . . . (s)
même si . . . . (i)
quand bien même . . . . . (ic)
pendant que . . . . (ic)
quoique. . . . . (s)
tandis que. . . . . (ic)

CONDITION
à condition que . . . . (s)
à moins que . . . . (s)
à supposer que. . . . . (s)
au cas où . . . . (c)
dans la mesure où. . . . . . (ic)
en admettant que. . . . . . (s)
même si. . . . . (i)
pourvu que. . . . . (s)
si. . . . . (i)
si ce n'est. . . . . (i)
si tant est que . . . . (s)

CONSÉQUENCE
à tel point que . . . . (ic)
au point que . . . . (ic)

de façon que . . . . (ic)
de manière que . . . . (ic)
de sorte que. . . . . (ic)
de telle façon que . . . . (ic)
de telle sorte que. . . . . . . (ic)
si bien que . . . . (ic)
tellement que . . . . (ic)

TEMPS
alors que . . . . (ic)
à mesure que. . . . . (ic)
après que. . . . . (ic)
au moment où . . . . (ic)
aussitôt que . . . . (ic)
avant que . . . . (s)
depuis que . . . . (ic)
dès que. . . . . (ic)
d'ici à ce que . . . . (s)
en attendant que. . . . . . . (s)
en même temps que. . . . (ic)
jusqu'à ce que. . . . . (s)
lorsque . . . . (ic)
pendant que . . . . (ic)
quand . . . . (ic)
sitôt que . . . . (ic)
tandis que. . . . . (ic)
toutes les fois que . . . . . . (ic)
une fois que . . . . (ic)

VOIR TABLEAUX ▶ CONJONCTION DE COORDINATION. ▶ CONNECTEUR.

---

1. En collaboration avec Annie Desnoyers.

CONNECTEUR[1]

Le **connecteur** sert à agencer les idées exprimées dans les différentes parties d'un texte.

 La notion de **connecteur** relève de la grammaire du texte ou cohérence textuelle. Le terme *connecteur* ne sert pas à nommer une catégorie ou classe grammaticale comme le font les mots *nom, adjectif, adverbe*, etc., mais plutôt à désigner une fonction.

Le connecteur unit des parties d'une même phrase

Si le connecteur unit deux mots, groupes ou phrases subordonnées de même fonction, il est alors un **coordonnant** ou **conjonction de coordination**.

VOIR TABLEAU ▶ CONJONCTION DE COORDINATION.

Le connecteur unit deux phrases, dont l'une est subordonnée à l'autre

Si le connecteur unit deux phrases, dont l'une est subordonnée à l'autre, il est alors un **subordonnant**. La fonction de subordonnant peut être remplie par des **pronoms relatifs** et des **conjonctions de subordination**.

VOIR TABLEAUX ▶ CONJONCTION DE SUBORDINATION. ▶ QUE, CONJONCTION DE SUBORDINATION. ▶ QUE, PRONOM. ▶ PRONOM.

Le connecteur unit des phrases autonomes

Si le connecteur unit deux phrases autonomes, il s'agit alors du **connecteur textuel** ou **organisateur textuel**. On peut distinguer :

▶ **le connecteur argumentatif** (ou **marqueur de relation**), qui sert à mettre en évidence un raisonnement. Il indique les relations logiques entre des phrases, plus précisément ce que la deuxième phrase exprime par rapport à la première (ex. : *à cette fin, cependant, car, malgré tout, par conséquent*) ;

▶ **le connecteur spatial**. Le connecteur spatial indique le lieu, au sens propre (ex. : *en haut, à droite, devant*) ou figuré (ex. : *d'une part, d'autre part*), de ce qui est exprimé dans la phrase qui suit ;

▶ **le connecteur temporel**. Le connecteur temporel indique le temps, la séquence ou l'ordre de ce qui est exprimé dans la phrase qui suit (ex. : *après, avant, en premier lieu, en dernier lieu*).

FORME SIMPLE OU COMPOSÉE

Les connecteurs peuvent être de **forme simple** (ex. : *car, donc, mais, or*) ou de **forme composée** (ex. : *c'est pourquoi, à l'opposé, en conséquence*).

CONNECTEURS ARGUMENTATIFS (OU MARQUEURS DE RELATION)

ADDITION	ALTERNATIVE	CAUSE	bien sûr
de plus	ou	car	cependant
en outre	ou au contraire	comme	certes
et	ou bien	en effet…	du moins
par ailleurs	soit… soit	**CONCESSION**	du reste
puis…	tantôt… tantôt…	bien entendu	en tous les cas

CONNECTEUR | *SUITE* >

1. En collaboration avec Annie Desnoyers.

CONNECTEURS ARGUMENTATIFS (OU MARQUEURS DE RELATION) *SUITE*

en tout état de cause	alors	d'ailleurs	au contraire
évidemment	c'est pourquoi	de fait	cependant
incontestablement	de ce fait	de même	d'autre part
mais	dans ce but	en effet	d'un autre côté
néanmoins	donc	effectivement…	en réalité
or	en conséquence		en revanche
pourtant	et	**ILLUSTRATION**	mais
sans doute	par conséquent	en particulier	malgré tout
toutefois…	par voie de conséquence	entre autres	néanmoins
	pour cette raison	notamment	par contre
CONSÉQUENCE	voilà pourquoi…	par exemple…	pourtant
à cet effet			toutefois…
à cette fin	**EXPLICATION**	**OPPOSITION**	
ainsi	autrement dit	à l'inverse	
ainsi donc	c'est pourquoi	à l'opposé	

📖 Pour choisir le bon connecteur textuel ou marqueur de relation, il faut d'abord déterminer la relation logique entre deux phrases.

> *Elle a très mal dormi la nuit dernière. Elle est fatiguée aujourd'hui.*

La deuxième phrase exprime une **conséquence** de la première. Le bon marqueur de relation peut être, par exemple, *ainsi*, *donc* ou *pour cette raison*.

> *Elle a très mal dormi la nuit dernière. **Ainsi/Donc/Pour cette raison**, elle est fatiguée aujourd'hui.*

CONNECTEURS SPATIAUX

à droite	au nord	d'un côté	en dehors
à gauche	au sud	de l'autre côté	en dessous
au-dedans	au loin	d'une part	en dessus
au-dehors	dedans	d'autre part	ici
au-delà	dehors	en avant	là
au-dessous	devant	en arrière	partout…
au-dessus	derrière	en bas	
à l'est	dessous	en haut	
à l'ouest	dessus	en dedans	

> *Regardez sur mon bureau : **à gauche**, il y a une pile de dossiers, **en dessous**, vous trouverez votre enveloppe.*

CONNECTEURS TEMPORELS

alors	en premier lieu	et	secundo
après	en deuxième lieu	premièrement	tertio…
avant	en troisième lieu…	deuxièmement	puis
d'abord	en dernier lieu	troisièmement…	enfin
tout d'abord	ensuite	primo	finalement…

> *Ce fut une très mauvaise matinée : **d'abord**, le réveil n'a pas sonné ; **ensuite**, la pluie a trempé son habit neuf ; **finalement**, son patron lui a fait des reproches.*

VOIR TABLEAU ► CONCORDANCE DES TEMPS DANS LE TEXTE.

DATE

Dans la correspondance, l'**indication de la date** est généralement **alphanumérique** : elle est composée de lettres et de chiffres. S'il y a lieu, on écrit le **nom du lieu** suivi d'une virgule, et la **date** qui s'écrit toujours sans ponctuation finale.

> *Le 14 décembre 2015*
> *Outremont, le 14 décembre 2015*

T On limite à certains emplois techniques (graphiques, tableaux, horaires, etc.) une notation strictement numérique telle que *2015-12-14*.

Il n'y a pas lieu d'écrire **le nom du jour de la semaine** de façon générale. Si ce renseignement est nécessaire, il n'est pas séparé de la date par une virgule.

> *Lundi 14 décembre 2015*

T Dans le corps d'une lettre, d'un texte, on écrira : *le lundi 14 décembre 2015*.

NATURE DE L'ENVOI ET MODE D'ACHEMINEMENT

Les indications relatives à la nature de l'envoi et au mode d'acheminement (PAR MESSAGERIE, URGENT, PAR EXPRÈS, etc.) s'écrivent en majuscules et sont notées à gauche au début de la lettre.

S'il y a lieu, la mention *PERSONNEL* précise que la lettre est de nature personnelle et qu'elle doit être remise au destinataire sans que l'enveloppe ait été décachetée.

La mention *CONFIDENTIEL* signifie que l'écrit doit rester secret.

T Ces mentions, qui sont toujours au masculin singulier, s'écrivent en majuscules soulignées.

> PERSONNEL   CONFIDENTIEL   PAR TÉLÉCOPIE   RECOMMANDÉ

VEDETTE

La vedette comprend :
- le **titre de civilité**, le plus souvent **Monsieur** ou **Madame**,
- le **prénom** (abrégé ou non) et le **nom du destinataire**,
- le **titre de fonction** et **la désignation de l'unité administrative**,
- le **nom de l'entreprise** ou de l'**organisme**, s'il y a lieu,
- l'**adresse** au long.

> *Madame Laurence Dubois*
> *Directrice des communications*
> *Dubuffet et Lavigne*
> *630, boul. René-Lévesque O.*
> *Montréal (Québec) H3B 1S6*

> *Monsieur Philippe Larue*
> *Chef de produit*
> *Groupe Gamma*
> *329, rue de la Commune Ouest, bureau 300*
> *Montréal (Québec) H2Y 2E1*

VOIR TABLEAU ▶ ADRESSE.

T 1° La vedette s'écrit sans ponctuation en fin de ligne.

2° En français, le titre de *docteur* est réservé aux médecins, aux dentistes et aux vétérinaires ; celui de *maître*, aux avocats ou aux notaires.

3° Les titres honorifiques et les grades universitaires ne doivent pas figurer immédiatement à la suite du nom dans la vedette. *Madame Hélène Fougère* (et non *Madame Hélène Fougère, architecte*).

4° Il n'est pas dans l'usage d'indiquer le titre professionnel des ministres et des députés ni de faire précéder leur nom de l'adjectif *Honorable* ; on écrit *Madame* ou *Monsieur*, tout simplement.

OBJET

L'objet exprime de façon concise (une ligne) le contenu de la lettre.

☞ Cette mention est facultative, mais elle est recommandée. On la note en caractères gras ou on la souligne.

> **Objet** (et non *sujet) : **Lancement d'un nouveau produit**

C

45

APPEL

L'appel est la formule de salutation qui précède le corps de la lettre. Les formules d'appel les plus courantes sont les titres de civilité *Madame* ou *Monsieur.* L'appel s'écrit au long avec une majuscule initiale et il est suivi d'une virgule.

☞ Le titre de *Mademoiselle* est de moins en moins utilisé, sauf si la lettre est destinée à une très jeune fille ou à une personne qui préfère ce titre.

> Madame,
> Monsieur,

Le *titre professionnel* du destinataire peut éventuellement remplacer le titre de civilité ou s'y joindre ; il s'écrit avec une majuscule initiale.

> Docteur,
> Maître,
> Madame la Présidente,
> Monsieur le Directeur,

Ⓣ Contrairement à l'usage anglais, l'adjectif *cher* doit être réservé aux correspondants que l'on connaît bien. Le patronyme ne fait pas partie de l'appel.

> Monsieur,
> (et non *Cher Monsieur Laforêt)

Ⓣ Lorsqu'on ne connaît pas le nom du destinataire, on utilise la formule d'appel *Mesdames, Messieurs,* sur deux lignes.

> Mesdames,
> Messieurs,
> (et non *À qui de droit)

Dans le tableau qui suit, **x** est mis pour le nom et **z**, pour les autres mentions.

TITRE	VEDETTE	APPEL
abbé	Monsieur l'Abbé x	Monsieur l'Abbé, ou Mon Père,
ambassadeur	Son Excellence Monsieur x Ambassadeur de z	Monsieur l'Ambassadeur, ou (Votre) Excellence,
ambassadrice	Son Excellence Madame x Ambassadrice de z	Madame l'Ambassadrice, ou (Votre) Excellence,
avocat avocate	Maître x Maître x	Maître, Maître,
bâtonnier bâtonnière	Monsieur le Bâtonnier x Madame la Bâtonnière x	Monsieur le Bâtonnier, Madame la Bâtonnière,
cardinal	Son Éminence le Cardinal x ou Monsieur le Cardinal x	Monsieur le Cardinal, ou (Votre) Éminence,
consul consule	Monsieur x Consul de z Madame x Consule de z	Monsieur le Consul, Madame la Consule,

TITRE	VEDETTE	APPEL
curé	Monsieur le Curé x ou Monsieur le Curé de z	Monsieur le Curé, ou Mon Père,
député	Monsieur x Député de z	Monsieur le Député,
députée	Madame x Députée de z	Madame la Députée,
évêque	Son Excellence Monseigneur x Évêque ou Archevêque de z	Monseigneur, ou Excellence, ou Mon Père,
juge	Madame la Juge x Monsieur le Juge x	Madame la Juge, Monsieur le Juge,
madame	Madame x	Madame,
maire (mairesse) maire	Madame la Maire (Mairesse) x Monsieur le Maire x	Madame la Maire (Mairesse), Monsieur le Maire,
médecin	Docteur x Docteure x	Docteur, Docteure,
ministre	Madame x Ministre de z Monsieur x Ministre de z	Madame la Ministre, Monsieur le Ministre,
monsieur	Monsieur x	Monsieur,
notaire	Maître x	Maître,
pasteur	Monsieur le Pasteur x	Monsieur le Pasteur,
père	Révérend Père x	Révérend Père,
premier ministre première ministre	Monsieur x Premier Ministre de z Madame x Première Ministre de z	Monsieur le Premier Ministre, Madame la Première Ministre,
professeure professeur	Madame x Professeure Monsieur x Professeur	Madame, Monsieur,
rabbin	Monsieur le Rabbin x	Monsieur le Rabbin,
religieuse	Révérende Mère x ou Révérende Sœur x	Révérende Mère, ou Ma Mère, ou Ma Sœur,
sénateur sénatrice	Monsieur x Sénateur Madame x Sénatrice	Monsieur le Sénateur, Madame la Sénatrice,
vicaire	Monsieur le Vicaire x	Monsieur le Vicaire,

Si l'on s'adresse à un couple ou à plusieurs personnes, on peut s'inspirer des exemples suivants :

mesdames	Mesdames x et x	Mesdames,
messieurs	Messieurs x et x	Messieurs,
madame et monsieur	Madame et Monsieur x ou Madame x et Monsieur x (si les noms diffèrent)	Madame et Monsieur,
monsieur et madame	Monsieur et Madame x ou Monsieur x et Madame x (si les noms diffèrent)	Monsieur et Madame,
la ministre et monsieur	Madame la Ministre et Monsieur x	Madame la Ministre et Monsieur,
le député et madame	Monsieur le Député et Madame x	Monsieur le Député et Madame,

T La mention de l'appel est reprise de façon identique dans la salutation.

EXEMPLES DE FORMULES USUELLES[1] :

INTRODUCTION

▶ **Accusés de réception**
- *J'ai pris connaissance de…*
- *Nous avons pris bonne note de…*
- *Nous accusons réception de…*
   - *… votre lettre et…*
   - *… votre demande et…*
   - *… votre offre et…*
   - *… votre commande et…*
- *J'ai bien reçu votre…*
   - *… documentation…*
   - *… aimable invitation…*
   - *… lettre…*
      - *… et je vous en remercie.*
- *À votre demande,…*
   - *… je vous transmets…*

▶ **Communications diverses**
- *J'ai le plaisir de* (et non *il me fait plaisir de)
   - *… l'honneur de vous informer…*
      - *… vous aviser…*
      - *… vous faire part de…*
      - *… vous faire connaître…*
- *Permettez-moi*
   - *… de vous féliciter de…*
   - *… de vous exprimer notre reconnaissance*
      - *… notre chagrin…*
      - *… nos regrets…*

▶ **Regrets**
- *Nous regrettons de…*
- *Je suis au regret de…*
- *Nous avons le regret de…*
- *C'est avec regret que nous devons…*
   - *… vous informer que…*
   - *… vous faire part…*
- *Il m'est malheureusement impossible…*
- *Il nous est malheureusement impossible…*

- *… de retenir votre offre, votre candidature…*
- *… de donner suite à votre demande…*
- *… d'accepter votre proposition…*

▶ **Réponses**
- *À la suite de* (et non *suite à)…
   - *… notre conversation téléphonique,*
   - *… notre rencontre de…,*
   - *… notre entretien,*
      - *… je vous confirme…*
      - *… je vous transmets…*
- *En réponse à*
   - *… votre lettre du…,*
   - *… votre demande,*
   - *… votre offre du…,*
      - *… je désire vous informer…*
      - *… je vous confirme…*

CONCLUSION

▶ **Confirmations, réponses demandées**
- *Veuillez nous confirmer…*
- *Nous souhaiterions que vous confirmiez*
   - *… votre accord…*
   - *… votre acceptation…*
- *Nous vous saurions gré de confirmer*
   - *… votre présence…*
- *Nous vous serions reconnaissants*
   - *… de nous transmettre…*

▶ **Décisions favorables souhaitées**
- *Nous espérons que notre proposition vous…*
   - *… conviendra.*
   - *… agréera.*
- *Dans l'attente d'une réponse favorable, …*
- *Dans l'espoir que vous recevrez favorablement…*
   - *… notre offre…*
   - *… notre demande…*
- *En espérant que vous retiendrez…*
   - *… ma candidature…*

1. On consultera le *Guide de la communication écrite* de Marie Malo, publié en 1996 par Québec Amérique, p. 137-142, pour ses nombreux exemples de formules usuelles d'introduction, de conclusion et de salutation.

C

48

► **Excuses**

• *Il y a eu erreur de notre part et nous regrettons vivement les inconvénients que cela a pu vous causer.*

• *Nous comptons sur votre compréhension et vous assurons que cette erreur ne se reproduira plus.*

• *Soyez assuré...*

  ... que nous corrigerons ce problème dès que possible.

  ... que nous apporterons un correctif dans les plus brefs délais.

• *Nous vous transmettons nos excuses pour...*

► **Invitations à communiquer**

• *Je demeure...*

• *Nous demeurons...*

• *Je me tiens...*

• *Nous nous tenons...*

  ... à votre (entière) disposition

    ... pour tout renseignement complémentaire...

• *N'hésitez pas à communiquer avec nous en composant le...*

• *Pour de plus amples renseignements, vous pouvez vous adresser à...*

► **Regrets**

• *Je regrette de...*

• *Nous regrettons de...*

  ... ne pas être en mesure de...

  ... ne pouvoir...

    ... donner suite à...

    ... accéder à...

    ... accepter...

      ... votre demande...

      ... votre proposition...

      ... votre offre...

• *Il nous est malheureusement impossible d'accepter votre invitation...*

► **Remerciements**

• *Je tiens à...*

• *Nous tenons à...*

  ... vous remercier de...

  ... vous remercier pour...

  ... vous exprimer...

  ... vous témoigner...

... ma gratitude...

... toute notre gratitude...

... notre vive reconnaissance...

• *Nous vous remercions du chaleureux accueil que vous nous avez réservé...*

SALUTATION

La formule de salutation est composée de trois éléments :

► **1. Une forme verbale**

Agréez...

Recevez...

Veuillez agréer...

Veuillez recevoir...

Je vous prie d'agréer...

    ... de recevoir...

► **2. La répétition de l'appel**

..., Madame, Monsieur, ...

..., cher collègue, ...

..., Madame la Présidente, ...

► **3. Une formule de courtoisie**

(formules officielles et protocolaires)

... l'expression de mes sentiments respectueux.

... l'expression de mes sentiments les plus respectueux.

... l'assurance de ma considération distinguée.

... l'assurance de mes sentiments les plus distingués.

... l'assurance de ma haute considération.

... l'assurance de ma très haute considération.

(formules courantes)

... mes salutations distinguées.

... mes salutations cordiales.

... mes meilleures salutations.

... l'expression de mes meilleurs sentiments.

... l'expression de mes sentiments les meilleurs.

... l'expression de mes sentiments distingués.

C

Le nom *salutations* s'emploie directement après la formule verbale et l'appel *(Veuillez agréer, Monsieur, mes salutations distinguées)*, alors que les noms *sentiment* ou *considération* s'emploient avec les termes *l'expression de* ou *l'assurance de (Je vous prie d'agréer, Madame, l'expression de mes sentiments respectueux)*.

FORME VERBALE	APPEL	FORMULE DE COURTOISIE
Je vous prie d'agréer,	*Monsieur,*	*mes salutations les meilleures.*
Veuillez recevoir,	*cher collègue,*	*mes salutations distinguées.*
Nous vous prions d'agréer,	*Madame la Présidente,*	*l'assurance de notre haute considération.*

Dans la correspondance personnelle, on peut recourir à une salutation plus simple :

Recevez,	*cher ami,*	*l'expression de mes sentiments les meilleurs.*
Je vous prie d'agréer,	*chère collègue,*	*l'expression de mes sentiments très cordiaux.*
Reçois,	*chère Florence,*	*mes salutations les plus amicales.*

Plus familièrement, on emploiera les formules suivantes :

Amitiés,	*Bien cordialement,*	*Meilleurs souvenirs,*
Toutes mes amitiés,	*Salutations cordiales,*	*Affectueux souvenirs,*

Les formules « *Sincèrement vôtre* », « *Bien vôtre* », « *Bien à vous* » sont à éviter.

Pour une construction juste de la salutation, il importe de ne faire intervenir qu'un seul sujet. Si la formule commence par un membre de phrase qui concerne l'auteur ou les auteurs de la lettre, le verbe principal de la salutation doit être à la première personne du singulier ou du pluriel, selon le cas. *Espérant que ce projet vous conviendra, **je vous prie** de recevoir, Madame, mes salutations distinguées. Nous souhaitons que ces renseignements vous soient utiles et **vous prions** d'agréer, Monsieur, l'assurance de nos sentiments respectueux.*

SIGNATURE

La signature s'inscrit à gauche ou à droite, selon la disposition, à quelques interlignes sous la formule de salutation.

1. Si le ou la signataire est **titulaire d'un poste de direction**, l'indication du titre précède généralement la signature.

La directrice de l'administration,

Lorraine Dubois

Lorraine Dubois

2. Si le ou la signataire **partage sa fonction** avec d'autres personnes, l'indication du titre s'écrit au-dessous de la signature, à la suite du nom dont il est séparé par une virgule. Dans les autres cas, la fonction ou la profession vient après la signature.

Pierre Giroux

Pierre Giroux, ingénieur

Colette Tremblay

Colette Tremblay,
adjointe administrative

T La signature manuscrite s'inscrit au-dessus du nom dactylographié.

VOIR TABLEAUX ▶ ADRESSE. ▶ ENVELOPPE. ▶ LETTRE TYPE.

ADJECTIFS DE **COULEUR**

► 1. **Les adjectifs de couleur simples** s'accordent en genre et en nombre :

alezan	brun	glauque	noir	roux
beige	châtain	gris	pers	vermeil
blanc	cramoisi	incarnat	pourpre	vert
bleu	écarlate	jaune	rose	violet…
blond	fauve	mauve	rouge	

Ex. : *des robes mauves, des jupes violettes, des foulards bleus.*

► 2. **Les adjectifs dérivant d'adjectifs ou de noms de couleur** s'accordent en genre et en nombre :

basané	mordoré	rosé	verdoyant
blanchâtre	noiraud	rougeaud	violacé…
cuivré	olivâtre	rouquin	
doré	orangé	rubicond	

Ex. : *des ciels orangés, des teints olivâtres, des fillettes rouquines.*

► 3. **Les adjectifs composés** (avec un autre adjectif ou un nom) sont invariables :

blanc cassé	bleu turquoise	gorge-de-pigeon	terre de Sienne
bleu foncé	bleu-vert	gris acier	vert amande
bleu horizon	caca d'oie	gris perle	vert-de-gris
bleu marine	café au lait	jaune maïs	vert olive…
bleu nuit	cuisse-de-nymphe	noir de jais	
bleu roi	feuille-morte	rouge tomate	

Ex. : *des écharpes gris perle, une nappe bleu nuit.*

▭ Les adjectifs de couleur composés d'éléments juxtaposés ou coordonnés par *et* sont invariables. *Des yeux bleu-vert. Des gants bleu et vert.*

► 4. **Les adjectifs de couleur provenant d'un nom simple ou composé** sont généralement invariables :

abricot	cachou	cyclamen	marron	rouille
absinthe	café	ébène	mastic	rubis
acajou	canari	émeraude	moutarde	safran
acier	cannelle	épinard	nacre	saphir
agate	caramel	fraise	noisette	saumon
amadou	carmin	framboise	ocre	sépia
amarante	carotte	fuchsia	olive	serin
ambre	cassis	garance	or	soufre
améthyste	céladon	grenat	orange	souris
anthracite	cerise	groseille	paille	tabac
ardoise	chamois	havane	pastel	tango
argent	champagne	indigo	pastèque	thé
aubergine	chocolat	ivoire	pêche	tilleul
aurore	citron	jade	perle	tomate
avocat	clémentine	jonquille	pervenche	topaze
azur	cognac	kaki	pétrole	turquoise
bistre	coquelicot	lavande	pie	vermillon…
bordeaux	corail	lilas	pistache	
brique	crème	magenta	platine	
bronze	crevette	marengo	prune	
bruyère	cuivre	marine	réséda	

Ex. : *des tapis ardoise, une ombrelle kaki.*

▭ Font exception les noms *alezan, écarlate, fauve, incarnat, mauve, pourpre, rose, vermeil*, qui, devenus adjectifs, prennent la marque du pluriel. *Des écharpes roses, des fleurs mauves.*

COURRIEL[1]

Le nom **courriel** – contraction du terme **courrier électronique** – désigne aussi bien le mode de transmission d'un message par l'intermédiaire d'un réseau informatique que le message ainsi transmis.

🖅 D'origine québécoise, le néologisme *courriel* a fait l'objet d'un avis de recommandation de l'Office québécois de la langue française en 1997.

Instantanée, économique et efficace, cette forme de correspondance sans frontières est devenue essentielle, notamment au travail. Si le style familier de la conversation peut être adopté dans les courriels échangés entre amis et parents, il n'est pas de mise dans un contexte professionnel. Étant donné que le courriel constitue un écrit, souvent archivé, on veillera à y respecter l'orthographe comme la syntaxe, ainsi que le protocole épistolaire et les règles d'étiquette relatives à Internet.

Le courriel se construit comme une lettre ; il comprend :

- une **formule d'appel** (ex. : *Madame, Monsieur, Bonjour, Cher collègue…*) ;
- le **corps du message** ;
- une **salutation simplifiée** (ex. : *Cordialement, Meilleures salutations, Salutations cordiales, Salutations distinguées…*).

COURRIELS TYPES

Exp. :	mcouston@commissionscolaire.qc.ca
Dest. :	tous@commissionscolaire.qc.ca

Objet : **Écriture de l'indicatif régional**

Madame,
Monsieur,

Vous savez déjà que nous devons maintenant obligatoirement composer l'indicatif régional pour faire un appel, et ce, aussi bien à l'intérieur d'une même ville qu'entre régions plus éloignées. Par conséquent, les parenthèses qui encadraient l'indicatif régional n'ont plus leur raison d'être, étant donné que la composition à dix chiffres n'est plus facultative.

Voici donc la façon dont nous notons désormais les numéros de téléphone :
• 450 278-8000 pour un appel local ;
• 1 888 278-8000 pour un interurbain.

Pour de plus amples renseignements, je vous invite à consulter la *Banque de dépannage linguistique* de l'Office québécois de la langue française au www.oqlf.gouv.qc.ca.

Salutations cordiales,
Michèle Couston

Direction administrative
Tél. : 450 278-8000, poste 3838
mcouston@commissionscolaire.qc.ca

COURRIEL| *SUITE* >

1. Conception du tableau : Karine Pouliot.

C

52

Exp.:	diego.rodriguez@hotmail.com
Dest.:	estelle.fournier@cegep.ca
Cc:	meg;zhe;christopher;jezabel

Objet:	**Remise du travail**

Pièce jointe:	Documentaire.doc

Bonjour,

Comme vous nous l'avez demandé en classe la semaine dernière, je vous transmets par courriel le travail de notre équipe. Dans le fichier joint, vous trouverez donc le projet de documentaire élaboré et rédigé par Mégane M., Zhe Z., Christopher T., Jezabel S. et moi-même.

Je profite de l'occasion pour vous demander si l'on aura le droit de consulter le recueil de notes du cours lors de l'examen final. Une réponse avant la fin de la semaine me serait bien utile.

Bonne lecture!

Diego Rodriguez
Étudiant au programme Cinéma et communication
Cours: Écriture pour les médias

PETIT VOCABULAIRE DU COURRIER ÉLECTRONIQUE

Copie conforme
Abréviation: Cc
Champ à remplir pour transmettre, à titre d'information seulement, une copie du courriel à un autre destinataire que le destinataire principal.

Copie conforme invisible
Abréviation: Cci
Champ à remplir pour transmettre de façon confidentielle une copie du courriel à un autre destinataire que le destinataire principal.

Courriel
Mode de transmission d'un message par l'intermédiaire d'un réseau informatique; par extension, le message ainsi transmis. *Envoyer un courriel* (et non **e-mail* ou **mail*).

Fichier joint
Fichier comportant du texte, une ou des images ou du son et qui est transmis en même temps qu'un message. *Ce courriel comprend un rapport en fichier joint* (et non **fichier attaché* ou **attachement*). SYN. pièce jointe.

Objet
Résumé du contenu du message
☞ L'objet est souvent constitué d'un nom suivi d'un complément. Il commence par une majuscule et ne se termine pas par un point.

FORMES FAUTIVES
*attachement. Anglicisme pour **fichier joint, pièce jointe**.
*e-mail. Anglicisme pour **courriel, courrier électronique**.
*fichier attaché. Anglicisme pour **fichier joint, pièce jointe**.
*mail. Anglicisme pour **courriel, courrier électronique**.
*sujet. Anglicisme pour **objet**.

CURRICULUM VITÆ

Document qui résume la formation, les aptitudes, l'expérience professionnelle et les principales réalisations d'un candidat ou d'une candidate à un poste, à une bourse, à une subvention, etc.

☞ Cette locution empruntée au latin depuis un siècle est une métaphore employée par Cicéron signifiant «course de la vie»; elle est construite à partir du nom latin *curriculum,* qui désigne un champ où se tiennent des courses de chars romains.

OBJECTIF DU CURRICULUM VITÆ

Démonstration de la compétence d'un candidat ou d'une candidate et de son aptitude à occuper le poste proposé, à recevoir la bourse, la subvention offerte.

MOT D'ORDRE: NE DITES QUE L'ESSENTIEL, DITES-LE BIEN ET DITES-LE BRIÈVEMENT

QUALITÉS RECHERCHÉES

▸ **Esprit de synthèse**
Choix des éléments de la formation, de l'expérience les plus importants et les plus pertinents.

▸ **Structure logique**
Organisation claire et hiérarchisée des renseignements utiles.

▸ **Mise en valeur**
Présentation avantageuse, mais exacte, des réalisations pertinentes.

▸ **Rigueur et concision**
Exactitude des renseignements, précision et sobriété (trois pages au maximum).

▸ **Clarté et lisibilité**
Regroupement par thèmes, disposition aérée et équilibrée.

▸ **Expression juste et efficace**
Orthographe, grammaire et vocabulaire irréprochables, style de niveau correct ou recherché.

▸ **Présentation soignée et classique**
Disposition aérée sur une seule colonne, au recto seulement des feuilles.

▸ **Description des responsabilités**[1]
Il est recommandé d'employer des verbes d'action pour décrire et expliciter les responsabilités d'une fonction.

Exemples:	Mettre à jour…	Organiser…	– Analyser les demandes de financement.
	Superviser…	Transmettre…	– Assurer le suivi des décisions du conseil.
	Conseiller…	Assurer le suivi…	– Gérer le service après-vente.
	Promouvoir…	Commander…	– Coordonner le travail des représentants.
	Corriger…	Livrer…	– Veiller au respect de l'échéancier.
	Analyser…	Gérer…	– Vérifier les comptes clients.

▸ **Description des réalisations**[1]
Il est recommandé d'employer des noms abstraits pour faire état des réalisations liées à une fonction.

Exemples:

Création de…	Développement de…	– Augmentation de 10 % du chiffre d'affaires.
Mise à jour de…	Mention d'honneur pour…	– Hausse du nombre des clients de 8 %.
Implantation de…	Coordination de…	– Réduction marquée des coûts d'entreposage.
Publication de…	Réduction de…	– Réorganisation du service de la comptabilité.
Gestion de…	Représentation de…	– Conception d'un système informatisé.
Augmentation de…	Amélioration de…	– Élaboration d'un manuel de procédés administratifs.
Accroissement de…	Perfectionnement de…	– Respect des budgets et des échéanciers prévus.

☞ Dans une énumération, il faut s'en tenir à des mots de même catégorie grammaticale: des verbes ou des noms, mais non des verbes et des noms dans la même liste.

---

1. D'après Marie Malo, *Guide de la communication écrite,* Montréal, Québec Amérique, 1996, p. 70.

[EXEMPLE DE CURRICULUM VITÆ CHRONOLOGIQUE[1]]

Jessica Laforêt
123, rue du Boisé
Trois-Rivières (Québec) G9A 2A2
Téléphone : 819 377-0777
laforetj@riv.ca

Biologiste cumulant plusieurs années d'expérience en milieux naturels et en laboratoire, souhaitant mettre ses compétences à profit dans une entreprise internationale active dans le domaine de la protection de l'environnement.

Expérience professionnelle

Janvier 2013 à mai 2015   **Université du Québec à Trois-Rivières**
Assistante en laboratoire
Préparation et analyse d'échantillons de sols contaminés ; compilation et traitement de données ; rédaction de rapports techniques.

Juillet 2010 à août 2012   **Réserves fauniques du Québec**
Technicienne du milieu naturel
Identification et classement des espèces fauniques ; évaluation de l'abondance des espèces ; mise en place de solutions d'aménagement en milieux naturels ; rédaction de rapports techniques.

Juin à août 2007, 2008 et 2009   **Service des loisirs, Ville de Terrebonne**
Animatrice
Élaboration et planification d'activités en sciences de la nature ; animation d'ateliers pour les enfants de 9 à 12 ans.

Compétences techniques et linguistiques

Connaissance des logiciels Microsoft Office, Adobe, Autocad et Mapinfo.

Excellente maîtrise du français et de l'anglais oral et écrit ; bonne compréhension de l'espagnol écrit et oral et maîtrise fonctionnelle de l'espagnol parlé.

Formation

Septembre 2012 à avril 2015
Baccalauréat en sciences biologiques et écologiques
Université du Québec à Trois-Rivières

Participation à un programme d'échanges avec l'Institut des technologies et des études supérieures de Monterrey, au Mexique (septembre à décembre 2014).

Septembre 2007 à mai 2010
Techniques de bioécologie
Cégep Saint-Laurent

Stage d'inventaire de la faune en milieu naturel en Abitibi-Témiscamingue (mai 2009).

1. Conception des curriculums vitæ : Karine Pouliot.

[EXEMPLE DE CURRICULUM VITÆ PAR COMPÉTENCES]

ALAIN COURBON
Concepteur et gestionnaire de sites Web
4567, rue Jean-Paul-Perrault
Sherbrooke (Québec) G9A 2A2
Téléphone : 819 564-4444 (bureau)
819 566-6216 (cellulaire)
acourbon@webinfo.ca

Champs de compétence

Conception et gestion de sites Web
- Design de sites Internet (ergonomie, aspect visuel, convivialité) ;
- Conception de sites Internet statiques et dynamiques (ex. : www.collegedescantons.qc.ca) ;
- Développement et gestion d'une base de données MySQL et d'une interface Web, le tout en PHP ;
- Création d'interfaces graphiques avec Flash CS3.

Administration, gestion et programmation
- Recensement de différents systèmes informatiques en vue d'inventaire ;
- Conception et programmation d'un système de gestion des produits renouvelables pour une meilleure gestion des stocks.

Animation d'ateliers (auprès d'élèves du primaire et du secondaire)
- Formation à la connexion/déconnexion sur un réseau protégé ainsi qu'aux notions de sécurité informatique ;
- Formation en initiation informatique (Word et Excel).

Principales réalisations

- Conception et gestion du site Web du Collège des Cantons, à Sherbrooke ;
- Conception et programmation d'un logiciel de gestion informatique des stocks ;
- Conception et animation d'ateliers en informatique.

Expérience professionnelle

2011 à aujourd'hui   **Collège des Cantons, Sherbrooke**
Spécialiste des technologies éducatives

2009 à 2011   **Collège des Cantons, Sherbrooke**
Concepteur et gestionnaire du site Web

2009 à 2010   **Projeux, Magog**
Programmeur et concepteur du site Web

Formation

2011   **Formation professionnelle en Flash CS3, en PHP et MySQL**
Institut Grafficanet, Sherbrooke

2009   **Techniques de l'informatique (informatique de gestion)**
Cégep de Sherbrooke

C

56

[EXEMPLE DE CURRICULUM VITÆ MIXTE]

Vincente Sarracosa   Téléphone : 514 271-2177 (cellulaire)
200, rue Dante   Courriel : vincente.sarracosa@cma.ca
Montréal (Québec) H2S 1K1   Langues : français, anglais, italien

Objectif de carrière

Poste de vérificateur qui me permettrait de mettre à profit mes compétences dans l'élaboration de procédures de vérification conformes aux meilleures pratiques et dans la gestion d'équipes de comptables.

Résumé de carrière

Comptable membre de l'Ordre des CA depuis 2012, j'ai acquis de solides compétences dans la vérification d'états financiers et la gestion de risques. Au fil de mes expériences, j'ai également développé des aptitudes à évaluer les occasions de réduire les coûts et à recommander les mesures les plus appropriées. Par ailleurs, je suis doté d'habiletés dans la gestion d'équipe et dans les communications en français, comme en anglais et en italien. Il va sans dire que je suis apte à travailler efficacement sous pression et que je possède un bon sens des priorités.

Sommaire des réalisations

- Planification et supervision de la vérification annuelle des états financiers d'une entreprise ;
- Contribution à une croissance des revenus de 60 % sur une période de 12 mois grâce à une meilleure gestion des coûts ;
- Établissement, maintien et amélioration des relations avec les clients, investisseurs, vérificateurs, avocats et courtiers ;
- Participation à l'implantation de systèmes informatiques.

Expérience professionnelle

Vérificateur adjoint   *Lucie Gonthier et fils, cabinet d'experts comptables, Laval*
2011 à aujourd'hui
- Produire et interpréter les états financiers mensuels et annuels, les rapports trimestriels, les dossiers de vérification et les déclarations fiscales ;
- Assurer le suivi du rendement selon les prévisions et interpréter les écarts ;
- Analyser mensuellement les écarts budgétaires et en assurer le suivi ;
- Assurer le respect des procédures en matière de gestion de risques et de pratiques comptables ;
- Rédiger et maintenir à jour les dossiers et rapports financiers.

Analyste comptable   *Pharmacosciences, Montréal*
2010 à 2011
- Veiller au maintien des systèmes de contrôles internes en matière de revenus et de dépenses ;
- Analyser et rédiger différents rapports : réduction des coûts, coûts des produits fabriqués en sous-traitance et en usine, coûts des inventaires et écarts budgétaires ;
- Saisir les occasions de réduire les coûts et recommander les mesures appropriées ;
- Participer à la préparation des états financiers ;
- Participer à l'implantation d'un système informatique.

Coordonnateur en comptabilité   *BLOC, entrepreneur en construction industrielle, Montréal*
2008-2010
- Analyser et présenter différents rapports : inventaire des matières premières, variances budgétaires, réduction de coûts, réduction d'énergie, etc. ;
- Participer au processus budgétaire ;
- Participer à l'implantation d'un système informatique.

Formation

2012   D.E.S.S. en comptabilité publique   **HEC Montréal**
2009   B.A.A. (cheminement CA)   **HEC Montréal**

[EXEMPLE DE CURRICULUM VITÆ DE STYLE CLASSIQUE]

ARNAUD LEFORESTIER	Téléphone : 514 788-0987
453, avenue de la Brunante	Courriel : leforesa@ere.umont.ca
Outremont (Québec) H3T 1T3	Langues : français, anglais

C

57

FORMATION

2006-2011	Résidence en neurologie – Université McGill, Montréal
2002-2006	Doctorat en médecine – Université McGill, Montréal
1999-2002	Baccalauréat spécialisé en biochimie – Université de Montréal
1997-1999	Diplôme d'études collégiales – Collège Jean-de-Brébeuf
1992-1997	Diplôme d'études secondaires – Collège Jean-de-Brébeuf

ORDRES PROFESSIONNELS

Fellow du Collège royal des médecins et chirurgiens du Canada (FRCPC), Neurologie, 2011
Membre du Collège des médecins du Québec, 2011

BOURSES, PRIX ET SUBVENTIONS

Subventions de recherche à titre de clinicien-chercheur des IRSC (2014-2015)
Subventions du Fonds de la recherche en santé du Québec (2011-2014)
Prix de recherche du Collège royal des médecins et chirurgiens du Canada (2011)
Bourse d'excellence de la Fondation Birks (2001)
Bourse d'excellence du Canada (1999-2000-2001)
Bourse d'excellence de la fondation Rose-Daoust-Duquette (2000)

EXPÉRIENCE PROFESSIONNELLE ET RECHERCHE

2011 -	Postdoctorat en neuroscience à la University of California (San Francisco)
2009	Postdoctorat en neuroscience à l'Institut neurologique de Montréal
2001	Stage d'été au laboratoire de recherche sur les lipides et l'athérosclérose de l'IRCM
2000	Stage d'été au laboratoire de neuroendocrinologie de l'hôpital Notre-Dame
1999	Stage d'été à temps plein au laboratoire de génie biomédical de l'IRCM

RÉALISATIONS

1997-2003	Promotion des sciences au collège Jean-de-Brébeuf
	Juge au concours scientifique annuel du collège Jean-de-Brébeuf
	Membre fondateur d'un club scientifique au collégial
1998	Médaille d'or, catégorie « sciences de la vie », Expo-Sciences pancanadienne
	Projet d'innovation scientifique « Cholestérol en excès : une solution ? »
1996	1er prix de l'Expo-Sciences de Montréal
	Projet d'expérimentation scientifique : « Déplacement linéaire par magnétisme »
	Médaille de l'ACFAS

LOISIRS

Sports : cyclisme, badminton, plongée sous-marine, ski de fond.
Voyages, lecture, cinéma, musique, photographie.

DATE

▶ **Des chiffres et des lettres**
On indique généralement la date à l'aide de lettres et de chiffres ; on peut écrire la date avec ou sans l'article défini *le*.
> *Le 27 janvier 2015* ou *27 janvier 2015*
> T La date n'est jamais suivie d'un point final ; les noms de jours, de mois s'écrivent avec une minuscule initiale.

▶ **Indication du jour de la semaine**
De façon générale, il n'y a pas lieu d'écrire le nom du jour de la semaine. Si ce renseignement est nécessaire, il n'y a pas de virgule entre le jour de la semaine et le jour du mois exprimé en chiffres (le quantième).
> *Lundi 14 décembre 2015*
> T Dans le corps d'un texte, d'une lettre, on écrira *le lundi 14 décembre 2015*. L'année est notée au long à l'aide de quatre chiffres. *2015* (et non *15)

▶ **Indication du lieu**
Dans certains documents juridiques, officiels, etc., on doit indiquer le lieu avec la date ; la mention du lieu est alors suivie d'une virgule.
> *Montréal, le 27 janvier 2015*

▶ **Des lettres seulement**
Dans certains documents de registre soutenu, la date est composée en toutes lettres.
> *Le vingt-sept janvier deux mille quinze*

▶ **Des chiffres seulement**
L'usage de l'indication uniquement en chiffres de la date doit être limité aux usages techniques et à la présentation en tableau. Cette notation procède par ordre décroissant : (année, mois, jour) *2009 01 27* ou *2015-01-27* ou *20150127*.

VOIR TABLEAUX ▶ **CORRESPONDANCE.** ▶ **LETTRE TYPE.**

DEMI

▶ **DEMI-, préf.**
Élément préfixé indiquant la moitié d'un tout, un degré intermédiaire, un état incomplet. *Une demi-journée, des produits demi-cuits.*

T L'élément *demi-* est joint à un nom, à un adjectif au moyen d'un trait d'union.

▦ *Demi* + nom. L'élément **demi-** est invariable. Seul le nom se met au pluriel. *Des demi-heures. Des demi-mesures.*

▦ *Demi* + adjectif. L'élément **demi-** est invariable. Seul l'adjectif s'accorde en genre et en nombre avec le nom auquel il se rapporte. *Des bouteilles demi-vides. Des corps demi-nus.*

↪ L'élément *semi-*, qui a la même signification que **demi-**, est de registre plus technique. Il est également invariable et se joint à un nom ou à un adjectif au moyen d'un trait d'union. *Des semi-conducteurs. Des pierres semi-précieuses.*

▶ **Locutions**
– **À demi**. À moitié, en partie, loc. adv. *Un verre à demi-plein. Des données à demi-compilées.*

▦ *À demi* + nom. L'élément *demi-* est invariable et s'écrit avec un trait d'union devant le nom. *Ces articles sont à demi-prix.*

▦ *À demi* + adjectif. L'élément *demi-* est invariable et s'écrit sans trait d'union devant l'adjectif. *Une bouteille à demi vide.*
– **Et demi**, loc. adj. Et la moitié (de l'unité exprimée par le nom qui précède). *Gabriel a six mois et demi. Une douzaine et demie de roses.*

▦ L'adjectif *demi* est invariable en nombre ; il s'accorde uniquement en genre avec le nom auquel il se rapporte. *Trois kilomètres et demi. Deux heures et demie. Midi ou minuit et demi.*

▶ **NOM MASCULIN**

1. Moitié d'une unité. *Un demi et un demi font un.*
2. Verre de bière. *Nous prendrons un demi, svp.*

▶ **NOM FÉMININ**

1. Demi-heure. *L'horloge sonne aux heures et aux demies.*
2. Demi-bouteille. *Auriez-vous une demie d'un petit vin blanc bien frais ?*

DÉTERMINANT

Le déterminant est un mot qui est placé devant un nom commun pour le déterminer.

🔲 Le déterminant est un receveur d'accord : il s'accorde en genre et en nombre avec le nom qu'il détermine.

↪ Le déterminant précède nécessairement le nom pour former un groupe nominal.

On distingue généralement les déterminants suivants :

► **Le déterminant défini** (de forme simple ou contractée)
*La maison de François, **le** plateau de fromages. **Au** coin de la rue, la lecture **du** Devoir.*

► **Le déterminant démonstratif**
***Cette** chanson, **ce** courriel, **ces** adolescents.*

► **Le déterminant possessif**
***Sa** bicyclette, **ton** ordinateur, **mes** jouets.*

► **Le déterminant interrogatif**
***Quelle** matière préférez-vous ?*

► **Le déterminant exclamatif**
***Quelle** affaire ! **Quels** joyeux lurons !*

► **Le déterminant relatif**
*Une somme de 10 $, **laquelle** somme vous sera remboursée.*

► **Le déterminant indéfini**
***Un** petit chien, **des** framboises succulentes. **Plusieurs** tableaux. **Quelques** sports. **Certains** oiseaux.*

► **Le déterminant partitif**
***Du** jus de pomme, **de la** farine.*

► **Le déterminant numéral**
***Dix** grenouilles, **cinq** merles.*

► **Le déterminant négatif**
***Nulle** infraction n'a été commise.*

► **Le déterminant défini**
Le déterminant défini se place devant le nom d'**un être** ou d'**un objet connu, dont on a déjà parlé.**

🔲 Le déterminant défini individualise le nom qu'il accompagne.

FORME SIMPLE

Le (devant un nom masculin singulier). ***Le** chat de sa fille, **le** homard de la Gaspésie.*

La (devant un nom féminin singulier). ***La** tortue de Julien, **la** halte routière.*

L' (devant une voyelle ou un *h* muet). ***L'**avion, l'école, l'habit, l'heure, l'habile chirurgien.*

🔲 On dit alors qu'il s'agit d'un déterminant élidé.

Les (devant un nom masculin ou féminin pluriel). ***Les** livres de la bibliothèque, **les** oranges sont vertes.*

FORME CONTRACTÉE

Au (combinaison de *à* et de *le* devant un nom masculin singulier). ***Au** printemps, **au** début de la journée.*

Du (combinaison de *de* et de *le* devant un nom masculin singulier). *Je parle **du** soleil.*

Aux (combinaison de *à* et de *les* devant un nom masculin ou féminin pluriel). *J'explique **aux** garçons et **aux** filles…*

Des (combinaison de *de* et de *les* devant un nom masculin ou féminin pluriel). *Les adresses **des** cousines.*

↪ Le déterminant contracté introduit un groupe de la préposition.

D

60

► Le déterminant démonstratif

Le déterminant démonstratif détermine le nom en montrant l'être ou l'objet désigné par ce nom.
Il s'accorde en genre et en nombre avec le nom déterminé :

- au masculin singulier   *ce, cet*   *Ce livre, cet ouvrage, cet homme.*

On emploie *ce* devant un mot commençant par une consonne ou un *h* aspiré, **cet** devant un mot commençant par une voyelle ou un *h* muet.

- au féminin singulier   *cette*   *Cette fleur.*
- au pluriel   *ces*   *Ces garçons et ces filles.*

Le déterminant démonstratif est parfois renforcé par **ci** ou **là** joint au nom par un trait d'union.
Alors que **ci** indique la proximité, **là** suggère l'éloignement. *Cette étude-ci* (démonstratif prochain), *cette maison-là* (démonstratif lointain).

Certains déterminants démonstratifs sont vieillis et ne se trouvent plus que dans la langue juridique : **ledit, ladite, lesdits, lesdites, audit, à ladite, auxdits, auxdites, dudit, de ladite, desdits, desdites, susdit, susdite, susdits, susdites.**

► Le déterminant possessif

Le déterminant possessif détermine le nom en indiquant le « possesseur » de l'être, de l'objet désigné.

On observe que le déterminant possessif est loin de toujours exprimer la possession réelle. En effet, il n'établit souvent qu'une simple relation de chose à personne, qu'un rapport de dépendance, de familiarité, d'affinité, de proximité, etc. *Mon avion, ton hôtel, sa ville, nos invités, vos étudiants, leurs amis.*

– Il s'accorde en genre et en nombre avec le nom déterminé. *Ta voiture, son ordinateur, nos livres.*

– Il s'accorde en personne avec le nom désignant le possesseur :

un seul possesseur : *mon, ton, son* fils,   **plusieurs possesseurs :** *notre, votre, leur* fils ou fille
                ma, ta, sa fille   *nos, vos, leurs* fils ou filles
                mes, tes, ses fils ou filles

FORMES DU DÉTERMINANT POSSESSIF

UN SEUL POSSESSEUR	SINGULIER		PLURIEL
	MASCULIN	FÉMININ	
Première personne	*mon*	*ma*	*mes*
Deuxième personne	*ton*	*ta*	*tes*
Troisième personne	*son*	*sa*	*ses*

PLUSIEURS POSSESSEURS	SINGULIER	PLURIEL
Première personne	*notre*	*nos*
Deuxième personne	*votre*	*vos*
Troisième personne	*leur*	*leurs*

Devant un nom féminin commençant par une voyelle ou un *h* muet, c'est la forme masculine du déterminant qui est employée pour des raisons d'euphonie. *Mon amie, ton échelle, son histoire.*

▶ **Le déterminant interrogatif**

Le déterminant interrogatif indique que l'on s'interroge sur l'identité de l'être ou de l'objet déterminé.
Le déterminant interrogatif s'accorde en genre et en nombre avec le nom déterminé.

	GENRE	NOMBRE	DÉTERMINANT INTERROGATIF
Quel	masculin	singulier	*Quel livre ?*
Quelle	féminin	singulier	*Quelle personne ?*
Quels	masculin	pluriel	*Quels ballons ?*
Quelles	féminin	pluriel	*Quelles bicyclettes ?*

▶ **Le déterminant exclamatif**

Le déterminant exclamatif sert à traduire l'étonnement, l'admiration que l'on éprouve devant l'être ou l'objet
déterminé. Le déterminant exclamatif s'accorde en genre et en nombre avec le nom déterminé.

	GENRE	NOMBRE	DÉTERMINANT EXCLAMATIF
Quel	masculin	singulier	*Quel succès !*
Quelle	féminin	singulier	*Quelle maison !*
Quels	masculin	pluriel	*Quels amis !*
Quelles	féminin	pluriel	*Quelles vacances !*

▶ **Le déterminant relatif**

Le déterminant relatif se place devant un nom pour indiquer que l'on rattache à un antécédent la phrase
subordonnée qu'il introduit.

SINGULIER		PLURIEL	
MASCULIN	FÉMININ	MASCULIN	FÉMININ
lequel	laquelle	lesquels	lesquelles
duquel	de laquelle	desquels	desquelles
auquel	à laquelle	auxquels	auxquelles

Il a reconnu vous devoir la somme de 300 $, **laquelle** *somme vous sera remboursée sous peu.*

☞ Les déterminants relatifs sont d'emploi peu courant en dehors de la langue juridique ou
administrative.

▶ **Le déterminant indéfini**

Le déterminant indéfini se place devant le nom désignant **un être** ou **un objet indéterminé** ou encore
inconnu dans le texte.

☞ Le déterminant indéfini ne nous renseigne pas sur l'identité de la personne ou de la chose désignée
par le nom qu'il précède. Il exprime une idée de quantité, une qualité indéterminée, une idée de
ressemblance ou de différence.

Un (devant un nom masculin singulier). *Un garçon, un hanneton.*
Une (devant un nom féminin singulier). *Une fille, une hallebarde.*
Des (devant un nom masculin ou féminin pluriel). ***Des enfants.***

☞ *De* remplace *des* quand le nom pluriel est précédé d'un adjectif commençant par une consonne.
De belles vallées, de grands arbres.

☞ *D'* remplace *des* quand le nom pluriel est précédé d'un adjectif commençant par une voyelle ou un *h*
muet. *D'éclatantes victoires, d'horribles complots.*

On classe également dans les déterminants indéfinis les mots suivants : *autre, certains, certaines, chaque,
différents, différentes, divers, diverses, force (+ nom au pluriel), maint(s), mainte(s), même, plusieurs, quelconque,
quelque, tel, telle, tout, toute, tous, toutes…*

D

► **Le déterminant partitif**

Le déterminant partitif ou déterminant non comptable se place devant le nom **de choses** qui **ne peuvent se compter** quand ces dernières sont **indéterminées** ou encore **inconnues dans le texte.**

▭ Le déterminant partitif indique une quantité indéterminée de ce qui est désigné par le nom.

▭ Le déterminant partitif ne s'accorde qu'en genre avec le nom qu'il détermine.

Du (devant un nom masculin singulier). *Je bois du lait, elle coupe du houx.*

De la (devant un nom féminin singulier). *Je mange de la confiture, de la haine se lisait dans son regard.*

De l' (devant un nom masculin ou féminin singulier commençant par une voyelle ou un *h* muet). *Je mange de l'agneau, j'avale de l'eau, elle verse de l'huile.*

Des (devant un nom masculin ou féminin pluriel). *Des épinards, des fiançailles.*

► **Le déterminant numéral**

Le déterminant indique le nombre précis des êtres ou des objets dont on parle ou précise l'ordre de ces êtres, de ces objets.

Certains déterminants numéraux sont **simples.**

Sept pommes, douze oranges, mille raisins.

Certains déterminants numéraux sont **composés.**

Trente-deux (30 + 2). *Trente-deux élèves.*

Quatre-vingts (4 x 20). *Quatre-vingts arbres.*

Trois cents (3 x 100). *Trois cents oiseaux.*

▭ Selon la règle traditionnelle, dans les déterminants numéraux composés, le trait d'union s'emploie seulement entre les éléments qui sont l'un et l'autre inférieurs à *cent* et quand ces éléments ne sont pas joints par la conjonction *et. Trente-huit, quatre-vingt-quatre, vingt et un, cent dix, deux cent trente-deux.* Toutefois, *Les Rectifications de l'orthographe* (1990) admettent l'emploi du trait d'union dans les déterminants numéraux formant un nombre complexe, qu'il soit inférieur ou supérieur à *cent*, qu'ils soient joints par la conjonction *et* ou non. *Cent-trente-deux, deux-cent-soixante-et-onze.*

ACCORD

Les déterminants numéraux sont invariables, à l'exception de :

– **Un,** qui peut se mettre au féminin.

Vingt et une écolières.

VOIR TABLEAU ► UN.

– **Vingt** et **cent,** qui prennent la marque du pluriel s'ils sont multipliés par un nombre et s'ils ne sont pas suivis d'un autre déterminant numéral.

Six cents crayons, trois cent vingt règles, quatre-vingts feuilles, quatre-vingt-huit stylos.

► **Le déterminant négatif**

Le déterminant négatif indique une quantité nulle, c'est-à-dire que le nombre d'êtres ou d'objets désignés par le nom égale zéro.

Nous n'avons recueilli aucun don. Nulle trace de ce produit n'a été décelée. Pas une élève ne manquait à l'appel.

⟲ Les déterminants négatifs doivent toujours être accompagnés de *ne, ne … jamais* ou *ne … plus.* Cependant, on ne peut employer les adverbes *pas* ou *point* avec *aucun, aucune* et *nul, nulle.*

SINGULIER	PLURIEL
aucun, aucune	*aucuns, aucunes*
nul, nulle	*nuls, nulles*
pas un, pas une	

DISCOURS RAPPORTÉ[1]

Le **discours rapporté** est l'insertion dans un texte des propos énoncés par une personne, dans une situation de communication différente de celle du texte où ils sont insérés. Le discours rapporté est **direct** quand les propos sont repris textuellement à titre de citation et **indirect** quand les propos sont reformulés et intégrés syntaxiquement dans les phrases du texte.

DISCOURS RAPPORTÉ DIRECT

Dans le discours rapporté direct, les propos sont rapportés textuellement à titre de citation et s'insèrent entre les phrases du texte. Dans le discours rapporté direct, les mots qui servent à faire des références au monde extérieur (*je, tu, ici, là-bas, hier, demain*, etc.) sont en relation avec une situation de communication différente de celle du texte. Ils font référence à la réalité dans laquelle les propos ont été tenus.

*La semaine dernière, Hugo m'a annoncé: « **J'ai** décidé **hier soir** de **retourner** vivre auprès de **vous**, **ma** vie **ici** ne **me** satis**fait** plus. »*

À TITRE D'EXEMPLES

On peut utiliser une citation dans une argumentation pour donner de la crédibilité à ce qui est avancé.

*Les adultes québécois de moins de 50 ans sont plus sereins que les autres quant à la langue d'ici. La linguiste Chantal Bouchard (2002, page 9) **explique**: « Ceux qui étaient adultes ou adolescents dans les années 1950 ou 1960 restent profondément marqués par la crise identitaire et la forte insécurité linguistique de cette époque. »*

On peut recourir à une citation dans un reportage pour rendre une description plus vivante.

*Marie-Claude est une rêveuse pragmatique. « Je voulais lancer mon atelier de robes de soirée, **dit-elle**, mais je ne voulais pas participer à la surproduction mondiale. J'ai donc décidé de créer de véritables robes de rêve à partir de tissus recyclés seulement. »*

Principales caractéristiques du discours rapporté direct

- **verbe introducteur de discours suivi du deux-points**

    a annoncé: explique:

- **phrase incise** à l'intérieur ou à la suite du discours rapporté (inversion verbe et sujet, virgules pour encadrer ou isoler l'incise)

    , dit-elle,   , a déclaré la députée.

- **guillemets** pour encadrer le discours rapporté

    a annoncé: « … »   explique: « … »   « … , dit-elle, … »   « … », a déclaré la députée.

- **ponctuation à la fin du discours rapporté** selon le type de la phrase citée

    demande: « Pourquoi y allez-vous ? »   veut savoir: « Y allez-vous ? »

- **indices de temps et de lieu différents** de la réalité du texte

    hier soir, auprès de vous, ici

☞ Dans toute citation, les points de suspension entre crochets indiquent qu'un extrait du discours n'a pas été rapporté.

    Marie-Claude est une rêveuse. « Je voulais lancer mon atelier de robes de soirée, dit-elle, [...] créer de véritables robes de rêve. »

VOIR TABLEAUX ► GUILLEMETS. ► MAJUSCULES ET MINUSCULES. ► PONCTUATION.

DISCOURS RAPPORTÉ | SUITE >

1. Conception du tableau: Annie Desnoyers.

D

64

DISCOURS RAPPORTÉ INDIRECT

Dans le discours rapporté indirect, les propos rapportés sont intégrés syntaxiquement dans les phrases du texte. Dans le discours rapporté indirect, les mots qui servent à faire des références au monde extérieur (*je, tu, ici, là-bas, hier, demain,* etc.) sont adaptés à la situation de communication du texte.

> *La semaine dernière, Hugo m'a annoncé qu'**il avait** décidé **la veille** de **revenir** vivre auprès de **nous**, que **sa** vie **là-bas** ne **le** satis**faisait** plus.*

Dans une argumentation, pour donner de la crédibilité à ce qui est avancé, les paroles d'un autre auteur ou chercheur peuvent être rapportées indirectement, c'est-à-dire dans ses propres mots plutôt que textuellement.

> *Les adultes québécois de moins de 50 ans sont plus sereins que les autres quant à la langue d'ici. La linguiste Chantal Bouchard (2002, page 9) **explique que** ceux qui ont vécu leur jeunesse durant les années 1950 ou 1960 sont encore marqués par l'insécurité linguistique de ce temps.*

Principales caractéristiques du discours rapporté indirect

- **verbe introducteur de discours suivi de la phrase subordonnée**

> *Hugo a annoncé* [*que…*], [*que…*].   *La linguiste explique* [*que…*].

- **temps de verbe du discours rapporté** (verbe subordonné) **selon le temps du verbe introducteur** (verbe principal)

> *Hugo a annoncé* [*qu'il avait décidé la veille de revenir vivre auprès de nous*].

> ⌐◻ Le verbe principal est au passé, l'action du verbe subordonné se déroule AVANT celle du verbe principal : le verbe se conjugue au plus-que-parfait.

> *Hugo a annoncé* [*que sa vie là-bas ne le satisfait plus*].

> ⌐◻ Le verbe principal est au passé, l'action du verbe subordonné se déroule PENDANT celle du verbe principal : le verbe se conjugue à l'imparfait.

> *La linguiste explique* [*que ceux qui ont vécu leur jeunesse en 1950 sont encore marqués par l'insécurité linguistique*].

> ⌐◻ Le verbe principal est au présent, l'action du verbe subordonné se déroule PENDANT celle du verbe principal : le verbe se conjugue au présent.

- **indices de temps et de lieu adaptés à la situation de communication du texte**

> *la veille, auprès de nous, là-bas*

- **ponctuation à la fin du discours rapporté selon le type de la phrase principale** ou matrice dans laquelle la subordonnée est intégrée (ponctuation de la phrase déclarative si interrogation indirecte)

> *demande pourquoi vous y allez.*   *veut savoir si vous y allez.*

VOIR TABLEAUX ► CONCORDANCE DES TEMPS DANS LA PHRASE. ► PHRASE (TYPES ET FORMES DE LA).

DIVISION DES MOTS

La division des mots en fin de ligne doit être évitée autant que possible. Si elle est nécessaire, la coupure des mots se marque par un court tiret, appelé trait d'union, et respecte des règles définies.

1. LA DIVISION DES SYLLABES

On coupe un mot entre les syllabes qui le composent.

▶ **Une consonne entre deux voyelles**

On coupe après la première voyelle.

oui	*Cho / colat* ou *choco / lat.*

▶ **Deux voyelles**

On coupe après la deuxième voyelle.

oui	*Initia / le, abrévia / tion.*

    T 1° On coupe après la dernière voyelle lorsque le groupe de voyelles se réduit à un seul son (ai, au, eau, æ, eu, œu, ou, etc.). *Nécessai / rement, heureu / sement.*

       2° Le mot se divise entre les voyelles seulement lorsque la première voyelle fait partie d'un élément qui a servi à la formation d'un mot (rétro / actif, extra / ordinaire). Dans le doute, on évitera de diviser des voyelles.

▶ **Deux consonnes**

On coupe entre les consonnes.

oui	*Éper / dument, fendil / lement.*

    T Les groupes ch, ph, gn, th sont inséparables. *Ache / miner, ryth / mer.* En début de syllabe, certains groupes de consonnes (bl, cl, fl, gl, pl, br, cr, dr, fr, gr, pr, tr, vr) sont inséparables. *Dé / plorer, in / croyable.*

▶ **Trois ou quatre consonnes**

On coupe après la première consonne.

oui	*Désassem / bler, illus / tration.*

2. LA DIVISION DES MOTS COMPOSÉS

▶ **Mots composés sans trait d'union**

On peut diviser entre deux mots non reliés par un trait d'union.

oui	*Château / fort.*

    T On ne met pas de trait d'union dans ce cas.

▶ **Mots composés comportant un trait d'union**

On peut diviser à ce trait d'union.

oui	*Demi- / heure.*

    T Il est parfois difficile de distinguer entre les traits d'union du mot composé et ceux de la division des mots en fin de ligne.

3. LES DIVISIONS INTERDITES

▶ **Abréviations et sigles**

Ne jamais diviser une abréviation ou un sigle.

non	**O / NU.*

▶ **Apostrophes**

On ne coupe jamais à l'apostrophe.

non	**L' / école.*

▶ **Initiales et patronymes**

Ne pas séparer du nom le prénom abrégé.

non	**J. / Picard.*

D

▶ **Titres de civilité, titres honorifiques et patronymes**

Ne pas séparer le titre du nom auquel il s'applique.

| non | *Dr / Laroche. |

▶ **Nombres en chiffres arabes ou romains**

Ne pas diviser les nombres écrits en chiffres (par contre, les nombres écrits en toutes lettres sont divisibles).

| non | *153 / 537, *XX / IV. |

▶ **Nom déterminé par un nombre**

Ne pas séparer un nombre du nom qui le suit ou le précède.

| non | *Art. / 2, *Louis / XIV. |

▶ **Pourcentage**

Ne pas séparer un nombre du symbole du pourcentage.

| non | *75 / %. |

▶ **Points cardinaux**

Ne pas séparer l'abréviation du point cardinal du groupe qu'il détermine.

| non | *Par 52° de latitude / N. |

▶ **Date**

Ne pas séparer le quantième et le mois ou le mois et l'année.

| non | *7 / mai 1998 ou * 7 mai / 1998. |

▶ **Symboles des unités de mesure**

Ne pas séparer le symbole du nombre qui le précède.

| non | *12 / h, *14 / F, *25 / kg. |

▶ **Symboles chimiques, mathématiques, etc.**

Ces symboles sont indivisibles.

| non | *3 / + 2 = 5 |

▶ **Lettres *x* et *y***

Ne pas diviser avant ni après les lettres *x* ou *y* placées entre deux voyelles.

| non | *Ve / xation, *apitoy / er. |

    T 1° Si ces lettres sont suivies d'une consonne, la division est permise après le *x* ou le *y*. *Ex / ténuant, bicy / clette.*

    2° Si la lettre *x* correspond au son «z», la coupure est tolérée. *Deu / xième.*

▶ **Etc.**

Ne pas séparer l'abréviation *etc.* du mot qui la précède.

| non | *Vert, jaune, / etc. |

▶ **Syllabe finale muette**

On ne reporte pas à la ligne suivante une syllabe finale comprenant une voyelle muette.

| non | *Cou / dre, *définiti / ve. |

▶ **Mots d'une seule syllabe**

Ces mots sont indivisibles.

| non | *Pi / ed. |

▶ **Mots en fin de page**

On ne peut couper un mot lors d'un changement de page.

    T Dans la mesure du possible, on prendra soin de ne pas renvoyer en début de ligne des syllabes muettes ou de moins de trois lettres. *Directri / ce, *validi / té.*

    T Dans certains ouvrages, notamment dans le cas où le texte est composé sur deux colonnes ou plus, il n'est pas toujours possible de respecter cette règle.

DOUBLETS

Le français, comme plusieurs autres langues, provient du latin. Il est intéressant d'observer qu'un même mot latin a donné parfois deux mots français, différents par la forme et le sens : on appelle ces mots des **doublets.**

Ainsi, les noms **parole** et **parabole** viennent du mot latin « *parabola* ». Le premier a subi l'évolution phonétique normale (formation populaire), tandis que le second a été emprunté directement au latin plus tard par l'Église (formation savante) pour nommer la parole du Christ.

Il est intéressant de constater que le mot **design,** que nous avons emprunté à l'anglais (qui l'avait lui-même emprunté au français plus tôt), est un doublet du mot **dessin** et que ces deux mots proviennent du verbe latin « *designare* ».

Voici quelques exemples de doublets :

MOT FRANÇAIS (FORME POPULAIRE)	MOT LATIN	MOT FRANÇAIS (FORME SAVANTE)
aigre	*acer*	âcre
évier	*aquarium*	aquarium
écouter	*auscultare*	ausculter
chaîne	*catena*	cadenas
chaire	*cathedra*	cathédrale
chose	*causa*	cause
cheville	*clavicula*	clavicule
cailler	*coagulare*	coaguler
cueillette	*collecta*	collecte
combler	*cumulare*	cumuler
dessiner	*designare*	désigner
frêle	*fragilis*	fragile
hôtel	*hospitalis*	hôpital
entier	*integer*	intègre
livrer	*liberare*	libérer
mâcher	*masticare*	mastiquer
métier	*ministerium*	ministère
nager	*navigare*	naviguer
œuvrer	*operare*	opérer
œuf	*ovum*	ovule
parole	*parabola*	parabole
poison	*potio*	potion
porche	*porticus*	portique
recouvrer	*recuperare*	récupérer
raide	*rigidus*	rigide
serment	*sacramentum*	sacrement
sûreté	*securitas*	sécurité
sevrer	*separare*	séparer
sembler	*simulare*	simuler
étroit	*strictus*	strict
soupçon	*suspicio*	suspicion
vœu	*votum*	vote

ÉLISION

L'élision est le remplacement d'une voyelle finale *(a, e, i)* par une apostrophe devant un mot commençant par une voyelle ou un *h* muet. Devant un *h* aspiré cependant, il n'y a pas d'élision.

> *L'arbre, l'hôpital,* mais *le homard.*

▶ **Les mots qui peuvent s'élider sont:**

le	se		
la	ne	devant une voyelle	*L'école, l'araignée, l'habitation, l'honneur.*
je	de	ou un *h* muet	*Il s'est endormi. Elle s'habille. Je n'irai pas.*
me	que		*J'aurai ce qui convient. J'habite ici. M'aimes-tu?*
te	ce		*Qu'arrive-t-il? J'essaie d'y aller.*
			C'était hier. Je t'invite. Tu t'habitues.

jusque	— devant une voyelle. *Jusqu'au matin.*

lorsque	devant *il, ils, elle, elles, en, on, un, une, ainsi* seulement.
puisque	*Lorsqu'elle est contente,* mais *lorsque Étienne est là.*
quoique	*Puisqu'il est arrivé,* mais *puisque Ariane est partie.*
	Quoiqu'on ait prétendu certaines choses…, mais *quoique André soit d'accord.*

presque	— devant *île* seulement. Une *presqu'île,* mais un bâtiment *presque* achevé.

quelque	— devant *un, une* seulement. *Quelqu'un, quelqu'une.*

si	— devant *il* seulement. *S'il fait beau.*

▶ **Élisions interdites**

- Devant les déterminants numéraux *huit, onze, un.*

  Une quantité de huit grammes. Des colis de onze kilos, de un kilo.

  ⌨ On ne fait pas l'élision devant:

  – le nom masculin *un. La famille habitait le un de la rue des Érables. Il n'y a pas de un dans le nombre 679.*

  – le nom féminin *une. Publier une nouvelle à la une.*

  – le déterminant numéral *un, une,* quand on veut insister sur la mesure ou la quantité. *Un poids de un gramme, de une tonne. «Des enfants de un à douze ans»* (LITTRÉ).

  Cependant, l'élision se fait devant:

  – le déterminant indéfini *un, une. D'un océan à l'autre.*

  – le pronom indéfini *un, une. L'une et l'autre seront des nôtres. Plus d'un voyageur est passé ici.*

- Devant *oui.*

  Les millions de oui.

- Devant les mots d'origine étrangère commençant par un *y.*

  Le yogourt, le yacht.

  ⌨ L'élision doit se faire avec les noms propres selon les mêmes règles qu'avec les noms communs. *Le film d'Étienne,* mais *la Hollande, la Hongrie, le Honduras.*

  ⌖ Le *h* initial des toponymes des pays surtout de langue anglo-saxonne ou germanique est généralement un *h* aspiré. Font exception certains noms très connus et courants qui commencent par un *h* muet. *La ville d'Halifax, la baie d'Hudson, les vedettes d'Hollywood.*

VOIR TABLEAU ▶ APOSTROPHE.

La préposition *en* peut marquer un rapport de **lieu, de temps,** une notion de **forme, de matière, de manière.** Elle s'emploie devant un groupe nominal sans déterminant ou devant un pronom. Elle peut aussi être suivie d'un participe présent qui exprime la simultanéité ou la manière (gérondif).

> *Ils voyagent en avion. Les enfants sont en retard. Un décolleté en pointe, un manteau en laine. L'avion a atterri en douceur. Elles sont entrées en chantant.*

> ↪ Devant un nom précédé d'un déterminant, on emploiera plutôt la préposition *dans*. *Ils sont allés dans la ville d'Oka. Mettre les mains dans ses poches. Dépose le livre dans cette boîte.*

EN + GROUPE DU NOM

► **Rapport de lieu**

La préposition indique le **lieu où l'on est,** le **lieu où l'on va.**
> *Les étudiants sont en classe. Ils iront en ville.*

EN + NOM GÉOGRAPHIQUE	– **Nom féminin de pays,** de région. *En France, en Gaspésie.*
	– **Nom masculin de pays** commençant par une **voyelle.** *En Équateur.*
	  ↪ Devant un **nom masculin de pays,** d'État commençant par une **consonne,** on emploiera plutôt l'article contracté *au. Au Québec.*
	
	– **Nom féminin de grande île.** *En Martinique.*
	  ↪ Devant un **nom féminin de petite île** ou devant un **nom masculin d'île,** on emploiera plutôt *à. À Cuba.*
	  ↪ Devant un **nom de ville,** on emploiera la préposition *à. À Trois-Rivières.*

► **Rapport de temps**

La préposition marque un **intervalle de temps,** une **date.** Elle a le sens de *durant, pendant.*
> *En été, il fait bon vivre à la campagne. Ils ont construit la maison en quelques mois. En 1996, on a célébré son vingtième anniversaire.*

► **Notion de forme, de matière, de manière**

La préposition sert à marquer l'**état,** la **forme,** la **matière,** la **manière.**
> *Il est en attente. Des cheveux en brosse. Pedro parle en espagnol. Des gants en laine.*

EN + MATIÈRE	*Une colonne en marbre, de marbre, une sculpture en bois, de bois.* ↪ Il est possible d'utiliser les prépositions *en* ou *de* pour introduire le complément de **matière.** Toutefois, au sens figuré, on emploiera surtout la préposition *de. Une volonté de fer.*
EN + SINGULIER OU PLURIEL	*Un lilas en fleur ou en fleurs, un texte en anglais, une maison en flammes.* ⌨ Il n'y a pas de règle particulière pour le nombre du nom précédé de *en*. C'est le sens qui le dictera.

EN + GROUPE PARTICIPIAL

Gérondif

La préposition suivie du participe présent constitue le gérondif, qui exprime la simultanéité, une circonstance de cause, de temps, de manière.
> *En skiant, elle s'est fracturé la jambe. Il écrit en lisant ses phrases à voix haute.*

VOIR TABLEAU ► EN, PRONOM.

PRONOM PERSONNEL DE LA TROISIÈME PERSONNE

Le pronom *en* peut remplacer *de* + groupe nominal, complément du verbe ou complément du nom.

- Le pronom *en* peut évoquer une chose, une idée, parfois un animal et signifie *de cela, de lui, d'elle, d'elles, d'eux.*

    Cette escapade, nous en parlerons longtemps. Ce projet est emballant, ils en parlent constamment.

- Le pronom *en* peut évoquer des noms de choses, d'idées et remplace le possessif.

    Les touristes aiment les forêts et les lacs ; ils en apprécient le calme et la beauté.

- Le pronom *en* peut évoquer des noms d'animaux.

    Ton cheval est magnifique ; j'en admire la couleur, ou encore *j'admire sa couleur.*

    ⟿ L'emploi du pronom *en* est recommandé, mais on observe également l'emploi du possessif.

- Le pronom *en* peut évoquer parfois des personnes lorsqu'il est complément d'un pronom numéral ou d'un pronom indéfini et dans la langue littéraire.

    A-t-il des collègues compétents ? Il en a plusieurs.

    ⟿ Dans la langue courante, on emploie alors les adjectifs possessifs *son, sa, ses. Il admire cette amie et apprécie son courage.*

► **Impératif** + *en*

Le pronom *en* employé avec un pronom personnel se place après ce pronom.

Des livres, écris-nous-en plusieurs. Souvenez-vous-en.

⟿ Le pronom *en* est joint au pronom personnel par un trait d'union, sauf lorsque le pronom est élidé. *Souviens-t'en.* Si le pronom *en* suit un verbe à la deuxième personne du singulier de l'impératif qui se termine par un *e*, ce verbe prend un *s* euphonique. *Respectes-en les conditions.*

► **Accord du participe passé avec** *en*

La plupart des auteurs recommandent l'invariabilité du participe passé employé avec l'auxiliaire *avoir* précédé du pronom *en.*

Il a dessiné plus d'immeubles qu'il n'en a construit. Ce sont des fleurs carnivores, en aviez-vous déjà vu ?

▭ On remarque cependant un usage très indécis où l'on accorde parfois le participe passé avec le nom représenté par *en.* « Mais les fleurs, il n'en avait jamais vues. » (Marcel Proust, cité par Grevisse.) Pour simplifier la question, il semble préférable d'omettre le pronom si celui-ci n'est pas indispensable au sens de la phrase ou de choisir l'invariabilité du participe passé.

VOIR TABLEAU ► **EN,** PRÉPOSITION.

LES ÉLÉMENTS D'UNE ÉNUMÉRATION

▸ **Présentation horizontale**

Les chiffres romains sont composés des caractères suivants : I, V, X, L, C, D, M.

🅣 On met une virgule entre chaque élément de l'énumération et un point à la fin.

▸ **Présentation verticale**

Cet ouvrage traite des difficultés du français :

1. orthographe;	ou	*1– orthographe;*	ou	*1) orthographe;*	
2. grammaire;		*2– grammaire;*		*2) grammaire;*	
3. conjugaison.		*3– conjugaison.*		*3) conjugaison.*	

🅣 Les éléments sont suivis d'un point-virgule, à l'exception du dernier élément, qui est suivi d'un point. Il est également possible de présenter les éléments de l'énumération sans ponctuation. En ce cas, on écrira généralement avec une majuscule initiale chacun des éléments de l'énumération.

Types de difficultés

1. Orthographe	ou	*A. Orthographe*	ou	• *Orthographe*
2. Grammaire		*B. Grammaire*		• *Grammaire*
3. Conjugaison		*C. Conjugaison*		• *Conjugaison*

LES PARTIES D'UN TEXTE

En vue de découper un texte ou de mettre l'accent sur le nombre ou l'ordre des éléments, on a recours à divers jalons énumératifs : des lettres, des chiffres ou d'autres signes (tiret, point, etc.).

🅣 Une règle est importante : quel que soit le type de jalon retenu, il importe de respecter tout au long du document le même ordre, la même gradation de repères énumératifs.

JALONS COURAMMENT UTILISÉS
– les lettres minuscules *a), b), c)* ;
– les lettres majuscules *A., B., C.* ;
– les chiffres arabes *1., 2., 3.* ;
– les chiffres romains *I, II, III* ;
– les adjectifs ordinaux du latin sous leur forme abrégée *1°, 2°, 3°* ;
– la numérotation décimale *1., 1.1., 1.1.1., 1.2., 1.3., 2., 2.1.*

Pour une **énumération simple**, on utilise un seul signe énumératif : le tiret, les majuscules, les adjectifs numéraux latins, par exemple.

Pour une **énumération double**, on a recours à deux types de signes ; pour une **énumération triple**, à trois types, ainsi de suite.

Simple	Double	Triple	Quadruple	Complexe
a)	a)	A.	I–	1.
b)	1°	1°	A.	1.1.
c)	2°	a)	1°	1.1.1.
d)	3°	b)	a)	1.1.2.
e)	b)	2°	b)	1.2.
f)	1°	B.	2°	1.2.1.
g)	2°	1°	B.	1.2.2.
h)	3°	a)	II–	1.3.
i)	c)	b)	A.	2.

🅣 Si l'on recourt à la numération décimale, il est préférable de se limiter à trois niveaux de subdivision (avec un maximum de dix sous-classes), afin de ne pas trop alourdir la structuration.

Gabriel Girard
Groupe Alpha
4077, rue Saint-Hubert
Montréal (Québec) H2L 4A7

1

2

RECOMMANDÉ

3

Madame Delphine Déplanche
Directrice de la recherche
Société Amarante
775, chemin des Vieux-Moulins
L'Acadie (Québec) J0J 1H0

4

5

NORMES DE LA SOCIÉTÉ CANADIENNE DES POSTES

1. Adresse de l'expéditeur ou de l'expéditrice.

2. Espace réservé aux timbres.

3. Les mentions PERSONNEL, CONFIDENTIEL, RECOMMANDÉ (toujours au masculin singulier) s'écrivent en lettres majuscules dans cet espace et sont soulignées.

4. Adresse du ou de la destinataire. Selon la longueur de l'adresse, celle-ci peut chevaucher les sections 3 et 4. Le code postal figure en dernière place, à la suite du nom de la ville et de la province. En cas de manque d'espace, le code postal s'écrit sur la ligne suivante, mais il doit absolument apparaître dans cette section.

5. Espace réservé au code du tri mécanique de la Société canadienne des postes.

ADRESSE

On peut lire dans le *Guide canadien d'adressage* que : « la Société canadienne des postes encourage tous les expéditeurs à respecter les souhaits de leurs clients en ce qui concerne la présentation des envois. Le *Guide* satisfait aux exigences des langues française et anglaise, car on y accepte l'utilisation d'accents, de majuscules et de minuscules, ainsi que l'écriture en toutes lettres des éléments de l'adresse et les signes de ponctuation ».

Ces règles d'écriture sont compatibles avec les directives d'adressage de la Société canadienne des postes qui figurent dans le *Guide des postes du Canada : directives d'adressage*, [en ligne], 2014.

ORDRE DES ÉLÉMENTS DE L'ADRESSE

Les éléments d'une adresse vont du particulier au général.

▶ **Nom du** ou **de la destinataire.** **1**

– Titre de civilité
– Prénom
– Nom

▶ **Titre** et **nom de l'unité administrative,** s'il y a lieu. **2**

▶ **Nom de l'entreprise** ou **de l'organisme,** s'il y a lieu. **3**

▶ **Adresse.**

– Numéro et nom de la voie publique **4**
  ☞ L'indication du numéro est suivie d'une virgule, du nom générique (***avenue, boulevard, chemin, côte, place, rue,*** etc.) écrit en minuscules et, enfin, du nom spécifique de la voie publique.

– Appartement, étage, bureau, s'il y a lieu **5**
  ☞ En cas de manque d'espace, la mention de l'étage, du bureau ou de l'appartement s'écrit sur la ligne qui précède l'adresse.

– Bureau de poste, s'il y a lieu **6**

– Nom de la ville **7**

– Nom de la province, s'il y a lieu **8**
  ☞ Au Canada, le nom de la province s'écrit entre parenthèses.

– Code postal **9**
  ☞ En cas de manque d'espace, le code postal s'écrit sur la ligne suivante.

– Nom du pays, s'il y a lieu **10**
  ☞ La mention du nom de pays s'écrit en majuscules sur la ligne qui suit le code postal.

VOIR TABLEAU ▶ ADRESSE.

COURRIER POUR L'ÉTRANGER

Pour les envois à destination de l'étranger, il est préférable d'inscrire le nom du pays en majuscules. Dans la mesure du possible, il importe de se conformer aux usages du pays de destination. Cependant, le nom du pays doit être noté dans la langue du pays de départ, c'est-à-dire du lieu où s'effectue le tri postal.

ABSENCE DE PONCTUATION FINALE DANS L'ADRESSE

On ne met ni point ni virgule pour les fins de ligne des adresses et des mentions qui figurent sur l'enveloppe.

Madame Laurence Dubois **1**
Directrice des communications **2**
Dubuffet et Lavigne **3**
630, boul. René-Lévesque O., 5ᵉ étage **4 5**
ou
Madame Laurence Dubois **1**
Directrice des communications **2**
Dubuffet et Lavigne **3**
5ᵉ étage **5**
630, boul. René-Lévesque Ouest **4**

Montréal (Québec) H3B 1S6 **7 8 9**
ou
Montréal (Québec) **7 8**
H3B 1S6 **9**

Madame Hélène Lessard **1**
Direction des finances **2**
C. P. 6204, succ. Centre-ville **6**
Montréal (Québec) H3C 3T4 **7 8 9**

Monsieur Antoine Lebel **1**
Service après-vente **2**
Portes et fenêtres V. Q. **3**
860, rue de l'Église **4**
Sainte-Agathe-des-Monts (Québec) **7 8**
J2D 4G8 **9**

Mrs. Bev Darnell
Jefferies Silversmiths Ltd.
1026 Fort St.
Victoria (Colombie-Britannique) V8V 3K4
CANADA **10**

Monsieur Michel Delage
17, rue de Phalsbourg, 3ᵉ étage
75017 Paris
FRANCE

Time Magazine
541 North Fairbanks Court
Chicago
Illinois
États-Unis 60611

ESPACEMENTS

SIGNES DE PONCTUATION	AVANT		APRÈS	EXEMPLES
LE POINT	0 espace	.	1 espace	*Les vacances commenceront le 23 juin. J'ai hâte.*
LA VIRGULE	0 espace	,	1 espace	*Voici des pommes, des poires et des oranges.*
LE POINT-VIRGULE	0 espace	;	1 espace	*Léa adore la lecture; elle dévore les romans.*
LE DEUX-POINTS	1 espace	:	1 espace	*Liste des articles à apporter : cahier, crayons et règles.*
LE POINT D'INTERROGATION	0 espace	?	1 espace	*Est-ce que tu viens jouer avec nous? Oui.*
LE POINT D'EXCLAMATION	0 espace	!	1 espace	*Vive les vacances! Au diable les pénitences!*
LES POINTS DE SUSPENSION	0 espace	...	1 espace	*Elle a dit qu'elle viendrait... Je l'attends.*

SIGNES TYPOGRAPHIQUES	AVANT		APRÈS	EXEMPLES
LE TRAIT D'UNION	0 espace	-	0 espace	*Un lance-pierres et vingt-trois billes.*
LE TIRET	1 espace	–	1 espace	*Le béluga – un mammifère marin – est le favori des visiteurs.*
LA PARENTHÈSE OUVRANTE LA PARENTHÈSE FERMANTE	1 espace 0 espace	( )	0 espace 1 espace	*Elle est née lors des Jeux olympiques de Montréal (1976) et se nomme Nadia.*
LE CROCHET OUVRANT LE CROCHET FERMANT	1 espace 0 espace	[ ]	0 espace 1 espace	*On note entre crochets [krɔʃɛ] l'alphabet phonétique.*
LE GUILLEMET OUVRANT LE GUILLEMET FERMANT	1 espace 1 espace	« »	1 espace 1 espace	*Il lui a répondu : « Ce fut un plaisir » et elle a souri.*
LA BARRE OBLIQUE	0 espace	/	0 espace	*Elle roule à 40 km/h.*
L'ASTÉRISQUE	0 espace	*	1 espace	*Le béluga* est un mammifère.* ** Le béluga est aussi appelé baleine blanche.*
FRACTION DÉCIMALE (VIRGULE DÉCIMALE)	0 espace	,	0 espace	*15,25 unités.*
DEGRÉ	0 espace 1 espace	° °	1 espace 0 espace	*On règle le chauffage à 20°.* *Il fait 20 °C. (Si l'échelle de mesure est donnée.)*
SYMBOLE DU DOLLAR	1 espace	$	1 espace	*Cet article coûte 15 $.*
POUR CENT	1 espace	%	1 espace	*Ils ont eu 81% de moyenne.*
SIGNE ARITHMÉTIQUE	1 espace	+ - x ÷ =	1 espace	*7 x 10 = 70.*

T Le tableau des espacements s'applique aux documents produits par traitement de texte. Dans l'édition, on recourt aux espacements plus détaillés prescrits par les codes typographiques.

VOIR TABLEAU ► PONCTUATION.

EMPRUNTS À L'**ESPAGNOL**

La langue espagnole a donné au français quelques centaines de mots qui appartiennent notamment aux domaines de la musique et de la danse, de la tauromachie, des termes de nature culinaire, des noms qui désignent des espèces de la faune et de la flore. Ces emprunts datent principalement des XVIᵉ, XVIIIᵉ et XIXᵉ siècles.

▶ **Quelques emprunts à l'espagnol**

EMPRUNT	SIGNIFICATION DU MOT ESPAGNOL D'ORIGINE
boléro	« danseur »
castagnettes	« châtaigne »
cédille	« petit c »
eldorado	« pays de l'or »
estampille	« empreinte »
mirador	« regarder »
paella	« poêle »
sombrero	« ombre »

▶ **Quelques exemples de mots provenant de l'espagnol**

armada	écoutille	jade	patio
banderille	embarcation	jonquille	peccadille
bourrique	embargo	lasso	pépite
brasero	entresol	limonade	perruche
cachalot	épagneul	machette	peuplade
cafétéria	escapade	macho	piment
calebasse	fanfaron	mandarine	platine
camarade	fiesta	mantille	rumba
canari	flamenco	marijuana	résille
caracoler	flottille	matador	salsa
carapace	gaspacho	matamore	sangria
casque	gaucho	mérinos	sierra
chorizo	gitane	mérou	sieste
cigare	hâbler	moustique	tango
cigarillo	hacienda	mulâtre	tapas
compliment	hidalgo	pacotille	toréro
conquistador	indigo	palabre	tortilla
cordillère	infant	parages	tornade
corrida	intégriste	pasionaria	vanille
doublon	intransigeant	pastille	véronique

▶ **Orthographe**

La plupart des emprunts à l'espagnol sont maintenant francisés ; ils s'écrivent généralement avec des accents, s'il y a lieu (ex. : *guérilla, embarcadère*) et prennent la marque du pluriel (ex. : *des corridas, des embargos, des miradors*).

FAMILLE DE MOTS[1]

La famille de mots est un ensemble comprenant un mot de base, à partir duquel on a créé d'autres mots par l'ajout de préfixes ou de suffixes, ou par la formation de mots composés.

⌦ Les mots faisant partie d'une même famille sont unis par la forme et par le sens.

EXEMPLES	MOT DE BASE	MOTS DÉRIVÉS (préfixes, suffixes)	MOTS COMPOSÉS
Famille d'un verbe	*casser*	*cassable*, *incassable*, *cassant*, *cassation*, *casse*, *cassé*, *casseur*, *cassure*	*casse-cou*, *casse-noix*, *casse-pied*, *casse-noisette*, *casse-tête*
Famille d'un adjectif	*vert*	*verdâtre*, *verdissant*, *verdoyant*, *verdeur*, *verdure*, *verdoiement*, *verdir*, *reverdir*, *verdoyer*	*bleu-vert*, *vert-de-gris*, *vert pomme*, *vert olive*
Famille d'un nom	*main*	*manuel* (adj.), *manette*, *manutention*, *manuscrit*, *manière*, *manucure*, *manœuvre*, *manier*	*main-d'œuvre*, *mainmise*, *baise-main*, *essuie-main*, *sous-main*

VOIR TABLEAUX ▶ NOMS COMPOSÉS. ▶ PRÉFIXE. ▶ SUFFIXE.

Le **suffixe** peut modifier:

- la catégorie grammaticale

    manuel (adjectif), *manette* (nom), *manier* (verbe)

- la connotation

    vert (neutre), *verdâtre* (péjoratif, donne un sens négatif), *verdoyant* (mélioratif, donne un sens positif)

- la terminaison ou flexion

    cassant (masculin), *cassante* (féminin);
    cassé (singulier), *cassés* (pluriel);
    casser (infinitif), *cassera* (futur), *casserait* (conditionnel, 3e personne du singulier),
    casserions (conditionnel, 1re personne du pluriel)…

Le changement de catégorie grammaticale produit par les différents suffixes possibles dans une famille de mots est un procédé important de reprise de l'information.

*Le jury **a jugé** l'accusé le mois dernier. Ce **jugement** a été très controversé.*
*Le dernier rapport **descriptif** à ce sujet a été déposé hier. La nouvelle **description** a plu à tous.*

⌦ Certaines familles de mots présentent des lacunes; pour combler ces vides, il faut utiliser un mot de forme différente, mais lié par le sens. *Dormir* et *sommeil; aveugle* et *cécité.*

VOIR TABLEAU ▶ REPRISE DE L'INFORMATION.

Le **préfixe** modifie le sens:

a- + *-phone*	= «sans voix»
allo- + *-phone*	= «qui parle une autre langue»
franco- + *-phone*	= «qui parle le français»
télé- + *-phone*	= «voix entendue à distance»
archéo- + *-logie*	= «étude des choses anciennes»
cardio- + *-logie*	= «étude du cœur et de ses affections»
myco- + *-logie*	= «étude des champignons»
géo- + *-logie*	= «science de la Terre»

1. Conception du tableau: Annie Desnoyers.

FÉMINISATION DES TITRES

Depuis l'accès des femmes à de nouvelles fonctions et devant le désir de celles-ci de voir leurs désignations refléter cette nouvelle réalité, il est recommandé d'utiliser les formes féminines des titres de fonctions. (Avis de recommandation, Office de la langue française, *Gazette officielle du Québec*, 28 juillet 1979.)

Cette féminisation peut se faire:

▶ **Soit à l'aide du féminin courant.**

Avocate, directrice, technicienne.

▶ **Soit à l'aide du terme épicène marqué par un déterminant féminin.**

Une journaliste, une architecte, une astronome, une ministre.

⌦ L'adjectif *épicène* se dit d'un mot qui conserve la même forme au masculin et au féminin.

▶ **Soit par la création spontanée d'une forme féminine qui respecte les règles du français.**

Policière, chirurgienne, banquière, navigatrice, professeure.

LISTE DE TITRES ET DE FONCTIONS

académicien académicienne	adjudant adjudante	amiral amirale	archiviste archiviste	astronome astronome
accessoiriste accessoiriste	administrateur administratrice	analyste analyste	armateur armatrice	astrophysicien astrophysicienne
accompagnateur accompagnatrice	agent agente	anatomiste anatomiste	armurier armurière	athlète athlète
accordeur accordeuse	agent de bord agente de bord	anesthésiste anesthésiste	arpenteur arpenteuse	attaché attachée
accoucheur accoucheuse	agent de change agente de change	animateur animatrice	artificier artificière	audiologiste audiologiste
acériculteur acéricultrice	agent de voyages agente de voyages	annonceur annonceure ou annonceuse	artilleur artilleuse	auditeur auditrice
acheteur acheteuse	agent immobilier agente immobilière	anthropologue anthropologue	artisan artisane	auteur auteure
acousticien acousticienne	agriculteur agricultrice	antiquaire antiquaire	artiste artiste	auteur-compositeur auteure-compositrice
acquéreur acquéresse	agronome agronome	apiculteur apicultrice	aspirant aspirante	auxiliaire auxiliaire
acteur actrice	aiguilleur aiguilleuse	appariteur apparitrice	assembleur assembleuse	aviateur aviatrice
actuaire actuaire	ajusteur ajusteuse	apprenti apprentie	assistant assistante	aviculteur avicultrice
acupuncteur ou acuponcteur	aléseur aléseuse	arbitre arbitre	associé associée	avocat avocate
acupunctrice ou acuponctrice	amareyeur amareyeuse	arboriculteur arboricultrice	assureur assureure ou assureuse	bagagiste bagagiste
adaptateur adaptatrice	ambassadeur ambassadrice	archéologue archéologue	astrologue astrologue	bailleur bailleresse
adjoint adjointe	ambulancier ambulancière	architecte architecte	astronaute astronaute	balayeur balayeuse

F

78

banquier banquière	brocanteur brocanteuse	chancelier chancelière	coauteur coauteure	conférencier conférencière
barman barmaid	brodeur brodeuse	chansonnier chansonnière	cocher cochère	confiseur confiseuse
barreur barreuse	bruiteur bruiteuse	chanteur chanteuse	codirecteur codirectrice	conseiller conseillère
bâtonnier bâtonnière	buandier buandière	chapelier chapelière	coiffeur coiffeuse	conseiller juridique conseillère juridique
berger bergère	bûcheron bûcheronne	charcutier charcutière	collaborateur collaboratrice	conservateur conservatrice
bibliothécaire bibliothécaire	bureauticien bureauticienne	chargé (de projet, de cours) chargée (de projet, de cours)	colleur colleuse	consommateur consommatrice
bijoutier bijoutière	câbleur câbleuse		colonel colonelle	constructeur constructrice
bimbelotier bimbelotière	cadreur cadreuse	charpentier charpentière	colporteur colporteuse	consul consule
biochimiste biochimiste	caissier caissière	chaudronnier chaudronnière	comédien comédienne	consultant consultante
biologiste biologiste	cambiste cambiste	chauffeur chauffeuse	commandant commandante	conteur conteuse
biophysicien biophysicienne	camelot camelot	chef chef	commandeur commandeure	contractuel contractuelle
blanchisseur blanchisseuse	camionneur camionneuse	cheminot cheminote	commanditaire commanditaire	contre-amiral contre-amirale
blogueur blogueuse	capitaine capitaine	chercheur chercheuse	commentateur commentatrice	contremaître contremaître ou contremaîtresse
bonnetier bonnetière	caporal caporale	chevalier chevalière	commerçant commerçante	contrôleur contrôleuse
botaniste botaniste	cardeur cardeuse	chimiste chimiste	commis commis	coordonnateur ou coordinateur
bottier bottière	cardiologue cardiologue	chiromancien chiromancienne	commissaire commissaire	coordonnatrice ou coordinatrice
boucher bouchère	carillonneur carillonneuse	chiropraticien chiropraticienne	communicateur communicatrice	cordonnier cordonnière
boulanger boulangère	cariste cariste	chirurgien chirurgienne	compétiteur compétitrice	coroner coroner
boulanger-pâtissier boulangère-pâtissière	carnetier carnetière	chocolatier chocolatière	compositeur compositrice	correcteur correctrice
boxeur boxeuse	carreleur carreleuse	chorégraphe chorégraphe	comptable agréé comptable agréée	correcteur-réviseur correctrice-réviseuse ou réviseur
brancardier brancardière	carrossier carrossière	chroniqueur chroniqueuse	concepteur conceptrice	correspondancier correspondancière
brasseur brasseuse	cartographe cartographe	chronométreur chronométreuse	concessionnaire concessionnaire	correspondant correspondante
brigadier brigadière	cartomancien cartomancienne	cinéaste cinéaste	concierge concierge	costumier costumière
briqueteur-maçon briqueteuse-maçonne	cascadeur cascadeuse	clinicien clinicienne	conciliateur conciliatrice	coureur coureuse
briquetier briquetière	cavalier cavalière	clown clown	conducteur conductrice	courriériste courriériste

coursier	déménageur	dramaturge	entrepreneur	fiscaliste
coursière	déménageuse	dramaturge	entrepreneure	fiscaliste
courtier	démographe	draveur	épicier	fleuriste
courtière	démographe	draveuse	épicière	fleuriste
couturier	démonstrateur	dresseur	espion	fonctionnaire
couturière	démonstratrice	dresseuse	espionne	fonctionnaire
couvreur	dentiste	ébéniste	esthéticien	fondé de pouvoir
couvreuse	dentiste	ébéniste	esthéticienne	fondée de pouvoir
créateur d'entreprise	denturologiste	éboueur	estimateur	fondeur
créatrice d'entreprise	denturologiste	éboueuse	estimatrice	fondeuse
créatif	dépanneur	éclairagiste	étalagiste	forgeron
créative	dépanneuse	éclairagiste	étalagiste	forgeronne
crémier	député	écologiste	éthicien	formateur
crémière	députée	écologiste	éthicienne	formatrice
crêpier	dessinateur	écrivain	évaluateur	fossoyeur
crêpière	dessinatrice	écrivaine	évaluatrice	fossoyeuse
critique	détaillant	écuyer	examinateur	fournisseur
critique	détaillante	écuyère	examinatrice	fournisseuse
croupier	détecteur	éditeur	excavateur	franchisé
croupière	détectrice	éditrice	excavatrice	franchisée
cueilleur	détective	éducateur	expéditeur	franchiseur
cueilleuse	détective	éducatrice	expéditrice	franchiseuse
cuisinier	diacre	élagueur	expert	fripier
cuisinière	diaconesse	élagueuse	experte	fripière
cultivateur	didacticien	électricien	expert-comptable	fromager
cultivatrice	didacticienne	électricienne	experte-comptable	fromagère
curateur	diététicien	électronicien	expert-conseil	galeriste
curatrice	diététicienne	électronicienne	experte-conseil	galeriste
cybernéticien	diététiste	éleveur	exploitant	gantier
cybernéticienne	diététiste	éleveuse	exploitante	gantière
cytologiste	diplomate	emballeur	exportateur	garagiste
cytologiste	diplomate	emballeuse	exportatrice	garagiste
danseur	dirigeant	embaumeur	exposant	garde
danseuse	dirigeante	embaumeuse	exposante	garde
débardeur	directeur	encadreur	fabricant	garde forestier
débardeuse	directrice	encadreuse	fabricante	garde forestière
débosseleur	directeur d'école	encanteur	facteur	gardeur
débosseleuse	directrice d'école	encanteuse	factrice	gardeuse
décideur	docteur	enlumineur	ferblantier	gardien
décideuse	docteure	enlumineuse	ferblantière	gardienne
décorateur	documentaliste	enquêteur	fermier	gendarme
décoratrice	documentaliste	enquêteuse ou	fermière	gendarme
découvreur	dompteur	enquêtrice	ferrailleur	général
découvreuse	dompteuse	enseignant	ferrailleuse	générale
dégustateur	douanier	enseignante	ferronnier	généticien
dégustatrice	douanière	ensemblier	ferronnière	généticienne
délégué	doubleur	ensemblière	figurant	géographe
déléguée	doubleuse	entraîneur	figurante	géographe
démarcheur	doyen	entraîneuse	financier	géologue
démarcheuse	doyenne	entreposeur	financière	géologue
		entreposeuse		

F

80

géomètre
géomètre

géophysicien
géophysicienne

gérant
gérante

gestionnaire
gestionnaire

golfeur
golfeuse

goûteur
goûteuse

gouverneur
gouverneure

grainetier
grainetière

grammairien
grammairienne

graphiste
graphiste

graveur
graveuse

greffier
greffière

grutier
grutière

guichetier
guichetière

guide
guide

gynécologue
gynécologue

habilleur
habilleuse

haut-commissaire
haute-commissaire

héliciculteur
hélicicultrice

historien
historienne

hockeyeur
hockeyeuse

homme d'affaires
femme d'affaires

homme d'équipage
femme d'équipage

homme de ménage
femme de ménage

horloger
horlogère

horticulteur
horticultrice

hôtelier
hôtelière

huissier
huissière

humoriste
humoriste

hygiéniste
hygiéniste

hypnotiseur
hypnotiseuse

illustrateur
illustratrice

imitateur
imitatrice

importateur
importatrice

imprésario
imprésario

improvisateur
improvisatrice

indicateur
indicatrice

industriel
industrielle

infirmier
infirmière

infographiste
infographiste

informateur
informatrice

informaticien
informaticienne

ingénieur
ingénieure

ingénieur-conseil
ingénieure-conseil

inséminateur
inséminatrice

inspecteur
inspectrice

installateur
installatrice

instituteur
institutrice

intendant
intendante

interne
interne

interprète
interprète

intervenant
intervenante

inventeur
inventrice

investisseur
investisseuse

jardinier
jardinière

jardinier d'enfants
jardinière d'enfants

joaillier ou
    joailler
joaillière ou
    joaillère

jockey
jockey

jointoyeur
jointoyeuse

jongleur
jongleuse

joueur
joueuse

journaliste
journaliste

juge
juge

juré
jurée

juriste
juriste

kiosquier
kiosquière

laborantin
laborantine

laitier
laitière

lamineur
lamineuse

langagier
langagière

laveur
laveuse

lecteur
lectrice

lexicographe
lexicographe

libraire
libraire

lieutenant
lieutenante

lieutenant-colonel
lieutenante-colonelle

lieutenant-
    gouverneur
lieutenante-
    gouverneure

linguiste
linguiste

liquidateur
liquidatrice

livreur
livreuse

logisticien
logisticienne

lunetier
lunetière

luthier
luthière

lutteur
lutteuse

machiniste
machiniste

maçon
maçonne

magasinier
magasinière

magicien
magicienne

magistrat
magistrate

maïeuticien
sage-femme

maire
mairesse

maître d'hôtel
maître d'hôtel

maître d'œuvre
maître d'œuvre

maître de l'ouvrage
maître de l'ouvrage

majordome
majordome

mandataire
mandataire

mannequin
mannequin

manœuvre
manœuvre

manutentionnaire
manutentionnaire

maquettiste
maquettiste

maquilleur
maquilleuse

maraîcher
maraîchère

marchand
marchande

maréchal
maréchale

marin
marin

marguillier ou
    marguiller
marguillière ou
    marguillère

marinier
marinière

marionnettiste
marionnettiste

masseur
masseuse

matelot
matelot

mathématicien
mathématicienne

mécanicien
mécanicienne

médecin
médecin

médiateur
médiatrice

meneur
meneuse

menuisier
menuisière

messager
messagère

métallurgiste
métallurgiste

météorologue
météorologue

metteur en scène
metteure ou
    metteuse en scène

meunier
meunière

militaire
militaire

mineur mineuse	officier officière	pâtissier pâtissière	podiatre podiatre	prestidigitateur prestidigitatrice
ministre ministre	oiselier oiselière	patronnier patronnière	podologue podologue	prêteur prêteuse
modèle modèle	oléiculteur oléicultrice	patrouilleur patrouilleuse	poète poète	prieur prieure
modiste modiste	omnipraticien omnipraticienne	paysagiste paysagiste	poinçonneur poinçonneuse	procureur procureure
moniteur monitrice	oncologue oncologue	pêcheur pêcheuse	poissonnier poissonnière	producteur productrice
monteur monteuse	opérateur opératrice	peintre peintre	policier policière	professeur professeure
motard motarde	ophtalmologiste ophtalmologiste	percussionniste percussionniste	politicologue politicologue	programmateur programmatrice
mouleur mouleuse	opticien opticienne	perruquier perruquière	pomiculteur ou pomoculteur	programmeur programmeuse
musicien musicienne	optométriste optométriste	peseur peseuse	pomicultrice ou pomocultrice	projeteur projeteuse
musicologue musicologue	orateur oratrice	pharmacien pharmacienne	pompier pompière	promoteur promotrice
mytiliculteur mytilicultrice	orchestrateur orchestratrice	philosophe philosophe	pompiste pompiste	prospecteur prospectrice
narrateur narratrice	orfèvre orfèvre	phonéticien phonéticienne	porteur porteuse	protecteur protectrice
naturaliste naturaliste	organisateur organisatrice	photographe photographe	portier portière	proviseur proviseure
navigateur navigatrice	orienteur orienteuse	physicien physicienne	poseur poseuse	psychanalyste psychanalyste
négociant négociante	ostréiculteur ostréicultrice	pianiste pianiste	postier postière	psychiatre psychiatre
négociateur négociatrice	oto-rhino- laryngologiste	pigiste pigiste	potier potière	psychologue psychologue
nettoyeur nettoyeuse	oto-rhino- laryngologiste	pilote pilote	pourvoyeur pourvoyeuse	publicitaire publicitaire
neurochirurgien neurochirurgienne	outilleur outilleuse	pisciculteur piscicultrice	praticien praticienne	puériculteur puéricultrice
neurologue neurologue	ouvreur ouvreuse	placeur placeuse	prédicateur prédicatrice	pupitreur pupitreuse
notaire notaire	ouvrier ouvrière	planificateur planificatrice	préfet préfète	pyrotechnicien pyrotechnicienne
nutritionniste nutritionniste	palefrenier palefrenière	planteur planteuse	premier ministre première ministre	qualiticien qualiticienne
observateur observatrice	parachutiste parachutiste	plasticien plasticienne	préparateur préparatrice	quincaillier ou quincailler
obstétricien obstétricienne	parfumeur parfumeuse	plâtrier plâtrière	préposé préposée	quincaillière ou quincaillère
œnologue œnologue	parolier parolière	plombier plombière	présentateur présentatrice	radiologiste radiologiste
officiel officielle	pasteur pasteure	plongeur plongeuse	président présidente	radiologue radiologue

F

82

ramoneur
ramoneuse

rappeur
rappeuse

réalisateur
réalisatrice

reboiseur
reboiseuse

réceptionniste
réceptionniste

recherchiste
recherchiste

recruteur
recruteuse

recteur
rectrice

rédacteur
rédactrice

relieur
relieuse

régisseur
régisseuse

registraire
registraire

régleur
régleuse

rembourreur
rembourreuse

réparateur
réparatrice

répartiteur
répartitrice

repasseur
repasseuse

répétiteur
répétitrice

repreneur
repreneuse

représentant
représentante

responsable
responsable

restaurateur
restauratrice

retoucheur
retoucheuse

revendeur
revendeuse

réviseur
réviseuse ou
    réviseure

romancier
romancière

routeur
routeuse

routier
routière

sableur
sableuse

sacristain
sacristaine ou
    sacristine

saucier
saucière

scaphandrier
scaphandrière

scénariste
scénariste

scientifique
scientifique

scripteur
scriptrice

scrutateur
scrutatrice

sculpteur
sculpteure ou
    sculptrice

secouriste
secouriste

secrétaire
secrétaire

secrétaire général
secrétaire générale

sémanticien
sémanticienne

sémioticien
sémioticienne

sénateur
sénatrice

sergent
sergente

sériciculteur
séricicultrice

serriste
serriste

serrurier
serrurière

serveur
serveuse

shampouineur ou
    shampooineur
shampouineuse ou
    shampooineuse

soigneur
soigneuse

soldat
soldate

sommelier
sommelière

sondeur
sondeuse

soudeur
soudeuse

souffleur
souffleuse

sous-ministre
sous-ministre

standardiste
standardiste

statisticien
statisticienne

stylicien
stylicienne

styliste
styliste

substitut
substitute

superviseur
superviseur ou
    superviseure

suppléant
suppléante

surveillant
surveillante

sylviculteur
sylvicultrice

tanneur
tanneuse

tapissier
tapissière

technicien
technicienne

teinturier
teinturière

téléphoniste
téléphoniste

télétravailleur
télétravailleuse

télévendeur
télévendeuse

tenancier
tenancière

teneur de livres
teneuse de livres

terminologue
terminologue

terrassier
terrassière

théologien
théologienne

thérapeute
thérapeute

tisserand
tisserande

tôlier
tôlière

topographe
topographe

torero ou
    toréro
torera ou
    toréra

torréfacteur
torréfactrice

tourneur
tourneuse

traceur
traceuse

traducteur
traductrice

tragédien
tragédienne

traiteur
traiteuse

trappeur
trappeuse

travailleur
travailleuse

travailleur social
travailleuse sociale

trésorier
trésorière

trieur
trieuse

tronçonneur
tronçonneuse

truqueur
truqueuse

tuteur
tutrice

tuyauteur
tuyauteuse

typographe
typographe

urbaniste
urbaniste

urgentiste
urgentiste

urgentologue
urgentologue

urologue
urologue

veilleur
veilleuse

vendangeur
vendangeuse

vendeur
vendeuse

vérificateur
vérificatrice

vétérinaire
vétérinaire

vice-consul
vice-consule

vice-président
vice-présidente

vidéaste
vidéaste

vigneron
vigneronne

viticulteur
viticultrice

vitrier
vitrière

voiturier
voiturière

volcanologue
volcanologue

voyagiste
voyagiste

vulgarisateur
vulgarisatrice

webmestre
webmestre

zootechnicien
zootechnicienne...

Mode d'expression de la réalité ou des idées à l'aide d'images (sens figuré) plutôt qu'avec les mots courants ou les expressions habituelles de la langue (sens propre).

Pour la fermeture des piscines l'été prochain, le maire a évité de se mouiller.

🗁 Dans cette phrase, le verbe **se mouiller** a la signification suivante : le maire n'a pas cherché à se protéger de la pluie, de l'eau **(sens propre)**, mais plutôt il n'a pas voulu donner son avis, se compromettre **(sens figuré)**.

▶ **Quelques exemples :** *Être dans la lune* (pour « être distrait »).
Mettre un copain en boîte (pour « se moquer de lui »).
⚜ *Accrocher ses patins* (pour « cesser ses activités »).
Verser des larmes de crocodile (pour « faire semblant de pleurer »).
Être suspendu aux lèvres de quelqu'un (pour « écouter attentivement »).

Les emplois figurés frappent l'imagination, ils sont expressifs, vivants, colorés et ils permettent de communiquer un message de façon très efficace. Les poètes, les écrivains, les auteurs de textes et de chansons privilégient les **emplois figurés** appelés aussi **figures de style**. Ces auteurs enrichissent constamment la langue en créant de nouveaux sens figurés.

Quand Félix Leclerc chante : « Moi, mes souliers ont beaucoup voyagé… », c'est une image qu'il emploie pour dire qu'il a parcouru de grandes distances à pied, une image qui reste dans notre mémoire.

IL Y A PLUSIEURS TYPES D'EMPLOIS FIGURÉS :

▶ **La comparaison** Rapprochement entre des êtres, des idées, des objets.
Ce cheval est rapide comme l'éclair. Un enfant blond comme les blés.
Elle s'élança telle une gazelle. Ainsi qu'un jeune chien, il gambadait.
↪ La comparaison est introduite par *comme, ainsi que, de même que…*

▶ **La métaphore** Remplacement d'un sens premier par un sens imagé, comparaison sous-entendue.
Être sur la corde raide (pour « être en danger »).
Mettre la main à la pâte (pour « participer, travailler soi-même à quelque chose »).
↪ La métaphore (ou comparaison sous-entendue) n'est pas introduite par
comme, ainsi que, de même que…

▶ **L'hyperbole** ou **exagération** Emploi volontaire d'un mot qui a un sens très fort pour frapper l'imagination.
Je meurs de faim (pour « j'ai une grande faim »).
Merci mille fois (pour « merci beaucoup »).
Pleurer toutes les larmes de son corps (pour « avoir beaucoup de chagrin »).

▶ **La litote** ou **atténuation** Emploi volontaire d'un mot, d'une expression dont le sens est faible pour dire plus.
Elle n'est pas bête (pour « elle est intelligente, astucieuse »).
Je ne le déteste pas (pour « il me plaît »).

▶ **L'euphémisme** Adoucissement d'un mot qui exprime une réalité trop brutale, d'une expression trop cruelle.
Ton chien est au paradis (pour « il est mort »).
Les aînés (pour « les personnes âgées »).

▶ **L'allégorie** Personnification de choses abstraites.
Le bonhomme hiver a déposé son blanc manteau.

▶ **La synecdoque** Expression de la partie pour le tout.
Être sans toit (pour « être sans maison »).
Expression de l'espèce pour le genre.
Les mortels (pour « les hommes »).
Expression du singulier pour le pluriel.
Le cultivateur (pour « les cultivateurs »).

▶ **La métonymie** Expression du contenant pour le contenu.
Mange ton assiette (pour « mange ton repas »).
Expression de la cause pour l'effet.
Il est né sous une bonne étoile (pour « il réussit bien »).
Expression de l'effet pour la cause.
Boire la mort (pour « boire une potion mortelle »).

FUTUR

AXE DU TEMPS

PASSÉ	PRÉSENT	FUTUR
AUTREFOIS, ON VOYAGEAIT EN BATEAU.	**AUJOURD'HUI**, ON SE DÉPLACE EN AVION.	**DEMAIN**, ON CIRCULERA EN NAVETTE SPATIALE.

▶ **Le FUTUR exprime un fait qui aura lieu plus tard, une action à venir, par rapport au présent de l´énonciation.**

*Nous **serons** en vacances à la fin de juin. Il **arrivera** demain.*

Ce temps peut traduire également :

– une **vérité générale.** *Il y **aura** toujours des gagnants et des perdants.*
– un **fait probable.** *L'été **sera** ensoleillé, je crois.*
– un **ordre poli.** *Tu **voudras** bien m'expliquer ce retard.*
  ⌸ Dans cet emploi, le futur correspond à un impératif exprimé de façon moins autoritaire.
– un **présent atténué.** *Tu **comprendras** que je ne peux lui faire confiance.*
– un **conseil**, une **recommandation.** *Vous **prendrez** ce médicament après chaque repas.*
– un **futur dans une narration au passé.** *La bataille des Plaines d'Abraham entraîna la chute de Québec en 1759 : ce **sera** la fin de la Nouvelle-France.*
  ⌸ On qualifie cet emploi de **futur historique.**

▶ **Le FUTUR ANTÉRIEUR exprime un fait qui doit précéder un fait futur.**

*Quand vous **aurez fini** vos devoirs, vous pourrez jouer dehors.*

Ce temps peut également traduire :

– un **fait futur inévitable.** *Je suis sûr qu'il **aura** vite **réuni** les provisions nécessaires à l'expédition.*
– un **fait passé hypothétique.** *Nos amis ne sont pas encore là, ils se **seront** encore **attardés** à la piscine.*

VOIR TABLEAU ▶ CONCORDANCE DES TEMPS DANS LA PHRASE.

▶ AUXILIAIRE D'ASPECT

Aller + infinitif ou phrase infinitive. *Martine va arriver en retard si elle rate son autobus.*
  ⌸ En fonction d'auxiliaire exprimant le **futur proche**, le verbe s'emploie au présent de l'indicatif et il est suivi d'un infinitif. Pour exprimer le **futur dans le passé**, le verbe s'emploie à l'imparfait de l'indicatif et il est suivi d'un infinitif. *Martine a promis qu'elle allait réussir son examen.*

Devoir + infinitif ou phrase infinitive. *Max doit téléphoner d'une minute à l'autre.*
  ⌸ En fonction d'auxiliaire exprimant le **futur proche**, le verbe s'emploie au présent de l'indicatif et il est suivi d'un infinitif. Pour exprimer le **futur dans le passé**, le verbe s'emploie à l'imparfait de l'indicatif et il est suivi d'un infinitif. *Max, distrait comme toujours, a perdu ses gants : cela devait arriver.*

Être sur le point de + infinitif ou phrase infinitive. *Ils sont sur le point de partir.*
  ⌸ En fonction d'auxiliaire exprimant le **futur proche**, le verbe s'emploie au présent de l'indicatif et il est suivi d'un infinitif. Pour exprimer le **futur dans le passé**, le verbe s'emploie à l'imparfait de l'indicatif et il est suivi d'un infinitif. *J'étais sur le point de partir quand le téléphone a sonné.*

▶ PRÉSENT DE L'INDICATIF

Présent + adverbe de temps. *Attends-moi, j'arrive bientôt. Elle rentre demain.*
  ⌸ La dimension future est indiquée à l'aide de l'adverbe de temps qui accompagne le verbe au présent.

Si + présent (dans une subordonnée conditionnelle). *Si tu préviens ta copine, elle ne s'inquiétera pas inutilement. Si vous plantez un arbre tous les jours, vous reboiserez ce domaine.*
  ⌸ Dans une subordonnée conditionnelle dont la phrase principale (ou matrice) est au futur, on emploie un verbe au présent de l'indicatif pour exprimer une action future.

GENRE

Le genre des mots est l'une des grandes difficultés de la langue française, comme d'ailleurs de toutes les autres langues où cette distinction existe, notamment le grec, qui ajoute le neutre au masculin et au féminin.

Spontanément, on a tendance à croire qu'il existe une relation entre le genre du mot et le sexe de l'être désigné. Cela n'est vrai que pour les êtres humains, les êtres mythologiques et certains animaux.

LE GENRE DES NOMS D'ÊTRES ANIMÉS

▶ **1. Relation entre le genre du mot et le sexe de l'être désigné**

Dans de nombreux cas, le masculin correspond effectivement à un être mâle et le féminin, à un être femelle, lorsque les noms désignent :

- Les **êtres humains** ou les **êtres mythologiques**. *Homme/femme, garçon/fille, dieu/déesse.*
- Des **liens familiaux**. *Mari/femme, père/mère, fils/fille, frère/sœur, cousin/cousine, oncle/tante.*
- Des **désignations de métiers, de fonctions**. *Directeur/directrice, épicier/épicière, romancier/romancière.*
  VOIR TABLEAU ▶ FÉMINISATION DES TITRES.
- Des *animaux domestiques*. *Cheval/jument, bouc/chèvre, canard/cane, bœuf/vache, coq/poule, chat/chatte.*
- Du **gibier traditionnel**. *Cerf/biche, renard/renarde, ours/ourse, sanglier/laie, faisan/faisane.*
  VOIR TABLEAU ▶ ANIMAUX.

▶ **2. Sexe non différencié**

La langue ne fait pas toujours la distinction entre les sexes, même lorsque celle-ci existe dans les faits :

- Soit parce que le masculin est utilisé comme une *appellation générale*. *Les hommes sont mortels.*
- Soit parce que la notion de sexe est *indifférente aux propos tenus*. *Ce cheval court vite.*
- Soit parce que les êtres ne sont pas considérés comme appariés, en raison de leur **petitesse**, de leur **caractère exotique** ou **fabuleux**. *La mouche, le lynx, la panthère, le vautour.*
- Soit parce qu'on considère comme **sans sexe** certains êtres qui, en fait, ont un sexe. *La rose, le jasmin, la truite, le requin, la baleine.*

▶ **3. Genre non marqué**

Parfois, le nom – dit épicène – peut être tour à tour masculin et féminin selon qu'il désigne un être mâle ou un être femelle. *Un* ou *une architecte, un* ou *une enfant, un* ou *une propriétaire.*

▶ **4. Absence de relation entre le genre du mot et le sexe de l'être désigné**

Une sentinelle, une canaille, un témoin, un prédécesseur.

LE GENRE DES NOMS D'ÊTRES INANIMÉS

Dans la très grande majorité des cas, l'attribution du genre est sans motivation précise connue.
Une chaise, un fauteuil, un canapé, une causeuse.

Dans de rares cas, la différence de genre correspond à une **distinction de sens**. Ne pas confondre :

un pendule, balancier .... et .... *une pendule,* appareil qui indique l'heure
un tour, mouvement circulaire .... et .... *une tour,* construction en hauteur
un mémoire, écrit, thèse .... et .... *une mémoire,* fonction biologique qui conserve
le souvenir du passé

G

86

LES ACCORDS

En fonction du genre et du nombre du nom auquel ils se rapportent, le déterminant et l'adjectif s'accordent au masculin ou au féminin, au singulier ou au pluriel :

– Accord du **déterminant**. *Le pont, la balle, les billes, un crayon, une règle, son chapeau, cette fleur.*

– Accord de l'**adjectif**. *Un beau gâteau, une belle tarte, de beaux enfants, un bon biscuit, une bonne pomme.*

Si l'on fait généralement les accords de façon instinctive, quelques noms sont cause d'hésitation, notamment :

– Les mots commençant par une *voyelle* ou un *h* muet, parce que les déterminants sont alors neutralisés. *L'escalier* (nom masculin), *l'horloge* (nom féminin), *son avion* (nom masculin), *son amie* (nom féminin), *son histoire* (nom féminin).

– Les mots se terminant par un *e* muet. *Un pétale, un globule, un incendie, un pétoncle.*

EXEMPLES DE NOMS DONT LE GENRE EST DIFFICILE À RETENIR

► Noms masculins

abaque	aromate	éclair	haltère	oreiller
accident	arpège	effluve	hélicoptère	orteil
agrume	ascenseur	embâcle	hémicycle	ovule
air	asphalte	emblème	hémisphère	ozone
ambre	astérisque	en-tête	hôpital	pénates
amiante	augure	entracte	incendie	pétale
ampère	autobus	épisode	insigne	pétoncle
antidote	autographe	équinoxe	interstice	poulpe
antre	automne	escalier	ivoire	tentacule
apanage	avion	esclandre	jade	termite
apogée	caméo	étage	jute	testicule
appendice	chrysanthème	évangile	météore	tubercule
après-guerre	décombres	granule	nimbe	ulcère
armistice	écho	habit	obélisque	vivres…

► Noms féminins

abscisse	arabesque	écritoire	heure	oriflamme
acné	argile	enclume	horloge	orthographe
acoustique	armoire	épice	immondice	ouïe
aire	atmosphère	épitaphe	molécule	primeur
alcôve	autoroute	épithète	moustiquaire	réglisse
algèbre	avant-scène	épître	nacre	spore
améthyste	azalée	ère	oasis	stalactite
amibe	câpre	erreur	octave	stalagmite
ancre	cuticule	étape	omoplate	strate
anicroche	débâcle	fibre de verre	once	ténèbres
apostrophe	ébène	gélule	opinion	topaze
appendicite	échappatoire	hélice	orbite	urticaire…

► Noms à double genre

aigle	enseigne	mémoire	parallèle	voile…
amour	espace	météorite	pendule	
couple	geste	mode	physique	
crêpe	gîte	œuvre	poste	
délice	manche	orgue	solde	

LE GENRE ET LE NOMBRE DES SIGLES

Les sigles prennent généralement le genre et le nombre du premier nom abrégé.
La LNH (La Ligue nationale de hockey).
La SRC (La Société Radio-Canada).

Les sigles de langue étrangère prennent le genre et le nombre qu'aurait eus, en français, le générique de la dénomination.
La BBC (British Broadcasting Corporation) **(société,** féminin singulier).
Les USA (United States of America) **(États,** masculin pluriel).

NOMS **GÉOGRAPHIQUES**

Les noms géographiques sont des **noms de lieux** (appelés également **toponymes**) qui désignent des pays, des villes, des régions, des cours d'eau, des montagnes, etc., ainsi que des **noms de voies de communication** (nommés également **odonymes**).

1. Nom géographique employé seul
Le nom propre géographique prend une majuscule.
Le Québec, le Saint-Laurent, La Malbaie, les Laurentides.

2. Nom géographique constitué d'un nom commun accompagné par un nom propre ou par un adjectif
Le nom commun – **nom générique** – s'écrit avec une minuscule (lac, rivière, mont, baie, mer, océan, etc.), tandis que le nom propre ou l'adjectif – **élément distinctif** – prend la majuscule.
Le cap Diamant, les montagnes Rocheuses, l'anse de Vaudreuil, l'océan Atlantique, le golfe Persique, la rivière Saint-François, la chute Montmorency, les îles de la Madeleine.

3. Nom géographique composé
Le nom est accompagné d'un adjectif ou d'un déterminant numéral nécessaire à l'identification, qui précède souvent le nom.
Terre-Neuve-et-Labrador, le Proche-Orient, la Grande-Bretagne, Trois-Rivières, les Pays-Bas, la Nouvelle-Angleterre, les Grands Lacs.

> T Les deux mots s'écrivent avec une majuscule et sont souvent liés par un trait d'union.

4. Nom des habitants d'un lieu (gentilé)
Le nom des habitants d'un lieu (continent, pays, région, ville, village, etc.), appelé également *gentilé*, s'écrit avec une majuscule.
Un Québécois, une Montréalaise, des Trifluviens.

> T Les adjectifs dérivés de gentilés s'écrivent avec une minuscule. *Une coutume beauceronne. Une recette gaspésienne.*

VOIR TABLEAU ► PEUPLES (NOMS DE).

5. Nom géographique étranger
Dans les cas où le nom géographique n'a pas d'équivalent français, la graphie d'origine est respectée.
New York, San Diego, Los Angeles, Rhode Island, Cape Cod, Detroit.

> ☞ Les noms des habitants d'un lieu et les adjectifs dérivés de noms étrangers sont écrits à la française avec accents et traits d'union, s'il y a lieu. *Les New-Yorkais.*

6. Surnom géographique
Les expressions désignant certaines régions, certaines villes s'écrivent avec une majuscule au nom et à l'adjectif qui précède.
Le Nouveau Monde, les Grands Lacs, les Prairies.

Si l'adjectif suit, il garde la minuscule.
La Ville éternelle, la Péninsule gaspésienne, le Bouclier canadien.

7. Toponyme administratif
Le toponyme administratif désigne un espace délimité par l'homme.
Le parc des Laurentides, Outremont, Les Méchins, l'autoroute Transcanadienne.

> T L'élément distinctif du toponyme administratif s'écrit avec des traits d'union lorsqu'il est constitué de plusieurs mots. *La rue Saint-Jean-Baptiste, le chemin de la Côte-Sainte-Catherine, Port-au-Persil.*

8. Odonyme (nom de voie de communication)
Les noms génériques des odonymes (avenue, boulevard, place, rue, etc.) s'écrivent en minuscules et sont suivis de l'élément distinctif simple ou composé qui s'écrit avec une ou des majuscules, selon le cas.
Le boulevard René-Lévesque, le chemin Saint-Louis, la place d'Armes, la rue du Manoir.

> T L'élément distinctif de l'odonyme s'écrit avec un ou des traits d'union lorsqu'il est constitué de plusieurs mots.

VOIR TABLEAU ► ODONYMES.

GRADES ET DIPLÔMES UNIVERSITAIRES

DÉSIGNATIONS

Dans le corps d'un texte, les désignations de grades et de diplômes universitaires s'écrivent au long et en minuscules. *Elle a terminé son doctorat en physique. Il est titulaire d'une maîtrise en histoire.*

> T La préposition **ès**, qui résulte de la contraction de **en** et de **les**, est suivie d'un pluriel.
> *Un doctorat ès lettres.*

ABRÉVIATIONS

Les abréviations des grades et des diplômes se composent ainsi :

► **le grade**

Le nom désignant le grade ou le diplôme s'abrège par le retranchement des lettres, à l'exception de l'initiale, qui s'écrit en majuscule et qui est suivie du point abréviatif :

– *certificat* .... C.
– *baccalauréat* ..... B.
– *licence* .... L.
– *maîtrise* .... M.
– *doctorat* .... D. ou Ph. D.

► **la discipline**

Le nom désignant la discipline ou la spécialité s'abrège par le retranchement des lettres finales (après une consonne) ; la première lettre s'écrit en majuscule, la dernière lettre de l'abréviation est généralement suivie du point abréviatif. *Architecture, Arch. Urbanisme, Urb.*

> T Font exception à ces règles certaines abréviations consacrées par l'usage et qui proviennent du latin, *Ph. D., LL. D., LL. M., LL. L.,* ou de l'anglais, *M.B.A.*

ABRÉVIATIONS DES GRADES UNIVERSITAIRES

B.A.	baccalauréat ès arts
B.A.A.	baccalauréat en administration des affaires
B. Arch.	baccalauréat en architecture
B.A.V.	baccalauréat en arts visuels
B. Éd.	baccalauréat en éducation
B. Mus.	baccalauréat en musique
B. Pharm.	baccalauréat en pharmacie
B. Ps.	baccalauréat en psychologie
B. Sc.	baccalauréat ès sciences
B. Sc. A.	baccalauréat ès sciences appliquées
B. Sc. inf.	baccalauréat en sciences infirmières
B. Sc. (nutrition)	baccalauréat ès sciences (nutrition)
B. Sc. pol.	baccalauréat en sciences politiques
B. Sc. soc.	baccalauréat en sciences sociales
B. Serv. soc.	baccalauréat en service social
B. Th.	baccalauréat en théologie
B. Urb.	baccalauréat en urbanisme
D.C.L.	doctorat en droit civil
D. Éd.	doctorat en éducation
D. ès L.	doctorat ès lettres
D.M.D.	doctorat en médecine dentaire

D. Mus.	doctorat en musique
D.M.V.	doctorat en médecine vétérinaire
D. Sc.	doctorat ès sciences
D.U.	doctorat de l'Université
J.C.B.	baccalauréat en droit canonique
J.C.D.	doctorat en droit canonique
L. ès L.	licence ès lettres
LL. B.	baccalauréat en droit
LL. D.	doctorat en droit *(Legum Doctor)*
LL. L.	licence en droit *(Legum Licentiatus)*
LL. M.	maîtrise en droit *(Legum Magister)*
L. Ph.	licence en philosophie
L. Pharm.	licence en pharmacie
L. Th.	licence en théologie
M.A.	maîtrise ès arts
M.A.P.	maîtrise en administration publique
M. A. Ps.	maîtrise ès arts en psychologie
M.A. (théologie)	maîtrise ès arts en théologie
M.B.A.	maîtrise en administration des affaires *(Master of Business Administration)*
M.D.	doctorat en médecine *(Medicinæ Doctor)*
M. Éd.	maîtrise en éducation
M. Ing.	maîtrise en ingénierie
M. Mus.	maîtrise en musique
M. Sc.	maîtrise ès sciences
M. Sc. A.	maîtrise ès sciences appliquées
M. Sc. (biologie)	maîtrise ès sciences (biologie)
M. Sc. (gestion)	maîtrise ès sciences (gestion)
M. Th.	maîtrise en théologie
Ph. D.	doctorat *(Philosophiæ Doctor)*
Ph. D. (linguistique)	doctorat en linguistique
Ph. D. (biochimie)	doctorat en biochimie

ABRÉVIATIONS DES DIPLÔMES ET DES CERTIFICATS

D.E.C.	diplôme d'études collégiales
D.E.S.	diplôme d'études secondaires
D.E.S.S.	diplôme d'études supérieures spécialisées
D.M.V.P.	diplôme de médecine vétérinaire préventive
D.P.H.	diplôme de pharmacie d'hôpital
D.S.A.	diplôme en sciences administratives
C.A.E.S.L.S.	certificat d'aptitude à l'enseignement spécialisé d'une langue seconde
C.A.P.E.M.	certificat d'aptitude pédagogique à l'enseignement musical
C.A.P.E.S.	certificat d'aptitude pédagogique à l'enseignement secondaire
C.E.C.	certificat pour l'enseignement collégial
C.E.C.P.	certificat pour l'enseignement collégial professionnel
C.E.E.	certificat pour l'enseignement au cours élémentaire
C.E.S.	certificat pour l'enseignement au cours secondaire
C.E.S.P.	certificat pour l'enseignement secondaire professionnel
C.P.E.C.P.	certificat de pédagogie pour l'enseignement collégial professionnel

EMPRUNTS AU **GREC**

Un grand nombre de mots français proviennent de la langue grecque ancienne. Ce sont des mots de formation savante qui appartiennent surtout à la langue technique, scientifique, médicale ou religieuse.

Suivent quelques exemples de mots français d'origine grecque :

amnésie	baptême	diocèse	heuristique	neurologie	syntagme
anatomie	batracien	diphtérie	hygiène	œsophage	syntaxe
anecdote	bibliothèque	éphémère	iota	olympique	système
anthropologie	botanique	épisode	kaléidoscope	orthopédie	télépathie
apocalypse	cathode	érotique	larynx	philanthropie	téléphone
apoplexie	catholicisme	grammaire	lexicologie	phonétique	typographie
archevêque	dactylographie	gramme	lexique	rhétorique	xénophobie
ascèse	démocratie	graphie	méthode	rhizome	xylophone
asphyxie	diaphane	gynécologie	mètre	sténographie	zoologie...

Certains mots ont été empruntés au grec par l'intermédiaire du latin :

antidote	ermite	hippodrome	mécanique	pyramide	trigonométrie
architecte	esthétique	hyperbole	nécromancie	rhésus	typique
arthrite	flegme	iris	orchidée	rhinocéros	tyran
basilique	géométrie	logique	pédagogie	rhumatisme	utopie
catéchisme	gymnase	logistique	périple	salamandre	zéphyr
catastrophe	harmonique	magie	péritoine	synchronisme	zizanie
dialectique	hermaphrodite	mandragore	philologie	taxer	zodiaque
épitaphe	hiéroglyphe	méandre	philosophie	tigre	zone...

Aujourd'hui, ce sont plutôt les **racines grecques** qui servent à créer les nouveaux mots, les **néologismes :**

Préfixes	Sens	Exemples	Suffixes	Sens	Exemples
aéro-...........	air...............	*aérodynamique*	-archie.........	pouvoir	*monarchie*
anthropo-.....	homme.......	*anthropologie*	-céphale.......	tête............	*encéphale*
anti-	contre.........	*antibiotique*	-gène...........	qui crée.......	*tératogène*
auto-...........	soi-même	*automatique*	-gyne...........	femme.........	*androgyne*
chrono-	temps.........	*chronomètre*	-graphe	écriture	*géographe*
démo-........	peuple........	*démographie*	-logie...........	science........	*biologie*
kilo-.............	mille...........	*kilogramme*	-pathie	sentiment	*sympathie*
micro-........	petit............	*microscope*	-phage	manger........	*anthropophage*
patho-........	maladie.......	*pathologie*	-phile...........	ami.............	*bibliophile*
télé-............	au loin	*télématique*	-phobe........	crainte	*xénophobie*
xéno-...........	étranger	*xénophobie*	-scope.........	observer	*microscope*

VOIR TABLEAU ▶ NÉOLOGISME.

GUILLEMETS

Les guillemets sont de petits chevrons doubles (« ») qui se placent au commencement *(guillemet ouvrant)* et à la fin *(guillemet fermant)* d'une citation, d'un dialogue, d'un mot, d'une expression ou d'un groupe de mots que l'auteur désire isoler.

☞ Les guillemets se présentent en français sous la forme de petits chevrons doubles (« »), et en anglais, sous la forme d'une double apostrophe (" ").

DISCOURS RAPPORTÉ DIRECT

Lorsqu'on redit mot à mot les paroles ou les écrits d'une ou de plusieurs personnes, on emploie le guillemet ouvrant à la suite du deux-points et le guillemet fermant à la fin des mots cités. *Martin m'a demandé :* « Veux-tu un cornet de crème glacée à la tire d'érable ? »

T Les phrases incises telles que *dit-il, répondit-elle* se mettent entre virgules, sans répétition de guillemets. « En fait, me confia-t-il, je veux réussir, et c'est bien légitime. »

CITATION

Les guillemets encadrent les citations : ils en indiquent le début et la fin. *La Charte de la langue française édicte :* « 1.– Le français est la langue officielle du Québec. »

T Si la citation porte sur plusieurs alinéas, on met un guillemet ouvrant au début de chaque alinéa et on termine la citation par un guillemet fermant.

« Langue distinctive d'un peuple majoritairement francophone, la langue française permet au peuple québécois d'exprimer son identité.
« L'Assemblée nationale reconnaît la volonté des Québécois d'assurer la qualité et le rayonnement de la langue française. »   Préambule de la **Charte de la langue française.**

Si la citation comporte plus de trois lignes, elle est généralement disposée en retrait et composée à interligne simple. Dans ce cas, on n'emploie pas de guillemets.

T Dans la bande dessinée, les bulles jouent le rôle des guillemets.

DIALOGUE

On met des guillemets au début et à la fin des dialogues. Un changement d'interlocuteur est signalé par l'alinéa précédé d'un tiret.

Le jardinier constata :
    « Les roses sont superbes cette année.
    – Vraiment, je suis de votre avis : elles sont superbes.
    – Désirez-vous que j'ajoute une nouvelle variété de pivoines ? »

MISE EN VALEUR

On utilise les guillemets pour isoler un mot, une expression :

- dont on veut parler explicitement. *Le nom* « trait d'union » *s'écrit sans trait d'union.*
- qui constitue un emprunt à une autre langue. *Ce commentaire n'est pas très* « politically correct ».
- qui est de niveau familier. *Les élèves de cette école ont trouvé* « pas pire » *cette exposition.*
- qui marque une distance, un sens particulier donné à un mot. *Elle a effectué une mise en scène* « intéressante ».
- qui donne la signification d'un mot, d'une expression. *La locution* a giorno *signifie* « brillamment éclairé ».

GUILLEMETS ANGLAIS (" ")

Les guillemets anglais en double apostrophe sont utilisés à l'intérieur d'une citation déjà guillemetée. *Elle m'a dit :* « Paul m'a rapporté que votre jardin est "magnifique". »

HEURE

Symboles du système international d'unités (SI) :

> heure ....*h*
>
> minute ....*min*
>
> seconde ....*s*

▶ La *notation de l'heure* réunit les indications des unités par ordre décroissant, sans virgule, mais avec un espace de part et d'autre de chaque symbole.

   C'est à 12 h 35 min 40 s qu'il est arrivé.

▶ Les *symboles* des unités de mesure n'ont pas de point abréviatif, ne prennent pas la marque du pluriel et ne doivent pas être divisés en fin de ligne.

   La cérémonie commencera à 16 h 30 (et non 16 *hres 30).

▶ Conformément à la norme 9990-911 du Bureau de normalisation du Québec, l'heure doit être indiquée selon la **période de 24 heures.**

   Le musée est ouvert de 10 h à 18 h tous les jours.

▶ Cependant, la langue courante, ou la conversation, s'en tient le plus souvent à la **période de 12 heures** avec l'indication du matin, de l'après-midi ou du soir.

   Le musée ferme à 6 heures du soir.

▶ L'heure doit être indiquée de **façon uniforme.**

   – Si le nom d'une unité est écrit au long, les autres noms devront être notés en toutes lettres.
      14 heures 8 minutes (et non *14 heures 8 min).

   – Si le nom de la première unité est abrégé, celui de la seconde unité sera également abrégé ou omis.
      Je vous verrai à 18 h 25 min (ou 18 h 25) demain.

▶ Les abréviations *a.m. et *p.m., qui proviennent du latin *« ante meridiem »*, qui signifie « avant-midi », et *« post meridiem »*, qui signifie « après-midi », ne sont utilisées qu'en anglais. En français, on écrira *17 h* (langue officielle) ou *5 h du soir* (langue courante), mais si l'on doit abréger, on ne retiendra que les 24 divisions du jour.

   15 h (et non *3 h pm).

   ⊤ 1° La fraction horaire n'étant pas décimale, il n'y a pas lieu d'ajouter un zéro devant les unités, exception faite de la présentation sous forme de tableau.

      2° Pour exprimer la vitesse, on recourt à l'expression *à l'heure* qui s'abrège */h* (s'écrit sans point).

▶ L'utilisation du **deux-points** (:) recommandée par l'Organisation internationale de normalisation (ISO) pour désigner les soixantièmes doit être limitée aux usages techniques et à la présentation en tableau, notamment pour les horaires des moyens de transport.

Vols Paris-Montréal

13:30
16:05
21:45

   ⊤ Les nombres séparés par le deux-points s'écrivent alors sans espacement ni avant ni après.
      Dans ce cas, on fait précéder d'un zéro les nombres inférieurs à dix pour permettre l'alignement des colonnes de chiffres.

H MUET

La lettre *h* est dite *muette* lorsqu'elle n'empêche pas l'élision de la voyelle précédente ou la liaison entre deux mots. *L'hôpital : le h du mot hôpital est muet.* C'est donc un signe purement orthographique qui, le plus souvent, constitue un simple rappel de l'étymologie.

habile	hégémonie	herbage	hexagonal	horaire	humeur
habileté	hélas !	herbe	hibiscus	horizon	humidité
habit	hélicoptère	herbivore	hiératique	horoscope	humilité
habitat	héliport	hercule	hilarité	horreur	humour
habitude	hématome	hérédité	hippocampe	hospice	hurluberlu
haleine	hémicycle	hérésie	hiver	hôte	hyacinthe
hallucination	hémiplégie	hermine	homéopathie	hôtel	hydratant
halogène	hémistiche	héroïsme	homicide	huile	hydraulique…
haltère	hémorragie	herpès	homogène	huître	
hebdomadaire	hennin	heure	honnêteté	humain	
hécatombe	hépatique	hévéa	honoraire	humanité	

H ASPIRÉ

La lettre *h* est dite *aspirée* quand elle empêche l'élision de la voyelle qui la précède ou la liaison entre deux mots. *Le haricot : le h du mot haricot est aspiré.*

Seuls certains mots, surtout d'origine germanique ou anglo-saxonne, ont le *h* aspiré pour initiale :

ha !	hampe	harnais	havane	hiéroglyphe	houleux
hache	hamster	haro	havre	hisser	houppe
haché	hanche	harpe	havresac	HLM	houppelande
hacher	hand-ball	harpie	hayon	ho !	houppette
hachette	handicap	harpiste	hé !	hobereau	hourra !
hachure	handicapé	harpon	heaume	hochement	houspiller
hachurer	handicaper	harponner	hein !	hocher	housse
hagard	hangar	hasard	héler	hochet	houx
haie	hanneton	hasarder	henné	hockey	hublot
haillon	hanter	hasardeux	hennir	hockeyeur	huche
haine	hantise	haschisch	hennissement	holà	huée
haineux	happer	hase	hep !	homard	huer
haïr	hara-kiri	hâte	hère	honnir	huis clos
haïssable	harangue	hâter	hérisser	honte[1]	huit
halage	haras	hâtif	hérisson	honteux	huitième
hâle	harassant	hâtivement	hernie	hop !	hululement
haler	harasser	hauban	héron	hoquet	hululer
hâler	harcèlement	haubert	héros[1]	hors	hum !
haletant	harceler	hausse	herse	hors-bord	humer
haleter	harde	haussement	hêtre	hors-d'œuvre	hune
hall	hardi	hausser	heu !	hors-jeu	huppe
halle	hardiesse	haut	heurt	hors-la-loi	huppé
hallebarde	hardiment	hautain	heurter	hot dog	hurlement
halo	harem	hautbois	hi !	hotte	hurler
halte	hareng	haut-de-forme	hibou	hou !	huron
halte-garderie	harfang	haute-fidélité	hic	houblon	hussard
hamac	hargneux	hauteur	hideux	houille	hutte…
hamburger	haricot	haut-le-cœur	hiérarchie	houle	
hameau	harnacher	haut-parleur	hiérarchique	houlette	

---

1. Les noms *héros, honte* ne comportent pas un véritable *h* aspiré ; c'est par euphonie qu'on ne fait pas de liaison ou d'élision devant ces mots. *Les héros* (s'entendrait les « zéros »). Par contre, le nom féminin *héroïne* a un *h* muet. *L'héroïne.*

HOMONYMES

Les *homonymes* sont des mots qui s'écrivent ou se prononcent de façon identique, sans avoir la même signification :

air .... mélange gazeux	*cou* .... partie du corps
air .... mélodie	*coud* .... du verbe *coudre*
air .... expression	*coup* .... choc brutal
aire .... surface	*coût* .... somme que coûte une chose
ère .... époque	
erre .... vitesse acquise d'un navire	*maire* .... personne élue à la direction
hère .... jeune cerf	d'une municipalité
hère .... malheureux	*mer* .... vaste étendue d'eau salée
	mère .... femme qui a donné naissance à
ancre .... pièce servant à retenir un navire	un ou à plusieurs enfants
encre .... liquide utilisé pour écrire	

Dans les *homonymes*, on peut distinguer :

– les *homographes*, qui ont une orthographe identique, souvent la même prononciation, mais une signification différente :

bas .... peu élevé	*prêt* .... dont la préparation est terminée
bas .... vêtement qui couvre la jambe	*prêt* .... somme prêtée
bis .... très brun	*sur* .... qui a un goût acide
bis .... une seconde fois	*sur* .... au sommet de
noyer .... arbre	*verre* .... substance transparente
noyer .... périr par noyade	*verre* .... récipient pour boire

– les *homophones*, qui ont une prononciation identique, mais une orthographe et une signification différentes :

amande ..... fruit de l'amandier	*champ* ...... étendue de terre
amende ..... somme d'argent à payer	*chant* .... chanson
basilic .... herbe aromatique	*chaîne* ...... lien
basilique .... église	*chêne* .... arbre
censé .... supposé	*filtre* .... dispositif servant à filtrer
sensé .... raisonnable	*philtre* ...... boisson magique
chair .... matière du corps humain et animal	*mante* ...... cape
chaire .... tribune	*menthe* ..... herbe potagère, bonbon
chère .... nourriture	*pain* .... aliment
cher .... coûteux	*pin* .... conifère

C'est le contexte qui permet de situer le terme et de préciser son orthographe ; la tâche n'est pas toujours facile, car le français est une des langues qui comportent le plus d'homonymes.

⌦ Ne pas confondre avec les noms suivants :

– *antonymes*, mots qui ont une signification contraire :
   devant, derrière ; froid, chaud ; doux, rugueux ; haut, bas ; petit, grand ; faible, fort ; actif, passif

– *paronymes*, mots qui présentent une ressemblance d'orthographe ou de prononciation sans avoir la même signification :

vénéneux, qui contient une substance toxique, en parlant des végétaux, des substances minérales	*acception*, sens d'un mot
venimeux, qui peut injecter du venin, en parlant d'un animal	*acceptation*, accord

– *synonymes*, mots qui ont la même signification ou une signification très voisine :

   gravement, grièvement ; clé anglaise, clé à molette ; imprenable, inexpugnable ; duper, berner

VOIR TABLEAUX ► ANTONYMES. ► PARONYMES. ► SYNONYMES.

IMPÉRATIF

L'impératif est le mode du commandement (ordre ou défense), du conseil, de l'invitation, du souhait ou du désir.

VALEURS DE L'IMPÉRATIF

L'IMPÉRATIF peut exprimer :

– un ordre

Présentez-vous demain au bureau de la direction. Viens faire tes devoirs.

▨ On peut recourir à l'infinitif ou au conditionnel pour atténuer le ton autoritaire du mode impératif. *Prière de transmettre la réponse par courrier électronique. Il faudrait me remettre vos travaux avant le 15 novembre.* On peut aussi employer le verbe ***vouloir*** à l'impératif pour donner un ton plus poli. *Veuillez vous présenter à 9 h au bureau 234.*

– une défense

Ne buvez pas de cette eau : elle n'est pas potable. Ne sois pas injuste.

– un conseil

Reposez-vous un peu : vous travaillez trop. Ne te fais pas de souci pour si peu.

– une invitation

Venez manger à la maison, ce sera à la bonne franquette !

– un souhait ou un désir

Passez de bonnes vacances ! Amuse-toi bien avec tes copains.

CONSTRUCTION SYNTAXIQUE DU VERBE À L'IMPÉRATIF

Absence de sujet

Le verbe à l'impératif s'emploie sans sujet. C'est la désinence verbale qui nous indique que le locuteur s'adresse à un ou à des interlocuteurs (2e personne du singulier ou du pluriel) ou s'il s'associe à son ou à ses interlocuteurs (1re personne du pluriel).

Verbe à l'impératif suivi de pronoms :

– verbe à l'impératif + pronom personnel

complément direct du verbe. *Regarde-toi.*

complément indirect du verbe. *Parle-lui.*

⤵ Le verbe à l'impératif se joint par un trait d'union au pronom personnel complément direct ou indirect qui le suit.

– verbe à l'impératif + deux pronoms personnels. *Dis-le-moi.*

⤵ Si le verbe à l'impératif est suivi de deux pronoms, le pronom complément direct s'écrit avant le pronom complément indirect et deux traits d'union sont alors nécessaires.

– verbe à l'impératif + pronoms *en* et *y*. *Donnes-en, entres-y.*

⤵ Devant les pronoms *en* et *y* non suivis d'un infinitif, les verbes du premier groupe (en *er*) s'écrivent avec un *s* euphonique à la deuxième personne du singulier et se joignent aux pronoms *en* et *y* par un trait d'union. Suivis de l'infinitif, à l'exception du verbe *laisser,* les verbes en *er* ne prennent pas de *s* euphonique devant les pronoms *en* et *y* et ne se joignent pas à eux par un trait d'union. *Ose en parler à tes amis, daigne y voir de la générosité,* mais *laisses-en circuler quelques exemplaires.*

VOIR TABLEAU ▶ **TRAIT D'UNION.**

IMPÉRATIF | SUITE >

DEUX PERSONNES SEULEMENT

Le mode impératif ne comporte que deux personnes : la première personne qui ne s'emploie qu'au pluriel *aimons* et la deuxième personne du singulier *aime* et du pluriel *aimez*.

▶ **Deuxième personne du singulier.** *Aime ton prochain. Connais-toi mieux.*

> À l'impératif, il n'y a pas de *s* final pour les verbes en *er*, contrairement au présent de l'indicatif *(tu aimes)* ou au présent du subjonctif *(que tu aimes). Aime. Chante.*

▶ **Première personne du pluriel.** *Aimons-nous les uns les autres.*

▶ **Deuxième personne du pluriel.** *Aimez la nature, respectez-la.*

DEUX TEMPS À VALEUR DE FUTUR PROCHE OU LOINTAIN

Le mode impératif ne comprend que deux temps qui se situent dans un avenir plus ou moins rapproché.

▶ **Le présent.** *Reviens vite. Écrivons-nous dans une décennie.*

> L'impératif présent a une valeur de futur proche ou lointain.

▶ **Le passé.** *Sois revenu avant la nuit.*

> L'impératif passé a une valeur de futur qui doit être achevé avant un évènement.

EXEMPLES DE FORMES À L'IMPÉRATIF PRÉSENT

ACQUÉRIR	*acquiers, acquérons, acquérez*		FINIR	*finis, finissons, finissez*
AIMER	*aime, aimons, aimez*		HAÏR	*hais, haïssons, haïssez*
ALLER	*va, allons, allez*		LEVER	*lève, levons, levez*
APPELER	*appelle, appelons, appelez*		OUVRIR	*ouvre, ouvrons, ouvrez*
AVANCER	*avance, avançons, avancez*		PAYER	*paie / paye, payons, payez*
AVOIR	*aie, ayons, ayez*		POSSÉDER	*possède, possédons, possédez*
CHANGER	*change, changeons, changez*		PROTÉGER	*protège, protégeons, protégez*
CONGELER	*congèle, congelons, congelez*		SORTIR	*sors, sortons, sortez*
CRÉER	*crée, créons, créez*		TRESSAILLIR	*tressaille, tressaillons, tressaillez*
CUEILLIR	*cueille, cueillons, cueillez*		VENIR	*viens, venons, venez*
EMPLOYER	*emploie, employons, employez*		VÊTIR	*vêts, vêtons, vêtez*
ENVOYER	*envoie, envoyons, envoyez*		VIVRE	*vis, vivons, vivez*
ÊTRE	*sois, soyons, soyez*		...	
ÉTUDIER	*étudie, étudions, étudiez*			

INDICATIF

Mode du réel, des faits certains, l'indicatif permet de situer une action dans le temps par rapport au moment de l'énonciation.

AXE DU TEMPS

PASSÉ	PRÉSENT	FUTUR
AUTREFOIS, ON VOYAGEAIT EN BATEAU.	**AUJOURD'HUI,** ON SE DÉPLACE EN AVION.	**DEMAIN,** ON CIRCULERA EN NAVETTE SPATIALE.

> L'indicatif est le mode le plus souvent utilisé ; il comprend un temps pour le **présent**, cinq temps pour le **passé**, deux temps pour le **futur** et deux temps pour le **conditionnel**.

LE PRÉSENT

▶ Ce temps peut exprimer un **fait présent, actuel.** *Youpi ! Aujourd'hui, il fait beau et on a congé. Il commence à neiger : est-il prudent de s'aventurer sur la route ?*

▶ Le présent peut traduire également :
  – **une vérité éternelle, générale.** *Deux et deux font quatre. Le ciel est bleu. Le moi est haïssable.* (Pascal) *Je pense, donc je suis.* (Descartes)
  – **un fait habituel.** *Les enfants partent tous les matins à 7 h 30 : les cours commencent à 8 h 30.*
  – **un fait historique.** *Maisonneuve fonde Montréal en 1642. C'est l'ordonnance de Villers-Cotterêts – signée en 1539 par François Ier – qui fait du français la langue officielle de la France.*
  – **un passé récent.** *La partie de tennis se termine à l'instant.*
  – **un futur proche.** *Attends-moi, j'arrive dans quelques minutes.*

LE PASSÉ

▶ L'**imparfait** peut exprimer :
  – **un fait habituel dans le passé.** *Autrefois, on s'éclairait à la chandelle. À cette époque, il était d'usage de transmettre des invitations par écrit. Tous les jours, le laitier nous livrait lait, beurre et œufs.*
  – **un fait non achevé, secondaire, par rapport à un évènement achevé, principal.** *Il pleuvait quand nous sommes arrivés à Gaspé.*
  – **une description de personne, de lieu, de chose dans le passé.** *Son grand-père s'intéressait à tout. La maison des étés de mon enfance avait des volets bleus.*
  – **un fait hypothétique dans une subordonnée conditionnelle alors que le verbe de la phrase principale** ou **autonome est au conditionnel présent.** *Si j'avais su, je ne serais pas venu.*

▶ Le **passé simple** peut traduire :
  – **un fait qui s'est produit il y a longtemps (passé lointain) et qui est complètement achevé.** *Le Vésuve entra en éruption en 79 après Jésus-Christ et ensevelit la ville de Pompéi.*
  > Le passé simple est le temps du récit historique : il décrit des actions coupées du présent. Il s'emploie surtout dans la langue écrite, car la langue orale lui préfère le passé composé.

▶ Le **passé composé** peut décrire :
  – **un fait achevé,** qui a eu lieu avant le moment où l'on parle. *Ils ont bien travaillé et ils ont fini leur rapport à temps.*
  – **un fait passé** à un moment déterminé qui demeure **en contact avec le présent.** *Mes grands-parents ont fait un potager et ont récolté de beaux légumes…*
  > À la différence du passé simple, le passé composé traduit un fait passé dont les conséquences sont actuelles, dont le résultat est encore présent.

98

  – **une vérité générale, un fait d'expérience** qui remonte au passé, mais qui est **toujours vrai.** *Les Beaucerons ont toujours eu l'esprit d'initiative.*

▶ Le **passé antérieur** peut traduire :
  – **un fait passé** qui s'est produit immédiatement **avant un autre fait passé.** *Quand ils eurent terminé, ils partirent.*

▶ Le **plus-que-parfait** peut exprimer :
  – **un fait entièrement achevé** lors d'un autre fait passé. *Nous avions terminé nos exercices quand la cloche a sonné.*

LE FUTUR

▶ Le **futur simple** peut exprimer un fait qui aura lieu dans l'avenir. *Nous finirons bientôt. Marie-Ève aura trente ans l'été prochain.*

Il peut exprimer également :
  – **une vérité générale.** *Il y aura toujours des gagnants et des perdants.*
  – **une probabilité.** *L'automne sera beau, je crois.*
  – **un futur dans le passé.** *Vous assisterez, dans les mois qui suivront, à la victoire de notre équipe.*
  – **un impératif.** *Vous voudrez bien m'expliquer cette erreur.*
  – **un présent atténué par politesse.** *Tu comprendras que je ne pouvais te révéler ce secret.*

▶ Le **futur antérieur** peut traduire un fait qui devra en précéder un autre dans l'avenir.
  Quand il aura terminé, il prendra des vacances.

Il peut également marquer :
  – **un fait futur inévitable.** *Je ne suis pas inquiète, il aura conquis son auditoire en quelques minutes.*
  – **un fait passé hypothétique.** *Il ne s'est pas présenté, il se sera rendu à notre ancienne adresse.*

LE CONDITIONNEL[1]

Dans une phrase principale (ou matrice), le conditionnel peut marquer :
  – **un vœu, un désir** (conditionnel présent). *J'aimerais revenir un jour.*
  – **un regret** (conditionnel passé). *Qu'elle aurait aimé rester là-bas !*
  – **une demande** (conditionnel présent). *Pourrais-je avoir un verre d'eau, s'il vous plaît ?*
  – **un ordre poli** (conditionnel présent). *Vous devriez ranger vos documents.*
  – **un fait soumis à une condition :** (conditionnel présent). *Si j'étudiais, je réussirais mieux.*
                                          (conditionnel passé). *Si tu avais su, tu ne serais pas venu.*

    ▦ Une phrase subordonnée à l'imparfait introduite par *si* indique à quelle condition peut se réaliser l'action exprimée par le verbe de la phrase principale (ou matrice) au conditionnel.

Dans une phrase subordonnée, le conditionnel peut marquer :
  – **le futur dans le passé.** *Je croyais qu'ils seraient présents.*

  ↪ Lorsque la conjonction *si* introduit une condition, une hypothèse, elle est suivie de l'imparfait. *Si j'avais su, je ne serais pas venue.* Par contre, lorsque la conjonction *si* introduit une interrogation indirecte, elle est suivie du conditionnel. *Cet architecte se demandait si sa proposition serait bien reçue.*

VOIR TABLEAUX ▶ CONCORDANCE DES TEMPS DANS LA PHRASE. ▶ FUTUR. ▶ PASSÉ (TEMPS DU). ▶ PRÉSENT.

---

1. Dans la nouvelle grammaire, le conditionnel, longtemps considéré comme un mode, devient un nouveau temps de l'indicatif, qui s'apparente au futur, un futur hypothétique.

INFINITIF

Le mode infinitif exprime une idée d'action ou d'état sans indication de personne ni de nombre, c'est un **mode impersonnel**.

VERBE

▸ Dans une **phrase infinitive autonome**, le mode infinitif peut exprimer :

– Un **ordre**, un **conseil**. *Ne pas exposer à l'humidité.*

    ▦ Dans ce contexte, l'infinitif a valeur d'impératif. Sur les formulaires, dans l'affichage, on préférera le mode infinitif au mode impératif, qui est plus autoritaire, moins poli.

– Une **narration**. *Et les invités d'applaudir.*

    ↶ L'infinitif est précédé de la préposition *de.*

– Une **question**. *Où aller ?*

    ↪ L'infinitif interrogatif exprime un dilemme, une réflexion à voix haute, en quelque sorte.

– Une **exclamation**. *Abandonner la partie, jamais !*

    ↪ L'infinitif exclamatif traduit un sentiment avec intensité.

▸ Dans une **phrase infinitive subordonnée**, l'infinitif présent peut exprimer :

– Un **futur** après certains verbes (*devoir, espérer, promettre, souhaiter,* etc.). *J'espère réussir (que je réussirai).*

– Un **passé**, et ce, quel que soit le temps du verbe de la phrase principale :

    • *Je pense avoir atteint mon objectif (… que j'ai atteint…).*

    • *Je pensais avoir atteint mon objectif (… que j'avais atteint…).*

    • *J'espère avoir atteint mon objectif en décembre (… que j'aurai atteint…).*

    • *J'espérais avoir atteint mon objectif en décembre (… que j'aurais atteint…).*

L'infinitif peut remplir les fonctions suivantes :

– **Sujet de la phrase.** .... *Lire des romans me plaît.*

– **Attribut du sujet.** .... *Partir, c'est mourir un peu.*

– **Complément direct du verbe.** .... *Tu aimes courir. Il aime chanter, danser et puis rire.*

                    ↪ On peut employer plusieurs phrases infinitives à la suite.

– **Complément de la préposition.** ...... *Le temps de jouer. Apte à réussir. Préparez-vous à partir. Avant de partir, préviens-moi.*

Dans la conjugaison avec un auxiliaire, selon le sens de cet auxiliaire d'aspect, l'infinitif présent prend une valeur :

– De **présent**. *Les enfants sont en train de jouer.*

– De **passé**. *Elle vient de nager.*

– De **futur**. *Il va dormir.*

VOIR TABLEAU ▸ COMPLÉMENT.

INTERJECTION

L'interjection est un mot, un groupe de mots qui exprime une réaction émotive de la personne qui parle (surprise, peur, joie, chagrin, etc.). Les multiples exclamations, tous les jurons imaginables rendent la création des interjections toujours vivante.

► Les interjections peuvent être :

- Des **noms.** *Ciel! Courage! Dame! Flûte! Miracle! Silence!*

- Des **verbes.** *Allez! Suffit! Tenez! Tiens! Voyons! Va!*

- Des **adverbes.** *Arrière! Assez! Bien! Debout! Enfin! Hélas! Non! Vite!*

- Des **adjectifs.** *Bon! Chic! Las! Mince! Parfait!*

- Des **jurons.** *Diable! Mamma mia! Zut!*

- Des **cris.** *Aïe! Bis! Chut! Hourra! Hue! Olé!*

- Des **onomatopées.** *Brrr! Crac! Hon! Hum! Pssit!*

- Des **locutions.** *À la bonne heure! Au feu! Au secours! Par exemple! D'accord!*

> On nomme *locution interjective* l'exclamation formée de plusieurs mots. *Mystère et boule de gomme!*

> T Les *interjections* et les *locutions interjectives* sont suivies du point d'exclamation et s'écrivent généralement avec une majuscule initiale.

QUELQUES INTERJECTIONS ET LOCUTIONS INTERJECTIVES

Adieu!	Dame!	Hourra!	Parfait!
Ah!	Debout!	Hue!	Pas possible!
Aïe!	Diable!	Hum!	Patience!
Ainsi soit-il!	Dieu!	Jamais!	Pitié!
À la bonne heure!	Dommage!	Juste ciel!	Pssit!
Allez!	Eh!	Là!	Quoi!
Allô!	Eh bien!	Ma foi!	Quoi donc!
Allons!	Eh bien soit!	Malheur!	Salut!
Arrière!	En avant!	Mamma mia!	Silence!
Assez!	Enfin!	Merci!	Soit!
Attention!	Est-ce Dieu possible!	Mince!	Stop!
Au feu!	Euh!	Minute!	Suffit!
Au secours!	Flûte!	Miracle!	Tant mieux!
Bah!	Gare!	Mon Dieu!	Tant pis!
Bien!	Grâce!	N'importe!	Tenez!
Bis!	Ha!	Nom d'un chien!	Tiens!
Bon!	Ha! ha!	Non!	Tonnerre!
Bon Dieu!	Halte!	Ô…!	Tout beau!
Bonté divine!	Hé!	Oh!	Tout doux!
Bravo!	Hé quoi!	Oh là là!	Très bien!
Brrr!	Hein!	Ohé!	Va!
Ça alors!	Hélas!	Oh! hisse!	Vite!
Chic!	Heu!	Olé!	Vive…!
Chut!	Ho!	Ouf!	Voilà!
Ciel!	Ho! ho!	Oui!	Voyons!
Courage!	Holà!	Ouste!	Zut!
Crac!	Hop!	Pan!	
D'accord!	Hou!	Par exemple!	

PRONOM **INTERROGATIF**

Pronom employé pour introduire une phrase interrogative directe ou indirecte. ***Qui** frappe à la porte?* *Dis-moi **qui** viendra. **Que** demandez-vous?*

FORMES SIMPLES

qui? (pour les personnes)

que? quoi? (pour les choses)

FORMES COMPOSÉES

	MASCULIN SINGULIER	FÉMININ SINGULIER	MASCULIN PLURIEL	FÉMININ PLURIEL
– avec *le*	lequel?	laquelle?	lesquels?	lesquelles?
– avec *à* + *le*	auquel?	à laquelle?	auxquels?	auxquelles?
– avec *de* + *le*	duquel?	de laquelle?	desquels?	desquelles?

FONCTIONS DU PRONOM INTERROGATIF

▸ **Sujet.** ***Qui** vient dîner ce soir? Sais-tu **qui** a découvert le Canada?*

▸ **Attribut.** *Dis-moi **qui** elle est. **Que** devient ce projet?*

▸ **Complément direct du verbe.** *Dis-moi **qui** tu as vu. **Que** voulez-vous?*

▸ **Complément indirect du verbe.** *À **qui** voulez-vous parler? À **quoi** pensez-vous? Sur **qui** comptes-tu? En **quoi** cela consiste-t-il?*

▸ **Complément du nom.** *À **qui** as-tu emprunté ces livres?*

▸ **Complément de l'adjectif.** *De **quoi** êtes-vous si inquiète?*

▸ **Complément de la phrase.** *Avec **quoi** écrivez-vous?*

VOIR TABLEAUX ▸ ADVERBE. ▸ DÉTERMINANT. ▸ PRONOM.

DÉTERMINANT **INTERROGATIF ET DÉTERMINANT EXCLAMATIF**

DÉTERMINANT INTERROGATIF

Déterminant indiquant que l'on s'interroge sur l'identité de l'être ou de l'objet déterminé.

▭ Le déterminant interrogatif s'accorde en genre et en nombre avec le nom déterminé.

DÉTERMINANT EXCLAMATIF

Déterminant qui sert à traduire l'étonnement, l'admiration que l'on éprouve devant l'être ou l'objet déterminé.

▭ Le déterminant exclamatif s'accorde en genre et en nombre avec le nom déterminé.

	GENRE	NOMBRE	DÉTERMINANT INTERROGATIF	DÉTERMINANT EXCLAMATIF
Quel	masculin	singulier	*Quel livre?*	*Quel succès!*
Quelle	féminin	singulier	*Quelle personne?*	*Quelle maison!*
Quels	masculin	pluriel	*Quels ballons?*	*Quels amis!*
Quelles	féminin	pluriel	*Quelles bicyclettes?*	*Quelles vacances!*

VOIR TABLEAU ▸ DÉTERMINANT.

EMPRUNTS À L'**ITALIEN**

De nombreux mots d'origine italienne se sont intégrés au français ; ils proviennent surtout des domaines de la musique, de l'art et de la cuisine.

▶ **Orthographe**

La plupart des emprunts à l'italien sont maintenant francisés ; ils s'écrivent avec des accents, s'il y a lieu, et prennent la marque du pluriel. *Des scénarios, des trémolos, des opéras.*

> 🔲 Certains auteurs recommandent l'invariabilité des mots pluriels italiens tels que *gnocchi, macaroni, ravioli, spaghetti...* Il apparaît plus pratique de considérer que ces mots sont maintenant francisés, et donc variables. *Des spaghettis, des macaronis, des raviolis.*

▶ **Musique**

Certains mots italiens qui font partie du vocabulaire musical demeurent invariables lorsqu'ils désignent des mouvements, des nuances ; ils sont alors employés adverbialement et s'écrivent sans accent. *Jouer allegro, andante...* Lorsqu'ils désignent des pièces de musique, ces mots sont alors des noms qui s'écrivent avec des accents, s'il y a lieu, et prennent la marque du pluriel. *Des allégros, des andantes, des adagios.*

▶ **Quelques emprunts à l'italien**

Emprunt	Signification du mot italien d'origine	Emprunt	Signification du mot italien d'origine
bravo	« beau, excellent »	malaria	« mauvais air »
brio	« vivacité »	opéra	« œuvre »
brocoli	« pousses de chou »	pergola	« tonnelle »
casino	« maison de jeux »	pierrot	de Pedrolino, personnage
crescendo	« en croissant »		de la commedia dell'arte
dilettante	« celui qui s'adonne à un art	polichinelle	de Pulcinella, personnage
	par plaisir »		de farces de Naples
diva	« divine »	salami	« viande salée »
farniente	« ne rien faire »	scénario	« décor »
fiasco	« échec »	sépia	« seiche »
incognito	« inconnu »	tombola	« culbute »
loto	« sort, lot »		

▶ **Quelques exemples de mots provenant de l'italien**

agrume	banque	calepin	cortège	fugue	nonce	soldat
air	banqueroute	calque	courtisan	fumerole	numéro	solfège
ambassade	banquet	cambiste	crédit	galbe	pantalon	sonate
antichambre	barcarolle	campanile	crinoline	gélatine	partisan	sourdine
appartement	bataillon	canaille	dégrader	gondole	pastel	soutane
aquarelle	bicoque	cannelure	disgrâce	gouache	perruque	store
arcade	bilan	canon	dôme	grandiose	piédestal	tarentelle
arpège	bisbille	cantate	duo	granit	pistache	tarentule
artisan	biscotte	cantine	entrechat	grotesque	politesse	ténor
babiole	bizarre	caprice	escapade	improviste	radis	trafic
bagatelle	bosquet	capucin	escarpin	incarnat	rafale	trille
bagne	botte (escrime)	carnaval	escorte	incartade	reflet	vasque
baguette	bouffon	cartouche	esquisse	lagune	régate	vedette
balcon	bravade	cavalcade	façade	lampion	ristourne	vermicelle
baldaquin	bravoure	cavalerie	faillite	lavande	ritournelle	veste
ballerine	brigade	citadelle	fanal	lettrine	salon	violoncelle
bambin	brigand	concert	fantassin	macaron	saltimbanque	virtuose
banderole	burlesque	confetti	fioriture	manège	semoule	volte-face
bandit	cabriole	contrebande	fortin	maquette	sérénade	voltiger

ITALIQUE

L'italique, caractère typographique légèrement incliné vers la droite, permet d'attirer l'attention du lecteur sur un mot, un titre, une citation, une dénomination.

T Dans un texte manuscrit destiné à l'impression, on souligne d'un trait les mots qui doivent être composés en italique.

SE COMPOSENT EN ITALIQUE

▸ **Titres d'œuvres** (livres, tableaux, journaux, revues, etc.)

Le mot initial du titre s'écrit avec une majuscule.

> Martine a beaucoup aimé *Les grands sapins ne meurent pas.* Le journal *Le Devoir.*
> Connais-tu la chanson *J'aurais voulu être un artiste* de Luc Plamondon ?

▸ **Enseignes commerciales**

Citées intégralement, les inscriptions d'enseignes se composent en *italique ;* abrégées, elles seront composées en *romain.*

> S'arrêter à *l'Auberge du Cheval blanc.* Manger au Cheval blanc.

▸ **Noms de véhicules** (bateaux, avions, trains, engins spatiaux, etc.)

Les noms propres de véhicules se composent en *italique.* Ces noms propres s'écrivent avec une capitale initiale au nom spécifique et à l'adjectif qui précède le nom.

> Il a pris le *Concorde.* Le lanceur de satellites *Ariane* est européen.

▸ **Notes de musique**

Les huit notes de musique se composent en *italique.* Les indications qui peuvent accompagner les notes sont en *romain.*

Une étude en *si* bémol.

T Lorsqu'il s'agit d'un titre d'œuvre (qui est donc déjà en italique), la note reste en italique.
> *Toccata et fugue en ré mineur* de Bach.

▸ **Citations, mots en langue étrangère**

Les locutions latines, les citations, les mots, les expressions qui appartiennent à une langue étrangère sont composés en *italique.*

> Une déduction *a posteriori.* C'est un véritable *one man show.*

▸ **Mise en valeur**

On utilise l'italique pour isoler un mot, une expression :

- dont on veut parler explicitement ;
  > La locution *a priori* signifie « d'après ce qui est avant ».

- qui est de niveau familier ;
  > Ces données ont été citées tout *croche.*

- qui marque une distance, un sens particulier donné à un mot.
  > Ces comptables ont établi des états financiers bien *créatifs.*

▸ **Devises**

Les devises sont toujours composées en *italique.*

> *Je me souviens. A mari usque ad mare.*

▸ **Avis, indications au lecteur**

Si le texte (avant-propos, dédicace, etc.) n'excède pas 20 pages, il peut être composé en *italique.* On utilise l'*italique* pour attirer l'attention du lecteur à qui l'on s'adresse directement.

> *La suite au prochain numéro.*

EMPRUNTS AU **LATIN**

Langue des anciens Romains, le latin constitue l'origine du français et de plusieurs autres langues. La plupart des mots français issus du latin ont subi l'évolution phonétique normale **(formation populaire)** et sont devenus des mots intégrés au français. Ainsi, le mot latin « *caballus* » est devenu *cheval* en français. Des emprunts faits par les érudits des XIVe, XVe et XVIe siècles ont conservé une **forme française voisine du latin (formation savante)**, par exemple, le mot *parabole*, qui vient du latin « *parabola* ». Le même mot latin a donné, par l'évolution phonétique normale, le mot *parole* **(formation populaire)**.

D'autres mots empruntés au latin ont conservé leur **forme latine.** En voici quelques exemples :

MOTS LATINS VARIABLES

SINGULIER LATIN	PLURIEL LATIN
addendum............	*addenda*
desideratum.........	*desiderata*
erratum..............	*errata*
maximum	*maxima*
minimum.............	*minima*
stimulus	*stimuli*...

▭ Certains mots gardent le pluriel latin et s'écrivent sans accent.

MOTS LATINS INVARIABLES

credo	nimbus	requiem
cumulus	nota	statu quo
ex-voto	nota bene	tumulus
minus habens	pater	vade-mecum
miserere	post-scriptum	veto...

▭ Certains mots empruntés au latin restent invariables : ces mots s'écrivent sans accent, malgré leur prononciation.

MOTS LATINS FRANCISÉS

agenda	intérim
album	médium
alibi	mémento
alinéa	mémorandum
alléluia	pensum
atrium	quatuor
angélus	quorum
bénédicité	quota
consortium	recto
décorum	référendum
déficit	sanatorium
duplicata	solarium
fac-similé	spécimen
folio	ultimatum
forum	verso...

▭ Certains mots empruntés au latin ont été francisés par leur usage fréquent.
Ces mots prennent la marque du pluriel et s'écrivent avec des accents, s'il y a lieu. *Des médias électroniques.*

LOCUTIONS LATINES

LOCUTION	SIGNIFICATION
a contrario.................	par l'argument des contraires
ad patres	dans l'autre monde
ad valorem.................	selon la valeur
ad vitam æternam	pour toujours
a fortiori....................	à plus forte raison
a posteriori	fondé sur des faits
a priori.....................	non fondé sur des faits
de facto.....................	de fait
de visu......................	après l'avoir vu
et cætera	et les autres
ex æquo.....................	au même rang
ex cathedra.................	avec un ton doctoral
extra-muros.................	à l'extérieur des murs
grosso modo................	en gros
in extenso	intégralement
in extremis..................	au tout dernier moment
intra-muros.................	à l'intérieur des murs
ipso facto...................	immédiatement
manu militari...............	par la force
modus vivendi..............	entente
nec plus ultra...............	ce qu'il y a de mieux
sine die	sans jour fixé
sine qua non	condition essentielle
vice versa...................	inversement

▭ La tendance actuelle est de franciser les noms *maximum, minimum* en les écrivant au pluriel avec un *s*. Comme adjectifs, ils sont remplacés par *maximal, ale, aux, ales* et *minimal, ale, aux, ales.*

T En typographie soignée, les mots étrangers sont composés en italique. Dans des textes déjà en italique, la notation se fait en romain. Pour les textes manuscrits, on utilisera les guillemets.

VOIR TABLEAU ▶ DOUBLETS.

Déterminants qui se placent devant le nom d'un être ou d'un objet connu ou supposé connu, dont on a déjà parlé.

🔲 Le déterminant défini s'emploie devant un nom qui désigne un ou des êtres particuliers, un ou des objets particuliers (**référence spécifique**). *La pomme que j'ai mangée était délicieuse.* Il peut s'employer également devant une classe d'êtres ou d'objets (**référence générique**). *La baleine est un mammifère marin.*

FORMES SIMPLES			EXEMPLES
MASCULIN	FÉMININ	NOMBRE	
le	la	singulier	*Le chien de Martin, la robe de Laurence,*
les	les	pluriel	*les amis de la classe.*

FORMES CONTRACTÉES AVEC *DE*			
MASCULIN	FÉMININ	NOMBRE	
du (de le)	de la	singulier	*Les outils du maçon, les dons de la fée,*
des (de les)	des (de les)	pluriel	*les noms des parents.*

FORMES CONTRACTÉES AVEC *À*			
MASCULIN	FÉMININ	NOMBRE	
au (à le)	à la	singulier	*Nous irons au centre des loisirs, à la*
aux (à les)	aux (à les)	pluriel	*patinoire ou aux divers parcs de la ville.*

▸ **Élision et liaison**

Les déterminants définis *le* et *la* s'élident devant un mot commençant par une voyelle ou un *h* muet. *L'école, l'hommage,* mais *le homard.*

▭ Cette élision ne se fait pas devant les adjectifs numéraux. *Le onze du mois, le huit de cœur, le un de la rue des Érables.*

La liaison du déterminant *les* avec le mot qui suit se fait si ce mot commence par une voyelle ou un *h* muet. *Les enfants (lézenfants), les hommes (lézommes),* mais *les haches (léaches).*

▸ **Omission**

On ne répète pas le déterminant si deux adjectifs se rapportent au même nom. *La tendre et belle enfant.* On peut omettre le déterminant dans certaines énumérations. *Orthographe, grammaire, typographie feront l'objet de tableaux.*

Les déterminants sont omis dans certaines expressions figées. *Des faits et gestes, sur mer et sur terre, blanc comme neige, avoir carte blanche...*

▸ **Répétition**

Le déterminant est répété devant les noms joints par les conjonctions de coordination *et, ou. Les fruits et les légumes.*

▸ **Devant un superlatif**

Quand la comparaison est établie entre des êtres ou des objets différents, le déterminant défini s'accorde en genre et en nombre avec le nom auquel il se rapporte. *Cette amie est la plus gentille de toutes ces personnes.*

Quand la comparaison porte sur des états distincts du même être ou du même objet, le déterminant défini est neutre et invariable. *C'est le matin qu'elle est le plus en forme* (en forme au plus haut degré).

▸ **À la place du possessif**

Le déterminant défini s'emploie quand le nom employé sans adjectif désigne une partie du corps ou une faculté de l'esprit. *Il a mal à la tête. Elle s'est fracturé la jambe.*

↪ Attention, dans ces cas, on n'emploie pas le déterminant possessif. *Il s'est cassé le bras* (et non *son bras*).

VOIR TABLEAU ▸ **LE, LA, LES, PRONOMS PERSONNELS.**

LE, LA, LES, PRONOMS PERSONNELS

Les pronoms *le, la, les* remplacent un nom de personne ou de chose déjà exprimé. *Quand Étienne sera de retour, préviens-le de notre arrivée prochaine. Ce film est excellent, je te le conseille.*

Les pronoms *le, la, les* accompagnent toujours un verbe *(je les aime)* à titre de **complément direct** ou d'**attribut du sujet**, tandis que les déterminants définis *le, la, les* accompagnent toujours un nom *(les personnes que j'aime).*

COMPLÉMENT DIRECT

Les pronoms personnels *le, la, les* s'emploient avec les verbes transitifs directs (on pose la question *qui ? que ? quoi ?* pour trouver le complément direct du verbe). Ces verbes se conjuguent avec l'auxiliaire *avoir*.

Tu le regardes. Cette pomme, tu la mangeras à la récréation. Vous les avez lus pendant les vacances : ce sont de bons livres.

> Pour les verbes transitifs indirects (on pose la question *à qui ?*), ce sont les pronoms *lui* et *leur* qui sont employés. *Tu lui as parlé, tu leur as parlé* (à qui ?).

ATTRIBUT DU SUJET

Les pronoms personnels *le, la, les* sont attributs du sujet lorsqu'ils sont employés avec les verbes qui se conjuguent avec l'auxiliaire **être**. *Un champion, il le deviendra après beaucoup d'efforts.*

> Dans l'usage courant, on a tendance à employer le pronom personnel *le* même si l'antécédent est féminin ou pluriel. *La présidente de l'entreprise, je ne le serai pas.* En français soutenu, le pronom s'accorde en genre et en nombre avec le sujet accompagné d'un déterminant défini ou du démonstratif. *La présidente de l'entreprise, je ne la serai pas. Ces fous de la vitesse, ils ne les sont plus.*

FORME

Les pronoms *le, la* s'élident devant un verbe commençant par une voyelle ou un *h* muet. *Je l'aime, tu l'honores.*

▶ Place du pronom

Il se place généralement **avant** le verbe. *Ce vélo, je le veux.*

Si le verbe est à l'impératif dans une construction affirmative, le pronom se place **après** le verbe auquel il est joint par un trait d'union. *Admirez-le.*

Par contre, dans une construction négative, le pronom se place **avant** le verbe. *Ne l'admirez pas.*

Si le verbe comporte plusieurs pronoms compléments, le complément direct se place **avant** le complément indirect et se joint au verbe et au complément indirect par des traits d'union. *Donne-le-moi.*

VOIR TABLEAU ▶ LE, LA, LES, DÉTERMINANTS DÉFINIS.

MULTI
DICTIONNAIRE
DE LA LANGUE FRANÇAISE

Montréal, le 14 septembre 2014 ◀— LIEU ET DATE

VEDETTE ———▶ Monsieur Jacques Fortin
Président
Les Éditions Québec Amérique
329, rue de la Commune Ouest
Montréal (Québec) H2Y 2E1

RÉFÉRENCES ———▶ V/Réf. : MDD-MEV 1987/QA

Objet : La sixième édition du *Multidictionnaire* ◀— OBJET

APPEL ———▶ Cher Monsieur,

INTRODUCTION ———▶ Il y a maintenant plus d'un quart de siècle qu'a été lancée la première édition du *Multidictionnaire*. Au fil des années, la diffusion de cet ouvrage n'a cessé d'augmenter, ainsi qu'en témoigne le tirage qui atteint aujourd'hui le million d'exemplaires, toutes éditions confondues.

CORPS ———▶ Le texte de la sixième édition est enfin prêt. Vous constaterez que cette nouvelle édition comporte de multiples ajouts : près de 2000 nouveaux mots issus notamment des sciences et des techniques et qui viennent enrichir la langue générale. Des notes grammaticales explicitent l'accord du participe passé de tous les verbes pronominaux, des notes syntaxiques précisent le choix de la préposition. L'ouvrage s'enrichit aussi de notes typographiques plus détaillées, d'autres formes fautives répertoriées avec indication des formes correctes.

CONCLUSION ———▶ De nouveaux tableaux synthétisent les règles grammaticales (ex. : Accord du verbe) ou mettent en lumière les emprunts du français à d'autres langues (ex. : Emprunts à l'espagnol). Des citations littéraires de grands auteurs québécois et français viennent éclairer les significations de certains mots, en particulier des emplois propres au français du Québec. Enfin, les *Rectifications orthographiques* font l'objet d'une description, et les formes rectifiées figurent à la fin des articles de chaque mot concerné.

SALUTATION ———▶ Dans l'espoir que cette sixième édition sera bien accueillie, je vous prie d'agréer, cher Monsieur, mes salutations distinguées.

M E de Villers ◀— SIGNATURE
Marie-Éva de Villers ◀— NOM
DACTYLOGRAPHIÉ

PIÈCE JOINTE ———▶ p. j. Commentaires généraux
COPIE ———▶ c. c. M. Jean-Claude Corbeil
CONFORME

VOIR TABLEAUX ▶ ADRESSE. ▶ CORRESPONDANCE. ▶ ENVELOPPE.

LIAISON

La liaison est l'action de prononcer la consonne finale d'un mot placé devant un mot commençant par une voyelle ou un *h* muet.

> ☞ On ne prononce pas la consonne finale d'un mot précédant un mot commençant par un *h* aspiré.
> *Les homards* [leɔmar] (et non les *(z) homards).

▶ **En liaison :**

- Les lettres *s* et *x* se prononcent *z*. *Les* (z) *iris* [leziris]. *Dix* (z) *oranges* [dizɔrɑ̃ʒ].
- La lettre *d* se prononce *t*. *Un grand* (t) *homme* [œ̃grɑ̃tɔm].
- La lettre *g* se prononce *g* dans la langue courante. *Un long* (g) *hiver* [œ̃lɔ̃giver].
- La lettre *g* se prononce *k* dans certains emplois figés. *Suer sang* (k) *et eau* [sɥesɑ̃keo].
  Qu'un sang (k) *impur* [kœ̃sɑ̃kɛ̃pyr] (La Marseillaise).
- La lettre *f* se prononce *v*. *Du vif* (v) *argent* [dyvivarʒɑ̃].

LA LIAISON SE FAIT TOUJOURS

- Entre le déterminant et le nom. *Les* (z) *ours* [lezurs]. *Deux* (z) *oasis* [døzɔazis].
- Entre l'adjectif et le nom. *Les bons* (z) *amis* [lebɔ̃zami]. *Ton petit* (t) *ami* [tɔ̃pətitami].
- Entre le pronom (sujet ou complément) et le verbe. *Nous* (z) *aimons* [nuzɛmɔ̃]. *Je vous* (z) *aime* [ʒəvuzɛm].
- Entre les auxiliaires ***avoir*** et ***être*** et le participe passé des formes verbales composées.
  Elles ont (t) *été aimées* [ɛlzɔ̃teteɛme].
- Entre le verbe et le nom ou l'adjectif attribut. *Ces lieux sont* (t) *agréables* [sɛljøsɔ̃tagreabl].
- Entre la préposition et son complément. *Dès* (z) *aujourd'hui* [dɛzoʒurdɥi].
  Sans (z) *aucun doute* [sɑ̃zokœ̃dut].
- Entre l'adverbe et le mot qu'il modifie. *Ils sont plus* (z) *aimables,* [plyzɛmabl] *très* (z) *adroits* [trɛzadrwa].
- Dans la plupart des locutions, des mots composés. *Petit* (t) *à petit* [pətitapəti]. *Tout* (t) *à coup* [tutaku].

LA LIAISON SE FAIT PARFOIS

- Entre le nom et son complément. *Les professeurs* (z) *en voyage* [leprɔfɛsœrzɑ̃vwajaʒ] ou [leprɔfɛsœrɑ̃vwajaʒ].
- Entre le nom et l'adjectif. *Les fillettes* (z) *adorables* [lefijɛtzadɔrabl] ou [lefijɛtadɔrabl].
- Entre le nom sujet et le verbe. *Les fillettes* (z) *ont joué* [lefijɛtzɔ̃ʒue] ou [lefijɛtɔ̃ʒue].
- Entre le verbe et son complément. *Ils allèrent* (t) *au bois* [ilzɑlɛrtobwa] ou [ilzɑlɛrobwa].

LA LIAISON NE SE FAIT JAMAIS

- Devant un nom commençant par un *h* aspiré. *Les / handicapés* [leɑ̃dikape].
  VOIR TABLEAU ▶ H MUET ET H ASPIRÉ.
- Après la conjonction de coordination ***et*** : *un bateau et / un avion* [œ̃batoeœnavjɔ̃].
- Entre un nom singulier se terminant par une consonne muette et l'adjectif qui le suit.
  Un projet / intéressant [œ̃prɔʒɛɛ̃teresɑ̃].
  > ☞ Par contre, la liaison se fait entre l'adjectif qui précède le nom et le nom.
  > *Un mauvais* (z) *usage* [œ̃movɛzyzaʒ].
- Après un signe de ponctuation. *Voici des fruits, / une assiette* [dɛfrɥiynasjɛt].
- Devant un déterminant numéral et un adjectif ordinal : ***un, onze, onzième, huit, huitième.***
  Les / onze ans de Gabriel [leɔ̃zɑ̃dəgabrijɛl].
- Devant les mots étrangers commençant par *y*. *Des / yaourts* [dejaurt].

Groupe de mots toujours employés ensemble qui ont un sens global différent des sens de chacun des mots qui le composent.

Chemin de fer...................................	Moyen de transport utilisant la voie ferrée.
Coup de foudre................................	Sentiment amoureux subit et violent.
Coup de tête..................................	Décision impulsive.
Hôtel de ville.................................	Édifice où siège l'autorité municipale.
Loup de mer..................................	Vieux marin.
Main courante................................	Partie supérieure d'une rampe d'escalier.
Pied de nez.	Grimace.

▶ Certaines expressions toutes faites ont un sens métaphorique. Quelques exemples :

Accrocher ses patins.	⚜ Prendre sa retraite.
Appeler un chat un chat......................	Appeler les choses par leur nom.
Avoir le cœur sur la main....................	Être très généreux.
Avoir voix au chapitre........................	Avoir droit de parole.
Cogner des clous.	⚜ Somnoler.
Contre vents et marées.......................	Malgré tous les obstacles.
Couper les cheveux en quatre................	Être trop subtil.
Cri du cœur.	Mouvement spontané qui traduit un sentiment.
Donner sa langue au chat....................	Abandonner, capituler.
Envoyer paître quelqu'un.....................	(FAM.) L'envoyer promener.
Être pieds et poings liés.....................	Être réduit à l'inaction.
Filer un mauvais coton.......................	(FAM.) Se sentir malade, faible, déprimé.
Il y a anguille sous roche.	Il y a une chose cachée que l'on soupçonne.
Jeter de la poudre aux yeux.	Tenter d'éblouir par des apparences.
La coupe est pleine...........................	L'indignation est à son comble.
Le jeu n'en vaut pas la chandelle............	C'est une chose qui n'en vaut pas la peine.
Mettre le doigt dans l'engrenage............	Être irréversiblement engagé dans quelque chose.
Mettre les points sur les i.	Expliquer clairement quelque chose.
Mi-figue, mi-raisin.	Ni bon ni mauvais.
Monter sur ses grands chevaux..............	Se mettre en colère.
Montrer patte blanche.	Se faire reconnaître pour entrer quelque part.
Ni chair ni poisson.	Sans caractère, imprécis.
Parler à tort et à travers.	Dire n'importe quoi.
Perdre la tête.	Ne plus avoir toute sa raison.
Prendre la poudre d'escampette.............	S'enfuir.
Renvoyer aux calendes grecques.	Renvoyer à une date qui n'arrivera jamais.
Reprendre du poil de la bête................	Réagir, reprendre le dessus.
Tirer à la courte paille.......................	Tirer au sort.
Tirer sa révérence.	Partir.
Travailler d'arrache-pied.	Travailler avec acharnement.
Une tempête dans un verre d'eau............	Beaucoup d'agitation pour une insignifiance.
Voir le jour.	(LITT.) Venir au monde.

MAJUSCULES ET MINUSCULES

La majuscule sert à mettre en évidence les *noms propres*.

EMPLOI DE LA MAJUSCULE POUR SIGNALER UN NOM PROPRE

▸ Les noms de **personnes** (noms de famille, prénoms, surnoms).

Félix Leclerc. Jean-Baptiste Poquelin, dit Molière.
T La particule nobiliaire s'écrit avec une minuscule. *Alfred de Vigny.*

▸ Les noms de **peuples.**

Les Québécois, les Belges, les Suisses et les Français.
T Employés comme adjectifs, ces mots s'écrivent avec une minuscule. *Le drapeau québécois.* Attention, les noms d'adeptes de religions, de partis politiques, d'écoles artistiques, d'ordres religieux s'écrivent également avec une minuscule, contrairement aux noms de peuples. *Les chrétiens, les libéraux, les impressionnistes, les jésuites.*

VOIR TABLEAU ▸ PEUPLES (NOMS DE).

▸ Le nom de **Dieu.**

Dieu, Notre-Seigneur, Allah, Yahvé.

▸ Les noms de **dieux païens.** *Hermès, Aphrodite, Neptune.*

▸ Les noms d'**astres** (étoiles, planètes, constellations, comètes) et les signes du zodiaque.

Le Soleil, Saturne, le Sagittaire.

▸ Les noms de **points cardinaux** utilisés dans des noms géographiques, des odonymes.

*L'Amérique du **Sud**. Boulevard René-Lévesque **Ouest**. Le pôle **Nord**.*

▸ Les **noms géographiques.**

Le Québec, Montréal, le Saint-Laurent.

VOIR TABLEAU ▸ GÉOGRAPHIQUES (NOMS).

▸ Les noms de **rues,** les noms de **places,** de **monuments.**

– Ces noms s'écrivent avec une majuscule au mot caractéristique et une minuscule au mot générique (rue, avenue, boulevard, jardin...).

*La rue **Notre-Dame**, la statue de la **Liberté**.*

– Quand la désignation spécifique est composée de plusieurs éléments, ceux-ci sont reliés par des traits d'union.

*Elle habite avenue **Antonine-Maillet**, rue **Saint-Jean-Baptiste**, le square du **Vert-Galant**.*

▸ Les noms d'**établissements d'enseignement** (écoles, collèges, instituts...), de **musées,** de **bibliothèques.**

– Les génériques suivis d'un adjectif s'écrivent avec une majuscule.

*L'**École** polytechnique. La **Bibliothèque** nationale.*

– Les génériques suivis d'un nom propre s'écrivent avec une minuscule.

*Le **collège** Jean-de-Brébeuf. L'**école** Saint-Germain. L'**institut** Armand-Frappier.*

▸ Les noms d'**organismes** publics ou privés, de **sociétés,** d'**institutions.** On emploie généralement la majuscule au premier nom de ces diverses dénominations.

*L'**Assemblée** nationale, l'**Office** québécois de la langue française, le **Centre** national de la recherche scientifique.*

T̲ Pour les noms de ministères, la règle diffère ; en effet, c'est le nom du domaine d'activité spécifique qui s'écrit avec une majuscule, tandis que le nom *ministère* et les adjectifs de la désignation s'écrivent avec des minuscules. *Le ministère de la Culture et des Communications, le ministère des Affaires extérieures.*

▸ Les noms d'**évènements historiques.** Seuls le mot caractéristique de la désignation et l'adjectif qui le précède s'écrivent avec une majuscule, alors que le générique s'écrit avec une minuscule.

La bataille des Plaines d'Abraham, la Renaissance, le Moyen Âge.

▸ Les noms de **fêtes** religieuses et nationales s'écrivent avec une majuscule au mot caractéristique et à l'adjectif qui le précède.

Le jour de l'An, le Nouvel An, le jour des Rois, le Mardi gras, le mercredi des Cendres, le Vendredi saint, Pâques, la Saint-Jean-Baptiste, la fête du Travail, la Toussaint, Noël.

▸ Les titres d'**ouvrages**, d'**œuvres d'art**, les noms de **journaux**, de **périodiques** prennent une majuscule au premier nom et éventuellement à l'adjectif et au déterminant qui le précèdent.

Le Visuel, les Lettres de mon moulin, Le Petit Prince.

EMPLOI DE LA MAJUSCULE POUR SIGNALER LE DÉBUT D'UNE PHRASE

▸ **Au premier mot d'une phrase.**

La rencontre aura lieu le 29 mars. D'ici là, précisons nos projets.

▸ **Après les points d'interrogation, d'exclamation, de suspension** quand ces points terminent effectivement la phrase.

Serez-vous présent ? Veuillez communiquer avec nous…

▸ **Après un deux-points introduisant :**

– une **citation.** *Et celui-ci de répondre : « L'art d'aimer, je connais. »*

– une **énumération** où les jalons énumératifs sont une lettre ou un numéro de classification suivi d'un point *(1., 2., A., B.),* un numéro d'ordre *(1°, 2°). 1. Introduction 2. Hypothèses…*

EMPLOI DE LA MINUSCULE

▸ Les **titres** et **dignités.**

L'empereur, le roi, le président, le premier ministre.

▸ Les noms de **religions.**

Le christianisme, le bouddhisme, le protestantisme, le judaïsme, l'islam.

▸ Les noms des **mois,** des **jours** de la semaine.

Le mois de mars ; lundi, mardi.

▸ Les noms de **pays,** ou de **régions, donnés aux produits** qui en sont originaires.

Un champagne, un cheddar, un hollande, un médoc, un oka.

▸ Les noms de **langues.**

Le français, l'anglais et l'espagnol.

▸ Les génériques des **noms géographiques,** des **noms de rues,** des **désignations administratives.**

Montagne, lac, océan, mont, avenue, rue, école, collège.

MILLE, DÉTERMINANT NUMÉRAL ET NOM MASCULIN – 1 000

▶ **Déterminant numéral invariable.** Dix fois cent. *Ils ont recueilli trois mille dons.*

▶ **Nom masculin invariable.** Le nombre mille. *Elle a dessiné des mille en chiffres dorés.*

> 🔲 *Mille*, déterminant numéral ou nom, est toujours invariable.

> 🅣 Dans la composition des nombres, le déterminant numéral *mille* n'est pas lié par un trait d'union au chiffre qui le précède ni à celui qui le suit. *Six mille deux cent trente-deux.* Par contre, les *Rectifications orthographiques* (1990) admettent l'emploi du trait d'union : « on peut lier par un trait d'union les numéraux formant un nombre complexe, inférieur ou supérieur à cent ».

> 🔷 Ne pas confondre avec le nom masculin *mille*, mesure de distance valant 1,6 km. *Il a parcouru 15 milles.*

▶ **Expression numérique.** 1 000 ou 10^3 (notation scientifique).

> Son symbole est **k** et le préfixe qui multiplie une unité par mille est *kilo-*. *Coût : 18 kilodollars* ou *18 k$.*

> 🅣 L'emploi du symbole **k** doit être réservé aux tableaux et aux documents techniques où la place est très restreinte. Il n'y a pas d'espace entre le symbole **k** et le symbole de l'unité monétaire.

▶ **Écriture des sommes d'argent**

> Généralement, on utilise l'expression numérique et on remplace le nom de l'unité monétaire par son symbole. Le symbole de l'unité monétaire suit l'expression numérique et en est séparé par un espacement. *Cette voiture coûte 18 000 $.*

> 🅣 Si le nombre est écrit en toutes lettres, le symbole de l'unité monétaire ne peut être utilisé, il faut alors écrire le nom de l'unité monétaire au long. *Le prix est de dix-huit mille dollars.*

VOIR TABLEAU ▶ SYMBOLES DES UNITÉS MONÉTAIRES.

MILLION, NOM MASCULIN – 1 000 000

▶ **Nom masculin.** Comme le mot **milliard**, le mot **million** est un nom et il prend donc la marque du pluriel. *Le total est de dix millions deux cent vingt mille.*

▶ **Expression numérique.** 1 000 000 ou 10^6 (notation scientifique).

> Son symbole est **M** et le préfixe qui multiplie une unité par un million est *méga-*. *Coût : 30 mégadollars* ou *30 M$.*

> 🅣 L'emploi du symbole **M** doit être réservé aux tableaux et aux documents techniques où la place est très restreinte. Il n'y a pas d'espace entre le symbole **M** et le symbole de l'unité monétaire.

▶ **Écriture des sommes d'argent**

> La somme de 30 000 000 $ peut être notée également 30 millions de dollars parce que le mot *million* n'est pas un déterminant numéral, mais un nom. Si le déterminant numéral et le mot *million* sont écrits en toutes lettres, le nom de l'unité monétaire doit être écrit au long. *Trente millions de dollars.*

> 🅣 Le symbole de l'unité monétaire suit l'expression numérique et en est séparé par un espacement.

EN RÉSUMÉ : 30 000 000 $ ou 30 **millions** de dollars ou trente **millions** de dollars.

MILLIARD, NOM MASCULIN – 1 000 000 000

▶ **Nom masculin.** Comme le mot **million**, le mot **milliard** est un nom et il prend donc la marque du pluriel. *Le total s'élève à trois milliards, le nombre est de sept milliards cinq cent trente-sept mille.*

▶ **Expression numérique.** 1 000 000 000 ou 10^9 (notation scientifique).

> Son symbole est **G** et le préfixe qui multiplie une unité par un milliard est *giga-*. *Coût : 45 gigadollars* ou *45 G$.*

> 🅣 L'emploi du symbole **G** doit être réservé aux tableaux et aux documents techniques où la place est très restreinte. Il n'y a pas d'espace entre le symbole **G** et le symbole de l'unité monétaire.

▶ **Écriture des sommes d'argent**

> La somme de 45 000 000 000 $ peut être notée également 45 milliards de dollars parce que le mot *milliard* n'est pas un déterminant numéral, mais un nom. Si le déterminant numéral et le mot *milliard* sont écrits en toutes lettres, le nom de l'unité monétaire doit être écrit au long. *Quarante-cinq milliards de dollars.*

> 🅣 Le symbole de l'unité monétaire suit l'expression numérique et en est séparé par un espacement.

EN RÉSUMÉ : 45 000 000 000 $ ou 45 **milliards** de dollars ou quarante-cinq **milliards** de dollars.

> 🔲 Les déterminants numéraux *vingt* et *cent* prennent la marque du pluriel s'ils sont multipliés par un nombre et ne sont pas suivis d'un autre déterminant numéral. Les mots *million* et *milliard* étant des noms, on écrira donc : *Quatre-vingts millions d'euros. Trois cents milliards d'euros.*

> 🔲 La marque du pluriel ne s'inscrit qu'à compter de deux unités. *La somme s'élève à 1,5 million de dollars, à 1,5 milliard de dollars.*

MULTIPLES ET SOUS-MULTIPLES DÉCIMAUX

Les **multiples** et les **sous-multiples** sont formés à l'aide de préfixes qui se joignent sans espace aux unités de mesure.

▶ **Exemples de multiples :**

Le nom *kilogramme* désigne un millier de grammes (1 gramme x 1000).

Le nom *mégawatt* désigne un million de watts (1 watt x 1 000 000).

▶ **Exemples de sous-multiples :**

Le nom *centimètre* désigne un centième de mètre (1 mètre ÷ 100).

Le nom *nanoseconde* désigne un milliardième de seconde (1 seconde ÷ 1 000 000 000).

Les **symboles** de ces préfixes se joignent de la même façon aux symboles des unités de mesure.

Exemples : *3 kg, 1 MW, 2 cm, 4 mg* (sans points).

T Les symboles ne prennent pas la marque du pluriel et s'écrivent sans point abréviatif.

MULTIPLES

PRÉFIXE	SENS	SYMBOLE	NOTATION SCIENTIFIQUE	EXEMPLE
exa- ...... x......	1 000 000 000 000 000 000	E	10^{18}	*exaseconde*
péta- ...... x......	1 000 000 000 000 000	P	10^{15}	*pétaseconde*
téra- ...... x......	1 000 000 000 000	T	10^{12}	*térawatt*
giga- ...... x......	1 000 000 000	G	10^{9}	*gigahertz*
méga- .... x......	1 000 000	M	10^{6}	*mégajoule*
kilo- ...... x......	1 000	k	10^{3}	*kilogramme*
hecto- .... x......	100	h	10^{2}	*hectolitre*
déca- ..... x......	10	da	10^{1}	*décamètre*

SOUS-MULTIPLES

PRÉFIXE	SENS	SYMBOLE	NOTATION SCIENTIFIQUE	EXEMPLE
déci- ...... x......	0,1	d	10^{-1}	*décilitre*
centi- ..... x......	0,01	c	10^{-2}	*centimètre*
milli- ..... x......	0,001	m	10^{-3}	*milligramme*
micro- .... x......	0,000 001	μ	10^{-6}	*microampère*
nano- ..... x......	0,000 000 001	n	10^{-9}	*nanoseconde*
pico- ...... x......	0,000 000 000 001	p	10^{-12}	*picofarad*
femto- .... x......	0,000 000 000 000 001	f	10^{-15}	*femtogramme*
atto- ...... x......	0,000 000 000 000 000 001	a	10^{-18}	*attoseconde*

N

114

NE, ADVERBE DE NÉGATION

Adverbe qui se place devant un verbe pour marquer la négation et qui est généralement accompagné d'un adverbe, d'un pronom ou d'un déterminant qui a également un sens négatif (*pas, plus, jamais, aucun, personne, rien...*). *Elle **ne** part **pas**, il **ne** joue **plus** à la balle, les enfants **n**'ont **rien** mangé.*

▱ L'adverbe *ne* s'élide devant une voyelle ou un *h* muet. *Elle **n**'aime pas les tomates, il **n**'habite plus là.* Dans la langue parlée ou familière, on omet parfois l'adverbe de négation *ne*. Dans la langue écrite courante ou soutenue, l'emploi de l'adverbe *ne* s'impose.

▶ **Négations composées**

– *Ne... aucun. **N**'y a-t-il **aucun** problème à procéder ainsi ?*

– *Ne... jamais. Martine **ne** critique **jamais** ses amis.*

– *Ne... nul. Nous **n**'avons **nul** besoin de lui.*

– *Ne... nullement. Elle **ne** s'est **nullement** inquiétée.*

– *Ne... pas. Les enfants **ne** jouent **pas** dehors, car il pleut.*

– *Ne... personne. Nous **n**'avons vu **personne** dans la forêt.*

– *Ne... plus. André **ne** fume **plus**. Depuis quand **ne** fume-t-il **plus** ?*

– *Ne... point. Il **ne** dort **point** et rêve à sa belle amie.*
   ▱ Cette négation composée est littéraire ou vieillie.

– *Ne... rien. Sandra **n**'a **rien** acheté, elle a été très raisonnable.*

▶ **Négation simple**

Ne, employé seul
– Dans certains proverbes, dans certaines expressions toutes faites. *Qui **ne** dit mot consent. Qu'à cela **ne** tienne.*
– Avec les verbes ***savoir, cesser, oser, pouvoir, avoir,*** suivis de ***que*** interrogatif et d'un infinitif ou d'une phrase infinitive. *Il **ne** sait **que** dire. Elle **n**'a **que** faire de ses conseils.*

Une phrase qui contient une négation simple ou une négation composée est une **PHRASE NÉGATIVE.**

VOIR TABLEAU ▶ PHRASE (TYPES ET FORMES DE LA).

▶ **Le *ne* explétif**

Il ne faut pas confondre l'adverbe de négation avec le *ne* explétif, qui ne joue aucun rôle grammatical connu et qui peut souvent être supprimé sans compromettre le sens de la phrase. Il n'est pas utilisé dans la langue courante ; on ne le retrouve que dans les textes de niveau soutenu.

Emplois du *ne* explétif

– Après les verbes exprimant le doute, la crainte, la négation : ***avoir peur, craindre, douter, empêcher, éviter, mettre en doute, nier, prendre garde, redouter.***
   ▱ À la forme affirmative, on emploie *ne* lorsqu'on redoute de voir se produire un évènement. *Je crains qu'il **ne** pleuve.* Si l'on redoute qu'un évènement ne se produise pas, on emploie *ne... pas. Je crains qu'elle **ne** puisse **pas** arriver à temps.* À la forme négative, on n'emploie pas le *ne* explétif. *Je **ne** crains pas qu'il vienne.*

– Après les expressions comparatives : ***autre que, autrement que, meilleur que, mieux que, moins que, pire que, plus que...*** *Il est plus âgé que tu **ne** l'es.*

– Après les expressions : ***de crainte que, de peur que, à moins que...*** *Nous viendrons à moins qu'il **ne** neige.*

N

NI, CONJONCTION DE COORDINATION (OU COORDONNANT)

Conjonction de coordination à valeur négative, elle est l'équivalent de la conjonction *et* de la phrase affirmative et sert à lier des adjectifs, des noms, des pronoms ou des phrases.

- La conjonction marque l'**union entre deux éléments** de même fonction dans une **phrase négative**.
  Il n'est pas aimable ni même poli. Elles ont fait du ski sans bonnet ni gants. Elle ne chante ni ne danse.

- La conjonction **joint** plusieurs mots **sujets** ou **compléments** d'un **verbe à la forme négative**.
  Ni les filles ni les garçons ne sont d'accord. Il n'aime ni les navets ni les carottes.

↪ La construction *ni... ni...* s'emploie avec la négation simple *ne*.

▸ **Expression**

– *Ni l'un ni l'autre,* locution pronominale indéfinie (ou pronom composé). Aucun des deux. *Ni l'un ni l'autre ne viendra.*

🔲 L'accord du verbe peut se faire au singulier ou au pluriel. *Ni l'un ni l'autre n'est arrivé* ou *ne sont arrivés.* Si le verbe précède le pronom composé, il s'écrit obligatoirement au pluriel parce qu'il s'accorde avec son sujet, selon la règle habituelle.
  Ils ne sont arrivés ni l'un ni l'autre.

🇹 On ne met généralement pas de virgule entre les éléments de la négation.

NON, ADVERBE DE NÉGATION

▸ **Emplois**

Dans une **réponse négative**. *Serez-vous présent ? Non.*

Au début d'une **phrase négative**. *Non, je ne pourrai être là.*

Avec un groupe du **nom**. *C'est une pomme que j'aimerais, non une poire.*

Avec un **adjectif**, un **participe**. *Des produits non conformes aux normes.*

Avec un **pronom**. *Vous êtes invités, mais non eux.*

Avec un **infinitif** ou **une phrase infinitive**. *Ils veulent manger et non boire.*

Comme **préfixe** d'un nom. *La non-ingérence.*

🔓 Les noms composés avec l'élément *non* s'écrivent avec un trait d'union.

▸ **Expressions**

– *Non plus.* Pas davantage. *Tu n'as pas aimé ce film. Moi non plus.*

– *Non seulement... mais (encore).* *Il est non seulement habile mais très expérimenté.*

NON, NOM MASCULIN INVARIABLE

Expression du refus. *Opposer un non.* ANT. Oui.

Mot nouveau, terme nouveau ou sens nouveau accordé à un mot existant.

⌐⊢ Généralement, on crée un néologisme quand la langue ne dispose pas déjà d'un mot pour nommer une réalité nouvelle. La néologie illustre la créativité d'une langue qui invente un mot pour nommer une nouveauté plutôt que de faire un emprunt à une autre langue.

▶ Exemples de néologismes

AUTOPARTAGE n. m.
Service de location de voitures en libre-service mettant à la disposition des abonnés des voitures qui peuvent être empruntées dans une des stations du réseau.

CARBONEUTRALITÉ n. f.
(ÉCOL.) Condition idéale à atteindre dans une démarche écologiquement responsable, qui vise à réduire les émissions de gaz à effet de serre dans l'atmosphère ou à compenser celles qui n'ont pu être réduites. SYN. neutralité carbone.

ÉCOQUARTIER n. m.
Quartier dont la construction, l'organisation et le mode de vie des habitants visent à réduire les atteintes à l'environnement. SYN. quartier écologique.

ÉGOPORTRAIT n. m.
Photo d'une personne prise par elle-même, généralement à l'aide de l'appareil photo d'un téléphone intelligent. *Diffuser un égoportrait* (et non *selfie*). SYN. autoportrait.

⌐⊢ Le terme *égoportrait* a été proposé par l'Office québécois de la langue française en 2014.

INFONUAGIQUE n. f.
(INFORM.) Modèle informatique qui permet d'accéder à des ressources informatiques externalisées au moyen de serveurs distants interconnectés.

⌐⊢ Le terme *infonuagique* a été proposé en 2009 par l'Office québécois de la langue française comme équivalent français de *cloud computing*.

PERMACULTURE n. f.
Ensemble des pratiques et des modes de pensée visant à aménager un territoire qui soit en synergie avec la nature, afin que le développement soit durable et que les écosystèmes soient respectés, voire renforcés (GDT).

⌐⊢ Le terme *permaculture* est formé à partir des noms *permanence* et *agriculture*.

VAPOTER v. intr.
Aspirer la vapeur produite par une cigarette électronique. *D'après les experts, vapoter est de 100 à 1 000 fois moins dangereux que de fumer.*

▶ Formation de néologismes à l'aide de racines grecques ou latines

Les néologismes scientifiques sont souvent créés à l'aide de préfixes, de suffixes d'origine grecque ou latine dont le sens est connu. Ainsi, dans le domaine médical, le néologisme **cardiostimulateur**, qui désigne une prothèse destinée à provoquer la contraction du cœur, est composé de **cardio-**, élément du grec signifiant «cœur», et du nom **stimulateur**, dérivé de *stimuler* du latin *stimulare* «aiguillonner, stimuler». Ce néologisme présente le double avantage d'éviter un emprunt au terme anglais *pacemaker* et d'être plus concis que le terme *stimulateur cardiaque*, employé comme synonyme.

VOIR TABLEAUX ▶ **PRÉFIXE.** ▶ **SUFFIXE.**

▶ Formation de néologismes par dérivation

PRÉFIXATION

- **Préfixe** + radical
  - Préfixe **anti-** «contre» + radical **pourriel** = **antipourriel** «logiciel qui supprime les pourriels».
  - Préfixe **éco-** «habitat» + radical **geste** = **écogeste** «geste visant la réduction des atteintes à l'environnement».
  - Préfixe **micro-** «petit» + radical **message** = **micromessage** «message au nombre limité de caractères».

  ⌐⊢ La préfixation modifie le sens du mot.

SUFFIXATION

- Radical + **suffixe**
  - *Cliqu-* + suffixe *-able* «être susceptible de» = *cliquable* «sur lequel il est possible de cliquer».
  - *Livr-* + suffixe *-el* «électronique» = *livrel* «livre électronique».
  - *Végétal-* + suffixe *-iser* servant à la formation d'un verbe = *végétaliser* «couvrir de végétaux».

  ⌐ La suffixation peut modifier la catégorie grammaticale de l'unité lexicale et elle enrichit les familles de mots.

▶ **Formation de néologismes par composition**

- Juxtaposition de mots pour composer un nouveau terme.

  Borne de recharge, crédit de carbone, empreinte écologique, réseau social, tablette numérique.

  ⌐ Les éléments peuvent être soudés (ex. : *mobinaute*, télescopage des mots *mobile* et *internaute*), joints par un trait d'union (*vivre-ensemble*) ou disjoints (*lanceur d'alerte*).

▶ **Formation de néologismes à l'aide d'acronymes ou de sigles**

Certains néologismes proviennent des initiales de plusieurs mots juxtaposés qui composent un terme, une désignation.

- Le nom *caquiste* est formé à partir de l'acronyme *CAQ* de *Coalition Avenir Québec*.
- Le nom *ONG* est le sigle de la désignation *organisation non gouvernementale*.
- Le québécisme *cégep* est l'acronyme de **collège d'enseignement général et professionnel**.

VOIR TABLEAU ▶ NOMS COMPOSÉS.

▶ **Autres exemples de néologismes**

BIOCORRIDOR n. m.

(ÉCOL.) Espace reliant des écosystèmes ou des habitats naturels, qui permet le déplacement des espèces ainsi que le brassage génétique de leurs populations (Recomm. off. J. O. 2011). SYN. corridor biologique.

CLOT

Sigle de *cours en ligne ouvert à tous*.
(ÉDUC.) (INFORM.) Formation accessible à tous, donnée en ligne par des établissements d'enseignement, des entreprises, des organismes ou des particuliers, qui offre à chacun la possibilité d'évaluer ses connaissances et peut déboucher sur une certification.

  ⌐ Le terme *cours en ligne ouvert à tous* (*CLOT*) est l'équivalent français du terme «*massive open on-line course* (*MOOC*)».

ÉLECTROMOBILITÉ n. f.

(ÉLECTR.) Mode de locomotion (ex. : voiture, autobus, train) qui fait appel à l'énergie électrique. SYN. mobilité électrique.

FRAPPÉ n. m.

Boisson que l'on refroidit avec de la glace concassée (GDT). *Un frappé aux fruits* (et non *smoothie).

HYDROLIENNE n. f.

(ÉLECTR.) Dispositif subaquatique ou partiellement immergé muni d'une turbine et d'un alternateur, utilisant la puissance du courant des marées, des fleuves et de certaines rivières afin de produire de l'énergie électrique.

INTRAGÉNÉRATIONNEL, ELLE adj.

Relatif aux relations et aux échanges entre les personnes d'une même génération au sein d'une population.

  ⌐ Ne pas confondre avec l'adjectif *intergénérationnel*, relatif aux relations et aux échanges entre les personnes de différentes générations.

MOT-CLIC n. m. (pl. *mots-clics*)

(INFORM.) Série de caractères précédée du signe #, cliquable, servant à référencer le contenu des micromessages, par l'indexation de sujets ou de noms, afin de faciliter le regroupement par catégories et la recherche thématique par clic. *Le mot-clic* (et non *hashtag) #*encyclopédie*.

  ⌐ Formé à partir de *mot-clé* et de *clic*, ce néologisme a été proposé en 2011 par l'Office québécois de la langue française.

PÉRIURBANISATION n. f.

Implantation de la population au-delà des banlieues ou de la périphérie d'une ville. «*La périurbanisation étend l'espace urbain en cercles plus ou moins concentriques autour des agglomérations*» (*Le Monde*). SYN. étalement urbain; exode urbain.

PIXÉLISER ou **PIXELLISER** v. tr.

(INFORM.) Transformer une image vectorielle en une image matricielle, composée de pixels pouvant apparaître sous la forme de petits carrés agrandis, alors visibles à l'œil nu (GDT). *Des personnages pixellisés.*

NOM

Mot servant à nommer une entité (personne, animal, chose).

Accompagnés d'un déterminant, tous les mots de la langue peuvent devenir des noms si leur fonction est de désigner une entité :

- Un nom commun........ *Une pêche.*
- Un nom propre........... *Un camembert.*
- Un verbe .... *Le baiser.*
- Un adjectif .... *Le beau.*
- Un pronom .... *Le moi.*

- Un adverbe ....*Les alentours.*
- Une préposition.......*Le pour et le contre.*
- Une conjonction.......*Des si et des mais.*
- Un acronyme..........*Un laser.*
- Une expression........*Un maître à penser.*

Le nom est le noyau du groupe nominal.

FONCTIONS DU GROUPE NOMINAL

- Sujet de la phrase. **Le chien** *jappe.*
- Attribut du sujet. *Elle est* **ministre.**
- Attribut du complément du verbe. *On a nommé mon frère* **président.**
- Complément direct du verbe. *Il mange* **le gâteau.**
- Complément de la préposition. *Annie pense à* **ses vacances.**
- Complément du nom. *Le style* **Renaissance.**
- Complément de la phrase. *Les enfants seront de retour* **ce soir.**

GENRE DU NOM

- Le **masculin.** *Un bûcheron, un chien, un tracteur, le courage.*
- Le **féminin.** *Une avocate, une lionne, une voiture, la candeur.*
  - Certains noms ont un double genre qui correspond à une distinction de sens. *Un pendule* «balancier», *une pendule* «appareil qui indique l'heure». *Un tour* «mouvement circulaire», *une tour* «construction en hauteur».

VOIR TABLEAU ► GENRE.

NOMBRE DU NOM

- Le nombre des noms est la propriété d'indiquer l'unicité ou la pluralité.
  - Le nom au **singulier** désigne un seul être, un seul objet. *Un adolescent, une rose, un patin à lame.*
  - Le nom au **pluriel** désigne plusieurs êtres ou plusieurs objets. *Des touristes, des lilas, des groupes, un patin à roulettes.*
  - Certains noms ont un double nombre qui correspond à une distinction de sens. *Une vacance* «état d'un poste sans titulaire», *des vacances* «période de congé». *Un échec* «insuccès», *les échecs* «jeu».

VOIR TABLEAU ► PLURIEL DES NOMS.

FORME DU NOM

Noms simples et noms composés

- Les **noms simples** sont formés d'un seul mot. *Feuille, boulevard.*
- Les **noms composés** sont formés de plusieurs éléments. *Rouge-gorge, arc-en-ciel, hôtel de ville.*

VOIR TABLEAU ► NOMS COMPOSÉS.

ESPÈCES DE NOMS

1. Noms communs et noms propres

- Les **noms communs** désignent une personne, un animal, une chose concrète ou abstraite qui appartient à un ensemble d'êtres ou de choses auquel le nom s'applique de la même manière. *Un jardinier, un chat, un arbre, la tendresse.*
- Les **noms propres** ne peuvent désigner qu'un seul être, qu'un seul groupe d'êtres, qu'un seul objet ; ils s'écrivent toujours avec une majuscule initiale. *Fanny, le Pacifique.*

Les noms propres comprennent :

- Les **noms de personnes** (prénom, nom de famille, surnom). *Étienne, Laforêt, le pirate Maboule, Molière* (surnom de Jean-Baptiste Poquelin).
- Les **noms de peuples.** *Les Québécois et les Français parlent français. La cuisine italienne.*
  - T Les noms de peuples s'écrivent avec une majuscule, mais les adjectifs correspondants et les noms qui désignent une langue s'écrivent avec une minuscule.
- Les **noms géographiques ou historiques.** *Le Canada, le mont Tremblant, la Renaissance.*
  VOIR TABLEAU ► GÉOGRAPHIQUES (NOMS).
- Les **noms d'astres** *et de constellations. Le Soleil, Mercure, la Grande Ourse.*
- Les **noms d'œuvres.** *À la recherche du temps perdu* (Marcel Proust), *La Dolce Vita* (Fellini), *La Montagne Sainte-Victoire* (Paul Cézanne), *Starmania* (Luc Plamondon).
- Les **dénominations.** *L'avenue des Érables, l'École des HEC, le ministère de la Culture, le collège Brébeuf.*

VOIR TABLEAU ► MAJUSCULES ET MINUSCULES.

2. Noms d'êtres animés et noms d'êtres non animés

- Les **noms d'êtres animés** désignent des personnes et des animaux.
  Architecte, agriculteur/agricultrice, Jean-Baptiste, hirondelle.
- Les **noms d'êtres non animés** désignent des choses.
  Maison, prairie, tempête, soleil, espoir.

3. Noms abstraits et noms concrets

- Les **noms abstraits** désignent des qualités, des états, des actions, des propriétés.
  Franchise, détermination, recherche, élasticité.
- Les **noms concrets** désignent des choses, des êtres réels que l'on peut percevoir par les sens.
  Fougère, abeille, bicyclette, route, école.

4. Noms comptables et noms non comptables

- Les **noms comptables** désignent des êtres ou des choses que l'on peut compter.
  Tableau, banc, projet, fourmi, ordinateur.
- Les **noms non comptables** désignent des choses que l'on ne peut pas compter.
  Admiration, folie, eau, sel, atmosphère.

5. Noms individuels et noms collectifs

- Les **noms individuels** sont propres à un être, à un objet, mais ils peuvent se mettre au pluriel.
  Un enfant, une table, des chats.
- Les **noms collectifs** désignent un ensemble d'êtres ou d'objets.
  Foule, groupe, multitude.
  - Après un collectif précédé d'un déterminant indéfini *(un, une)* et suivi d'un complément au pluriel, le verbe se met au singulier ou au pluriel suivant l'intention de l'auteur, qui veut insister sur l'ensemble ou la pluralité. *Une majorité d'élèves a* (ou *ont*) *réussi l'examen.*

VOIR TABLEAU ► COLLECTIF.

N
119

N
120

ÉCRITURE DES NOMBRES

▶ **En chiffres**

Dans la langue courante ainsi que dans les textes techniques, scientifiques, financiers ou administratifs, on recourt généralement aux chiffres arabes pour noter les nombres.

La fête aura lieu à 15 h 30. La distance entre Montréal et Québec est de 253 km.

VOIR TABLEAUX ▶ CHIFFRES ARABES. ▶ CHIFFRES ROMAINS.

▶ **En lettres**

Cependant, dans les textes de nature poétique ou littéraire, dans certains documents à portée juridique où l'on désire éviter toute fraude ou toute modification, les nombres s'écrivent parfois en lettres.

Ex. : Sur un chèque, la somme d'argent est écrite :
– en chiffres arabes suivis du symbole de l'unité monétaire. *25 $.*
– puis en toutes lettres. *Vingt-cinq dollars.*

▶ **Principaux cas d'emploi des nombres en lettres**

• Les nombres exprimant une **durée** : âge, nombre d'années, de mois, de jours, d'heures, de minutes, de secondes.

La traversée est de sept heures. Il a quinze ans et demi.

• Les **fractions d'heure** suivant les mots **midi** ou **minuit**.

Midi et quart, midi quarante-cinq, minuit et demi.

⊤ Si l'heure est notée en chiffres, les fractions d'heure ne peuvent être écrites en lettres. *Il viendra à 12 h 45.*

• Les **nombres de un à neuf** inclusivement.

La collection comprenait sept ouvrages en 1995.

⊤ À compter de 10, on écrit généralement les nombres en chiffres. *La collection comporte 13 titres.* Si la même phrase réunit un nombre inférieur à 10 et le nombre 10 ou un nombre supérieur à 10, il est d'usage en typographie de noter les deux nombres en chiffres. *En 1995, la collection totalisait 7 publications et elle en compte 20 en 2002.*

• **En début de phrase,** le nombre s'écrit toujours en lettres.

Quatorze chercheurs ont recueilli des données dans huit pays.

• Les expressions numérales des **actes juridiques, notariés.**

Pour la somme de vingt-cinq mille dollars (25 000 $).

⊤ Dans les documents à portée juridique, les nombres sont d'abord écrits en toutes lettres, puis notés en chiffres, entre parenthèses. En dehors du contexte juridique, on évitera de recourir à ce procédé.

• Les nombres employés comme **noms.**

Miser sur le neuf de cœur, voyager en première, manger les trois quarts d'une tarte, passer un mauvais quart d'heure.

• Les nombres qui font partie de **noms composés.**

Le boulevard des Quatre-Bourgeois, la ville de Trois-Rivières, un deux-mâts, un deux-points.

▶ **Accord des déterminants numéraux**

• Les **déterminants numéraux** déterminent les êtres ou les choses par leur NOMBRE.

Ces déterminants sont invariables, à l'exception de :
– **un,** qui peut se mettre au féminin.

Trente et une pommes.

– **vingt** et **cent,** qui prennent la marque du pluriel s'ils sont multipliés par un nombre et s'ils ne sont pas suivis d'un autre adjectif numéral.

Quatre-vingts, trois cents, quatre-vingt-huit, trois cent deux, cent vingt.

▭ Alors que le mot *mille* est un déterminant numéral invariable, les mots *millier, million, milliard, billion, trillion...* sont des noms qui, tout à fait normalement, prennent la marque du pluriel. *Des milliers de personnes, trois millions, deux milliards.*

NOMBRES | SUITE >

• Les **adjectifs ordinaux** déterminent les êtres ou les choses par leur ORDRE.

Les adjectifs ordinaux sont formés du déterminant numéral auquel on ajoute la terminaison *ième* (à l'exception de *premier* et de *dernier*); ils prennent tous la marque du pluriel.

Les troisièmes pages, les quinzièmes places, les dernières notes.

T Pour les abréviations des ordinaux, VOIR TABLEAU ▶ NUMÉRAL ET ADJECTIF ORDINAL (DÉTERMINANT).

▶ **Avec ou sans trait d'union**

Dans les déterminants numéraux, selon la règle classique, le trait d'union s'emploie seulement entre les éléments qui sont l'un et l'autre inférieurs à cent, sauf s'ils sont joints par la conjonction *et*.

Dix-sept, trente-cinq, quatre-vingt-quatre, vingt et un, cent dix, deux cent trente-deux.

Selon les *Rectifications orthographiques* (1990), « on peut lier par un trait d'union les numéraux formant un nombre complexe, inférieur ou supérieur à *cent* ».

▶ **Les nombres en toutes lettres**

un 1	vingt-neuf 29	quatre-vingt-un 81
deux 2	trente 30	quatre-vingt-deux 82
trois 3	trente (-) et (-) un 31	...
quatre 4	trente-deux 32	quatre-vingt-dix 90
cinq 5	...	quatre-vingt-onze 91
six 6	quarante 40	...
sept 7	quarante (-) et (-) un . . 41	quatre-vingt-dix-sept 97
huit 8	quarante-deux 42	quatre-vingt-dix-huit 98
neuf 9	...	quatre-vingt-dix-neuf 99
dix 10	cinquante 50	cent 100
onze 11	cinquante (-) et (-) un 51	cent (-) un 101
douze 12	cinquante-deux 52	cent (-) deux 102
treize 13	...	...
quatorze 14	soixante 60	cent (-) vingt 120
quinze 15	soixante (-) et (-) un 61	...
seize 16	soixante-deux 62	deux (-) cents 200
dix-sept 17	...	deux (-) cent (-) un 201
dix-huit 18	soixante-dix 70	...
dix-neuf 19	soixante (-) et (-) onze . . . 71	neuf (-) cent (-) quatre-vingt-dix-neuf . . . 999
vingt 20	soixante-douze 72	mille 1 000
vingt (-) et (-) un . . 21	soixante-treize 73	mille (-) un 1 001
vingt-deux 22	soixante-quatorze 74	...
vingt-trois 23	soixante-quinze 75	dix (-) mille 10 000
vingt-quatre 24	soixante-seize 76	dix (-) mille (-) un 10 001
vingt-cinq 25	soixante-dix-sept 77	...
vingt-six 26	soixante-dix-huit 78	cent (-) mille 100 000
vingt-sept 27	soixante-dix-neuf 79	deux millions 2 000 000
vingt-huit 28	quatre-vingts 80	trois milliards 3 000 000 000

▶ **Les fractions**

Une fraction est composée d'un numérateur et d'un dénominateur. Le numérateur est un déterminant numéral qui suit la règle d'accord de ces adjectifs, tandis que le dénominateur est un nom qui prend donc la marque du pluriel.

Nous avons terminé les quatre cinquièmes de ce travail.

*Dans la fraction **huit trente-cinquièmes (8/35)**, le **numérateur** est 8, le **dénominateur**, 35.*

T On ne met pas de trait d'union entre le numérateur et le dénominateur; en revanche, le numérateur ou le dénominateur s'écrivent avec un trait d'union, s'il y a lieu.

Vingt-huit millièmes (28/1000).

Trente cinquante-septièmes (30/57).

ÉCRITURE DES GRANDS NOMBRES

CHIFFRES	LETTRES	NOTATION SCIENTIFIQUE	EXEMPLES
1 000	mille	10^3	*Cette maison vaut trois cent cinquante **mille** dollars.*
1 000 000	un million	10^6	*L'immeuble est évalué à trois **millions** de dollars.*
1 000 000 000	un milliard	10^9	*Ce gouvernement dépense près de trois **milliards** de dollars par année.*
1 000 000 000 000	un billion	10^{12}	*Une année-lumière représente une distance d'environ dix **billions** de kilomètres.*
1 000 000 000 000 000 000	un trillion	10^{18}	*Le volume du Soleil est d'environ un **trillion** et demi de kilomètres cubes.*
1 000 000 000 000 000 000 000 000	un quatrillion ou un quadrillion	10^{24}	*Le Sahara compte sûrement plusieurs **quatrillions** de grains de sable.*
1 000 000 000 000 000 000 000 000 000 000	un quintillion	10^{30}	*Un **quintillion** de particules.*

▶ **Représentation chiffrée de quatre quintillions**

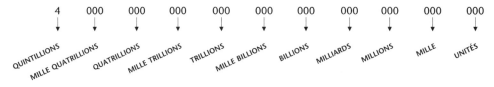

4   000   000   000   000   000   000   000   000   000   000

QUINTILLIONS   MILLE QUATRILLIONS   QUATRILLIONS   MILLE TRILLIONS   TRILLIONS   MILLE BILLIONS   BILLIONS   MILLIARDS   MILLIONS   MILLE   UNITÉS

Ne pas confondre le nom français *billion*, qui représente un million de millions ou un millier de milliards (10^{12}) avec le nom américain « *billion* » employé aux États-Unis ainsi qu'au Canada anglais et dont l'équivalent français est *milliard* (10^9), ni le nom français *trillion*, qui représente un billion de millions (10^{18}), avec le nom américain « *trillion* » qui égale un billion de mille (10^{12}).

SYSTÈME INTERNATIONAL	SYSTÈME AMÉRICAIN
DONNÉES DE BASE : MILLION 10^6	DONNÉES DE BASE : MILLE 10^3
un million . . . . .un **million** 10^6	un million. . . . . mille mille 10^6
un milliard . . . . .mille **millions** 10^9	un billion. . . . . un million de milliers 10^9
un billion. . . . . .un million de **millions** 10^{12}	un trillion . . . . un billion de milliers 10^{12}
un trillion. . . . . .un billion de **millions** 10^{18}	un quatrillion . . . . un trillion de milliers 10^{15}
un quatrillion. . . . . . . .un trillion de **millions** 10^{24}	

Les noms français *milliard, billion, trillion, quatrillion...* du Système international sont des multiples de *million* (10^6), tandis que les noms *million, billion, trillion, quatrillion...* du système américain sont des multiples de *mille* (10^3).

VOIR TABLEAUX ▶ MULTIPLES ET SOUS-MULTIPLES DÉCIMAUX. ▶ SYMBOLE. ▶ SYMBOLES DES UNITÉS MONÉTAIRES.

NOMS COMPOSÉS

Les noms composés sont des mots formés de plusieurs éléments qui, ensemble, ont une nouvelle signification.

MODE DE FORMATION

– Association de plusieurs mots. *Taille-crayon, va-et-vient, pomme de terre.*
– Juxtaposition de mots simples et de préfixes. *Micro-informatique, sous-marin.*

ORTHOGRAPHE

1. En un seul mot. *Paratonnerre, bonheur, madame, motoneige.*
2. Sans trait d'union. *Robe de chambre, chemin de fer.*
3. Avec un ou des traits d'union. *Savoir-faire, garde-chasse, arc-en-ciel.*

ÉLÉMENTS COMPOSANTS

▸ **Nom + nom.** *Oiseau-mouche, papier pelure, porte-fenêtre, wagon-restaurant.*
▸ **Nom + adjectif.** *Amour-propre, château fort, chaise longue.*
▸ **Adjectif + nom.** *Grand-père, premier ministre, rond-point.*
▸ **Nom + préposition + nom.** *Arc-en-ciel, chef-d'œuvre, hôtel de ville.*
▸ **Nom + préposition + infinitif.** *Poêle à frire, salle à manger, album à colorier.*
▸ **Préposition + nom.** *En-tête, pourboire, survêtement.*
▸ **Adverbe + nom.** *Avant-garde, arrière-pensée, bien-être.*
▸ **Déterminant numéral + nom.** *Deux-chevaux, trois-mâts.*
▸ **Verbe + nom.** *Aide-mémoire, passeport, taille-crayon, tire-bouchon.*
▸ **Verbe + verbe.** *Savoir-vivre, laissez-passer, va-et-vient.*
▸ **Verbe + adverbe.** *Couche-tard, passe-partout.*
▸ **Phrase.** *Un je-ne-sais-quoi, le qu'en-dira-t-on, un cessez-le-feu.*

LE PLURIEL DES NOMS COMPOSÉS

1. Noms composés **écrits en un seul mot.** Ils prennent la marque du pluriel comme les mots simples.
   Des paratonnerres, des passeports.
   ▥ Font exception les noms *bonhomme, madame, mademoiselle, monsieur, gentilhomme,* qui font au pluriel *bonshommes, mesdames, mesdemoiselles, messieurs, gentilshommes.*

2. Noms composés **de deux noms.** Ils prennent généralement la marque du pluriel aux deux éléments.
   Des aides-comptables, des portes-fenêtres, des oiseaux-mouches.

3. Noms composés **d'un nom et d'un groupe prépositionnel.** Le premier nom seulement prend la marque du pluriel.
   Des chefs-d'œuvre, des poêles à frire, des arcs-en-ciel.

4. Noms composés **d'un nom et d'un adjectif.** Ils prennent tous deux la marque du pluriel.
   Des premiers ministres, des hauts-fonds, des amours-propres, des châteaux forts.

5. Noms composés **d'un nom et d'un mot invariable** (préposition ou adverbe). Le nom seulement prend la marque du pluriel.
   Des en-têtes, des contre-coups, des avant-gardes, des sans-abris.

N

124

6. Noms composés **d'un verbe et de son complément.** Le verbe reste invariable et le nom complément prend la marque du pluriel ou non, selon le sens.

Un porte-bagage, des porte-bagages, un tire-bouchon, des tire-bouchons, un taille-crayon, des taille-crayons.

▱ Les *Rectifications orthographiques* (1990) font abstraction du sens et proposent la règle suivante : « les noms composés d'un verbe et d'un nom suivent la règle des mots simples et prennent la marque du pluriel seulement quand ils sont au pluriel. Cette marque est portée sur le second élément. Exemples : *un pèse-lettre, des pèse-lettres ; un cure-dent, des cure-dents ; un perce-neige, des perce-neiges ; un abat-jour, des abat-jours.* »

▱ Selon la règle traditionnelle, le verbe reste invariable et le nom complément prend la marque du pluriel ou non, selon le sens. *Un aide-mémoire, des aide-mémoire.* Les deux types d'accord sont admis.

7. Noms composés avec le mot *garde-*.
 – S'il est un nom, le mot *garde-* prend la marque du pluriel. *Des gardes-pêche, des gardes-chasse.*
 – S'il est un verbe, le mot *garde-* reste invariable. *Des garde-boue, des garde-fous.*

8. Noms composés **de deux verbes, de phrases.** Ces noms sont invariables.

Des savoir-faire, des laissez-passer, des va-et-vient, des je-ne-sais-quoi, des qu'en-dira-t-on.

CERTAINS NOMS COMPOSÉS ONT UN DOUBLE PLURIEL, DONT :

ABAISSE-LANGUE n. m. (pl. *abaisse-langue* ou *abaisse-langues*)

ABAT-VENT n. m. (pl. *abat-vent* ou *abat-vents*)

ACCROCHE-CŒUR n. m. (pl. *accroche-cœur* ou *accroche-cœurs*)

AMUSE-GUEULE n. m. (pl. *amuse-gueule* ou *amuse-gueules*)

BRISE-JET n. m. (pl. *brise-jet* ou *brise-jets*)

BRÛLE-GUEULE n. m. (pl. *brûle-gueule* ou *brûle-gueules*)

CACHE-CŒUR n. m. (pl. *cache-cœur* ou *cache-cœurs*)

CACHE-COL n. m. (pl. *cache-col* ou *cache-cols*)

CACHE-ENTRÉE n. m. (pl. *cache-entrée* ou *cache-entrées*)

CACHE-FLAMME n. m. (pl. *cache-flamme* ou *cache-flammes*)

CACHE-PRISE n. m. (pl. *cache-prise* ou *cache-prises*)

CASSE-TÊTE n. m. (pl. *casse-tête* ou *casse-têtes*)

COUPE-GORGE n. m. (pl. *coupe-gorge* ou *coupe-gorges*)

COUPE-PAPIER n. m. (pl. *coupe-papier* ou *coupe-papiers*)

COUPE-VENT n. m. (pl. *coupe-vent* ou *coupe-vents*)

CRÈVE-CŒUR n. m. (pl. *crève-cœur* ou *crève-cœurs*)

GARDE-FEU n. m. (pl. *garde-feu* ou *garde-feux*)

PERCE-NEIGE n. m. ou f. (pl. *perce-neige* ou *perce-neiges*)

RINCE-BOUCHE n. m. (pl. *rince-bouche* ou *rince-bouches*)

STATION-SERVICE n. f. (pl. *stations-service* ou *stations-services*)

TROUBLE-FÊTE n. m. et f. (pl. *trouble-fête* ou *trouble-fêtes*)

DÉTERMINANT NUMÉRAL

Le déterminant numéral indique le nombre précis des êtres ou des objets dont on parle ou précise l'ordre de ces êtres, de ces objets.

▶ Certains déterminants numéraux sont **simples**.

Sept, douze, mille.

▶ Certains déterminants numéraux sont **composés**.

Trente-deux (30 + 2). Quatre-vingts (4 x 20). Trois cents (3 x 100).

T Dans les déterminants numéraux composés, selon la règle classique, le trait d'union s'emploie seulement entre les éléments qui sont l'un et l'autre inférieurs à cent et quand ces éléments ne sont pas joints par la conjonction *et. Trente-huit, quatre-vingt-quatre, vingt et un, cent dix, deux cent trente-deux.* Selon les *Rectifications orthographiques* (1990), « on peut lier par un trait d'union les numéraux formant un nombre complexe, inférieur ou supérieur à *cent* ».

▶ Les **déterminants numéraux** sont **invariables**, à l'exception de :

– *Un,* qui peut se mettre au féminin.

Vingt et une écolières.

VOIR TABLEAU ▶ **UN.**

– *Vingt* et *cent,* qui prennent la marque du pluriel s'ils sont multipliés par un nombre et s'ils ne sont pas suivis d'un autre déterminant numéral.

Six cents crayons, trois cent vingt règles, quatre-vingts feuilles, quatre-vingt-huit stylos.

▶ **Le déterminant numéral et les fractions**

Une fraction est composée d'un numérateur et d'un dénominateur. Le numérateur est un déterminant numéral qui suit la règle d'accord de ces adjectifs, tandis que le dénominateur est un nom qui prend la marque du pluriel.

Les quatre cinquièmes (4/5). Les vingt-huit millièmes (28/1000). Les trente cinquante-septièmes (30/57).

ADJECTIF ORDINAL

L'adjectif ordinal classe les êtres ou les choses par leur ordre : il indique le rang dans une série.

Les adjectifs ordinaux sont des adjectifs classifiants qui prennent le genre et le nombre du nom qu'ils accompagnent. Ils sont formés du déterminant numéral auquel on ajoute la terminaison *ième* (à l'exception de *premier* et de *dernier*).

Les troisièmes (3es) pages, les huitièmes (8es) pages, mais *les premières (1res) pages.*

▦ Les adjectifs ordinaux et les abréviations des adjectifs ordinaux prennent la marque du pluriel.
Les trentièmes Jeux olympiques, les 30es Jeux olympiques.

▱ Pour la formation de l'adjectif ordinal, les déterminants numéraux qui se terminent par un *e* muet perdent cette lettre finale (*quatrième, onzième, trentième*) ; on ajoute un *u* à la fin de *cinq* (*cinquième*) et le *f* de *neuf* est remplacé par un *v* (*neuvième*).

▶ **Abréviations courantes**

Premier **1er**, première **1re**, deuxième **2e**, troisième **3e**, quatrième **4e** et ainsi de suite **100e**, **500e**, **1 000e**. Philippe **Ier**, **1re** année, **6e** étage.

▱ Les autres manières d'abréger ne doivent pas être retenues (*1ère, *2ème, *2ième, *2^{è}...).

VOIR TABLEAUX ▶ ADJECTIF. ▶ NOMBRES.

ODONYMES

Les odonymes sont des noms de voies de communication (appelés également noms de rues). *Le chemin de la Côte-Sainte-Catherine, l'avenue Antonine-Maillet, la place d'Armes, le boulevard René-Lévesque.*

Les odonymes sont composés:

1. D'UN **NOM GÉNÉRIQUE**

autoroute	cours	place	route
avenue	échangeur	pont	rue
boulevard	impasse	pont-tunnel	ruelle
carré	mail	promenade	square
chemin	montée	quai	tunnel
côte	passage	rang	viaduc…

2. D'UN **ÉLÉMENT DISTINCTIF** SIMPLE OU COMPOSÉ

autoroute des Laurentides	impasse Saint-Denis	quai de l'Horloge
avenue de la Brunante	montée de Liesse	rang du Petit-Lac
boulevard du Mont-Royal	passage Paul-Émile-Borduas	route Marie-Victorin
carré Saint-Louis	place Jacques-Cartier	rue Lajoie
cours Le Royer	pont Champlain	ruelle Saint-Christophe
chemin Queen-Mary	pont-tunnel Louis-Hippolyte-	square Victoria
côte de la Fabrique	La Fontaine	tunnel Lachine
échangeur Turcot	promenade Sussex	

▶ **Règles d'écriture des odonymes**

1. Les noms génériques des odonymes s'écrivent en minuscules et au long, de préférence. *L'**avenue** du Parc, la **côte** du Beaver Hall, le **chemin** Don-Quichotte, la **rue** de la Montagne.*

   Par contre, les noms génériques de rues caractérisés par un adjectif ordinal s'écrivent généralement avec une majuscule initiale. *La 18ᵉ Avenue, le 7ᵉ Rang, la 3ᵉ Rue.*

   T̄ S'il est nécessaire d'abréger, les abréviations des noms génériques usuels sont: ***av.** (avenue), **boul.** (boulevard), **ch.** (chemin), **pl.** (place), **rte** (route).*

2. Les éléments distinctifs des odonymes s'écrivent avec des majuscules initiales; lorsqu'ils sont constitués de plusieurs mots, ceux-ci sont liés par des traits d'union. *La rue **Vincent-d'Indy**, le chemin de la **Côte-des-Neiges**, l'avenue du **Parc-La Fontaine**.*

   T̄ Il est à noter que la préposition *de,* les déterminants définis *le, la,* les déterminants définis contractés *des, du* s'écrivent en minuscules et qu'ils ne sont liés ni au nom générique ni à l'élément distinctif par des traits d'union. Par contre, les particules nobiliaires et les articles qui composent des patronymes servant d'éléments distinctifs s'écrivent avec une majuscule initiale. *L'avenue Le Corbusier, l'avenue De Lorimier, la rue De La Chevrotière.*

3. Le point cardinal qui fait partie d'un odonyme s'écrit de préférence au long, avec une majuscule, à la suite de l'élément distinctif de l'odonyme et sans trait d'union. *Des bureaux situés rue Laurier Est et rue Sherbrooke Ouest.*

   T̄ S'il est nécessaire d'abréger, les abréviations des points cardinaux sont: E. (Est), N. (Nord), O. (Ouest), S. (Sud).

OU, CONJONCTION

La conjonction de coordination (coordonnant) *ou* lie des mots ou des phrases de même catégorie. *Porter du vert **ou** du bleu. Nous irons à la campagne **ou** nous partirons en voyage.*

EMPLOIS

La conjonction (coordonnant) *ou*, qui peut être remplacée par la locution conjonctive (coordonnant composé) *ou bien*, pour la distinguer du pronom relatif ou de l'adverbe *où*, marque :

1. Une alternative.

*Le froid **ou** la chaleur. Il aimerait poursuivre ses études **ou** acquérir un peu d'expérience.*

2. Un nombre approximatif.

*Vingt-huit **ou** trente étudiants,* c'est-à-dire environ une trentaine d'étudiants.

3. Une opposition entre deux phrases.

***Ou** vous acceptez, **ou** vous cédez votre place.*

↪ Dans une phrase négative, la conjonction *ou* est remplacée par *ni. Elle ne lui a pas parlé ni écrit.*

ACCORD DU VERBE

▶ **Deux sujets au singulier.** Le verbe se met au pluriel ou au singulier suivant l'intention de l'auteur, qui désire marquer la coordination ou l'absence de coordination.

*La surprise **ou** le plaisir illumina ou illuminèrent son visage.*

    ↪ Si la conjonction est précédée d'une virgule, le verbe se met au singulier, car la phrase exprime une absence de coordination : un élément ou un autre, non les deux. *L'inquiétude, **ou** le découragement, lui fit abandonner la recherche.*

▶ **Un sujet au singulier + un sujet au pluriel.** Le verbe se met au pluriel.

*Un chien **ou** des chats s'ajouteront à la famille.*

▶ **Un sujet au singulier + un synonyme.** Le verbe se met au singulier.

*L'outarde **ou** bernache du Canada est une oie sauvage qui niche dans l'extrême Nord.*

    ↪ Le synonyme s'emploie sans déterminant.

ACCORD DE L'ADJECTIF

▶ L'adjectif qui se rapporte à deux noms coordonnés par *ou* se met au masculin pluriel si les noms sont de genres différents.

*Du coton **ou** de la toile bleus.*

▶ L'adjectif qui se rapporte à un seul des deux noms coordonnés par *ou* s'accorde en genre et en nombre avec ce nom.

*Il achètera un gigot **ou** des viandes marinées.*

↪ **Et/ou :** à l'exception de contextes très particuliers, de nature technique ou scientifique, où il apparaît nécessaire de marquer consécutivement la coordination ou l'absence de coordination de façon très brève et explicite, l'emploi de la locution *et/ou* est inutile, la conjonction *ou* exprimant parfaitement ces nuances. À cet égard, l'accord du verbe avec des sujets coordonnés par *ou* est significatif, le pluriel marquant la coordination, le singulier, l'absence de coordination. Ainsi, dans l'énoncé *Marie ou Benoît sont admissibles,* ils sont l'un et l'autre admissibles. Si l'on juge que l'énoncé n'est pas suffisamment explicite, on pourra recourir à une autre construction. *Les étudiants peuvent choisir les civilisations grecque **ou** latine **ou** les deux à la fois.*

PARENTHÈSES

Les parenthèses sont le double signe de ponctuation (parenthèse ouvrante et parenthèse fermante) qui signale un élément explicatif intercalé dans une phrase.

Mettre un exemple entre parenthèses. Ouvrir, fermer une parenthèse.

T 1° Dans un passage déjà entre parenthèses, on emploie des crochets.

2° Dans un index alphabétique, une liste, les parenthèses indiquent une inversion destinée à faciliter le classement d'un mot, d'une expression. Ainsi, *géographiques (noms)* doit se lire *noms géographiques.*

3° Les parenthèses signifient également une possibilité de double lecture. *Exemple : antichoc(s).* L'adjectif peut s'écrire **antichoc** ou **antichocs.**

ESPACEMENTS

Il y a une espace avant la parenthèse ouvrante et une espace après la parenthèse fermante. Par contre, on ne laisse pas d'espace après la parenthèse ouvrante ni avant la parenthèse fermante.
*L'expression **tenir pour acquis** (du verbe **acquérir**) signifie…*

T Si la parenthèse fermante est suivie d'un signe de ponctuation, il n'y a pas d'espace avant ce signe, à l'exception du deux-points. *Il vient de Nicolet (Québec). Et voici ce qu'a répondu la journaliste (interprétée par Andrée Lachapelle) : « Est-ce possible ? »*

VOIR TABLEAU ▶ ESPACEMENTS.

EMPLOIS

▶ **Citation.** *« Je vous entends demain parler de liberté. »* (Gilles Vigneault)

▶ **Date.** *L'Exposition universelle de Montréal (1967) a été un énorme succès.*

▶ **Donnée.** *Cet ordinateur comprend un disque (3 téraoctets) très fiable.*

▶ **Exemple.** *Les ongulés (ex. : éléphant, rhinocéros) sont des mammifères.*

▶ **Explication.** *L'ornithorynque (mammifère monotrème) est ovipare.*

▶ **Formule.** *L'eau (H_2O) est un composé d'oxygène et d'hydrogène.*

▶ **Mention.** *Louis XIV (le Roi-Soleil).*

▶ **Renvoi.** *Les règles de la ponctuation* (VOIR TABLEAU ▶ PONCTUATION).

▶ **Sigle, abréviation.** *L'Organisation de l'aviation civile internationale (OACI).*

PARONYMES

Mots qui se ressemblent, mais qui n'ont pas la même signification.

accident ...... évènement malheureux
incident .... évènement secondaire imprévisible

affectif .... qui concerne les sentiments
effectif .... qui existe réellement

agoniser ...... être sur le point de mourir
agonir .... accabler

allocation .... somme d'argent
allocution .... discours bref

amnésie .... perte de la mémoire
amnistie ...... annulation d'infractions

arborer .... porter ostensiblement
abhorrer ...... exécrer

collision .... choc de deux corps
collusion ...... entente secrète

confirmer ..... rendre certain
infirmer .... remettre en question

décade .... période de dix jours
décennie ...... période de dix ans

effiler .... défaire fil à fil
affiler .... aiguiser un instrument tranchant

émigrant ...... personne qui quitte son pays pour aller vivre à l'étranger
immigrant .... personne entrant dans un pays étranger pour s'y établir

éminent .... remarquable
imminent ..... qui est tout près d'arriver

éruption ...... jaillissement soudain et brutal
irruption ...... entrée soudaine de personnes dans un lieu

évoquer .... rappeler
invoquer ...... faire appel à

intégralité .... caractère de ce qui est entier
intégrité ...... probité

justesse .... précision, exactitude
justice .... équité, impartialité

lacune .... déficience
lagune .... étendue d'eau salée séparée de la mer

littéraire ...... qui concerne la littérature
littéral .... conforme au texte

notable .... digne d'être noté
notoire .... qui est bien connu

original .... inédit
originaire ..... qui vient d'un lieu

perpétrer ...... commettre (un délit, un crime)
perpétuer ..... faire durer

prodige .... personne extraordinaire
prodigue ...... personne dépensière à l'excès

vénéneux ..... qui contient une substance toxique, en parlant des végétaux
venimeux ..... qui contient du venin, en parlant d'un animal

📌 Ne pas confondre avec les noms suivants :

– **antonymes,** mots qui ont une signification contraire :
   devant .... *derrière*

– **homonymes,** mots qui s'écrivent ou se prononcent de façon identique sans avoir la même signification :
   air, mélange gazeux
   air, mélodie
   air, expression
   aire, surface
   ère, époque
   hère, malheureux
   hère, jeune cerf

– **synonymes,** mots qui ont la même signification ou une signification très voisine :
   gravement ..... *grièvement*

VOIR TABLEAUX ▶ ANTONYMES. ▶ HOMONYMES. ▶ SYNONYMES.

Le participe passé est un receveur d'accord : selon le cas, il s'accorde en genre et en nombre avec le nom qu'il complète, avec le sujet du verbe ou avec le complément direct du verbe.

P

130

ACCORD DU PARTICIPE PASSÉ

▶ **1. Participe passé employé seul**　　ACCORD AVEC LE NOM AUQUEL IL SE RAPPORTE

Employé sans auxiliaire, le participe passé est un adjectif : il s'accorde en genre et en nombre **avec le nom auquel il se rapporte.**

> Un garçon **encouragé**. Une élève **décidée**. Des spectateurs **éblouis**.

> ▭ Si le participe passé se rapporte à des noms de genres différents, il se met au masculin pluriel.
> Des adolescentes et des adolescents motivés.

▶ **2. Participe passé employé avec l'auxiliaire *être* ou avec les verbes attributifs**　　ACCORD AVEC LE SUJET DU VERBE

Employé avec l'auxiliaire *être*, le participe passé s'accorde en genre et en nombre **avec le sujet du verbe.**

> La maison **est aménagée** avec goût. Les enfants **sont emballés** par ce jeu.

> ▭ Si le verbe a des sujets de genres différents, le participe passé se met au masculin pluriel. *Julie et Nicolas sont ravis d'être invités.*

Employé avec les verbes attributifs (ou verbes d'état) *(être, demeurer, devenir, paraître, rester, sembler…),* le participe passé est attribut du sujet : il s'accorde en genre et en nombre **avec le sujet du verbe.**

> Ils **semblent fatigués**. Elles **demeurent charmées** par cette mélodie.

> Les élèves **paraissent captivés** par ce film.

▶ **3. Participe passé employé avec l'auxiliaire *avoir***　　ACCORD AVEC LE CDV QUI PRÉCÈDE LE VERBE

Employé avec l'auxiliaire *avoir*, le participe passé s'accorde en genre et en nombre **avec le complément direct du verbe si ce dernier précède le verbe.**

> La pomme (CDV) que j'**ai mangée.**

> Les amis (CDV) que j'**ai rencontrés,** mais j'**ai rencontré** mes amis (CDV).

> ▭ Pour trouver le CDV, on pose la question *qui ?* ou *quoi ?* après le verbe. J'ai mangé *quoi ? Que,* mis pour *pomme.* J'ai rencontré *qui ? Que,* mis pour *amis.*

• Si le complément direct **précède le verbe : accord du participe passé.**

• Si le complément direct **suit le verbe : le participe passé reste invariable.**

> J'**ai mangé** une pomme et j'**ai rencontré** des amis.

> J'ai mangé *quoi ? Une pomme.* J'ai rencontré *qui ? Des amis.*

• Si le verbe n'a pas de **complément direct, le participe passé reste invariable.**

– Martine et Vincent **ont parlé** à leurs amis. Martine et Vincent ont parlé *à qui ?* Le verbe a seulement un complément indirect : le participe passé reste invariable.

– Les travaux de construction **ont débuté.** Il n'y a pas de complément du verbe : le participe passé reste invariable.

– Les explosions qu'il y **a eu.** Les gouttes qu'il **a plu** ont mouillé la nappe. Le participe passé des verbes impersonnels est toujours invariable.

CAS PARTICULIERS

3.1 Participe passé employé avec l'auxiliaire *avoir* et suivi d'une phrase infinitive

ACCORD AVEC LE COMPLÉMENT DIRECT QUI PRÉCÈDE LE VERBE ET EST SUJET DE LA PHRASE INFINITIVE

Le participe passé suivi d'une phrase infinitive s'accorde en genre et en nombre avec le complément direct qui précède le verbe si ce complément est le sujet logique de la phrase infinitive.

Les oiseaux que j'ai entendus chanter.   *J'ai entendu les oiseaux en train de chanter.*

J'ai entendu *qui ? Que,* mis pour *oiseaux.*

On peut reformuler la phrase pour vérifier si la phrase infinitive a bien pour sujet logique le complément direct du verbe conjugué en employant la locution *en train de* suivie de l'infinitif. Ce sont les oiseaux qui font l'action de chanter et le complément direct *que,* mis pour *oiseaux,* précède le verbe : il y a donc accord du participe passé.

Par contre, il n'y a pas d'accord si la phrase infinitive n'a pas pour sujet logique le complément direct du verbe conjugué. *Les personnes que j'ai envoyé chercher sont arrivées.*

Ce ne sont pas les personnes qui font l'action de chercher : il n'y a donc pas accord du participe passé.

3.2 Participe passé du verbe *faire* et du verbe *laisser* suivi d'un infinitif

ABSENCE D'ACCORD

Elle les a laissé dormir. Les personnes que la direction a fait travailler.

▭ Selon les *Rectifications orthographiques* (1990), le participe passé du verbe *laisser* suivi d'un infinitif est invariable dans tous les cas, même quand il est employé avec l'auxiliaire *avoir* et même quand l'objet [complément direct] est placé avant le verbe.

3.3 Participe passé précédé d'un collectif accompagné d'un complément au pluriel

ACCORD AU CHOIX

Le participe passé s'accorde avec le collectif singulier *(classe, foule, groupe, multitude…)* précédé d'un déterminant indéfini *(un, une)* ou avec le complément au pluriel, suivant l'intention de l'auteur qui veut insister sur l'ensemble ou sur la pluralité.

Un groupe de touristes que le festival a attiré a envahi les rues de la ville.

ou

Un groupe de touristes que le festival a attirés ont envahi les rues de la ville.

VOIR TABLEAU ► **COLLECTIF.**

3.4 Participe passé se rapportant aux pronoms *en* ou *le*

ABSENCE D'ACCORD

Le participe passé qui a pour complément direct le pronom *en* ou le pronom neutre *le, l'* lorsqu'il est élidé, reste invariable.

J'ai cueilli des framboises et j'en ai mangé. La distance à parcourir est plus grande que je ne l'avais cru.

▭ 1° Si le pronom *en* est précédé d'un adverbe de quantité *(autant, beaucoup, combien, moins, plus…),* le participe passé peut s'accorder en genre et en nombre avec le nom qui précède ou rester invariable. *Des limonades, combien j'en ai bues* ou *bu !*

2° Certains auteurs préconisent l'accord si le nom et l'adverbe précèdent le pronom *en* et l'absence d'accord si l'adverbe le suit. *Des pommes, combien j'en ai mangées ! Des framboises, j'en ai beaucoup mangé !*

3.5 Participe passé des verbes pronominaux

VOIR TABLEAU ► **PRONOMINAUX.**

PARTICIPE PRÉSENT

Le participe présent exprime une action qui a lieu **en même temps** que l'action du verbe de la phrase principale (ou matrice). Il marque un rapport de simultanéité avec le verbe principal.

En jouant dehors, les enfants ont admiré le beau coucher de soleil.

FORME

Le participe présent se termine toujours par *-ant. Aimant, dormant, marchant, voyant.* Le participe présent des verbes du deuxième groupe [VOIR MODÈLE – FINIR] se termine par *-issant. Finissant, bâtissant, polissant, remplissant.*

ACCORD

Le participe présent est **invariable.**

🖙 Autrefois, le participe présent était variable. En 1679, l'Académie française décidait qu'il serait dorénavant invariable.

CONSTRUCTION

Le verbe conjugué et le participe présent, s'il n'a pas son sujet logique propre, doivent avoir le même sujet.

🖙 Il est fautif d'employer un participe présent sans sujet propre qui ne se rapporte pas au sujet du verbe conjugué qu'il accompagne.

Exemple de construction fautive : *Affichant des prix trop élevés, les clients de ce commerce préfèrent acheter ailleurs.

Explication : Le sujet de la phrase est le groupe *les clients*, alors que le participe présent se rapporte à *commerce*. Il faudrait plutôt écrire : *Affichant des prix trop élevés, ce commerce a été déserté par ses clients* ou *Les clients préfèrent acheter ailleurs parce que ce commerce affiche des prix trop élevés.*

PARTICIPE PRÉSENT ET ADJECTIF PARTICIPE

L'adjectif participe joue le rôle d'un complément ou d'un attribut : il exprime **une manière d'être.**
Contrairement au participe présent, qui est invariable, l'adjectif participe s'accorde en genre et en nombre avec le nom ou le pronom qu'il complète. *Des livres passionnants, des résultats excellents.*

🖳 Attention, de nombreux adjectifs participes ont des orthographes différentes de celles du participe présent du verbe de la même famille.

EXEMPLES DE DIFFÉRENCES ORTHOGRAPHIQUES

PARTICIPE PRÉSENT	ADJECTIF PARTICIPE
adhérant	adhérent
communiquant	communicant
convainquant	convaincant
différant	différent
équivalant	équivalent
excellant	excellent
fatiguant	fatigant
intriguant	intrigant
naviguant	navigant
négligeant	négligent
précédant	précédent
provoquant	provocant
somnolant	somnolent
suffoquant	suffocant
zigzaguant	zigzagant

TEMPS DU **PASSÉ**

AXE DU TEMPS

PASSÉ	PRÉSENT	FUTUR
AUTREFOIS, ON VOYAGEAIT EN BATEAU.	**AUJOURD'HUI,** ON SE DÉPLACE EN AVION.	**DEMAIN,** ON CIRCULERA EN NAVETTE SPATIALE.

Les cinq temps du passé indiquent qu'une action a eu lieu, qu'un état a existé à un moment qui a précédé l'instant présent, le moment de l'énonciation.

1. L'IMPARFAIT EXPRIME :

– Un **fait** habituel **dans le passé.** *Autrefois, on s'éclairait à la chandelle.*

– Un fait **non achevé**, secondaire, par rapport à un évènement achevé, principal. *Il **pleuvait** quand nous sommes arrivés à Gaspé.*

– Une **description de personne, de lieu, de chose** dans le **passé.** *La maison des étés de mon enfance **avait** des volets bleus.*

– Une **condition** pour qu'un fait hypothétique se réalise si la condition de la subordonnée est remplie. *Si j'**économisais**, je pourrais m'acheter un vélo.*

    ↪ Le verbe de la phrase principale ou autonome est au conditionnel présent et la proposition subordonnée conditionnelle est introduite par la conjonction *si.*

2. LE PASSÉ SIMPLE EXPRIME :

– Un **fait passé** qui s'est produit il y a longtemps (passé lointain) en un **temps précis** et qui est **complètement achevé,** sans continuité avec le présent. *C'est à l'automne qu'il **vint** nous rendre visite.*

    ↪ Le passé simple décrit **des actions coupées du présent** qui ont un début et une fin **(fait ponctuel),** alors que le passé composé traduit un fait passé dont les conséquences sont actuelles, dont le résultat est encore présent. Il s'emploie presque essentiellement à l'écrit. Dans la langue parlée, le passé simple est peu employé et relève plutôt de la langue littéraire en raison de ses terminaisons difficiles. Oralement, et même à l'écrit, ce temps est remplacé plutôt par le passé composé.

– Un **fait historique.** *Madeleine de Verchères **se battit** courageusement contre les Iroquois.*

    ↪ Le passé simple convient particulièrement à la **narration dans le passé.**

3. LE PASSÉ COMPOSÉ EXPRIME :

– Un **fait passé** à un moment déterminé qui demeure **en contact avec le présent.** *Mes grands-parents **ont fait** un potager et **ont récolté** de beaux légumes.*

    ↪ À la différence du passé simple, le passé composé exprime un fait passé dont les conséquences sont actuelles, dont le résultat est encore présent.

– Une **vérité générale,** un **fait d'expérience** qui remonte au passé, mais qui est **toujours vrai.** *Les Beaucerons **ont** toujours **eu** l'esprit d'initiative.*

– Un **fait passé** dont les **conséquences** sont **actuelles.** *Il n'**a** pas **eu** le temps de déjeuner aujourd'hui.*

P

134

– Un **fait non encore achevé**, mais **sur le point de l'être.** *Je suis à vous dans quelques minutes, j'ai terminé.*

– Un **futur antérieur** avec *si. Si tu n'as pas terminé tes devoirs, nous n'irons pas au cinéma.*

📖 Le passé composé de la plupart des verbes est formé à partir du présent de l'indicatif de l'auxiliaire *avoir* auquel est ajouté le participe passé du verbe conjugué. *Sophie a joué. Antoine a couru.* Cependant, certains verbes intransitifs ou pronominaux se conjuguent avec l'auxiliaire *être. Elle est née le 31 juillet 1976. Vincent s'est toujours souvenu d'elle.*

4. LE PASSÉ ANTÉRIEUR EXPRIME :

– Un **fait ponctuel** qui a **précédé un fait passé** exprimé au passé simple. *Dès qu'il eut remis son rapport, il se sentit en vacances.*

📖 Peu utilisé, le passé antérieur s'emploie surtout dans une proposition subordonnée temporelle après une conjonction ou une locution conjonctive, *lorsque, dès que, aussitôt que, quand, après que…,* où il accompagne un verbe principal au passé simple.

📖 Le passé antérieur est formé à partir du passé simple des auxiliaires *avoir* ou *être,* auquel est ajouté le participe passé du verbe conjugué.

5. LE PLUS-QUE-PARFAIT EXPRIME :

– Un **fait** entièrement **achevé** lors d'un **autre fait passé.** *Nous avions tout rangé quand ils sont rentrés.*

– Une **condition** pour qu'un **fait hypothétique** se soit réalisé **dans le passé.** *Si j'avais été présente, j'aurais pu t'aider.*

– Un **fait habituel** qui avait lieu **avant une action habituelle passée.** *Quand j'avais mangé, j'allais marcher un peu dans le parc.*

VOIR TABLEAUX ▶ PRÉSENT. ▶ FUTUR.

Si le verbe de la phrase autonome est à un des temps du passé :

– imparfait
– passé simple
– passé composé
– passé antérieur
– plus-que-parfait,

les temps du verbe de la phrase subordonnée seront :

– Le plus-que-parfait pour exprimer l'**antériorité.**
    Il croyait qu'elle lui avait donné son numéro de téléphone.

– L'imparfait de l'indicatif pour exprimer la **simultanéité.**
    Elle croyait qu'il était là.

– Le conditionnel présent pour exprimer la **postériorité.**
    Ils croyaient qu'ils réussiraient.

VOIR TABLEAU ▶ CONCORDANCE DES TEMPS DANS LA PHRASE.

PÉRIODICITÉ ET DURÉE

1. CERTAINS ADJECTIFS COMPOSÉS AVEC LES PRÉFIXES *BI-, TRI-, QUATRI-* ET D'AUTRES PRÉFIXES PROPRES À CHAQUE CHIFFRE EXPRIMENT LA **PÉRIODICITÉ**.

► **Une fois...**

une fois par jour	*quotidien*	*Un appel quotidien.*
une fois par semaine	*hebdomadaire*	*Une revue hebdomadaire.*
une fois par mois	*mensuel*	*Un concours mensuel.*
une fois par année	*annuel*	*Une exposition annuelle.*
une fois tous les deux mois	*bimestriel*	*Des exercices bimestriels.*
une fois tous les deux ans	*bisannuel, biennal*	*Un évènement bisannuel* ou *biennal.*
une fois tous les trois mois	*trimestriel*	*Des bulletins trimestriels.*
une fois tous les trois ans	*trisannuel, triennal*	*Des retrouvailles trisannuelles* ou *triennales.*
une fois tous les six mois	*semestriel*	*Des examens semestriels.*

► **Deux fois par...**

deux fois par jour	*biquotidien*	*Un vol biquotidien.*
deux fois par semaine	*bihebdomadaire*	*Des livraisons bihebdomadaires.*
deux fois par mois	*bimensuel*	*Un examen bimensuel.*

☞ On emploie l'adjectif *semestriel* pour exprimer la périodicité de deux fois par année, « une fois tous les six mois ».

► **Trois fois par...**

trois fois par semaine	*trihebdomadaire*	*Des cours trihebdomadaires.*
trois fois par mois	*trimensuel*	*Des visites trimensuelles.*

2. CERTAINS ADJECTIFS EXPRIMENT LA **PÉRIODICITÉ** OU LA **DURÉE**.

annuel	ce qui a lieu une fois par an	ou	ce qui dure un an
biennal	ce qui a lieu tous les deux ans	ou	ce qui dure deux ans
triennal	ce qui a lieu tous les trois ans	ou	ce qui dure trois ans
quatriennal	ce qui a lieu tous les quatre ans	ou	ce qui dure quatre ans
quinquennal	ce qui a lieu tous les cinq ans	ou	ce qui dure cinq ans
sexennal	ce qui a lieu tous les six ans	ou	ce qui dure six ans
septennal	ce qui a lieu tous les sept ans	ou	ce qui dure sept ans
octennal	ce qui a lieu tous les huit ans	ou	ce qui dure huit ans
novennal	ce qui a lieu tous les neuf ans	ou	ce qui dure neuf ans
décennal	ce qui a lieu tous les dix ans	ou	ce qui dure dix ans

P

136

RÈGLES TYPOGRAPHIQUES

▶ Les **noms de peuples,** de races, d'habitants de régions, de villes s'écrivent avec une **MAJUSCULE.**

Les Québécois, les Canadiens, les Américains, les Chinois, les Européens.
Les Noirs, les Blancs, les Amérindiens, les Inuits.
Les Madelinots, les Beaucerons, les Gaspésiens, les Acadiens, les Louisianais, les Bretons, les Normands.
Les Montréalais, les Trifluviens, les Lavallois, les Parisiens, les Madrilènes.

– La dénomination des habitants d'un lieu (continent, pays, région, ville, village, etc.) est un GENTILÉ.

T Les noms de peuples composés et reliés par un trait d'union prennent la majuscule aux deux éléments. *Un Néo-Zélandais, un Sud-Africain, un Nord-Américain.*

T Les mots auxquels le préfixe **néo-** est joint s'écrivent avec un trait d'union. *Un Néo-Écossais.* S'il s'agit d'un gentilé, le mot s'écrit avec deux majuscules ; si le préfixe signifie « de souche récente », le préfixe s'écrit avec une minuscule. *Un néo-Québécois.*

▶ Les **adjectifs de peuples,** de races, de langues s'écrivent avec une **MINUSCULE.**

Le drapeau québécois, la langue française, les peintres italiens, la race blanche, le sens de l'humour anglais.

T Les noms de peuples composés qui comportent un adjectif s'écrivent avec une majuscule au nom et une minuscule à l'adjectif. *Les Canadiens anglais, les Basques espagnols.*

T En fonction d'attribut, on emploie généralement un adjectif pour préciser la nationalité d'une personne, son appartenance à un peuple. Dans ce cas, le mot s'écrit avec une minuscule. *Je suis québécoise.* Cependant, il est également possible d'écrire le mot avec une majuscule initiale puisque l'attribut peut être aussi un nom. *Je suis Québécoise (une Québécoise).*

▶ Les **noms de langues** s'écrivent avec une **MINUSCULE.**

Apprendre le russe, le français, le chinois.

ÉCRITURE DU MOT *INUIT*

▶ **Nom masculin et féminin**

Membre d'une nation autochtone du Canada qui habite au nord du 55e parallèle.
Au Québec, il y a près de 6 000 Inuits. Un Inuit, une Inuite.

▭ Ce nom a fait l'objet d'une seconde recommandation officielle (24 avril 1993) en vue de simplifier la graphie au masculin, au féminin et au pluriel (antérieurement *Inuk* au singulier, *Inuit* au pluriel). L'adjectif est maintenant variable. La langue des Inuits est l'**inuktitut.**

▶ **Adjectif**

Relatif aux Inuits. *La culture inuite, des objets inuits.*

PAYS OU ÉTAT	GENTILÉ MASCULIN	GENTILÉ FÉMININ	PAYS OU ÉTAT	GENTILÉ MASCULIN	GENTILÉ FÉMININ
Afghanistan	un Afghan	une Afghane	**Belgique**	un Belge	une Belge
Albanie	un Albanais	une Albanaise	**Birmanie**	un Birman	une Birmane
Algérie	un Algérien	une Algérienne	**Bolivie**	un Bolivien	une Bolivienne
Allemagne	un Allemand	une Allemande	**Brésil**	un Brésilien	une Brésilienne
Angleterre	un Anglais	une Anglaise	**Bulgarie**	un Bulgare	une Bulgare
Arabie saoudite	un Saoudien	une Saoudienne			
Argentine	un Argentin	une Argentine	**Cambodge**	un Cambodgien	une Cambodgienne
Australie	un Australien	une Australienne	**Cameroun**	un Camerounais	une Camerounaise
Autriche	un Autrichien	une Autrichienne	**Canada**	un Canadien	une Canadienne

PAYS OU ÉTAT	GENTILÉ MASCULIN	GENTILÉ FÉMININ	PAYS OU ÉTAT	GENTILÉ MASCULIN	GENTILÉ FÉMININ
Chili	un Chilien	une Chilienne	Maroc	un Marocain	une Marocaine
Chine	un Chinois	une Chinoise	Mexique	un Mexicain	une Mexicaine
Chypre	un Cypriote	une Cypriote	Monaco	un Monégasque	une Monégasque
	un Chypriote	une Chypriote			
Colombie	un Colombien	une Colombienne	Népal	un Népalais	une Népalaise
Congo	un Congolais	une Congolaise	Niger	un Nigérien	une Nigérienne
Corée	un Coréen	une Coréenne	Nigeria	un Nigérian	une Nigériane
Côte d'Ivoire	un Ivoirien	une Ivoirienne	Norvège	un Norvégien	une Norvégienne
Cuba	un Cubain	une Cubaine	Nouvelle-Zélande	un Néo-Zélandais	une Néo-Zélandaise
Danemark	un Danois	une Danoise	Pakistan	un Pakistanais	une Pakistanaise
			Panama	un Panaméen	une Panaméenne
Égypte	un Égyptien	une Égyptienne	Paraguay	un Paraguayen	une Paraguayenne
Espagne	un Espagnol	une Espagnole	Pérou	un Péruvien	une Péruvienne
États-Unis	un Américain	une Américaine	Philippines	un Philippin	une Philippine
Éthiopie	un Éthiopien	une Éthiopienne	Pologne	un Polonais	une Polonaise
			Portugal	un Portugais	une Portugaise
Finlande	un Finlandais	une Finlandaise			
France	un Français	une Française	Québec	un Québécois	une Québécoise
Gabon	un Gabonais	une Gabonaise	République	un Tchèque	une Tchèque
Ghana	un Ghanéen	une Ghanéenne	tchèque		
Grèce	un Grec	une Grecque	Roumanie	un Roumain	une Roumaine
Guadeloupe	un Guadeloupéen	une Guadeloupéenne	Russie	un Russe	une Russe
Guatemala	un Guatémaltèque	une Guatémaltèque	Rwanda	un Rwandais	une Rwandaise
Guinée	un Guinéen	une Guinéenne			
			Sénégal	un Sénégalais	une Sénégalaise
Haïti	un Haïtien	une Haïtienne	Slovaquie	un Slovaque	une Slovaque
Hollande	un Hollandais	une Hollandaise	Somalie	un Somali	une Somalie
Hongrie	un Hongrois	une Hongroise		un Somalien	une Somalienne
			Soudan	un Soudanais	une Soudanaise
Inde	un Indien	une Indienne	Suède	un Suédois	une Suédoise
Indonésie	un Indonésien	une Indonésienne	Suisse	un Suisse	une Suisse
Iran	un Iranien	une Iranienne	Syrie	un Syrien	une Syrienne
Irak	un Irakien	une Irakienne			
	un Iraquien	une Iraquienne	Taïwan	un Taïwanais	une Taïwanaise
Irlande	un Irlandais	une Irlandaise	Tanzanie	un Tanzanien	une Tanzanienne
Islande	un Islandais	une Islandaise	Tchad	un Tchadien	une Tchadienne
Israël	un Israélien	une Israélienne	Thaïlande	un Thaïlandais	une Thaïlandaise
Italie	un Italien	une Italienne	Togo	un Togolais	une Togolaise
			Tunisie	un Tunisien	une Tunisienne
Japon	un Japonais	une Japonaise	Turquie	un Turc	une Turque
Jordanie	un Jordanien	une Jordanienne			
			Uruguay	un Uruguayen	une Uruguayenne
Kenya	un Kenyan	une Kenyane			
Koweït	un Koweïtien	une Koweïtienne	Venezuela	un Vénézuélien	une Vénézuélienne
			Vietnam	un Vietnamien	une Vietnamienne
Liban	un Libanais	une Libanaise			
Libye	un Libyen	une Libyenne	Yougoslavie	un Yougoslave	une Yougoslave
Luxembourg	un Luxembourgeois	une Luxembourgeoise			
			Zambie	un Zambien	une Zambienne
Madagascar	un Malgache	une Malgache			
Mali	un Malien	une Malienne			

P

137

TYPES ET FORMES DE LA **PHRASE**[1]

La **phrase** est une unité grammaticale qui sert à parler d'une entité (le sujet de la phrase) et à dire quelque chose à son propos (le prédicat de la phrase); on y exprime aussi, facultativement, les circonstances particulières de cet énoncé (le complément de la phrase).

La phrase peut être de premier niveau (autonome) ou de deuxième, troisième niveau (subordonnée). Dans un texte, entre les phrases de premier niveau, donc autonomes, on emploie habituellement une ponctuation; le choix de cette ponctuation dépend du type de la phrase.

LES TYPES DE LA PHRASE (OBLIGATOIRES)

Dans ses nombreuses réalisations, la phrase est obligatoirement d'un des quatre types suivants, mais d'un seul (les types obligatoires de la phrase s'excluent mutuellement).

▸ La **phrase déclarative** énonce un fait, transmet une information.

> *Le soleil s'est levé à 6 h 45. Mathieu rit souvent; c'est un enfant joyeux. Ils iront quand vous serez prêts; ils vous demandent donc de vous dépêcher.*

> ☞ Elle se termine par un point, un point-virgule, une virgule, un deux-points ou des points de suspension. Même si elle peut contenir une phrase subordonnée interrogative comme complément du verbe, la phrase déclarative ne se termine jamais par un point d'interrogation.

>> *Rachel se demandait quel était ton tarif pour les corrections. Elle te dira combien valent ces logiciels.*

▸ La **phrase interrogative** pose une question, demande une information.

> *Est-ce que tu aimes cette musique? Viens-tu ce soir au cinq à sept?*

> ☞ Elle se termine par un point d'interrogation.

▸ La **phrase impérative** exprime un ordre, une interdiction, un conseil, une demande, un souhait.

> *Viens ici; je te le dirai à ce moment-là. Soyez prudents en traversant la rue. Gardez tout avec vous, on ne sait jamais…*

> ☞ Elle se termine par un point, un point-virgule, une virgule, un deux-points ou des points de suspension.

▸ La **phrase exclamative** exprime un sentiment intense.

> *Quel plaisir d'être en vacances! Que de découvertes nous faisons en voyage!*

> ☞ Elle se termine par un point d'exclamation.

LES FORMES DE LA PHRASE (OU TYPES FACULTATIFS)

Les phrases, qu'elles soient déclaratives, interrogatives, impératives ou exclamatives, peuvent aussi, facultativement, subir une, deux ou toutes les transformations suivantes :
– d'affirmative à négative;
– d'active à passive;
– de neutre à emphatique;
– de personnelle à impersonnelle.

TYPES ET FORMES DE LA PHRASE | SUITE >

1. Conception du tableau : Annie Desnoyers.

► La **phrase négative** nie un fait, exprime qu'un énoncé est faux ou qu'il n'existe pas (selon l'émetteur). Elle peut aussi traduire un désir ou une défense.

> *Le ciel n'est pas vert. Personne n'est venu? Les élèves n'aimeraient pas que leur excursion à Québec soit annulée. Ne voyez aucune de vos amies pendant cinq jours.*

► La **phrase passive** exprime une action subie par le sujet de la phrase.

> *La pomme a été découpée en morceaux.*

⌒ Seuls les verbes transitifs directs peuvent se construire au passif.

► La **phrase emphatique** met l'accent sur un de ses constituants.

> *Ma mère, elle adore la crème. Adore-t-elle la crème, ta mère?* (reprise nom et pronom)
> *C'est ma mère qui adore la crème. C'est la crème que ma mère adore.* (marqueur emphatique)

► La **phrase impersonnelle** transformée se construit avec un verbe occasionnellement impersonnel, c'est-à-dire qui existe aussi à la forme personnelle.

> *Il est arrivé un grave accident. Il est important de boire de l'eau. Il se tient une réunion à ce sujet.*

PHRASE À CONSTRUCTION PARTICULIÈRE

Les phrases à construction particulière peuvent être de formes et de types divers.

> *Marie-Andrée? Le bonheur, ces vacances à la campagne. Au secours!*

► **Phrase non verbale**

Il s'agit de la phrase nominale, de l'interjection, de l'apostrophe, de l'onomatopée.

> *Entrée interdite. Merveilleux, ce voyage! Chut! Clac!*

► **Phrase à présentatif**

La phrase à présentatif se construit avec les présentatifs *il y a, voici, voilà, c'est.*

> *Il y a trois enfants ici. Voici mes enfants. C'est que mes enfants ne sont pas arrivés. C'est ta vie.*

► **Phrase impersonnelle**

La phrase impersonnelle de construction particulière se construit avec un verbe essentiellement impersonnel, c'est-à-dire qui existe seulement à la forme impersonnelle, qui n'est pas transformé syntaxiquement à partir de la phrase de base.

> *Il pleut. Il fera beau demain. Il a déjà été question de ce problème.*

VOIR TABLEAUX ► COMPLÉMENT. ► PONCTUATION. ► VERBE.

P

PLURIEL DES NOMS

Le nom se met au pluriel quand il désigne plusieurs êtres ou plusieurs objets. *Trois enfants. Cinq maisons.*

▭ En français, la marque du pluriel ne s'inscrit qu'à compter de deux unités. *La somme s'élève à 1,5 million de dollars, à 2,5 milliers d'euros.*

PLURIEL DES NOMS

▶ Le pluriel des noms se forme en ajoutant un *s* à la forme du singulier. *Un arbre, des arbres; une fleur, des fleurs.*

▶ Les noms terminés au singulier par *-s, -x, -z* sont invariables. *Un refus, des refus; un prix, des prix; un nez, des nez.*

▶ Les noms terminés au singulier par *-al* font *-aux* au pluriel. *Un cheval, des chevaux; un fanal, des fanaux; un journal, des journaux.*
EXCEPTIONS: *avals, bals, cals, carnavals, cérémonials, chacals, festivals, narvals, pals, récitals, régals,* qui suivent la règle générale.
▭ Certains noms ont les deux pluriels *(-als* et *-aux)*: *étal, idéal, val...*

▶ Les noms terminés au singulier par *-eau, -au, -eu* font *-eaux, -aux, -eux* au pluriel. *Une eau, des eaux; un tuyau, des tuyaux; un feu, des feux.*
EXCEPTIONS: *landaus, sarraus, bleus, pneus,* qui suivent la règle générale.

▶ Les noms terminés au singulier par *-ail* font *ails* au pluriel, selon la règle générale. *Un chandail, des chandails; un détail, des détails; un rail, des rails.*
EXCEPTIONS: *baux, coraux, émaux, soupiraux, travaux, vitraux.*
▭ Les mots *bercail, bétail* ne s'emploient pas au pluriel.

▶ Les noms terminés au singulier par *-ou* font *-ous* au pluriel, selon la règle générale. *Un clou, des clous; un écrou, des écrous; un fou, des fous.*
EXCEPTIONS: *bijoux, cailloux, choux, genoux, hiboux, joujoux, poux.*

▶ Certains mots ont un pluriel double, par exemple: *aïeul, ciel, œil, travail.*
Aïeuls, «grands-parents» et *aïeux* «ancêtres»; *ciels* «aspects du ciel en un lieu, en peinture» et *cieux* «espace indéfini et paradis»; *œils* «boucles (dans le domaine de la marine) et noms composés» et *yeux* «organe de la vue»; *travails* «appareils servant à maintenir en place de grands animaux» et *travaux* «ensemble d'activités».

PLURIEL DES NOMS COMPOSÉS

VOIR TABLEAU ▶ NOMS COMPOSÉS.

PLURIEL DES NOMS PROPRES

▶ Les noms de peuples, de races, d'habitants de régions, de villes prennent la marque du pluriel. *Les Canadiens, les Noirs, les Beaucerons, les Trifluviens.*

▶ Les patronymes sont généralement invariables. *Les Fontaine sont invités.*
▭ Certains noms de familles royales, princières, illustres prennent parfois la marque du pluriel. *Les Bourbons, les Tudors.*

▶ Les noms propres employés par métaphore prennent la marque du pluriel. *Des Picassos, des Zolas, des dons Juans.*
▶ Les noms de marques commerciales sont invariables. *Des Peugeot, des Apple.*
▭ Les noms déposés passés dans l'usage sont devenus des noms communs qui prennent la marque du pluriel et s'écrivent avec une minuscule. *Des aspirines, des linoléums, des stencils.*

PLURIEL DES NOMS EMPRUNTÉS À D'AUTRES LANGUES

▶ Les noms empruntés à d'autres langues prennent généralement la marque française du pluriel, un *s* ajouté à la forme du singulier. *Des agendas, des graffitis, des leitmotivs, des médias, des spaghettis.*
▭ Certains emprunts sont invariables. *Des nota bene, des modus vivendi.* D'autres gardent le pluriel de leur langue d'origine. *Des errata, des ladies.* Les *Rectifications orthographiques* (1990) préconisent un pluriel régulier: *des erratas, des ladys.*

PLURIEL ET FÉMININ DES ADJECTIFS

FORMATION DU FÉMININ DES ADJECTIFS

Pour mettre un adjectif au féminin, comme pour le nom, il faut généralement ajouter un *e* à la forme du masculin. *Amical, amicale; coquin, coquine; délicat, délicate; grand, grande; idiot, idiote; intérieur, intérieure; précis, précise; pressé, pressée; vert, verte.*

Cas particuliers

▶ Les adjectifs terminés par -*e* conservent la même forme au masculin et au féminin. *Commode, rapide, sage.*

▶ Certains adjectifs doublent la consonne finale, par exemple *bas, gras, las, épais, gros, métis, exprès* (*basse, grasse, expresse...*) et les adjectifs terminés par:

  • -*el, -eil* (ainsi que *gentil* et *nul*): *naturel, naturelle; pareil, pareille; gentil, gentille;*

  • -*en, -on*: *ancien, ancienne; bon, bonne;*

  • -*et* et cinq adjectifs en -*ot* (*boulot, maigriot, pâlot, sot, vieillot*): *coquet, coquette; sot, sotte.*

  EXCEPTIONS COURANTES: *complet, complète; concret, concrète; désuet, désuète; discret, discrète; incomplet, incomplète; indiscret, indiscrète; inquiet, inquiète; replet, replète; secret, secrète.*

▶ Les adjectifs terminés par -*er, -ier* font -*ère, -ière*. *Amer, amère; cher, chère; léger, légère; entier, entière; fier, fière; premier, première.*

▶ Les adjectifs terminés par -*f* font leur féminin en -*ve*. *Bref, brève; naïf, naïve; neuf, neuve; vif, vive.*

▶ Les adjectifs terminés par -*x* font leur féminin en -*se*. *Heureux, heureuse; jaloux, jalouse.*

  EXCEPTIONS COURANTES: *doux, douce; faux, fausse; roux, rousse.*

▶ Les adjectifs terminés par -*c* font leur féminin en -*che* ou en -*que*. *Blanc, blanche; franc, franche; sec, sèche; grec, grecque; laïc, laïque; public, publique; turc, turque.*

▶ Les adjectifs terminés par -*eur* qui dérivent d'un verbe font généralement leur féminin en -*euse*. *Menteur, menteuse; rieur, rieuse; trompeur, trompeuse.*

▶ Les adjectifs terminés par -*gu* prennent un tréma sur le *e* du féminin, ou sur le *u* selon les *Rectifications orthographiques* (1990). *Aiguë, ambiguë, exiguë; aigüe, ambigüe, exigüe.*

  VOIR TABLEAU ▶ RECTIFICATIONS ORTHOGRAPHIQUES.

▶ Les adjectifs *beau, fou, jumeau, mou, nouveau, vieux* font au féminin *belle, folle, jumelle, molle, nouvelle, vieille.*

  EXCEPTIONS COURANTES: *bénin, bénigne; favori, favorite; frais, fraîche; long, longue; malin, maligne; tiers, tierce; vainqueur.*

  ⌲ L'adjectif *vainqueur* est maintenant considéré comme épicène, c'est-à-dire qu'il conserve la même forme au masculin et au féminin (ex.: *l'équipe vainqueur*). Pour qualifier un nom féminin, on peut aussi employer un adjectif synonyme (ex.: *l'équipe victorieuse*).

FORMATION DU PLURIEL DES ADJECTIFS

Pour mettre un adjectif au pluriel, comme pour le nom, il faut généralement ajouter un *s* à la forme du singulier. *Grands, grandes; verts, vertes; coquins, coquines; pressés, pressées.*

Cas particuliers

▶ Les adjectifs terminés par -*s* et -*x* conservent la même forme au singulier et au pluriel. *Bas, doux, frais, niais, ingénieux.*

▶ Les adjectifs terminés par -*al* changent -*al* en -*aux* pour la plupart. *Général, généraux; loyal, loyaux; normal, normaux; spécial, spéciaux; tribal, tribaux.*

  EXCEPTIONS COURANTES: *bancal, boréal, fatal, frugal, glacial, jovial, matinal, natal, naval, pascal*, qui font -*als*. L'adjectif *final* fait au pluriel *finals* ou *finaux*.

▶ Les adjectifs terminés par -*eau* prennent un *x* au pluriel. *Beau, beaux; jumeau, jumeaux; nouveau, nouveaux.*

POINTS CARDINAUX

Abréviations : est ....*E.*
  ouest .....*O.*
  nord......*N.*
  sud ....*S.*

▭ Les noms et adjectifs est, ouest, nord et sud sont invariables. *Les frontières nord du pays. La façade ouest de l'immeuble.*

T Les points cardinaux composés sont liés par un ou des traits d'union. *Ses parents habitent dans le sud-ouest du Québec.*

L'écriture des noms de points cardinaux, **nord, sud, est, ouest,** et de leurs dérivés, **midi, centre, occident, orient...,** obéit à deux règles principales.

MAJUSCULE

Les points cardinaux s'écrivent avec une majuscule initiale lorsqu'ils servent à désigner spécifiquement un lieu géographique, ethnique, un nom de rue (odonyme) ou d'immeuble.

> *Le Nord canadien, l'Amérique du Nord, l'hémisphère Nord, le pôle Sud, les fleurs du Midi, rue Laurier Ouest, l'Orient et l'Occident. Il habite maintenant la Rive-Sud après avoir vécu sur la Côte-Nord. L'Ouest canadien. Son bureau est situé dans la tour Est.*

T Les points cardinaux prennent une majuscule lorsqu'ils ne sont pas suivis d'un complément déterminatif introduit par la préposition **de.** *Le Nord canadien,* mais *le nord des États-Unis.*

MINUSCULE

Les points cardinaux s'écrivent avec une minuscule quand ils sont employés comme noms ou comme adjectifs pour indiquer la direction, l'exposition.

Le vent du nord, une terrasse exposée au sud, la rive nord du Saint-Laurent.

▸ **Noms composés**

Les points cardinaux composés s'écrivent avec un trait d'union.

> *Le nord-ouest du Québec.*

T Les noms de points cardinaux s'abrègent lorsqu'ils font partie de mesures de longitude et de latitude. *45° de latitude N.*

▸ **Expressions**

– *Étoile du Nord.* Étoile polaire.

– *Grand Nord.* La partie du monde située près du pôle Nord.

– *Les provinces de l'Est.* Les Maritimes et Terre-Neuve-et-Labrador.

– *Les provinces de l'Ouest.* Le Manitoba, la Saskatchewan, l'Alberta, la Colombie-Britannique.

– *Perdre le nord.* (FAM.) Perdre la raison, être désorienté.

– *Pôle Nord.* Point de la surface de la Terre situé à l'extrémité nord de son axe de rotation.

PONCTUATION

La ponctuation est constituée de l'ensemble des signes graphiques qui contribuent à la structuration du texte, qui marquent les rapports syntaxiques entre les phrases, les membres de phrase et qui apportent des précisions sémantiques.

SIGNES DE PONCTUATION	SIGNES TYPOGRAPHIQUES
. ..... le point	- .... le trait d'union
, ... la virgule	( ) ... les parenthèses
; .... le point-virgule	— ... le tiret
: .... le deux-points	« » ... les guillemets
? .... le point d'interrogation	[ ] ... les crochets
! .... le point d'exclamation	/ .... la barre oblique
... ... les points de suspension	* .... l'astérisque

FONCTIONS DES SIGNES DE PONCTUATION ET DES SIGNES TYPOGRAPHIQUES

LE POINT   · .... PAS D'ESPACEMENT AVANT / UN ESPACEMENT APRÈS.

▶ Le point marque la **fin d'une phrase autonome déclarative ou impérative.** *Les lilas sont en fleur. Rendez-moi ce livre, svp.*

　　T Si l'abréviation est en fin de phrase, le point abréviatif et le point final se confondent.

▶ Le point s'emploie à la **fin d'un mot abrégé** dont on a retranché les lettres finales.
*M. est l'abréviation de **Monsieur** et Mme, l'abréviation de **Madame**.*

　　T L'abréviation *Mme* ne prend pas de point parce que la dernière lettre du mot est conservée.

LA VIRGULE   , ... PAS D'ESPACEMENT AVANT / UN ESPACEMENT APRÈS.

▶ 1. **Énumération et juxtaposition**

• La virgule sépare les **mots, les groupes de mots de même fonction** non unis par une conjonction *(et, ou, ni)*. *Achète des pommes, des poires, des oranges et des pamplemousses.*

• La virgule marque aussi la **fin d'une phrase autonome déclarative ou impérative.** *L'avion se pose, il freine, puis s'immobilise.*

▶ 2. **Ajout d'une restriction, d'une explication**

• La virgule isole un élément **exprimant la restriction** *(mais, or, pourtant, cependant, néanmoins, toutefois…)*, **l'explication** *(à savoir, c'est-à-dire, par exemple, car, donc…). Martine est malade, mais elle se soigne.*

• La virgule isole une **explication.** *Le béluga, appelé aussi baleine blanche, vit dans les eaux arctiques. Achète des légumes, par exemple des haricots et des carottes.*

　　↺ On met une virgule au début et à la fin du groupe adjectival explicatif : les virgules jouent ici le même rôle que les parenthèses.

• La virgule encadre également un **groupe nominal explicatif.** *La directrice, Louise Dubois, accueillera les nouveaux élèves.*

• La virgule met en relief une **phrase relative explicative.** *Ces jeunes sportifs, qui sont aussi de bons musiciens, participeront aux épreuves de tennis.*

　　⌐ Pour distinguer la phrase relative explicative de la relative déterminative, on vérifie si elle est essentielle à la compréhension de la phrase. La relative déterminative n'est pas encadrée de virgules. *Les jeunes sportifs qui ont été choisis lors des épreuves participeront aux Jeux du Québec.*

• La virgule isole une **incise.** *Je termine cela, répondit-il, et j'arrive immédiatement.*

P

144

▶ 3. **Mise en relief d'éléments placés en tête de phrase**

La virgule marque un ajout ou un déplacement par rapport à l'ordre normal des éléments de base de la phrase (sujet, verbe, complément). Si l'ajout ou le déplacement est en début de phrase, une virgule s'impose ; si l'ajout ou le déplacement est en milieu de phrase, deux virgules sont nécessaires.

- La virgule met en évidence un **complément de phrase en début de phrase**. *L'an dernier, nos résultats ont été excellents.*

- La virgule souligne une **phrase subordonnée en début de phrase**. *Parce qu'il fait trop froid, nous avons remis notre excursion.*

- La virgule se place **après certains marqueurs de relation** *(bref, d'abord, d'une part, d'autre part, du reste, en conclusion, en fait, enfin, en outre, en premier lieu, premièrement…).*

▶ 4. **Apostrophe**

- La virgule signale les **mots mis en apostrophe**. *Laurence, écoute-moi !*

LE POINT-VIRGULE | **;** .... PAS D'ESPACEMENT AVANT / UN ESPACEMENT APRÈS.

- Le point-virgule marque la **fin d'une phrase autonome déclarative ou impérative** qui est **logiquement reliée à une autre**. *«L'averse trop brève a seulement abattu la poussière ; l'air, un instant rafraîchi, est très vite redevenu brûlant»* (Martin du Gard, Roger, *Œuvres complètes*).

- Dans une **énumération,** le point-virgule sert à séparer des **éléments d'une certaine étendue** qui contiennent déjà des virgules. *Le pronom est un mot qui représente généralement un nom, un pronom ou un groupe nominal ; un adjectif ou un groupe adjectival ; une phrase.*

- Le point-virgule s'emploie aussi entre chaque **élément des énumérations** *verticales* introduites par le deux-points.
    La trousse de secours comprend :
    un thermomètre ;
    des pansements ;
    un onguent antibiotique.

LE DEUX-POINTS | **:** .... UN ESPACEMENT AVANT / UN ESPACEMENT APRÈS.

- Le deux-points annonce une **citation** ou du **discours rapporté direct**. *Et il répondit : « Ce fut un plaisir. »*

- Le deux-points introduit une **énumération**. *Voici les articles que vous devez vous procurer : un canif, une gourde, un sac de couchage et des bottes de randonnée.*

- Le deux-points annonce un **exemple**. *Ex. : Les blés sont mûrs.*

- Le deux-points marque aussi la **fin d'une phrase autonome déclarative ou impérative**. Il exprime une **relation logique de cause** ou **de conséquence** entre cette phrase et la suivante. *Grand-papa est très savant : il est toujours en train de lire. Grand-maman est enrhumée : elle a pris froid pendant une randonnée en forêt.*

LE POINT D'INTERROGATION | **?** .... PAS D'ESPACEMENT AVANT / UN ESPACEMENT APRÈS.

- Le point d'interrogation se place à la **fin d'une phrase autonome interrogative**. *Comment ça va ? Auriez-vous de la tarte aux pommes ?*

LE POINT D'EXCLAMATION | **!** .... PAS D'ESPACEMENT AVANT / UN ESPACEMENT APRÈS.

- Le point d'exclamation se place à la **fin d'une phrase autonome exclamative**. *Vous êtes là !*

    T Après une interjection, on met un point d'exclamation. *Hé !*

LES POINTS DE SUSPENSION | ··· | ....PAS D'ESPACEMENT AVANT / UN ESPACEMENT APRÈS.

P

- Les points de suspension marquent une **énumération non achevée.** *Les prépositions* **à, de, par, pour…** *servent à introduire un complément.*

  T On emploie soit les points de suspension, soit l'abréviation *etc.,* mais non les deux à la fois.

- Les points de suspension indiquent que la **phrase autonome déclarative ou impérative** est **inachevée** du point de vue du sens. *Tu imagines ce que je veux dire…*

  T Les points de suspension se confondent avec le point final et sont toujours au nombre de trois.

- Les points de suspension marquent une **hésitation.** *Il se nomme… euh… Antoine, je crois.*

LE TRAIT D'UNION | - | ....PAS D'ESPACEMENT AVANT / PAS D'ESPACEMENT APRÈS.

- Le trait d'union réunit les **éléments des mots composés.** *Rez-de-chaussée. Jean-Pierre.*

- Le trait d'union s'emploie dans les **déterminants numéraux composés** quand les éléments sont l'un et l'autre inférieurs à *cent* et quand ils ne sont pas joints par la conjonction *et* (règle classique). *Quatre-vingts, trente-sept.*

   Selon les *Rectifications orthographiques* (1990), « on peut lier par un trait d'union les numéraux formant un nombre complexe, inférieur ou supérieur à cent ».

- Le trait d'union unit le **verbe** et le **sujet inversé**, le **verbe à l'impératif** et le **pronom personnel** qui le suit. *Aurai-je le temps de te voir ? Donne-moi un peu de lait.*

- Le trait d'union marque **la coupure d'un mot** en fin de ligne.

VOIR TABLEAU ► TRAIT D'UNION.

LES PARENTHÈSES | () | ....**PARENTHÈSE OUVRANTE :** UN ESPACEMENT AVANT / PAS D'ESPACEMENT APRÈS.
PARENTHÈSE FERMANTE : PAS D'ESPACEMENT AVANT / UN ESPACEMENT APRÈS.

- Les parenthèses, composées de deux signes (parenthèse ouvrante et parenthèse fermante), servent à intercaler dans une phrase un **élément informatif.** *L'expression tenir pour acquis (du verbe* **acquérir***) signifie…*

  T Après la parenthèse fermante, il n'y a pas d'espace avant un signe de ponctuation, à l'exception du deux-points. *Il vient de Nicolet (Québec).*

- Les parenthèses encadrent un **commentaire.** *L'école a informé les parents de la mise en vigueur (à compter du mois de mars) du nouveau règlement.*

VOIR TABLEAU ► PARENTHÈSES.

P

146

LE TIRET | – | .... UN ESPACEMENT AVANT / UN ESPACEMENT APRÈS.

- Le tiret sert à séparer une **explication,** un **commentaire.** *Les joueurs d'échecs – les vrais mordus – s'exercent tous les jours.*

- Le tiret indique le **changement d'interlocuteur** dans un dialogue.
  Le monarque s'avança vers son visiteur.
  « Que voulez-vous insinuer ?
  – Je n'insinue pas, j'affirme ! »

- Le tiret marque également les **éléments d'une énumération.**
  Munissez-vous de bons outils :
  – marteau,
  – scie,
  – tournevis.

LES GUILLEMETS | « » | .... GUILLEMET OUVRANT : UN ESPACEMENT AVANT / UN ESPACEMENT APRÈS.
GUILLEMET FERMANT : UN ESPACEMENT AVANT / UN ESPACEMENT APRÈS.

- Les guillemets sont de petits chevrons doubles qui se placent au commencement (guillemet ouvrant) et à la fin (guillemet fermant) d'une **citation,** d'un **dialogue,** d'un **mot,** d'une **locution que l'auteur désire isoler.** *Tous les vendredis, elle lit la chronique « Plaisirs ». Le réalisateur cria : « Silence, on tourne ! »*

VOIR TABLEAU ► GUILLEMETS.

LES CROCHETS | [ ] | .... CROCHET OUVRANT : UN ESPACEMENT AVANT / PAS D'ESPACEMENT APRÈS.
CROCHET FERMANT : PAS D'ESPACEMENT AVANT / UN ESPACEMENT APRÈS.

- Les crochets servent à marquer une **insertion** à l'intérieur d'une parenthèse, la **suppression d'un extrait dans une citation** [...], une **explication spécifique.** Dans le *Multidictionnaire*, la prononciation (selon l'Alphabet phonétique international) est indiquée entre crochets. *Abats* [aba].

LA BARRE OBLIQUE | / | .... PAS D'ESPACEMENT AVANT / PAS D'ESPACEMENT APRÈS.

- La barre oblique est utilisée dans l'inscription des **unités de mesure complexes abrégées,** des **fractions,** des **pourcentages,** de certaines mentions qui doivent être abrégées. *Une vitesse de 125 km/h, 2/3, 85 %.*

L'ASTÉRISQUE | * | .... PAS D'ESPACEMENT AVANT / UN ESPACEMENT APRÈS.

- L'astérisque indique un **appel de note ;** il peut être simple, double ou triple (*, **, ***)
  Le béluga* est un mammifère marin.
  _____
  * Le béluga est aussi appelé baleine blanche.

  T Pour marquer un appel de note, l'astérisque se place après le mot, en exposant, avec ou sans parenthèses. L'astérisque est repris en bas de page pour introduire la note.

T Les espacements recommandés dans ce tableau s'appliquent aux documents produits par traitement de texte. Dans l'édition, on recourt aux espacements plus détaillés prescrits par les codes typographiques.

VOIR TABLEAU ► ESPACEMENTS.

DÉTERMINANT **POSSESSIF ET PRONOM POSSESSIF**

DÉTERMINANT POSSESSIF

– Le déterminant possessif détermine le nom en indiquant le «possesseur» de l'être, de l'objet désigné.

⌐⊢ On observe que le déterminant possessif est loin de toujours exprimer la possession réelle. En effet, il n'établit souvent qu'une simple relation de chose à personne, qu'un rapport de dépendance, de familiarité, d'affinité, de proximité, etc. *Mon avion, ton hôtel, sa ville, nos invités, vos étudiants, leurs amis.*

– Il s'accorde en genre et en nombre avec le nom déterminé. *Ta voiture, son ordinateur, nos livres.*

– Il s'accorde en personne avec le nom désignant le possesseur:

un seul possesseur : *mon, ton, son fils,*
ma, ta, sa fille
mes, tes, ses fils ou *filles*

plusieurs possesseurs: *notre, votre, leur fils* ou *fille*
nos, vos, leurs fils ou *filles*

FORMES DU DÉTERMINANT POSSESSIF

UN SEUL POSSESSEUR	SINGULIER		PLURIEL
	MASCULIN	FÉMININ	
Première personne	*mon*	*ma*	*mes*
Deuxième personne	*ton*	*ta*	*tes*
Troisième personne	*son*	*sa*	*ses*

PLUSIEURS POSSESSEURS	SINGULIER	PLURIEL
Première personne	*notre*	*nos*
Deuxième personne	*votre*	*vos*
Troisième personne	*leur*	*leurs*

Devant un nom féminin commençant par une voyelle ou un *h* muet, c'est la forme masculine du déterminant qui est employée pour des raisons d'euphonie. *Mon amie, ton échelle, son histoire.*

VOIR TABLEAU ▶ DÉTERMINANT.

PRONOM POSSESSIF

– Le pronom possessif renvoie à un nom de personne, d'animal ou de chose en précisant le «possesseur». *Votre chien est bien dressé; le nôtre est très turbulent. J'ai mon crayon, prenez le vôtre.*

– Comme le déterminant possessif, le pronom possessif est loin de toujours marquer un rapport de possession; il n'exprime souvent qu'une simple relation, qu'un lien de dépendance, d'affinité, de proximité, etc.

⌐⊢ 1° Il ne faut pas confondre le pronom possessif et le déterminant possessif. *Notre chatte est blanche; la vôtre est noire.*

2° *Notre* est un déterminant possessif; *la vôtre* est un pronom possessif qui remplace «votre chatte». Le déterminant s'écrit avec un *o*; le pronom possessif s'écrit avec un *ô* et il est toujours précédé d'un article défini.

FORMES DU PRONOM POSSESSIF

UN SEUL POSSESSEUR	SINGULIER		PLURIEL	
	MASCULIN	FÉMININ	MASCULIN	FÉMININ
Première personne	*le mien*	*la mienne*	*les miens*	*les miennes*
Deuxième personne	*le tien*	*la tienne*	*les tiens*	*les tiennes*
Troisième personne	*le sien*	*la sienne*	*les siens*	*les siennes*

PLUSIEURS POSSESSEURS	SINGULIER		PLURIEL
	MASCULIN	FÉMININ	
Première personne	*le nôtre*	*la nôtre*	*les nôtres*
Deuxième personne	*le vôtre*	*la vôtre*	*les vôtres*
Troisième personne	*le leur*	*la leur*	*les leurs*

P

148

Le **préfixe** est un élément qui se place avant un radical pour en modifier le sens et former un mot nouveau.

↪ Le **suffixe** est un élément qui se joint à la suite d'un radical pour en modifier la catégorie grammaticale et former un mot nouveau.

↪ Le nouveau mot formé par l'ajout d'un préfixe ou d'un suffixe est un dérivé.

Dans la composition des mots nouveaux (néologismes), le français emprunte surtout au **grec** et au **latin** des préfixes ou des éléments qui sont joints à un radical pour former une nouvelle unité lexicale. Ces préfixes présentent l'avantage d'être déjà connus et, ainsi, de favoriser la compréhension immédiate du néologisme.

▶ **Règles d'écriture**

Les préfixes se soudent généralement au radical : on observe une tendance marquée à supprimer les traits d'union pour constituer des unités lexicales simples. Seule la rencontre de deux voyelles impose parfois le trait d'union. *Méga-octet, micro-informatique.*

PRÉFIXES D'ORIGINE GRECQUE

PRÉFIXES	SENS	EXEMPLES
aéro-	« air »	*aérogare, aéroport*
agro-	« champ »	*agrochimie, agroalimentaire*
allo-	« autre »	*allophone*
amphi-	« en double »	*amphibie*
anti-	« contre »	*antibruit, antigel*
archéo-	« ancien »	*archéologie*
archi-	« degré extrême »	*archimillionnaire, archi-fou*
auto-	« de soi-même »	*autobiographie*
biblio-	« livre »	*bibliothèque*
bio-	« vie »	*biologie, bio-industrie*
cardi(o)-	« cœur »	*cardiologie*
cata-	« en dessous, en arrière »	*catacombe*
chir(o)-	« main »	*chiromancie*
cosmo-	« monde »	*cosmopolite*
grapho-	« écrire »	*graphologie*
hyper-	« au-dessus, au-delà »	*hypermarché*
kilo-	« mille »	*kilogramme*
meg-, méga-	« grand »	*mégajoule, méga-octet*
micro-	« petit »	*microfilm, micro-ondes*
mono-	« seul »	*monopole*
mytho-	« fable »	*mythologie*
néo-	« nouveau »	*néologisme*
orth(o)-	« droit »	*orthographe*
pan-	« tout »	*panaméricain*
para-, pare-	« à côté de »	*parascolaire*
péd(o)-	« enfant »	*pédiatrie*
penta-	« cinq »	*pentagone*
péri-	« autour »	*périmètre, périphérie*
philo-	« ami »	*philosophie, philologie*
phon-, phono-	« son »	*phonétique*
poly-	« nombreux »	*polytechnique*
pro-	« en faveur de »	*proaméricain*
psych(o)-	« âme »	*psychologie*
thermo-	« chaleur »	*thermomètre*
xén(o)-	« étranger »	*xénophobie*

PRÉFIXES D'ORIGINE LATINE

PRÉFIXES	SENS	EXEMPLES
acer-	« érable »	*acéricole, acériculture*
anglo-	« anglais »	*anglophone*
anté-	« avant »	*antérieur, antédiluvien*
aqua-	« eau »	*aquarelle, aquatique*
audio-	« j'entends »	*audiovisuel*
bi(s)-	« deux fois »	*bilingue, bimoteur, bimensuel*
calor-	« chaleur »	*calorifère*
centi-	« cent »	*centimètre*
co-	« avec »	*copropriété, coauteur, coédition*
curvi-	« courbe »	*curviligne*
déci-	« dix »	*décibel*
dis-	« séparation »	*dissocier*
ex-	« antérieurement »	*ex-mari, ex-ministre*
extra-	« en dehors »	*extraterrestre*
franco-	« de langue, d'ascendance française »	*franco-ontarien*
inter-	« entre »	*interurbain, international*
longi-	« long »	*longiligne*
mini-	« moins »	*minijupe*
multi-	« beaucoup, plusieurs »	*multicolore, multiethnique*
oct-, octa-, octi-, octo-	« huit »	*octogone*
omni-	« tout »	*omnipraticien, omnivore*
péd(i)-	« pied »	*pédicure*
pisci-	« poisson »	*pisciculture*
pluri-	« plusieurs »	*pluridisciplinaire*
post-	« après »	*postérieur, postérité*
pré-	« en avant »	*préretraite*
quadr(i)-	« quatre »	*quadrimoteur*
quinqu(a)-	« cinq »	*quinquennal*
quint-	« cinquième »	*quintuple*
radio-	« rayon »	*radiologie*
rect(i)-	« droit »	*rectiligne*
rétro-	« en arrière »	*rétrograder*
semi-	« demi »	*semi-automatique*
sérici-	« soie »	*sériciculture*
sub-	« sous »	*subconscient, subdiviser*
super-	« au-dessus »	*superpuissance, superposer*
sur-	« au-dessus »	*surabondance, surdoué*
sylvi-	« forêt »	*sylviculture*
trans-	« à travers »	*transatlantique*
tri-	« trois »	*triangle, tricycle*
ultra-	« au-delà »	*ultrason, ultrasecret*
uni-	« un »	*unilingue*
vidéo-	« je vois »	*vidéocassette*
viti-	« vigne »	*viticulture*

VOIR TABLEAUX ► NÉOLOGISME. ► SUFFIXE.

La préposition est un mot invariable qui sert à introduire un complément, qu'il unit, par un rapport de temps, de lieu, de moyen, de manière, etc., à un mot, à un groupe de mots ainsi complétés.

▶ **Quelques prépositions**

À	DE	PAR
Je viendrai **à** midi (temps).	Marcher **de** midi à minuit (temps).	Passer **par** Trois-Rivières (lieu).
Il habite **à** la campagne (lieu).	Se rapprocher **de** la ville (lieu).	Travailler dix heures **par** jour (temps).
Se battre **à** l'épée (moyen).	Une femme **de** tête (manière).	Voyager **par** bateau (moyen).

DANS	EN	POUR
Il arrivera **dans** une heure (temps).	Elle habite **en** Gaspésie (lieu).	Partir **pour** la campagne (lieu).
Elle travaille **dans** un bureau (lieu).	**En** été comme **en** hiver (temps).	Partir **pour** deux jours (temps).
Boire **dans** un verre (instrument).	Une bague **en** or (matière).	Des bottes **pour** la pluie (but).

▭ Attention à certains mots qui sont tantôt des prépositions s'ils introduisent un complément, tantôt des adverbes s'ils n'en introduisent pas.

> Il y a un chien **derrière** l'arbre. Le mot **derrière** introduit un complément de phrase : c'est une **préposition**.

> Les chiens sont restés **derrière**. Le mot **derrière** n'introduit pas de complément : c'est un **adverbe** qui modifie le verbe *rester*.

▶ **Principales prépositions**

à	contre	dès	envers	par	sauf
après	dans	devant	hors	parmi	selon
avant	de	durant	jusque	pendant	sous
avec	depuis	en	malgré	pour	sur
chez	derrière	entre	outre	sans	vers…

SYNTAGME PRÉPOSITIONNEL

Le **syntagme prépositionnel** est formé de plusieurs mots et joue le même rôle que la préposition : il introduit un complément. *Un joli jardin a été aménagé **en arrière de** la maison.*

▭ Les syntagmes prépositionnels introduisent toujours un complément.

> Les enfants jouent **en avant de** l'école. Le syntagme **en avant de** introduit un complément de phrase : c'est un syntagme prépositionnel.

▶ **Principaux syntagmes prépositionnels**

à cause de	à l'insu de	auprès de	de dessus	en face de	par-dessus
à condition de	à l'intention de	au prix de	de devant	en faveur de	par-devant
à côté de	à moins de	au sujet de	de façon à	étant donné	par-devers
à défaut de	à raison de	autour de	de là	face à	par rapport à
afin de	au cours de	au travers de	de manière à	faute de	près de
à force de	au-dedans de	aux dépens de	d'entre	grâce à	proche de
à l'abri de	au-dehors de	aux environs de	de par	hors de	quant à
à la façon de	au-dessous de	avant de	de peur de	jusqu'à	sauf à
à la faveur de	au-dessus de	dans le but de	du côté de	le long de	vis-à-vis de…
à la mode de	au-devant de	d'après	en bas de	loin de	
à l'égard de	au lieu de	d'avec	en deçà de	par-dedans	
à l'encontre de	au milieu de	de chez	en dedans de	par-dehors	
à l'exception de	au moyen de	de derrière	en dehors de	par-delà	
à l'exclusion de	au pied de	de dessous	en dépit de	par-dessous	

PRÉSENT

AXE DU TEMPS

PASSÉ	PRÉSENT	FUTUR
AUTREFOIS, ON VOYAGEAIT EN BATEAU.	**AUJOURD'HUI**, ON SE DÉPLACE EN AVION.	**DEMAIN**, ON CIRCULERA EN NAVETTE SPATIALE.

Le **PRÉSENT** indique qu'un fait, qu'une action a lieu au moment où l'on parle.

▶ **Le PRÉSENT exprime:**

– un **fait actuel,** une **action présente.**

Il fait soleil aujourd'hui. Elle est à la campagne dans son jardin.

▶ **Le PRÉSENT exprime également:**

– une **vérité éternelle, générale.**

Le ciel est bleu. Il importe de bien maîtriser sa langue, car elle est le véhicule de la pensée.

▭ Les proverbes, les maximes, les adages sont généralement au présent, car ils expriment des vérités permanentes. «*Rien ne sert de courir, il faut partir à point.*» (La Fontaine) *Pierre qui roule n'amasse pas mousse.*

– un **fait habituel.**

Les enfants partent tous les matins à 7 h 30 et reviennent à 16 h.

– un **fait scientifique.**

Deux et deux font quatre. «Tout corps plongé dans un liquide subit une poussée verticale, dirigée de bas en haut, égale au poids du fluide déplacé.» (Principe d'Archimède)

– un **fait historique.**

Samuel de Champlain fonde Québec en 1608.

▭ Ce temps s'appelle aussi le présent narratif, car il raconte l'histoire de façon vivante et la rattache à l'actualité.

▶ **Le PRÉSENT peut aussi traduire:**

– un **passé récent.**

La partie de hockey se termine tout juste.

– un **futur proche.**

Attends-moi, j'arrive immédiatement. Nous partons en voyage demain.

▭ Dans ces deux cas, la dimension passée ou future est indiquée à l'aide du verbe au présent accompagné d'une locution adverbiale (ou adverbe composé) pour le passé *(tout juste)* ou d'un adverbe pour le futur *(immédiatement).*

– une **action future** dans une subordonnée conditionnelle.

Si tu économises un peu, tu pourras t'acheter des patins.

VOIR TABLEAUX ▶ CONCORDANCE DES TEMPS DANS LA PHRASE. ▶ FUTUR. ▶ PASSÉ (TEMPS DU).

P
152

Le pronom est un mot qui peut représenter un nom, un pronom ou un groupe nominal ; un adjectif ou un groupe adjectival ; une phrase. *Je te prête mon livre : prends-en grand soin et rends-le-moi demain.*

▱ Les pronoms personnels *en* et *le* représentent le groupe nominal *mon livre.*

Les articles de ce journal sont intéressants, mais ceux de cet hebdomadaire le sont peu.

▱ Le pronom personnel *le* représente l'adjectif *intéressants.*

Ces personnes sont honnêtes. Je le crois, du moins.

▱ Le pronom personnel *le* représente la phrase *Ces personnes sont honnêtes.*

---

1. PRONOM PERSONNEL

Le pronom personnel indique la personne de l'être ou de l'objet dont il est question.

PERSONNE	GENRE	NOMBRE	PRONOMS PERSONNELS SUJETS	PRONOMS PERSONNELS COMPLÉMENTS		
				COMPLÉMENT DIRECT	COMPLÉMENT INDIRECT	COMPLÉMENT DE LA PRÉPOSITION
1re	masculin/féminin	singulier	*je*	*me, moi*	*me*	*moi*
2^e	masculin/féminin	singulier	*tu*	*te, toi*	*te*	*toi*
3^e	masculin	singulier	*il*	*le, se*	*lui, en, y, se*	*lui*
	féminin	singulier	*elle*	*la, se*	*lui, en, y, se*	*elle*
	neutre	singulier	*on*	*en, se*	*lui, en, y, se*	*soi*
1re	masculin/féminin	pluriel	*nous*	*nous*	*nous*	*nous*
2^e	masculin/féminin	pluriel	*vous*	*vous*	*vous*	*vous*
3^e	masculin	pluriel	*ils*	*les, se*	*leur, en, y, se*	*eux*
	féminin	pluriel	*elles*	*les, se*	*leur, en, y, se*	*elles*
	masculin/féminin	pluriel	*ils*	*les, se*	*leur, en, y, se*	*eux*

▶ **Au singulier**

- La **1re personne** est celle qui parle. *Je reviendrai demain. Elle me regarde. Je me souviens. Regarde-moi. Joue avec moi.*

- La **2e personne** est celle à qui l'on parle. *Tu reviendras demain ? Elle te regarde. Tu te rappelles. Regarde-toi. Je viens avec toi.*

- La **3e personne** est celle dont on parle. *Elle reviendra demain ? On la comprend. Elle se coiffe. Regarde-le ou parle-lui. Viens avec elle. Danse avec lui.*

▱ Devant une voyelle ou un *h* muet, certains pronoms s'élident : *j', m', t', l', s'. J'aime, je m'ennuie, il t'aime, tu ne l'aimes pas, ils s'habituent.*

▶ **Au pluriel**

- La **1re personne** désigne un ensemble de personnes, dont celle qui en fait partie. *Demain, nous comptons visiter l'exposition sur les Grecs à Pointe-à-Callière. Elle nous regarde. Nous nous souvenons. Regarde-nous. Joue avec nous.*

↩ La **1re personne** du pluriel peut être employée au lieu du singulier pour marquer l'objectivité, par exemple dans un écrit scientifique (mémoire, thèse, article) : c'est un **pluriel de modestie**. Dans le style officiel des souverains, de personnes détenant l'autorité, on relève également l'emploi de la 1re personne du pluriel au lieu du singulier : c'est alors un **pluriel de majesté**.

▱ Quand le pronom *nous* représente une seule personne, les adjectifs ou participes qui s'y rapportent s'accordent en genre selon le cas et se mettent au singulier. *Nous nous sommes intéressé à ce phénomène.*

- La **2ᵉ personne** désigne un ensemble d'interlocuteurs auquel on s'adresse. ***Vous*** *reviendrez demain ?* *Elle* ***vous*** *regarde.* ***Vous*** *vous rappelez. Regardez-****vous****. Je viens avec* ***vous****.*

🖘 Dans le cas du vouvoiement, qui s'emploie pour marquer la déférence ou une certaine distance, la 2ᵉ personne du pluriel ne désigne parfois qu'une seule personne.

🖳 Quand le pronom *vous* représente une seule personne, les adjectifs ou participes qui s'y rapportent s'accordent en genre selon le cas et se mettent au singulier. *Olivier, vous serez consulté en ce qui a trait à l'aménagement de votre bureau.*

- La **3ᵉ personne** représente des êtres ou des choses dont on parle. ***Ils*** *reviendront demain ? On* ***les*** *aime.* ***Elles*** *se coiffent. Regarde-****les*** *ou parle-****leur****. Viens avec* ***eux****. Danse avec* ***elles****.*

2. PRONOM POSSESSIF

– Le pronom possessif représente un nom de personne ou de chose en précisant le « possesseur ». ***Votre*** *chien est bien dressé ;* ***le nôtre*** *est très turbulent. Prends* ***ton*** *livre ; je prends* ***le mien****.*

– Comme le déterminant possessif, le pronom possessif est loin de toujours marquer un rapport de possession ; il n'exprime souvent qu'une simple relation, qu'un lien de dépendance, d'affinité, de proximité, etc.

🖘 Il ne faut pas confondre le pronom possessif et le déterminant possessif. ***Notre*** *chatte est blanche ;* ***la vôtre*** *est noire.* ***Notre*** est un déterminant possessif ; ***la vôtre*** est un pronom possessif qui remplace « votre chatte ». Le déterminant s'écrit avec un **o** ; le pronom possessif, avec un **ô** et il est toujours précédé d'un déterminant défini.

FORMES DU PRONOM POSSESSIF

UN SEUL POSSESSEUR	SINGULIER		PLURIEL	
	MASCULIN	FÉMININ	MASCULIN	FÉMININ
Première personne	*le mien*	*la mienne*	*les miens*	*les miennes*
Deuxième personne	*le tien*	*la tienne*	*les tiens*	*les tiennes*
Troisième personne	*le sien*	*la sienne*	*les siens*	*les siennes*

PLUSIEURS POSSESSEURS	SINGULIER		PLURIEL	
	MASCULIN	FÉMININ	MASCULIN	FÉMININ
Première personne	*le nôtre*	*la nôtre*	*les nôtres*	*les nôtres*
Deuxième personne	*le vôtre*	*la vôtre*	*les vôtres*	*les vôtres*
Troisième personne	*le leur*	*la leur*	*les leurs*	*les leurs*

3. PRONOM DÉMONSTRATIF

Le pronom démonstratif représente un nom, dont il prend le genre et le nombre, et un déterminant démonstratif ; il sert à montrer la personne ou la chose désignée par ce nom. *Ces fleurs sont plus odorantes que* ***celles-ci****.* ***C****'est magnifique.*

FORMES DU PRONOM DÉMONSTRATIF :

GENRE	SINGULIER	PLURIEL
MASCULIN	*celui (celui-ci, celui-là)*	*ceux (ceux-ci, ceux-là)*
FÉMININ	*celle (celle-ci, celle-là)*	*celles (celles-ci, celles-là)*
NEUTRE	*ce (ceci, cela)*	

P

153

P

154

4. PRONOM INDÉFINI

Le pronom indéfini représente une personne, une chose qu'il désigne d'une manière indéterminée, vague. *L'un dit oui, l'autre dit non. Nous n'avons **rien** mangé et nous n'avons vu **personne**.*

▸ **Pronoms indéfinis variables :**
Aucun, certain, chacun, l'un, l'autre, le même, maint, nul, pas un, plus d'un, quelqu'un, tel, tout, un autre, un tel...

▸ **Pronoms indéfinis invariables :**
Autrui, on, personne, plusieurs, quelque chose, quiconque, rien...

5. PRONOM RELATIF

Le pronom relatif représente un nom ou un pronom et introduit une phrase relative. *La ville **dont** je parle est Montréal. L'enfant **qui** court ressemble à ton frère. Ceux **que** j'ai vus paraissent excellents.*

Le nom ou le pronom représenté par le pronom relatif est son antécédent.

▸ **Pronoms relatifs définis**

FORMES SIMPLES : *qui, que, quoi, dont, où.*

FORMES COMPOSÉES : *à qui, à quoi, de qui, de quoi,* préposition + *qui,* préposition + *quoi.*

SINGULIER		PLURIEL	
MASCULIN	FÉMININ	MASCULIN	FÉMININ
lequel	*laquelle*	*lesquels*	*lesquelles*
duquel	*de laquelle*	*desquels*	*desquelles*
auquel	*à laquelle*	*auxquels*	*auxquelles*

▭ La forme du pronom relatif varie selon sa fonction dans la phrase relative.

▸ **Pronom relatif indéfini**

*Quiconque, **Quiconque** s'aventure en ces lieux s'expose à un danger.*

6. PRONOM INTERROGATIF

Le pronom interrogatif renvoie à une personne, à une chose que l'on ne connaît pas et sur laquelle porte l'interrogation. ***Qui** sont-ils ? **Quel** est ton nom ? Je me demande **ce que** tu veux.*

– **Interrogation dans une phrase autonome interrogative :** *qui, que, quoi, quel, quelle, quels, quelles, lequel, laquelle, lesquels, lesquelles. Lesquels de ces disques préférez-vous ?*

   ▭ Le pronom *lequel* renvoie à une personne, à une chose dont on parle et avec laquelle il s'accorde en genre et en nombre. ***Lequel** de ces disques préférez-vous ?*

– **Interrogation dans une phrase subordonnée :** *ce qui, ce que, lequel, laquelle, lesquels, lesquelles. Ils se demandent lequel de ces projets Thomas retiendra.*

PRONOMINAUX

Les verbes pronominaux sont accompagnés d'un pronom personnel complément *(me, te, se, nous, vous)* qui représente le sujet. Aux temps composés, les verbes pronominaux se conjuguent avec l'auxiliaire *être*. *Elle **se** regarde. Nous **nous** parlons. Elle **s'**est regardée. Nous **nous** sommes parlé.*

[📖] À l'infinitif, les verbes pronominaux sont toujours précédés du pronom **se** *(s' devant un verbe qui commence par une voyelle ou un h muet)*. Certains verbes sont **essentiellement pronominaux**, c'est-à-dire qu'ils n'existent qu'à la forme pronominale *(se souvenir)*; d'autres sont **accidentellement pronominaux**, c'est-à-dire qu'ils peuvent exister sous une forme non pronominale, mais ils sont pronominaux à l'occasion. Ex. : *Aimer* et *s'aimer, contempler* et *se contempler, parfumer* et *se parfumer*. Le pronom peut être complément direct du verbe (CDV) ou complément indirect du verbe (CIV). *Ils se* (CDV) *sont consultés, elles se* (CIV) *sont succédé*.

[P]
[155]

1. LES VERBES PRONOMINAUX RÉFLÉCHIS | PARTICIPE PASSÉ : ACCORD AVEC LE CDV QUI PRÉCÈDE LE VERBE

Les pronominaux sont réfléchis lorsque l'action qu'ils marquent a pour objet le sujet du verbe.
Elle s'est parfumée. Elle a parfumé **qui? s'** (CDV) mis pour le sujet.

↪ Les pronominaux réfléchis se construisent avec un pronom personnel complément qui renvoie au sujet.

Les pronominaux réfléchis sont appelés **réciproques** lorsqu'ils marquent une action exercée par plusieurs sujets l'un sur l'autre, les uns sur les autres. Les pronominaux réciproques ont donc toujours un sujet au pluriel.

Martin et Jeanne se sont écoutés, ils se sont regardés. Ils ont écouté et regardé **qui? se** mis pour Martin et Jeanne mutuellement. Martin a écouté et regardé Jeanne, et Jeanne a écouté et regardé Martin.

▶ **Accord du participe passé :** le participe passé des verbes pronominaux réfléchis ou réciproques s'accorde avec le complément direct qui précède le verbe. *Elle s'est habillée. Ils se sont salués. Elles se sont lavées,* mais *elles se sont lavé les mains.*

[📖] Attention, le participe passé des pronominaux réfléchis ou réciproques ne s'accorde pas si le complément direct suit le verbe. *Elles se sont lavé les mains.* Si le verbe est accompagné d'un pronom (**me, te, se,** etc.) complément indirect, le participe passé ne s'accorde pas. *Ils se sont écrit. Elles se sont parlé.*

2. LES VERBES PRONOMINAUX NON RÉFLÉCHIS | PARTICIPE PASSÉ : ACCORD AVEC LE SUJET DU VERBE

Les pronominaux non réfléchis sont accompagnés d'un pronom (**me, te, se,** etc.) qui n'est pas un complément direct, mais qui fait partie de la forme verbale, pour ainsi dire : ce pronom est sans fonction logique connue.

Exemples de verbes pronominaux non réfléchis :

s'apercevoir de	se connaître en	se moquer de	se résoudre à
s'approcher de	se défier	s'ouvrir	se saisir de
s'attaquer à	se départir de	se plaindre de	se servir de
s'attendre à	se douter de	s'en prendre à	se taire…
s'avancer	s'endormir	se prévaloir de	
s'aviser de	s'ennuyer	se railler de	
se battre en	se jouer de	se refuser à	

▶ **Accord du participe passé :** le participe passé des verbes pronominaux non réfléchis s'accorde avec le sujet du verbe. *Les enfants se sont moqués du comédien. Ils se sont tus quand le spectacle a commencé.*

*PRONOMINAUX | **SUITE** >*

P

156

3. LES VERBES ESSENTIELLEMENT PRONOMINAUX | PARTICIPE PASSÉ : ACCORD AVEC LE SUJET DU VERBE

Les verbes essentiellement pronominaux n'existent qu'à la forme pronominale.

Exemples de verbes essentiellement pronominaux :

s'absenter	se chamailler	s'empiffrer	s'évader	se méprendre	se renfrogner
s'abstenir de	se contreficher	s'empresser de	s'évanouir	se morfondre	se repentir
s'accouder	se dédire	s'enfuir	s'évertuer	s'obstiner	se ressourcer
s'accroupir	se démener	s'enquérir de	s'exclamer	se parjurer	se soucier de
s'acharner	se désendetter	s'ensuivre	s'extasier	se prélasser	se souvenir de
s'adonner à	se désertifier	s'entraider	se gargariser	se prosterner	se suicider
s'affairer à	se désister	s'entredéchirer	se gausser	se ratatiner	se tapir
s'agenouiller	s'ébrouer	s'entremettre	s'immiscer	se raviser	se targuer de…
s'en aller	s'écrier	s'entretuer	s'ingénier à	se rebeller	
s'autodétruire	s'écrouler	s'envoler	s'insurger	se rebiffer	
s'autoproclamer	s'efforcer de	s'époumoner	s'interpénétrer	se récrier	
s'aventurer	s'égailler	s'éprendre de	se lamenter	se recroqueviller	
s'avérer	s'égosiller	s'esclaffer	se marrer	se réfugier	
se blottir	s'emparer de	s'escrimer	se méfier de	se réincarner	

▶ **Accord du participe passé** : le participe passé des verbes essentiellement pronominaux s'accorde avec le sujet du verbe. *Ils se sont abstenus de voter. Elles se sont absentées.*

 ▭ Le verbe essentiellement pronominal *s'arroger* est le seul qui est transitif direct. Il s'accorde avec le complément direct qui précède le verbe. Si le complément direct suit le verbe, le participe passé est invariable. *Les pouvoirs qu'il s'est arrogés,* mais *il s'est arrogé des pouvoirs.*

4. LES VERBES PRONOMINAUX DE SENS PASSIF | PARTICIPE PASSÉ : ACCORD AVEC LE SUJET DU VERBE

Les pronominaux de sens passif correspondent à des emplois du verbe à la voix passive où le sujet subit l'action, mais ne la fait pas.
- Voix active. *On mange des pommes à la récréation.*
- Voix passive. *Les pommes sont mangées à la récréation.*
- Forme pronominale passive. *Les pommes se mangent à la récréation.*

Le pronom personnel *se* ne représente pas le sujet, car ce ne sont pas les pommes qui se mangent.

▶ **Accord du participe passé** : le participe passé des verbes pronominaux de sens passif s'accorde avec le sujet du verbe. *Ces produits se sont bien écoulés.*

5. LES VERBES PRONOMINAUX DONT LE PARTICIPE PASSÉ EST INVARIABLE | PARTICIPE PASSÉ : INVARIABLE

Certains verbes pronominaux, qui ne sont pas des verbes transitifs directs à la voix active, sont **invariables** à la forme pronominale, car ils sont accompagnés d'un pronom qui n'est pas un complément direct, mais un complément indirect.

 Ils se sont succédé à la direction de l'entreprise. Elles se sont parlé longuement.

 ▭ Le participe passé de ces verbes pronominaux est invariable.

s'appartenir	se déplaire	se parler	se ressembler	se succéder
se complaire	se mentir	se plaire	se rire de	se suffire
se convenir	se nuire	se rendre compte	se sourire	se survivre

Le participe passé du verbe *se faire* suivi d'un infinitif est invariable.
Ils se sont fait construire une petite maison dans les Laurentides.

 ▭ Suivi d'un nom ou d'un adjectif attribut du complément direct, le participe passé du verbe *se faire* s'accorde en genre et en nombre avec l'attribut. *Au fil des ans, elles se sont faites vieilles.*

QUE, CONJONCTION DE SUBORDINATION

La conjonction de subordination (ou subordonnant) *que* sert à introduire une phrase subordonnée sujet, attribut, complément du verbe, complément de phrase, complément du nom ou complément de l'adjectif. *Je pense* ***que*** *nous y arriverons.* Elle accompagne le subjonctif qui marque, notamment, le commandement, la demande, le souhait, le doute, la négation. *Elles souhaitent* ***que****, nous puissions venir.* La conjonction sert également de corrélatif aux comparatifs. *Anna est plus sportive* ***que*** *Nellie.*

▱ Devant une voyelle ou un *h* muet, la conjonction s'élide. ***Qu'il, qu'une.***

Il importe de ne pas confondre la conjonction de subordination ***que*** avec le pronom relatif ***que,*** qui relie une phrase subordonnée relative à un nom ou à un pronom (l'antécédent). *La personne* (antécédent) ***que*** *je vois.* *Les villes* (antécédent) ***que*** *j'ai visitées.* *C'est elle* (antécédent) ***que*** *j'ai rencontrée.*

VOIR TABLEAU ▶ QUE, PRONOM.

▶ La conjonction introduit une **subordonnée sujet de la phrase.** ***Que*** *vous veniez ce soir nous fait un grand plaisir.*

▶ La conjonction introduit une **subordonnée complétive** (complément du verbe). *Il importe* ***que*** *tu réfléchisses. Je crois* ***que*** *tu as raison.*
   ꒰ La conjonction de subordination est répétée s'il y a coordination de phrases subordonnées. *Elle espère* ***que*** *tu réfléchiras et* ***que*** *tu accepteras sa proposition.*

▶ La conjonction introduit une **subordonnée circonstancielle** (complément de la phrase). *Nous serons là avant* ***que*** *le train (ne) parte.*

▶ La conjonction introduit une **subordonnée complétive** (complément du nom). *Elle caresse l'espoir* ***que*** *tous seront réunis sous peu.*

▶ La conjonction introduit une **subordonnée complétive** (complément de l'adjectif). *Ces candidats étaient ravis* ***que*** *leur candidature soit retenue.*

▶ La conjonction accompagne le **subjonctif.** *Je doute* ***que*** *les voyageurs puissent partir ce soir.*

▶ La conjonction introduit le **second terme d'un modificateur de comparaison.** *Il est plus grand* ***que*** *toi.*

Locutions conjonctives de subordination (ou subordonnants) avec *que*.
Ces subordonnants introduisent une phrase subordonnée circonstancielle.

à ce que	d'abord que	en tant que	quoique
afin que	d'autant moins que	étant donné que	sans que
ainsi que	d'autant plus que	excepté que	sauf que
alors que	de crainte que	il est entendu que	si bien que
à mesure que	de façon que	jusqu'à ce que	si tant est que
à présent que	de manière que	le fait que	soit que… soit que
après que	de même que	malgré que	sous (le) prétexte que
à supposer que	de peur que	moins que	supposé que
à tel point que	depuis que	parce que	tandis que
attendu que	de sorte que	pendant que	tant que
au lieu que	dès que	peut-être que	tant… que
à un point tel que	de telle façon que	plus que	tellement que
au point que	de (telle) sorte que	plutôt que	toutes les fois que
aussi bien que	du moment que	pour autant que	trop… pour que
aussitôt que	en admettant que	pour peu que	une fois que
avant que	en attendant que	pour que	vu que…
bien que	encore que	pourvu que	
c'est-à-dire que	en même temps que	puisque	

VOIR TABLEAU ▶ CONJONCTION DE SUBORDINATION.

PRONOM RELATIF MASCULIN ET FÉMININ

Le pronom relatif *que* relie une phrase subordonnée relative à un nom ou à un pronom (l'antécédent). L'antécédent du pronom *que* peut être une personne ou une chose. *La personne* [antécédent] *que j'ai rencontrée. C'est toi* [antécédent] *que j'ai remarqué. Les multiples villes* [antécédent] *que vous avez visitées; celles* [antécédent] *que vous n'avez pas encore vues.*

> ▭ Devant une voyelle ou un *h* muet, le pronom s'élide. *La montagne qu'il a escaladée. La promenade qu'Hélène fera.*

Il importe de ne pas confondre le pronom relatif *que* avec la conjonction de subordination *que*, qui n'est pas liée à un antécédent et qui introduit une phrase subordonnée sujet, complément du verbe, complément de la phrase, complément du nom ou complément de l'adjectif ou le second terme d'une comparaison.

VOIR TABLEAU ▶ **QUE,** CONJONCTION DE SUBORDINATION.

▶ **Fonctions du pronom**

- **Complément direct du verbe de la relative.** *Les paysages que vous avez vus sont magnifiques.*
- **Attribut du verbe de la relative.** *Le scientifique qu'il est s'interroge.*

PRONOM INTERROGATIF NEUTRE

Le pronom interrogatif *que* introduit une phrase interrogative.

▶ **Fonctions du pronom**

1. Interrogation dans la phrase autonome interrogative
   - **Complément direct.** *Que dis-tu?*
     - ↪ La construction *qu'est-ce que* s'emploie également, mais elle est plus lourde.
   - **Attribut.** *Qu'est ce parfum?*
   - **Complément d'un verbe impersonnel.** *Que va-t-il arriver?*

2. Interrogation dans la phrase subordonnée
   - **Complément direct.** *Je ne sais que décider.*
   - **Attribut.** *Il ne sait que devenir.*
     - Ⓣ La phrase autonome interrogative est suivie d'un point d'interrogation. *Que veut-elle?* Par contre, pour l'interrogation exprimée dans la subordonnée, la phrase autonome est déclarative et se termine par un point. *Il se demande ce qu'elle* (et non **qu'est-ce qu'elle*) *veut.*

▶ **Locutions pronominales interrogatives** (ou **pronoms interrogatifs composés**)

Qu'est-ce qui. Que (sujet). *Qu'est-ce qui vous prend?*
Qu'est-ce que. Que (complément). *Qu'est-ce que vous dites?*

VOIR TABLEAU ▶ **PRONOM.**

Mots ou expressions propres au français du Québec.

Les québécismes se répartissent en trois grandes catégories :
1. **les mots originaires des provinces de France** d'où sont venus s'établir en Nouvelle-France les premiers colons ;
2. **les mots créés sur le territoire québécois** pour nommer des réalités propres au Québec, pour désigner de nouvelles réalités ou pour éviter un emprunt à d'autres langues ;
3. **les emprunts** à l'anglais et aux langues amérindiennes.

1. QUÉBÉCISMES ORIGINAIRES DE FRANCE

ARCHAÏSMES

Formes lexicales anciennes, disparues ou en voie de disparition dans le français moderne européen, mais encore courantes au Québec et dans certaines régions de la francophonie.

On peut distinguer les archaïsmes de forme et les archaïsmes de sens :

- **Archaïsmes formels**
  Formes appartenant à un état de langue ancien, qui sont toujours vivantes au Québec, mais qui sont disparues de l'usage contemporain européen.
  achalandage, abrier, brunante, l'adjectif *croche* aux sens de « crochu » et « malhonnête », *dépendamment, ennuyant*

- **Archaïsmes sémantiques**
  Acceptions attestées en français des siècles antérieurs, qui n'ont pas survécu en français général, mais qui sont toujours courantes au Québec.
  garde-robe au sens de « placard », *goûter* au sens de « avoir le goût de », *jambette* au sens de « croc-en-jambe », *piger* aux sens de « prendre », « voler, détourner », *tantôt* aux sens de « un peu plus tôt » ou « un peu plus tard »

DIALECTALISMES

Formes lexicales anciennes qui proviennent de l'un ou l'autre des dialectes de la France et qui sont toujours courantes dans l'usage québécois et parfois dans certaines régions de la francophonie.

On peut distinguer les dialectalismes de forme et les dialectalismes de sens :

- **Dialectalismes formels**
  Unités lexicales originaires de certains parlers régionaux, qui sont toujours vivantes au Québec, mais qui ne sont pas usitées dans le français européen.
  écornifler, bleuet (airelle), *gadellier*

- **Dialectalismes sémantiques**
  Acceptions originaires de certains dialectes de France, qui ont survécu en français québécois, mais qui n'appartiennent pas à l'usage courant du français européen.
  bec au sens de « baiser », *creux* au sens de « profond », *mouiller* au sens de « pleuvoir »

2. QUÉBÉCISMES DE CRÉATION OU NÉOLOGISMES

NÉOLOGISMES

Formes lexicales anciennes ou récentes, créées sur le territoire québécois.

On peut distinguer les néologismes de forme et les néologismes de sens :

- **Néologismes formels**
  Formes lexicales de création québécoise.
  > *aluminerie, baladodiffusion, courriel, débarbouillette, épluchette, érablière, motoneige, piquetage, pourvoirie*

- **Néologismes sémantiques**
  Formes lexicales anciennes ou récentes, d'origine française ou étrangère, et dont au moins un des sens est propre à l'usage linguistique québécois.
  > *babillard* au sens de « tableau d'affichage », *dépanneur* au sens de « épicerie de proximité », *laveuse* au sens de « lave-linge », *magasinage* au sens de « courses, lèche-vitrine », *polyvalente* au sens de « école secondaire »

3. QUÉBÉCISMES D'EMPRUNT

EMPRUNTS

Formes lexicales anciennes ou récentes, originaires d'une langue étrangère et intégrées dans l'usage linguistique des Québécois, avec ou sans adaptation phonétique, graphique, morphologique ou syntaxique.

EMPRUNTS À L'ANGLAIS

Formes lexicales ou acceptions originaires de l'anglais et intégrées dans l'usage linguistique des locuteurs québécois.

On peut distinguer les emprunts de forme et les emprunts de sens à l'anglais :

- **Anglicismes formels**
  Mots, expressions empruntés directement à l'anglais ou dont l'orthographe a été adaptée à celle du français.
  > *coroner, drave, draveur, registraire, triplex*

  ☞ Ces emprunts sont nécessaires : ils désignent une réalité qui n'est pas nommée en français.

- **Anglicismes sémantiques**
  Emplois de mots français dans un sens qu'ils ne possèdent pas, sous l'influence de mots anglais qui ont une forme semblable.
  > **batterie* au sens de « pile », **juridiction* au sens de « compétence »

  ☞ Ces emprunts sont critiqués parce qu'il existe des mots français pour nommer ces réalités.

EMPRUNTS AUX LANGUES AMÉRINDIENNES ET À L'INUKTITUT

Formes lexicales empruntées aux langues amérindiennes (amérindianismes) ou à l'inuktitut (inuitismes) pour désigner des réalités de la faune, de la flore, du climat, de la géographie, etc., qui sont propres au Québec.
  > *achigan, atoka, maskinongé, ouananiche, ouaouaron*

EMPRUNTS À D'AUTRES LANGUES

Formes lexicales empruntées à d'autres langues (xénismes) pour désigner généralement des réalités propres à d'autres cultures.
  > *cacher, cachère, taboulé, pain pita*

DÉTERMINANT INDÉFINI | Abréviation *qq.* (s'écrit avec un point).

1. *Quelque* + nom au pluriel. Un petit nombre de. *Nous avons apporté* **quelques** *fruits.* **Quelques** *centaines de personnes.*

2. *Quelque* + nom au singulier. (LITT.) Un certain. *Son compagnon avait* **quelque** *peine à le suivre. Ce poème est de* **quelque** *troubadour du Moyen Âge.*

3. *Quelque* + nom + *que* + subjonctif. (LITT.) Quel que soit le… que, quelle que soit la… que. **Quelques** *paroles apaisantes* **que** *vous prononciez, vous n'arriverez pas à le consoler.* **Quelque** *chagrin* **que** *j'aie, jamais je n'en parlerai.*

   🖙 La locution, qui s'emploie dans un registre soutenu, marque la concession, l'opposition.

   ▥ Le déterminant indéfini s'accorde avec le nom qu'il détermine et ne s'élide que devant *un, une* pour former le pronom indéfini *quelqu'un, quelqu'une.*

ADVERBE

1. *Quelque* + déterminant numéral. Environ, à peu près. **Quelque** *cent personnes ont assisté au spectacle.*

2. *Quelque* + adjectif + *que* + subjonctif. (LITT.) Si, aussi. **Quelque** *prudent* **qu'***il soit, il ne pourra l'emporter sur son adversaire qui est un fin stratège.*

3. *Quelque* + participe passé + *que* + subjonctif. (LITT.). Si, aussi. **Quelque** *effrayés* **qu'***ils soient, ils n'avoueront rien.* **Quelque** *endormies* **qu'***elles aient été, elles ont tout entendu.*

4. *Quelque* + adverbe + *que* + subjonctif. (LITT.). Si, aussi. **Quelque** *doucement* **que** *vous retiriez son pansement, il a horriblement mal.*

   ▥ L'adverbe *quelque* est invariable, comme tous les adverbes, et ne s'élide pas.

Emplois particuliers

– *En quelque sorte,* adv. Pour ainsi dire, d'une certaine manière. *Ils mangent très peu : ils jeûnent en quelque sorte.*

– *Et quelques,* adv. Et un peu plus. *Cent étudiants et quelques ont réussi.*
   ◁⟡ La locution s'emploie après une quantité numérique.

– *Quelque chose,* pronom. indéf. Une chose quelconque. *Donnez-moi quelque chose à manger.*
   ◁⟡ Malgré le genre féminin du nom *chose,* le pronom se construit avec un participe ou un adjectif au masculin singulier. *Je n'ai jamais vu quelque chose d'aussi joli.*

– *Quelque part,* adv. En quelque lieu. *Est-ce que je vous ai déjà vu quelque part ?*

– *Quelque peu,* adv. (LITT.) Assez. *Cette idée est quelque peu dépassée.*

– *Quelque temps,* adv. Un certain temps. *Dans quelque temps, le printemps reviendra.*

RÉSUMÉ						
DÉTERMINANT INDÉFINI			**ADVERBE**			
quelque + nom au pluriel	*quelque* + nom au singulier	*quelque* + nom + *que* + subjonctif	*quelque* + déterminant numéral	*quelque* + adjectif + *que* + subjonctif	*quelque* + participe passé + *que* + subjonctif	*quelque* + adverbe + *que* + subjonctif
« un petit nombre de »	« un certain »	« quel que soit le… que, quelle que soit la… que »	« environ, à peu près »	« si, aussi »	« si, aussi »	« si, aussi »
accord au pluriel	accord au singulier	accord	invariabilité	invariabilité	invariabilité	invariabilité
Quelques pommes sont mûres.	*Ils se cachent dans* **quelque** *endroit.*	*Quelques remarques* **que** *vous fassiez…*	*Quelque cent participants étaient là.*	*Quelque aimables* **que** *soient ces personnes…*	*Quelque fatigués* **que** *nous soyons…*	*Quelque rapidement* **qu'***ils courent…*

Q

162

PRONOM RELATIF MASCULIN ET FÉMININ

Le pronom relatif *qui* relie une proposition subordonnée à un nom ou à un pronom (l'antécédent). L'antécédent du pronom *qui* peut être une personne ou une chose. *L'amie* [antécédent] *qui m'a aidé est gentille. Ceux* [antécédent] *qui sont d'accord doivent lever la main. Un coucher de soleil* [antécédent] *qui nous a éblouis.*

⌸ Le pronom relatif est du même genre et du même nombre que le nom ou le pronom qu'il représente (l'antécédent); le verbe, le participe passé, l'attribut s'accordent avec l'antécédent. *C'est elle qui est venue. Vous qui êtes partis, revenez.*

▸ **Fonctions du pronom**

- **Sujet de la phrase relative**. *La colombe qui vole. Elle apprécie qui la comprend. Toi qui me conseilles toujours si judicieusement.*

  ⌸ Sans antécédent, le pronom relatif a le sens de «quiconque». *Qui vivra verra.*

- **Complément indirect du verbe**. *La personne à qui j'ai rêvé. L'amie à qui tu parleras.*

  ⟿ Lorsque le pronom *qui* est employé avec une préposition, son antécédent ne peut être qu'une personne. Pour les animaux et les êtres inanimés, on emploie le pronom *dont*, qui convient également aux personnes, ou les pronoms relatifs composés, selon le cas. *Le chien auquel je rêve et dont je parle constamment. La maison dont je rêve.*

- **Complément de la phrase**. *L'ami avec qui je joue. Celui pour qui il travaille.*

▸ **Locutions**

- *À qui mieux mieux,* loc. adv. Le plus possible, en rivalisant avec les autres. *Les enfants se mirent à courir à qui mieux mieux.* SYN. à l'envi; avec émulation.

- *Ce qui* et *ce qu'il,* loc. pronom. Ce qui, ce qu'il importe. *Il avait prévu ce qui, ce qu'il arrive.*

  ⟿ Avec certains verbes qui admettent à la fois la construction personnelle et impersonnelle, les deux locutions s'emploient indifféremment.

- *Comme qui dirait,* loc. adv. (FAM.) En quelque sorte, pour ainsi dire. *L'enfant a dessiné un animal bizarre, un crocodile ailé comme qui dirait.*

- *Dieu sait qui,* loc. pronom. indéfinie. Une personne inconnue et dont on se méfie. *Il a confié son portefeuille à Dieu sait qui.*

- *Je ne sais qui,* loc. pronom. indéfinie. Une personne dont on ne connaît pas l'identité. *Le directeur a été prévenu par je ne sais qui.*

- *N'importe qui,* loc. pronom. indéfinie. Une personne quelconque. *Il ne faut pas vous adresser à n'importe qui.*

- *Qui que,* loc. pronom. indéfinie. *Qui que vous soyez, entrez, je vous en prie.*
  ⟿ Cette locution, qui exprime une concession, se construit avec le subjonctif.

- *Qui que ce soit,* loc. pronom. indéfinie. Une personne quelconque, n'importe qui. *Je ne parlerai pas à qui que ce soit.*
  ⌸ Cette locution exprime une idée d'indétermination.

- *Qui que ce soit qui,* loc. pronom. indéfinie. *Qui que ce soit qui vienne, je l'accueillerai.*
  ⟿ Avec cette locution, qui marque la concession, le verbe se construit au subjonctif.

– *Qui… qui*, loc. pronom. indéfinie. (LITT.) L'un…, l'autre; celui-ci…, celui-là… *Les invités arrivaient de partout qui en voiture qui en avion.*

– *Qui mieux est*, loc. adv. Ce qui est préférable. *Demain, nous aurons congé et, qui mieux est, il fera très beau.*

– *Qui pis est*, loc. adv. Ce qui est plus mauvais, plus ennuyeux. *Il est en retard et, qui pis est, sa voiture est en panne.*

– *Qui plus est.* loc. adv. En outre. *Cet employé est absent et, qui plus est, sans donner signe de vie.*

– *Qui vous savez*, loc. pronom. indéfinie. Une personne dont on ne veut pas révéler l'identité. *Cette enveloppe vous a été transmise par qui vous savez.*

PRONOM INTERROGATIF MASCULIN ET FÉMININ

Le pronom interrogatif *qui* introduit une proposition interrogative et a le sens de **quelle personne ?** **Qui** *vient prendre la relève ?*

▭ Le verbe, le participe, le participe passé, l'attribut s'accordent généralement au masculin singulier.

► **Fonctions du pronom**

1. Interrogation dans la phrase autonome interrogative
   - **Sujet.** *Qui chante ainsi ?*
   - **Attribut.** *Qui es-tu ?*
   - **Complément direct du verbe.** *Qui a-t-il rencontré ?*
   - **Complément indirect du verbe.** *À qui parlez-vous ?*
   - **Complément de la phrase.** *Avec qui travailles-tu ?*

2. Interrogation dans la phrase subordonnée
   - **Sujet.** *Je me demande qui gagnera le gros lot.*
   - **Complément direct du verbe.** *Je ne sais qui tu rencontres.*
   - **Complément indirect du verbe.** *Dis-moi à qui tu attribues le premier prix.*
   - **Attribut du sujet.** *Rappelez-vous qui elle est.*
   - **Complément de la phrase.** *Elle s'est demandé avec qui vous chanteriez.*

   T La phrase autonome interrogative est suivie d'un point d'interrogation. *Qui a prononcé ces mots ?* Par contre, pour l'interrogation exprimée dans la subordonnée, la phrase autonome est déclarative et se termine par un point. *Je me demande qui a prononcé ces mots.*

► **Locutions pronominales interrogatives**

– *Qui est-ce qui.* Qui (sujet). *Qui est-ce qui vient ?*

– *Qui est-ce que.* Qui (complément). *Qui est-ce que j'entends ?*

VOIR TABLEAU ► **PRONOM.**

Q

163

PRONOM RELATIF

Le pronom relatif neutre *quoi* relie une phrase subordonnée relative à un pronom de sens indéterminé *(ce, cela, rien, chose...)*, à une phrase déjà énoncée. L'antécédent du pronom relatif *quoi* ne peut être qu'une chose. *Vous avez étudié l'histoire, ce* [antécédent] *en quoi vous avez eu raison.*

☞ Le pronom *quoi* est précédé d'une préposition.

1. Avec un antécédent, il a le sens de *lequel, laquelle, laquelle chose.*
   - **Complément indirect du verbe.** *Ce à quoi j'ai rêvé, c'est de partir en voyage.*
   - **Complément de la phrase.** *Voilà en quoi cette thèse est intéressante.*
     ☞ L'antécédent est un pronom ou une locution neutre : *ce, rien, quelque chose.*

2. Sans antécédent, il a le sens de « ce qui est nécessaire ». *Emporte de quoi manger.*

3. *Quoi que* + subjonctif. Quelle que soit la chose que. *Quoi que vous fassiez, il sera d'accord.*
   ☞ Cette locution à valeur concessive se construit avec le subjonctif. Ne pas confondre avec la conjonction *quoique,* signifiant « bien que » et qui est suivie d'un verbe, généralement au subjonctif, d'un adjectif, d'un participe passé ou d'un complément. *Quoique nous ayons leur accord, il faudra nous montrer très prudents.*

Locutions

- *À quoi bon ?* Pourquoi ? *À quoi bon tout transcrire à la main ? C'est bien plus rapide à l'ordinateur.*
- *Faute de quoi,* loc. conj. Autrement, sinon. *Nous partirons tôt : faute de quoi, nous serons en retard.*
- *Il n'y a pas de quoi.* Formule de politesse employée à la suite de remerciements. *Merci beaucoup. Il n'y a pas de quoi (et non *bienvenue).*
- *Il n'y a pas de quoi fouetter un chat.* Ce n'est pas grave, c'est sans importance.
- *Moyennant quoi,* loc. conj. Grâce à quoi. *Prenons nos précautions, moyennant quoi, nous parviendrons à nos fins.*
- *N'importe quoi,* loc. pronom. Une chose quelconque. *N'achète pas n'importe quoi.*
- *Quoi que ce soit,* loc. pronom. Quelque chose. *Si vous désirez quoi que ce soit, prévenez-moi.*
- *Quoi qu'il en soit,* loc. conj. En tout état de cause. *Quoi qu'il en soit, il faut tout reprendre à zéro.*
- *Sans quoi,* loc. conj. Autrement, sinon. *Prends des vêtements chauds, sans quoi tu gèleras.*

PRONOM INTERROGATIF

1. **Interrogation dans la phrase autonome interrogative**
   - **Complément direct du verbe.** Quelle chose ? *Devinez quoi ?*
   - **Complément indirect du verbe.** À quelle chose ? *À quoi rêves-tu ?*
   - **Complément de la phrase.** Avec quelle chose ? *Avec quoi sculptes-tu le bois ?*
     ☞ Suivi d'un adjectif, le pronom se construit avec la préposition *de. Quoi de plus joli qu'un bouquet de roses ? Quoi de nouveau ?*

2. **Interrogation dans la phrase subordonnée**
   Il ne sait pas de quoi elle parle. Elle ne sait pas quoi conclure.
   T La phrase autonome interrogative est suivie d'un point d'interrogation. *À quoi pensez-vous ?* Par contre, pour l'interrogation exprimée dans la subordonnée, la phrase autonome est déclarative et se termine par un point. *Je ne sais quoi dire.*

INTERJECTION

L'interjection marque la surprise, l'admiration, l'indignation. *Quoi ! vous avez osé ! Hé quoi ! admettrez-vous que vous avez tort ?*

VOIR TABLEAUX ▶ INTERJECTION. ▶ PRONOM.

RECTIFICATIONS ORTHOGRAPHIQUES[1]

Le 6 décembre 1990 est publié au *Journal officiel de la République française* un texte intitulé « Les Rectifications de l'orthographe ». Présentées par le Conseil supérieur de la langue française [France] avec l'aval de l'Académie française, ces propositions visent à simplifier certaines graphies et à supprimer des anomalies, des exceptions ou des irrégularités de l'orthographe française. Elles touchent un peu plus de 2000 mots du vocabulaire actuel, mais aussi et surtout l'écriture des nouveaux mots, tout particulièrement dans les domaines technique et scientifique.

✏️ Ainsi que l'écrit l'Office québécois de la langue française [www.oqlf.gouv.qc.ca], « les rectifications de l'orthographe sont des recommandations, des propositions ; même si elles sont officielles, elles n'ont pas de caractère obligatoire ».

Les rectifications se résument à quelques règles et portent principalement sur les points suivants :

- la soudure et le trait d'union ;
- le pluriel des noms composés ;
- la francisation des emprunts à d'autres langues ;
- les accents ;
- le participe passé du verbe *laisser* ;
- diverses anomalies, en particulier les séries désaccordées.

Pour la **correction des épreuves de français**, les formes rectifiées sont admises depuis quelques années et doivent être considérées comme des variantes orthographiques des formes traditionnelles, comme *clef* et *clé*, *lys* et *lis*, *événement* et *évènement*.

PRISE DE POSITION DE L'OFFICE QUÉBÉCOIS DE LA LANGUE FRANÇAISE (OQLF)

Diffusée dans sa *Banque de dépannage linguistique* [http://www.oqlf.gouv.qc.ca/ressources/bdl.html], la prise de position de l'OQLF se lit ainsi : « Bien que les rectifications orthographiques aient été proposées en 1990, l'utilisation effective des nouvelles formes n'est pas encore généralisée. Les flottements dans l'emploi des graphies rectifiées que l'on observe, entre autres dans les dictionnaires usuels, illustrent bien le fait que nous sommes encore dans une période de transition. À l'instar de l'Académie française, qui, en 1991, déclarait que les anciennes graphies demeuraient admises et qu'on ne pouvait pénaliser les nouvelles graphies, l'Office québécois de la langue française estime que ni les graphies traditionnelles ni les nouvelles graphies proposées ne doivent être considérées comme fautives. »

LES PRINCIPALES RÈGLES

Soudure et trait d'union

▶ Le trait d'union ou l'apostrophe est supprimé dans certains mots et les éléments sont soudés, notamment :

– dans les mots composés formés avec *contr(e)-*, *entr(e)-*, *extra-*, *infra-*, *intra-*, *ultra-* ou avec des éléments « savants ».
Contrejour, entretemps, s'entraimer, agroalimentaire, électroencéphalogramme.

– dans les mots empruntés à d'autres langues et les onomatopées.
Baseball, waterpolo, cowboy, exlibris, harakiri, statuquo, blabla, froufrou, tictac.

▶ Le trait d'union lie tous les éléments dans les numéraux composés, qu'ils soient inférieurs ou supérieurs à *cent*.
Vingt-quatre années, cent-quarante-et-un ans.

RECTIFICATIONS ORTHOGRAPHIQUES | *SUITE >*

1. Conception du tableau : Karine Pouliot.

R

166

Pluriel des noms composés

▶ Le pluriel des noms composés du type *verbe + nom* (*brise-glace*) et *préposition + nom* (*avant-midi*) est régularisé : le nom prend la marque du pluriel seulement si le nom composé est au pluriel.
Un brise-glace, des brise-glaces ; un essuie-main, des essuie-mains ; un porte-parole, des porte-paroles ; un avant-midi, des avant-midis ; un sans-abri, des sans-abris.

Francisation de l'orthographe des mots d'origine étrangère

▶ Les mots empruntés à d'autres langues suivent la règle du singulier et du pluriel et sont accentués selon les règles du français.
Un artéfact, des artéfacts ; un maximum, des maximums ; un média, des médias ; un référendum, des référendums ; un sandwich, des sandwichs ; un spaghetti, des spaghettis ; un véto, des vétos.

Accents et tréma

▶ On emploie l'accent grave plutôt que l'accent aigu devant une syllabe contenant un *e* dit muet.
Assèchement, cèleri, crèmerie, évènement.

Cette règle régularise la conjugaison au futur et au conditionnel des verbes en *é* + consonne + *er* (comme *céder*).
Il cèdera (céder), *elles répèteraient* (répéter).

EXCEPTIONS : Les préfixes *dé-* et *pré-* (*démener, prélever*), les *é-* initiaux (*élever*) ainsi que *médecin, médecine.*

▶ On conserve l'accent circonflexe sur *a, e* et *o* (*théâtre, forêt, côté*), mais pas sur *i* et *u*.
Abime, assidument, couter, croitre, disparaitre, envouter, flute, maitrise, trainer.

EXCEPTIONS : On conserve l'accent circonflexe pour distinguer des homophones (ex. : *ou* et *où* ; *du* et *dû* ; *jeune* et *jeûne* ; *sur* et *sûr* ; *cru* et *crû*) et dans les terminaisons du passé simple (*-îmes, -îtes, -ûmes, -ûtes*) ou de l'imparfait du subjonctif (ex. : *qu'il prît*, de *prendre* ; *qu'il crût*, de *croire*).

▶ Le tréma se place sur la voyelle qui doit être prononcée, indiquant qu'elle doit être prononcée séparément de la voyelle qui la suit ou qui la précède.
Aigüe, ambigüe, ambigüité, contigüité, argüer, gageüre.

Simplification des consonnes doubles

▶ Les verbes en *-eler* et en *-eter* (sauf *appeler, jeter* et leurs dérivés) se conjuguent sur le modèle de *peler* ou de *acheter* : ils ne doublent pas le *l* ou le *t*, mais s'écrivent avec un *è*. Leurs dérivés en *-ement* suivent la même règle.
Je morcèle, morcèlement (comme *je démantèle, démantèlement*) ; *je cachète* (comme *j'achète*).

EXCEPTIONS : *J'appelle, tu appelles, il appelle, elles appellent…* (appeler) ; *j'interpelle…* (interpeler) ; *je jette…* (jeter) et leurs dérivés.

▶ La consonne qui suit le *e* dit muet est simple.
Épousseter, lunetier (comme *noisetier*), *niveler.*

Accord du participe passé de *laisser*

▶ Le participe passé du verbe *laisser* suivi d'un infinitif reste invariable (comme celui du verbe *faire* suivi d'un infinitif).
*Nous les avons **laissé mijoter** une heure* (comme *Nous les avons **fait mijoter**).*

Anomalies rectifiées

▶ Des familles sont réaccordées et des anomalies, corrigées.
Bonhommie (comme *bonhomme*) ; *charriot* (comme *charrette*) ; *dissout* (comme *dissoute*) et *absout* (comme *absoute*) ; *persiffler, persifflage, persiffleur* (comme *siffler*) ; *corole, girole* (comme *bestiole, camisole*) ; *joailler, quincailler* (comme *poulailler*) ; *assoir ; **ognon** ; nénufar* (d'origine arabe, et non grecque comme *phare*).

RÉFÉRENCES BIBLIOGRAPHIQUES

Ensemble des renseignements relatifs à un texte publié sous la forme d'un livre ou d'un article et qui comprennent principalement le nom de l'auteur, le titre du document, l'éditeur et la date de publication.

UNIFORMITÉ ET PRÉCISION

- Selon le contexte, les références bibliographiques seront plus ou moins concises, le nombre d'éléments d'information fournis pourra varier.

- Ainsi, à l'intérieur d'un texte, on citera parfois uniquement le nom de l'auteur et l'année de la publication ou le titre de l'ouvrage et la page de la citation. Cependant, les références complètes seront données dans la bibliographie finale.

- Il importe de présenter de façon uniforme les divers renseignements pour un même ouvrage, d'adopter des caractères identiques et de conserver une ponctuation uniforme.

La référence du livre est légèrement différente de la référence de l'article. Voici, dans l'ordre, les renseignements que ces références comprennent :

RÉFÉRENCE D'UN LIVRE

NEPVEU, Pierre. *Lignes aériennes*, Montréal, Éditions du Noroît, 2002, 115 p.

1. Le nom de l'auteur ou des auteurs.
2. Le titre du livre.
3. Le lieu de publication.
4. L'éditeur.
5. La date de publication.
6. Le nombre de pages.

1. Nom et prénom de l'auteur.   2. Titre.   3. Lieu de publication.   4. Éditeur.   5. Date de publication.   6. Nombre de pages.

▶ **Le nom de l'auteur**

- **Un seul auteur.** Le nom de l'auteur est noté en majuscules, il est séparé par une virgule du prénom écrit en minuscules avec une majuscule initiale et il est suivi d'un point.
  LECLERC, Félix.   HÉBERT, Anne.   VIGNY, Alfred de.

  ☞ Dans la mesure du possible, le prénom sera écrit au long.

- **Deux ou trois auteurs.** S'il y a deux ou trois auteurs, le nom et le prénom des autres auteurs sont écrits à la suite, dans l'ordre de la lecture cependant, et sont séparés par une virgule ou par la conjonction *et.*
  BOILEAU, Pierre, Thomas NARCEJAC   ou   BOILEAU, Pierre et Thomas NARCEJAC.

- **Plusieurs auteurs.** S'il y a plus de trois auteurs, on utilise *et al.* (abréviation de l'expression latine *et alii*, signifiant « et les autres ») ou *et collab.* (abréviation de l'expression *et collaborateurs*).

- **Collectif.** S'il s'agit d'un ouvrage collectif ou d'un document dont l'auteur ou les auteurs ne sont pas mentionnés, la référence commencera alors par le titre du document.
  Le Petit Larousse illustré 2015, Paris, Larousse, 2014, 2047 p.

▶ **Le titre du livre**

Le titre est en italique ou, si l'on ne dispose pas de caractères italiques, il est souligné et suivi d'une virgule. Les titres d'ouvrages prennent une majuscule au premier nom et éventuellement à l'adjectif et à l'article qui le précèdent.
Le *Guide de la communication écrite*, de Marie Malo. *L'Homme rapaillé*, de Gaston Miron.
Le Petit Robert 2015. Dictionnaire alphabétique et analogique de la langue française.

  T Si le titre comprend plusieurs mots mis en parallèle, chacun s'écrit avec une majuscule. *Guerre et Paix.* S'il est constitué d'une phrase, seul le premier mot s'écrit avec une majuscule. *La grammaire est une chanson douce*, d'Érik Orsenna. S'il y a un sous-titre, la règle des majuscules et des minuscules du titre s'applique de la même façon et le titre est séparé du sous-titre par un point. *Français de France et français du Canada. Les parlers de l'Ouest de la France, du Québec et de l'Acadie* sous la direction de Pierre Gauthier et Thomas Lavoie.

VOIR TABLEAU ▶ MAJUSCULES ET MINUSCULES.

R

▶ **Le numéro de l'édition**

S'il y a lieu, on inscrira le numéro de l'édition après le titre du livre.

Le Bon Usage, 15ᵉ édition.   *Le Français au bureau,* 7ᵉ édition.

▶ **La collection**

S'il y a lieu, la mention de la collection s'inscrit à la suite du titre et elle est suivie d'une virgule. Cette mention peut également figurer à la suite du nombre de pages, entre parenthèses, précédée de deux espaces et suivie d'un point après la parenthèse fermante.

PITCHER, Patricia. *Artistes, Artisans et Technocrates,* 2ᵉ éd. coll. Presses HEC, Montréal, Québec Amérique, 2008, 265 p.
ou
PITCHER, Patricia. *Artistes, Artisans et Technocrates,* 2ᵉ éd., Montréal, Québec Amérique, 2008, 265 p. (coll. Presses HEC).

[T] Le nom *collection* s'abrège *coll.*

▶ **Le lieu, l'éditeur et la date de publication**

Le lieu de la publication, noté en minuscules et suivi d'une virgule, précède le nom de l'éditeur et la date de publication.

Montréal, Québec Amérique, 2015.

▶ **Le nombre de pages du livre**

345 p.

[T] On utilise l'abréviation de *pages (p.).* Quand l'ouvrage comprend plusieurs volumes, on écrit le nombre avant l'indication du nombre de pages à l'aide de l'abréviation *vol.* 2 vol., 345 p.

RÉFÉRENCE D'UN ARTICLE OU D'UN CHAPITRE DE LIVRE

1. Le nom de l'auteur ou des auteurs.
2. Le titre de l'article ou du chapitre.
3. Le nom du périodique ou du livre.
4. Le numéro de l'édition, du volume ou du périodique, s'il y a lieu.
5. La date de publication.
6. L'indication des pages de l'article ou du chapitre.

DESCÔTEAUX, Bernard. « *Le Devoir* à l'ère numérique », *Le Devoir,* vol. CV, 22 mai 2014, p. A9.

1. Nom et prénom de l'auteur.   2. Titre de l'article.   3. Nom du journal ou de la revue.   4. Volume et numéro de l'édition.   5. Date de publication.   6. Pages.

▶ **Le nom de l'auteur ou des auteurs**

Le nom de l'auteur ou des auteurs d'un article se note comme celui d'un livre et il est suivi d'un point.

FORTIN, Jacques et Louise MARTEL.

[T] S'il y a plus d'un auteur, seuls les nom et prénom du premier auteur sont inversés afin de faciliter le classement alphabétique.

R

▶ **Le titre de l'article**

Le titre d'un article est généralement placé entre guillemets après le nom de l'auteur ou des auteurs. Il est suivi d'une virgule et on écrit ensuite le nom du périodique (journal, revue), qui est mis en italique, ou souligné, à défaut d'italique.

DIOUF, Boucar, « Le jeune chêne », *La Presse*, 130ᵉ année, 3 mai 2014, p. A31.

▶ **Le titre du chapitre**

Le titre du chapitre est placé entre guillemets après le nom de l'auteur ou des auteurs. Il est suivi de la préposition *dans* et du titre de l'ouvrage, qui est mis en italique, ou souligné, à défaut d'italique. S'il s'agit d'un ouvrage collectif, on indique le nom de la ou des personnes qui ont assuré la direction de l'ouvrage.

LEFRANÇOIS, Pascale et Marie-Éva de VILLERS, « Un portrait qualitatif des connaissances lexicales des jeunes Québécois francophones » dans *Enseigner le lexique*, sous la direction de Claudine Garcia Debanc, Caroline Masseron et Christophe Ronveaux, Namur, Presses universitaires de Namur, 2013, p. 231-250.

▶ **Le nom du périodique**

Le nom du périodique est en italique et il est suivi d'une virgule. Si l'on ne dispose pas de caractères italiques, le nom du périodique est souligné.

Courrier international, Gestion.

▶ **Le numéro du périodique et la date de publication**

On note le numéro du volume, s'il y a lieu, le numéro du périodique et la date de la parution.

Géo, n° 425, juillet 2014.

▶ **L'indication des pages d'un article ou d'un chapitre de livre**

La notation des pages d'un article ou d'un chapitre de livre est faite à l'aide de l'abréviation *p.* (et non plus *pp.) suivie des numéros des première et dernière pages de l'article séparés par un trait d'union ou par la préposition *à*.

p. 15-20 ou p. 15 à 20.

RÉFÉRENCES ÉLECTRONIQUES

▶ **Site Web**

- Le nom de l'auteur ou de l'organisme est noté en majuscules. S'il y a lieu, il est séparé par une virgule du prénom écrit en minuscules avec une majuscule initiale et il est suivi d'un point.
- Le titre de l'article ou du texte est placé entre guillemets et il est suivi d'une virgule.
- Le titre de la page d'accueil (titre du périodique, dénomination de l'organisme, raison sociale de l'entreprise, etc.) s'inscrit ensuite en italique et il est suivi d'une virgule.
- Le type de support figure entre crochets, s'il y a lieu, et la mention est suivie d'un point.
- L'adresse URL est notée entre crochets.
- La date de consultation du site est placée entre parenthèses et elle est suivie d'un point.

PARÉ, Isabelle. « L'écrin de verre et d'aluminium du Carré Saint-Laurent pourrait accueillir le Centre d'histoire de Montréal », Éditions Internet, [en ligne]. [http://www.ledevoir.com] (3 septembre 2014).

OFFICE QUÉBÉCOIS DE LA LANGUE FRANÇAISE. *Le Grand Dictionnaire terminologique,* [en ligne]. [http://oqlf.gouv.qc.ca] (15 septembre 2014).

VILLERS-SIDANI, Étienne de, Kimberly L. SIMPSON, Y.-F. LU, Rick C. S. LIN & Michael M. MERZENICH. « Manipulating critical period closure across different sectors of the primary auditory cortex », *Nature Neuroscience*, vol. 11, n° 8, August 2008, p. 957-965, [en ligne] [www.nature.com/natureneuroscience] (10 août 2008).

► **Cédérom**

- Le nom de l'auteur ou de l'organisme est noté en majuscules. Il est séparé par une virgule du prénom écrit en minuscules avec une majuscule initiale et il est suivi d'un point.
- Le titre du document est écrit en italique et suivi d'une virgule.
- La mention de l'édition ou de la version, s'il y a lieu, figure ensuite et se termine par une virgule.
- Le type de support est noté entre crochets et est suivi d'une virgule.
- Le lieu de publication est noté en minuscules et suivi d'une virgule.
- Le nom de l'éditeur est inscrit en minuscules et suivi d'une virgule.
- La date de publication figure à la fin et est suivie d'un point.

Le Petit Robert de la langue française 2011, [cédérom], Paris, Le Robert, 2011.

VILLERS, Marie-Éva de. *Multidictionnaire de la langue française,* 5ᵉ éd., [cédérom], Montréal, Québec Amérique, 2009.

► **Blogue et billet de carnet Web**

Le billet d'un blogue ou carnet Web doit être cité comme un chapitre de livre. Il importe de préciser la date de publication du billet ainsi que la date de consultation.

- Le nom de l'auteur est noté en majuscules ; il est séparé par une virgule du prénom écrit en minuscules avec une majuscule initiale et il est suivi d'un point.
- Le titre du billet est placé entre guillemets et il est suivi de la préposition *dans* et du nom du blogue, qui est mis en italique. À la suite d'une virgule figure la date de parution du billet.
- La mention *en ligne* est notée entre crochets ainsi que l'adresse URL.
- La date de consultation du blogue est placée entre parenthèses et elle est suivie d'un point.

MELANÇON, Benoît. « Le niveau baisse » dans *L'Oreille tendue,* [en ligne], 18 juillet 2014. [http://oreilletendue.com/2014/07/21/le-niveau-baisse] (Consulté le 3 septembre 2014).

MAURAIS, Jacques. « Épreuve uniforme de français langue d'enseignement au collégial : évolution des résultats sur 16 ans » dans *Linguistiquement correct,* [en ligne], 3 septembre 2014. [http://linguistiquement-correct.blogspot.ca] (Consulté le 4 septembre 2014).

Le sigle est une abréviation constituée par les initiales de plusieurs mots et qui s'épelle lettre par lettre.

SRC (Société Radio-Canada), PME (petite et moyenne entreprise), FTQ (Fédération des travailleurs et travailleuses du Québec).

▶ L'acronyme est un sigle composé des initiales ou des premières lettres d'une désignation, et qui, à la différence du sigle, se prononce comme un mot.

ONU (Organisation des Nations Unies), cégep (collège d'enseignement général et professionnel) et OVNI (objet volant non identifié) sont des acronymes.

▶ **Points abréviatifs**

La tendance actuelle est d'omettre les points abréviatifs. Dans cet ouvrage, les sigles et les acronymes sont notés sans points; cependant, la forme avec points est généralement correcte.

▶ **Genre et nombre des sigles**

Les sigles sont du genre et du nombre du mot principal de la désignation abrégée.

Le FMI (Fonds [masculin singulier] *monétaire international), la CSN (Confédération* [féminin singulier] *des syndicats nationaux).*

T À son premier emploi dans un texte, le sigle doit être précédé de la désignation au long.

ADN	Acide désoxyribonucléique
AFP	Agence France-Presse
AI	Amnesty International
AID	Agence internationale de développement
AIÉA	Agence internationale de l'énergie atomique
BBC	British Broadcasting Corporation
BCG	Vaccin bilié de Calmette et Guérin
BIRD	Banque internationale pour la reconstruction et le développement
BIT	Bureau international du travail
BNQ	Bureau de normalisation du Québec
CAC	Conseil des Arts du Canada
CAO	Conception assistée par ordinateur
CCCI	Conseil canadien de la coopération internationale
CCDP	Commission canadienne des droits de la personne
CE	Communauté européenne
CÉI	Communauté d'États indépendants
CIA	Central Intelligence Agency
CLSC	Centre local de services communautaires
CNA	Centre national des arts
CPV	Chlorure de polyvinyle
CRTC	Conseil de la radiodiffusion et des télécommunications canadiennes
CSDM	Commission scolaire de Montréal
CSLF	Conseil supérieur de la langue française
CSN	Confédération des syndicats nationaux
CSST	Commission de la santé et de la sécurité du travail
CTF	Commission de terminologie française
CUP	Code universel des produits
DDT	Dichloro-diphényl-trichloréthane
DSC	Département de santé communautaire
ÉCG	Électrocardiogramme
ÉEG	Électroencéphalogramme
FMI	Fonds monétaire international
GMT	Greenwich Mean Time (Temps moyen de Greenwich)
GRC	Gendarmerie royale du Canada

HAE	Heure avancée de l'Est
HEC	École des hautes études commerciales
HLM	Habitation à loyer modique (Canada)
HLM	Habitation à loyer modéré (France)
HNE	Heure normale de l'Est
INRS	Institut national de la recherche scientifique
IST	Infection sexuellement transmissible (France)
ITS	Infection transmise sexuellement (Canada)
IVG	Interruption volontaire de grossesse
MIT	Massachusetts Institute of Technology
NAS	Numéro d'assurance sociale
OCDÉ	Organisation de coopération et de développement économiques
OGM	Organisme génétiquement modifié
OIT	Organisation internationale du travail
OQLF	Office québécois de la langue française
OMC	Organisation mondiale du commerce
OMM	Organisation météorologique mondiale
OMS	Organisation mondiale de la santé
ONF	Office national du film
ONG	Organisation non gouvernementale
OPQ	Office des professions du Québec
PDG	Président-directeur général
PIB	Produit intérieur brut
PME	Petite et moyenne entreprise
PNB	Produit national brut
PVC	voir CPV
RAMQ	Régie de l'assurance-maladie du Québec
RRQ	Régie des rentes du Québec
SAAQ	Société de l'assurance automobile du Québec
SRC	Société Radio-Canada
STM	Société de transport de Montréal
TGV	Train à grande vitesse
TPS	Taxe sur les produits et services
TVQ	Taxe de vente du Québec
UA	Unité africaine
UE	Union européenne

VOIR TABLEAUX ▶ ABRÉVIATION (RÈGLES DE L'). ▶ ACRONYME.

SUBJONCTIF

Le subjonctif marque une action considérée **virtuelle** plutôt que réelle, une **hypothèse**.
Le mode subjonctif peut exprimer :

- le **doute**. *Je doute qu'il **puisse** venir.*
- l'**incertitude**. *Je ne crois pas qu'elle **finisse** son travail à temps.*
- la **crainte**. *Mes parents craignent qu'il n'y **ait** pas assez de provisions.*
- la **supposition**. *Il ne suppose pas qu'on **bâtisse** une maison dans un marécage.*
- le **souhait**. *Tu souhaites qu'ils **réussissent**.*
- la **prière**. *Sa marraine prie pour que Lorraine **guérisse**.*
- la **volonté**. *Elle exigera que les messages **soient** bien **transmis**.*
- l'**interdiction**. *La direction interdit qu'on **fasse** du bruit après 22 h.*

PRÉSENT DU SUBJONCTIF

On emploie le présent du subjonctif dans la phrase subordonnée lorsque l'action a lieu en même temps que l'action de la principale (PENDANT) ou postérieurement (APRÈS).

> *Je ne crois pas qu'il **pleuve** en ce moment.* (simultanéité : PENDANT)
> *Tu souhaiterais que tes amis **soient** présents.* (postériorité : APRÈS)

PASSÉ DU SUBJONCTIF

On emploie le passé du subjonctif dans la phrase subordonnée lorsque l'action a eu lieu AVANT celle de la principale.

> *La direction a déploré que les élèves **soient arrivés** en retard pour l'examen.* (antériorité : AVANT)
> *Les enfants regrettent que la neige **ait fondu** : ils ne peuvent aller skier.* (antériorité : AVANT)
> *Elle souhaiterait qu'on l'**ait informée** personnellement.* (antériorité : AVANT)

IMPARFAIT ET PLUS-QUE-PARFAIT DU SUBJONCTIF

Ces temps du subjonctif s'emploient dans un registre littéraire lorsque le verbe de la phrase principale (ou autonome) est à un des temps du passé de l'indicatif ou du conditionnel. *Il aurait aimé qu'elle **vînt** le voir.* De façon courante, on emploie plutôt le présent ou le passé du subjonctif. *Il aurait aimé qu'elle **vienne** le voir.*

VERBES DE LA PRINCIPALE IMPOSANT LE SUBJONCTIF

Certains verbes de la phrase principale (ou autonome) imposent le mode subjonctif dans la phrase subordonnée.

- Les verbes qui expriment le **doute**, la **crainte**, l'**incertitude**.
  *Tu doutes qu'il **finisse** son travail à temps. Elle craint que les enfants n'**aient pris** froid.*
- Les verbes qui traduisent un **ordre**, une **défense**.
  *Le colonel ordonne que les soldats **soient** au garde-à-vous. Le gardien du musée interdit que l'on s'**assoie** sur ces socles.*
- Les verbes qui marquent l'**amour**, la **haine**, la **surprise**.
  *Nous sommes vraiment surpris que tes amis **aient décidé** de partir. Tu adorerais qu'il **coure** avec toi.*
- Certains **verbes impersonnels** tels *arriver, convenir, importer…*
  *Il arrive que nous **soyons** en avance.*

LOCUTIONS CONJONCTIVES DE SUBORDINATION IMPOSANT LE SUBJONCTIF

Certaines locutions conjonctives de subordination (ou subordonnants) sont toujours suivies du subjonctif dans la subordonnée.

*Rentre **avant qu'**il ne **pleuve**. Cache-toi **de peur** qu'on ne **t'aperçoive**. **Quoi que** tu **dises**, tu auras raison. **Qui que** tu **sois**...*

⌕ La locution conjonctive ***avant que*** se construit avec le subjonctif, mais la locution conjonctive ***après que*** se construit avec l'indicatif. *Après que vous aurez dormi un peu, vous vous sentirez mieux.*

EXEMPLES

à condition que	de manière que	peu s'en est fallu que	sans que
afin que	de peur que	pour autant que	si bien que
à moins que	du plus loin que	pour peu que	si peu que
à supposer que	en admettant que	pour que	si tant est que
au lieu que	en attendant que	pourvu que	soit que... soit que
avant que	encore que	quel que	supposé que
bien que	en sorte que	quelque... que	trop... pour que...
d'aussi loin que	jusqu'à ce que	qui que	
de crainte que	malgré que	quoique	
de façon que	moyennant que	quoi que	

VOIR TABLEAUX ► CONCORDANCE DES TEMPS DANS LA PHRASE. ► CONJONCTION DE SUBORDINATION. ► IMPÉRATIF. ► INDICATIF. ► INFINITIF.

Les verbes dont l'infinitif se termine par *ier* doublent le *i* à la première et à la deuxième personne du pluriel du subjonctif présent.

ABRIER	*Que nous abriions, que vous abriiez.*	CERTIFIER	*Que nous certifiions, que vous certifiiez.*
AFFILIER	*Que nous affiliions, que vous affiliiez.*	CHARRIER	*Que nous charriions, que vous charriiez.*
ALLIER	*Que nous alliions, que vous alliiez.*	CHÂTIER	*Que nous châtiions, que vous châtiiez.*
AMNISTIER	*Que nous amnistiions, que vous amnistiiez.*	CLARIFIER	*Que nous clarifiions, que vous clarifiiez.*
AMPLIFIER	*Que nous amplifiions, que vous amplifiiez.*	CLASSIFIER	*Que nous classifiions, que vous classifiiez.*
ANÉMIER	*Que nous anémiions, que vous anémiiez.*	COLORIER	*Que nous coloriions, que vous coloriiez.*
ANESTHÉSIER	*Que nous anesthésiions, que vous anesthésiiez.*	COMMUNIER	*Que nous communiions, que vous communiiez.*
APOSTASIER	*Que nous apostasiions, que vous apostasiiez.*	CONCILIER	*Que nous conciliions, que vous conciliiez.*
APPARIER	*Que nous appariions, que vous appariiez.*		
APPRÉCIER	*Que nous appréciions, que vous appréciiez.*	CONFIER	*Que nous confiions, que vous confiiez.*
ARMORIER	*Que nous armoriions, que vous armoriiez.*	CONGÉDIER	*Que nous congédiions, que vous congédiiez.*
ASPHYXIER	*Que nous asphyxiions, que vous asphyxiiez.*		
ASSOCIER	*Que nous associions, que vous associiez.*	CONTRARIER	*Que nous contrariions, que vous contrariiez.*
ATROPHIER (S')	*Que nous nous atrophiions, que vous vous atrophiiez.*		
AUTHENTIFIER	*Que nous authentifiions, que vous authentifiiez.*	CONVIER	*Que nous conviions, que vous conviiez.*
		COPIER	*Que nous copiions, que vous copiiez.*
AUTOPSIER	*Que nous autopsiions, que vous autopsiiez.*	CRIER	*Que nous criions, que vous criiez.*
AVARIER	*Que nous avariions, que vous avariiez.*	CRUCIFIER	*Que nous crucifiions, que vous crucifiiez.*
BALBUTIER	*Que nous balbutiions, que vous balbutiiez.*	DÉCALCIFIER	*Que nous décalcifiions, que vous décalcifiiez.*
BÉATIFIER	*Que nous béatifiions, que vous béatifiiez.*		
BÉNÉFICIER	*Que nous bénéficiions, que vous bénéficiiez.*	DÉCRIER	*Que nous décriions, que vous décriiez.*
BÊTIFIER	*Que nous bêtifiions, que vous bêtifiiez.*	...	
BONIFIER	*Que nous bonifiions, que vous bonifiiez.*		
CALLIGRAPHIER	*Que nous calligraphiions, que vous calligraphiiez.*		
CALOMNIER	*Que nous calomniions, que vous calomniiez.*		

Le **suffixe** est un élément qui se joint à la suite d'un radical pour en modifier la catégorie grammaticale et former un mot nouveau.

Le **préfixe** est un élément qui se place avant un radical pour en modifier le sens et former un mot nouveau.

Le nouveau mot formé par l'ajout d'un préfixe ou d'un suffixe est un dérivé.

Dans la composition des mots nouveaux (néologismes), le français puise dans ses ressources ou emprunte surtout au **grec** et au **latin** des suffixes ou des éléments qui sont joints à un radical pour former une nouvelle unité lexicale. Ces suffixes présentent l'avantage d'être déjà connus et, ainsi, de favoriser la compréhension immédiate du néologisme.

	SUFFIXES	SENS	EXEMPLES
SUFFIXES D'ORIGINE GRECQUE	-cratie	« puissance »	aristocratie, démocratie
	-graphie	« écriture »	radiographie, télégraphie
	-logie	« science »	biologie, philologie
	-onyme	« nom »	toponyme, odonyme
	-phile	« ami »	francophile, bibliophile
	-phobe	« crainte »	agoraphobe, claustrophobe
	-scope	« examiner »	microscope, télescope
	-thérapie	« traitement »	physiothérapie, chimiothérapie
SUFFIXES D'ORIGINE LATINE	-cide	« tuer »	homicide, régicide
	-culture	« cultiver »	apiculture, horticulture
	-duc	« conduire »	gazoduc, oléoduc
	-fère	« qui porte »	ombellifère, mammifère
	-lingue	« langue »	bilingue, multilingue
	-vore	« manger »	herbivore, omnivore
SUFFIXES DE NOMS	-age	« action »	défrichage, affichage
	-ateur	« agent »	dessinateur, accélérateur
	-erie	« spécialité »	animalerie, bijouterie
	-ette	« diminutif »	maisonnette, fillette
	-ier, ière	« métier »	épicier, jardinière
	-isme	« doctrine »	automatisme, socialisme
	-ite	« maladie »	appendicite, bronchite
	-ité	« qualité »	rapidité, vélocité
	-on	« diminutif »	chaton, ourson
	-ure	« ensemble »	toiture, voilure
SUFFIXES D'ADJECTIFS	-able	« possibilité »	aimable, capable
	-ais, aise	« origine »	français, montréalaise
	-âtre	« péjoratif »	rougeâtre, douceâtre
	-el, elle	« caractère »	spirituel, temporelle
	-ible	« possibilité »	indestructible, risible
	-ien, ienne	« origine »	gaspésien, trifluvienne
	-if, ive	« caractère »	actif, vive
	-ois, oise	« origine »	chinois, québécoise
SUFFIXES DE VERBES	-er	« action »	planter, couper
	-ir	« action »	finir, polir
	-asser	« péjoratif »	rêvasser, finasser
	-iser	« action »	informatiser, automatiser
SUFFIXES D'ADVERBES	-ment	« manière »	rapidement, calmement

VOIR TABLEAUX ▶ NÉOLOGISME. ▶ PRÉFIXE.

SUJET

- Le sujet de la phrase désigne l'être ou la chose qui **fait l'action du verbe** (verbe d'action).

    Maman a planté des fleurs. Qui est-ce qui a planté des fleurs ? *Maman.*

- Le sujet de la phrase désigne l'être ou la chose qui se trouve dans l'**état exprimé par le verbe** (verbe attributif).

    Le chien Filou est gourmand. Qui est-ce qui est gourmand ? *Le chien Filou.*

- Le sujet de la phrase désigne l'être ou la chose qui **subit l'action du verbe** (phrase passive).

    La pomme est mangée par Julien. Qu'est-ce qui est mangé ? *La pomme.*

- 🔲 Pour trouver le sujet d'un verbe, on pose la question *qui est-ce qui ?* (pour un être vivant), *qu'est-ce qui ?* (pour une chose). Attention : dans une question, l'ordre des mots est inversé. *Plante-t-elle des fleurs ?*

CATÉGORIE DU SUJET

Le sujet peut être :

- un **groupe nominal** : un **nom commun**, son **déterminant** et un **complément**, un **nom propre** ou un **pronom**.

    La table est ronde. *Jacques* joue du piano. *Nous* sommes d'accord. *Qui* est là ?

- une **phrase infinitive**. *Nager tous les jours* est bon pour la santé.

- une **phrase subordonnée**. *Pierre qui roule* n'amasse pas mousse.

ACCORD DU VERBE, DE L'ATTRIBUT DU SUJET, DU PARTICIPE PASSÉ

Le sujet de la phrase est un donneur d'accord. Il est important de pouvoir le reconnaître parce que c'est avec lui qu'on accorde le verbe, l'attribut du sujet ou le participe passé, s'il y a lieu. Quand le sujet de la phrase est une phrase (infinitive ou à verbe conjugué), l'accord se fait à la 3e personne du singulier.

Tu as dormi pendant deux heures. (Le verbe est à la deuxième personne du singulier parce que le sujet est *tu*.) *Elle est adroite.* (L'attribut est au féminin singulier parce que le sujet du verbe est *elle*.) *Les chats sont partis.* (Le participe passé est au masculin pluriel parce que le sujet du verbe est *les chats*.)

VOIR TABLEAU ▶ ACCORD DU VERBE.

NOM COLLECTIF SUJET

- Nom collectif **employé seul**

    Si le sujet est un collectif sans complément, le verbe se met **au singulier**.

    La foule a envahi la place Jacques-Cartier.

- Nom collectif **suivi d'un complément au singulier**

    Si le sujet est un collectif suivi d'un complément au singulier, le verbe se met **au singulier**.

    Un amas de neige obstruait la fenêtre.

- Nom collectif **précédé d'un déterminant indéfini et suivi d'un complément au pluriel**

    Si le sujet est un collectif précédé d'un déterminant indéfini (*un, une*) et suivi d'un complément au pluriel, le verbe se met **au singulier** lorsque l'auteur veut insister sur le tout, l'ensemble, **au pluriel** s'il veut insister sur la pluralité.

    Une majorité d'élèves a réussi l'examen ou *une majorité d'élèves ont réussi l'examen.*

- Nom collectif **précédé d'un déterminant défini, d'un déterminant possessif ou d'un déterminant démonstratif et suivi d'un complément au pluriel**

    Si le sujet est un collectif précédé d'un déterminant défini (*le, la*), d'un déterminant possessif (*mon, ma*) ou d'un déterminant démonstratif (*ce, cette*) et suivi d'un complément au pluriel, le verbe se met **au singulier** parce que l'accent est mis sur l'ensemble.

    La bande de copains est en excursion. Mon groupe d'amis raffole de cette musique.

VOIR TABLEAU ▶ COLLECTIF.

SUPERLATIF RELATIF

- Le superlatif relatif exprime la qualité d'un être ou d'un objet **au degré le plus élevé** (supériorité relative) ou **au degré le moins élevé** (infériorité relative), en comparaison avec d'autres êtres ou objets.

    La rose est la plus belle de toutes les fleurs (**supériorité relative**).

    Le pissenlit est la moins appréciée des fleurs (**infériorité relative**).

▸ Formation du superlatif relatif

- Le superlatif relatif est formé à l'aide du déterminant défini et de certains adverbes : *le plus, le moins, le mieux, le meilleur, le moindre, des plus, des mieux, des moins.*

    *Tu es **la meilleure** des amies, c'est **le moindre** de tes soucis.*

▸ Déterminant qui précède un superlatif relatif

- Le déterminant reste neutre (masculin singulier) devant l'adjectif féminin ou pluriel si la comparaison porte sur **les différents états d'un seul être ou d'un seul objet.**

    *C'est le matin qu'elle est **le** plus attentive* (au plus haut degré).

- Si la comparaison porte sur **plusieurs êtres ou objets**, l'article s'accorde avec le nom auquel il se rapporte.

    *Cette personne est **la** plus compétente des candidates.*

▸ Accord de l'adjectif qui suit un superlatif relatif

- L'adjectif qui suit le superlatif relatif *des plus, des mieux, des moins* se met au pluriel et s'accorde en genre avec le nom auquel il se rapporte.

    *Cette animatrice est **des plus** compétentes. Ils ont construit un véhicule **des plus** résistants.*

SUPERLATIF ABSOLU

- Le superlatif absolu exprime la qualité d'un être ou d'un objet **à un très haut degré** (supériorité ou infériorité absolue), **sans comparaison avec** d'autres êtres ou objets.

    *La pivoine est **très** odorante* (supériorité absolue).

    *La marguerite est **très peu** odorante* (infériorité absolue).

▸ Formation du superlatif absolu

- Le superlatif absolu est formé à l'aide des adverbes *très, fort, bien...* ou des adverbes en *-ment : infiniment, extrêmement, joliment...*

    *Un édifice **très** haut, un avion **extrêmement** rapide.*

- Dans la langue familière, le superlatif absolu est formé des éléments *archi, extra, hyper, super, ultra...*

    *Elle est **super**-gentille, ce copain est **hyper**-sympathique.*

VOIR TABLEAUX ▸ **ADJECTIF.** ▸ **ADVERBE.**

SYMBOLE

Signe conventionnel constitué par :
– une lettre .... h ....(heure)
– un groupe de lettres .... km ....(kilomètre)
– un groupe de lettres et de chiffres .... H_2O ......(symbole chimique)
– un signe .... $ ....(dollar)
– un pictogramme .... ⌖ ....(note, dans cet ouvrage)

Le symbole, indépendamment des frontières linguistiques, sert à désigner de façon très concise :
– un être
– une chose
– une grandeur
– une réalité

Les symboles s'emploient principalement dans les domaines scientifique et technique : symboles chimiques, mathématiques, symboles des unités monétaires, des unités de mesure.

▶ **Symboles chimiques**

Ag (argent)   *C* (carbone)   *N* (azote)   *Na* (sodium)

▶ **Symboles mathématiques**

+ (addition)   – (soustraction)   *x* (multiplication)   ÷ (division)

▶ **Symboles d'unités de mesure**

m (mètre)   *h* (heure)   *t* (tonne)   *V* (volt)

▶ **Symboles d'unités monétaires**

$ (dollar)   € (euro)   £ (livre sterling)   ¥ (yen)

　　Ⓣ Les symboles sont invariables et s'écrivent sans point abréviatif.

VOIR TABLEAU ▶ ABRÉVIATION (RÈGLES DE L').

RÈGLES D'ÉCRITURE DES SYMBOLES DES UNITÉS DE MESURE

Les symboles des unités de mesure, qui sont les mêmes dans toutes les langues, sont invariables et s'écrivent sans point abréviatif.

35 kg   *20 cm*   *12 s*

　　⌖ Les symboles des unités de mesure sont normalisés et doivent être écrits sans être modifiés.

▶ **Place du symbole**

Le symbole se place après le nombre entier ou décimal et il en est séparé par un espacement simple.

0,35 m   *23,8 °C*

Les sous-multiples d'unités non décimales s'écrivent à la suite sans ponctuation.

11 h 35 min 40 s

RÈGLES D'ÉCRITURE DES SYMBOLES DES UNITÉS MONÉTAIRES

Signes conventionnels qui désignent les monnaies internationales.

$ est le symbole de *dollar*, € est le symbole de *euro*, £ est le symbole de *livre sterling*.

　　Ⓣ Les symboles des unités monétaires s'écrivent en majuscules, sans points abréviatifs et sont invariables.

▶ **Place du symbole**

En français, le symbole de l'unité monétaire se place à la suite du nombre après un espace, selon l'ordre de la lecture.

39,95 $ *25 ¢*

VOIR TABLEAU ▶ SYMBOLES DES UNITÉS MONÉTAIRES.

SYMBOLES DES UNITÉS MONÉTAIRES

Signes conventionnels qui désignent les monnaies internationales, les symboles des unités monétaires s'écrivent en majuscules, sans points et sont invariables.

▶ **Place du symbole**

En français, le symbole de l'unité monétaire se place après l'expression numérale, selon l'ordre de la lecture ; il est séparé du nombre par un espacement simple. *100 $.*

T Si l'expression numérale comporte une fraction décimale, le symbole de l'unité monétaire se place à la suite de cette fraction décimale, après un espacement simple. *39,95 $.* Attention, le signe décimal est la virgule et non plus le point ; il se note sans espacement avant ni après.

▶ **Écriture des sommes d'argent**

La notation peut se faire à l'aide de chiffres suivis du symbole de l'unité monétaire *(15 000 $)* ou en toutes lettres *(quinze mille dollars).* Pour les sommes supérieures à six chiffres – qui comprennent donc les noms **million** et **milliard** –, il est également possible de noter le nombre en chiffres suivi du nom **million** ou **milliard** et du nom de l'unité monétaire *(15 millions de dollars, 20 milliards d'euros).*

VOIR TABLEAU ▶ MILLE, MILLION, MILLIARD.

▶ **Tableaux et statistiques**

Dans les documents techniques, les tableaux, les statistiques, les états financiers, etc., on indique généralement en tête de colonne la mention **en milliers de** (dollars, euros, etc.) ou **en millions de** (dollars, euros, etc.), selon le cas. On recourt parfois aux symboles *k* de *kilo*, signifiant « mille », et *M* de *méga*, signifiant « un million », et *G* de *giga*, signifiant « un milliard », accolés au symbole de l'unité monétaire ; *k$* symbole de *kilodollar* (1000 $), *k€* symbole de *kiloeuro* (1000 €) , *M$* symbole de *mégadollar* (1 000 000 $), *G$*, symbole de *gigadollar* (1 000 000 000 $).

T Cette notation doit être réservée aux documents de nature technique où la place est très restreinte (tableaux, statistiques, etc.). Il n'y a pas d'espace entre le préfixe et le symbole de l'unité monétaire.

▶ **Symboles courants d'unités monétaires**

NOM DU PAYS OU DU CONTINENT	DÉSIGNATION DE LA MONNAIE	SYMBOLE
Canada	dollar canadien	$ CA
États-Unis	dollar des États-Unis	$ US
Europe	euro	€
Grande-Bretagne	livre sterling	£
Japon	yen	¥
Mexique	peso mexicain	$ MEX
Russie	rouble	RBL
Suisse	franc suisse	FS

▶ **Code alphabétique des unités monétaires**

Pour les échanges internationaux et les transferts électroniques de fonds, on recourt à un code alphabétique défini par la norme de l'International Organization for Standardization (ISO). Le code alphabétique du dollar canadien est **CAD**, celui du dollar américain est **USD**.

▶ Liste des noms des unités monétaires

NOM DU PAYS	DÉSIGNATION DE LA MONNAIE	CODE ISO
Afghanistan	afghani	AFN
Afrique du Sud	rand	ZAR
Albanie	lek	ALL
Algérie	dinar algérien	DZD
Allemagne	euro	EUR
Andorre	euro	EUR
Angola	kwanza	AOA
Arabie saoudite	riyal saoudien	SAR
Argentine	peso argentin	ARS
Australie	dollar australien	AUD
Autriche	euro	EUR
Bangladesh	taka	BDT
Belgique	euro	EUR
Bénin	franc CFA	XOF
Birmanie (Myanmar)	kyat	MMK
Bolivie	boliviano	BOB
Botswana	pula	BWP
Brésil	real brésilien	BRL
Bulgarie	lev bulgare	BGN
Burkina Faso	franc CFA	XOF
Burundi	franc du Burundi	BIF
Cambodge	riel	KHR
Cameroun	franc CFA	XAF
Canada	dollar canadien	CAD
Centrafricaine (République)	franc CFA	XAF
Chili	peso chilien	CLP
Chine	yuan	CNY
Chypre	euro	EUR
Colombie	peso colombien	COP
Congo	franc CFA	XAF
Congo (RDC)	franc congolais	CDF
Corée du Nord	won nord-coréen	KPW
Corée du Sud	won	KRW
Costa Rica	colon costaricain	CRC
Côte d'Ivoire	franc CFA	XOF
Croatie	kuna croate	HRK
Cuba	peso cubain	CUP
Danemark	couronne danoise	DKK
Dominicaine (République)	peso dominicain	DOP
Égypte	livre égyptienne	EGP
Émirats arabes unis	dirham des EAU	AED
Équateur	dollar des États-Unis	USD
Espagne	euro	EUR
Estonie	couronne estonienne	EEK
États-Unis	dollar des États-Unis	USD
Éthiopie	birr éthiopien	ETB
Finlande	euro	EUR
France	euro	EUR
Gabon	franc CFA	XAF
Géorgie	lari	GEL
Ghana	cedi	GHS
Grande-Bretagne	livre sterling	GBP
Grèce	euro	EUR
Guatemala	quetzal	GTQ
Guinée	franc guinéen	GNF
Haïti	gourde et dollar des États-Unis	HTG USD
Honduras	lempira	HNL
Hongrie	forint	HUF
Inde	roupie indienne	INR
Indonésie	roupie indonésienne	IDR
Iran	rial iranien	IRR
Iraq	dinar iraquien	IQD
Irlande	euro	EUR
Islande	couronne islandaise	ISK
Israël	shekel	ILS
Italie	euro	EUR

NOM DU PAYS	DÉSIGNATION DE LA MONNAIE	CODE ISO
Jamaïque	dollar de la Jamaïque	JMD
Japon	yen	JPY
Jordanie	dinar jordanien	JOD
Kenya	shilling kenyan	KES
Koweït	dinar koweïtien	KWD
Laos	kip	LAK
Lettonie	lats letton	LVL
Liban	livre libanaise	LBP
Liberia	dollar libérien	LRD
Libye	dinar libyen	LYD
Lituanie	litas lituanien	LTL
Luxembourg	euro	EUR
Madagascar	ariary malgache	MGA
Mali	franc CFA	XOF
Malte	euro	EUR
Maroc	dirham marocain	MAD
Mauritanie	ouguiya	MRO
Mexique	peso mexicain	MXN
Monténégro	euro	EUR
Népal	roupie népalaise	NPR
Nicaragua	cordoba d'or	NIO
Niger	franc CFA	XOF
Nigeria	naïra	NGN
Norvège	couronne norvégienne	NOK
Nouvelle-Zélande	dollar néo-zélandais	NZD
Ouganda	shilling ougandais	UGX
Pakistan	roupie pakistanaise	PKR
Panama	balboa et dollar des États-Unis	PRB USD
Paraguay	guarani	PYG
Pays-Bas	euro	EUR
Pérou	sol	PEN
Philippines	peso philippin	PHP
Pologne	zloty	PLN
Portugal	euro	EUR
Qatar	riyal qatarien	QAR
Roumanie	leu	RON
Russie	rouble	RUB
Rwanda	franc rwandais	RWF
Saint-Marin	euro	EUR
Salvador	dollar des États-Unis	USD
Sénégal	franc CFA	XOF
Sierra Leone	leone	SLL
Singapour	dollar de Singapour	SGD
Slovaquie	euro	EUR
Slovénie	euro	EUR
Somalie	shilling somalien	SOS
Soudan	livre soudanaise	SDG
Suède	couronne suédoise	SEK
Suisse	franc suisse	CHF
Syrie	livre syrienne	SYP
Tanzanie	shilling tanzanien	TZS
Tchad	franc CFA	XAF
Tchèque (République)	couronne tchèque	CZK
Thaïlande	baht	THB
Togo	franc CFA	XOF
Tunisie	dinar tunisien	TND
Turquie	livre turque	TRY
Ukraine	hrivna	UAH
Uruguay	peso uruguayen	UYU
Venezuela	bolivar	VEF
Vietnam	dông	VND
Yémen	rial yéménite	YER
Zambie	kwacha	ZMK
Zimbabwe	dollar zimbabwéen	ZWD

SYNONYMES

Les synonymes sont des mots qui ont la même signification ou des sens très voisins.

VERBES SYNONYMES

Les verbes qui suivent expriment tous l'idée de « faire connaître », mais selon diverses nuances :

citer .... faire connaître en nommant une personne, une chose ;

désigner .... faire connaître par une expression, un signe, un symbole ;

indiquer .... faire connaître une personne, une chose, en donnant un indice (détail caractéristique) qui permet de la trouver ;

montrer .... faire connaître en mettant sous les yeux ;

nommer .... faire connaître par son nom ;

révéler .... faire connaître ce qui était inconnu ;

signaler .... faire connaître en attirant l'attention sur un aspect particulier.

ADJECTIFS SYNONYMES

Les adjectifs qui suivent expriment tous l'idée de « ce qui est beau » à divers degrés :

admirable .... beau à la perfection ;

joli .... d'une beauté gracieuse et plaisante ;

magnifique .... beau par sa grandeur et son éclat ;

merveilleux .... d'une beauté surprenante, féerique ;

splendide .... d'une beauté éclatante, rayonnante.

NOMS SYNONYMES

Les noms qui suivent désignent tous « un vêtement porté par-dessus les autres vêtements pour se protéger des intempéries » :

anorak .... manteau à capuchon qui protège du vent et du froid ;

cape .... manteau avec ou sans capuchon, ample et sans manches ;

imperméable .... manteau qui protège de la pluie ;

pelisse .... manteau doublé de fourrure ;

paletot .... manteau d'homme, généralement en lainage chaud.

☞ Ne pas confondre avec les noms suivants :

– *antonymes,* mots qui ont une signification contraire :

    devant .... *derrière*

    en avant .... *en arrière*

    provisoire .... *permanent*

    définitif .... *passager*

– *homonymes,* mots qui s'écrivent ou se prononcent de façon identique sans avoir la même signification :

    air .... *mélange gazeux*

    air .... *mélodie*

    air .... *expression*

    aire .... *surface*

    ère .... *époque*

    hère .... *malheureux*

    hère .... *jeune cerf*

– *paronymes,* mots qui présentent une ressemblance d'orthographe ou de prononciation sans avoir la même signification :

    acception .... *sens d'un mot*

    acceptation ..... *accord*

VOIR TABLEAUX ▶ ANTONYMES. ▶ HOMONYMES. ▶ PARONYMES.

TEL

TEL, TELLE, DÉTERMINANT INDÉFINI

1. Pareil, semblable.
*Je n'ai jamais entendu de **telles** bêtises. Un **tel** talent lui permettra de progresser rapidement.*
> ↪ Placé en début de phrase comme attribut, l'adjectif entraîne l'inversion du sujet. *Nous nous retrouvions tous autour de la table, car **telle** était sa volonté.*

2. Si grand.
*Il se battit avec un **tel** courage qu'il l'emporta. Une émotion **telle** qu'il en perdit la raison.*

3. Tel + nom. Se dit de personnes, de choses qu'on ne peut désigner de façon déterminée.
*Ils viendront à **telle** heure, à **tel** moment. Je vous donnerai **telle** ou **telle** information.*

ACCORD DU DÉTERMINANT

- ***Tel*** (non suivi de ***que***). Ainsi que.
  *Elle était **tel** un tigre. À vol d'oiseau, les lacs sont **telles** des gouttes d'eau.*
  > ▭ Le déterminant s'accorde **avec le nom qui suit** et qui exprime la comparaison.
  > ▭ Le déterminant indéfini peut aussi introduire une énumération ; il s'accorde alors avec les éléments de l'énumération. *Le projet a été évalué selon de nombreux critères **telles** la rentabilité, la qualité de la recherche, la pertinence des objectifs.*

- ***Tel que.*** Ainsi que.
  *Une amazone **telle qu'**un fauve. Les cavaliers surgirent tout à coup **tels que** des bêtes féroces. **Tels que** des libellules, les danseurs se mirent à voltiger.*
  > ▭ Le déterminant s'accorde **avec le nom auquel il se rapporte** et qui le précède généralement, mais non obligatoirement.
  > ▭ La locution ***tel que*** peut aussi introduire une énumération. Dans ce cas, le déterminant indéfini s'accorde avec le nom auquel il se rapporte. *Le projet a été évalué selon de nombreux critères **tels que** la rentabilité, la qualité de la recherche, la pertinence des objectifs.*

- ***Tel quel.*** Sans changement, dans l'état où il ou elle se trouve.
  *Cette maison, je l'ai retrouvée **telle quelle**, pareille à ce qu'elle était il y a de cela 30 ans.*
  > ▭ La locution s'accorde en genre et en nombre **avec le nom auquel elle se rapporte.**

- ***Comme tel.*** En cette qualité.
  *La langue officielle du Québec est le français et doit être reconnue **comme telle** par tous.*
  > ▭ Dans les expressions **comme tel, en tant que tel,** l'adjectif s'accorde avec le nom auquel il se rapporte.

- ***Tel que*** + participe passé.
  *La loi a été adoptée **telle qu'**elle avait été proposée.*
  > ↪ L'ellipse du sujet et de l'auxiliaire *(telle que proposée)* est maintenant considérée comme correcte dans la langue courante. La construction avec le sujet et le verbe conjugué *(telle qu'elle a été proposée)* est cependant à privilégier. Si le déterminant *tel* renvoie à une proposition plutôt qu'à un nom ou à un pronom, cette construction est fautive (ex. : **tel que convenu, je vous transmets l'ordre du jour de notre prochaine réunion*). Dans ce cas, on écrira plutôt : *tel que nous en avons convenu* ou *comme convenu, je vous transmets l'ordre du jour de notre prochaine réunion.*

- ***De telle sorte que,*** loc. conj. De telle manière que, à tel point que.
  *Il a travaillé **de telle sorte qu'**il peut récolter aujourd'hui les fruits de ses efforts.*
  > ↪ La locution se construit avec l'indicatif.

TEL, TELLE, PRONOM INDÉFINI SINGULIER

- (LITT.) Celui, quelqu'un.
  ***Tel** est pris qui croyait prendre.*
  > ▭ Le pronom ne s'emploie qu'au singulier.

- ***Tel… tel.*** Celui-ci et celui-là.
  ***Tel** aime la lecture, **tel** préfère le sport.*

- ***Un tel, une telle.*** Quelqu'un, quelqu'une. *Une telle nous a prévenus.*
  > ▯ La locution s'emploie pour remplacer un nom propre non précisé.

- ***Monsieur Untel, Madame Unetelle.*** Précédé d'un titre de civilité (monsieur, madame…), le pronom s'écrit avec une majuscule, à l'image d'un nom propre, et en un seul mot. *Monsieur Untel sera présent ainsi que Madame Unetelle.*

TERMINOLOGIE GRAMMATICALE

Ce lexique grammatical établit la correspondance entre le vocabulaire des programmes de français du ministère de l'Éducation de 1980 (grammaire classique) et de 1995 (nouvelle grammaire).

Grammaire classique	Nouvelle grammaire
Adjectif démonstratif	déterminant démonstratif
Adjectif exclamatif	déterminant exclamatif
Adjectif indéfini	déterminant indéfini
Adjectif interrogatif	déterminant interrogatif
Adjectif numéral cardinal	déterminant numéral
Adjectif numéral ordinal	adjectif ordinal
Adjectif possessif	déterminant possessif
Adjectif qualificatif	adjectif
	adjectif qualifiant
	adjectif classifiant
Adjectif relatif	déterminant relatif
Adjectif verbal	participe adjectif
Adverbe	adverbe
Apposition	complément du nom
Article défini	déterminant défini
Article indéfini	déterminant indéfini
Article partitif	déterminant partitif
Attribut	attribut du sujet
	attribut du complément direct du verbe
Auxiliaire	auxiliaire
	auxiliaire de temps ou d'aspect
	auxiliaire de conjugaison
	auxiliaire de modalité
	auxiliaire factitif
Complément circonstanciel	complément de phrase
	complément de verbe
Complément d'agent	complément du verbe passif
Complément de l'adjectif	complément de l'adjectif
Complément déterminatif	complément du nom
Complément d'objet direct	complément direct du verbe
Complément d'objet indirect	complément indirect du verbe
Conditionnel	conditionnel
Conjonction de coordination	conjonction de coordination, coordonnant
Conjonction de subordination	conjonction de subordination, subordonnant
Épithète	complément du nom
Futur antérieur	futur antérieur
Futur simple	futur simple
Imparfait	imparfait
Impératif	impératif
Indicatif	indicatif
Infinitif	infinitif
Interjection	interjection
Locution adjective	adjectif (composé), adjectif (complexe)
Locution adverbiale	adverbe (composé), adverbe (complexe)

Locution conjonctive de coordination .... coordonnant (composé)
Locution conjonctive de subordination .... subordonnant (composé)
Locution nominale .... nom (composé)
Locution prépositive .... préposition (composée)

Nom commun .... nom commun
Nom composé .... nom composé
Nom propre .... nom propre

Participe passé .... participe passé
Participe présent .... participe présent
Passé antérieur .... passé antérieur
Passé composé .... passé composé
Passé simple .... passé simple
Phrase déclarative .... phrase déclarative
Phrase exclamative .... phrase exclamative
Phrase impérative .... phrase impérative
Phrase interrogative .... phrase interrogative
Plus-que-parfait .... plus-que-parfait
Préposition .... préposition
Présent .... présent
Pronom démonstratif .... pronom démonstratif
Pronom indéfini .... pronom indéfini
Pronom interrogatif .... pronom interrogatif
Pronom personnel .... pronom personnel
Pronom possessif .... pronom possessif
Pronom relatif .... pronom relatif
Proposition .... phrase
Proposition indépendante .... phrase autonome ou matrice
Proposition principale .... phrase autonome ou matrice
Proposition subordonnée .... phrase subordonnée

Semi-auxiliaire .... auxiliaire de temps ou d'aspect
                                                        auxiliaire de modalité
                                                        auxiliaire factitif
Style direct .... discours rapporté direct
Style indirect .... discours rapporté indirect
Subjonctif .... subjonctif
Subordonnée circonstancielle .... subordonnée circonstancielle
Subordonnée complétive .... subordonnée complétive
Subordonnée relative .... subordonnée relative
Superlatif .... superlatif

Verbe d'état, verbe copule .... verbe attributif
Verbe impersonnel .... verbe impersonnel
Verbe intransitif .... verbe intransitif
Verbe principal .... verbe de la phrase autonome ou matrice
Verbe pronominal .... verbe pronominal
Verbe transitif .... verbe transitif
Voix active .... phrase de forme active
Voix passive .... phrase de forme passive

► **Titres de fonctions, de grades, de noblesse**

De façon générale, ces titres sont des noms communs qui s'écrivent avec une minuscule.

Le pape, la présidente-directrice générale, le duc, la juge, le premier ministre.

Si le titre désigne une personne à qui l'on s'adresse, il s'écrit avec une majuscule.

Veuillez agréer, Madame la Présidente, …

TITRES ET FONCTIONS AU FÉMININ

académicienne	ambulancière	assureuse	blanchisseuse	bruiteuse
acheteuse	animatrice	astrophysicienne	bottière	bûcheronne
administratrice	annonceure	auteure	bouchère	cadreuse
agente	ou annonceuse	aviatrice	boulangère	caissière
agente de bord	apicultrice	avicultrice	boulangère-	camionneuse
agente de	arboricultrice	avocate	pâtissière	caporale
voyages	arpenteuse	balayeuse	boxeuse	cartomancienne
agricultrice	artificière	banquière	brasseuse	cascadeuse
ajusteuse	artisane	bergère	brigadière	cavalière
ambassadrice	assistante	bijoutière	brodeuse	chapelière…

VOIR TABLEAU ► FÉMINISATION DES TITRES.

► **Titres honorifiques**

Le titre honorifique ainsi que l'adjectif et l'adverbe qui le précèdent s'écrivent avec une majuscule.

Sa Sainteté, Sa Très Gracieuse Majesté.

Suivis du nom propre, les titres honorifiques s'abrègent.

S. S. le pape Jean-Paul II, S. M. la reine Élisabeth II.

► **Titres de civilité**

Les titres de civilité s'écrivent avec une majuscule et ne s'abrègent pas dans l'adresse.

Monsieur Jacques Valbois.

T Dans les formules d'appel ou de salutation, le titre de civilité n'est pas suivi du patronyme.

Madame (et non *Madame Valbois).

Le titre s'abrège généralement lorsqu'il est suivi du patronyme ou d'un autre titre et qu'on ne s'adresse pas directement à la personne.

M. Roberge est absent, M. le juge est là.

Le titre s'écrit avec une minuscule initiale et ne s'abrège pas lorsqu'il est employé seul, sans être accompagné d'un nom propre, d'un titre ou d'une fonction, dans certaines constructions de déférence.

Oui, monsieur, madame est sortie. Je ne crois pas avoir déjà rencontré monsieur.

Les titres d'œuvres littéraires (poème, essai, roman, etc.) ou artistiques (peinture, sculpture, ballet, composition musicale), les noms de journaux, de périodiques s'écrivent avec une majuscule au nom initial et éventuellement à l'adjectif, l'adverbe, le déterminant qui le précèdent.

> *Le Dictionnaire visuel, les Concertos brandebourgeois, Le Nouveau Petit Robert, Les Très Riches Heures du duc de Berry.*

T L'Office québécois de la langue française a adopté une règle simplifiée qui consiste à écrire le titre des ouvrages avec une seule majuscule initiale. *Le français au Québec. 400 ans d'histoire et de vie.* Les titres sont composés en italique dans un texte en romain. Dans un texte déjà en italique, la notation se fait en romain. Dans un manuscrit, on utilisera les guillemets ou le soulignement si le texte est destiné à l'impression.

▶ **Déterminant défini**

Le déterminant défini ne prend la majuscule que s'il fait partie du titre.

> *Il a lu* L'Homme rapaillé *de Gaston Miron. Elle a consulté le* Dictionnaire de la comptabilité *de Fernand Sylvain.* Le Devoir, *mais le* Déjeuner sur l'herbe.

▶ **Adjectif**

Si l'adjectif précède le substantif, tous deux prennent la majuscule.

> *La Divine Comédie, le Grand Larousse de la langue française, Le Nouveau Petit Robert, Prochain Épisode.*

Si l'adjectif suit le substantif, il s'écrit avec une minuscule.

> *Le Code typographique, Le Plaisir chaste, Les Noces barbares, Refus global.*

▶ **Plusieurs substantifs**

Si le titre est constitué de plusieurs mots mis en parallèle, chacun s'écrit avec une majuscule.

> *Guerre et Paix, La Belle et la Bête, Artistes, Artisans et Technocrates.*

▶ **Phrase ou groupe de mots**

Lorsqu'un titre est constitué d'une phrase, seul le premier mot s'écrit avec une majuscule.

> *Attendez que je me rappelle, Et tout le reste n'est rien, La grammaire est une chanson douce, À la recherche du temps perdu.*

▶ **Sous-titre**

Le sous-titre s'écrit à la suite d'un point et suit les mêmes règles que le titre pour l'emploi des majuscules.

> *J'ai lu l'ouvrage* Ce que parler veut dire. L'Économie des échanges linguistiques.
> Des Mots et des Mondes. Dictionnaires, encyclopédies, grammaires, nomenclatures : *le sous-titre de cet ouvrage décrit bien son contenu.*

▶ **Contraction de la préposition *à* ou *de* et de l'article initial du titre**

En général, la contraction de la préposition et de l'article initial se fait.

> *La lecture du* Devoir. *Le visionnement des* Quatre Cents Coups *de Truffaut.*

▶ **Accord du verbe, de l'adjectif et du participe**

Le verbe, l'adjectif et le participe s'accordent avec le titre si celui-ci débute par un nom précédé d'un déterminant ou si le titre est un nom propre féminin.

> *Les Champs magnétiques sont une œuvre surréaliste.* La Joconde *fut peinte par Léonard de Vinci.*

▶ **Élision**

Il est préférable d'élider le déterminant qui précède un titre commençant par une voyelle ou un *h* muet.

> *L'auteure d'*Émilie, Émilie *est Élisabeth Badinter.*

T Cependant, l'absence d'élision est courante. *L'auteure de* Une saison dans la vie d'Emmanuel *est Marie-Claire Blais.*

ACCORD DE **TOUT**

TOUT, TOUTE, DÉTERMINANT DÉFINI (receveur d'accord)

▶ **Aux sens de** «complet, entier», «unique», «au plus haut point».

- *Tout, toute* + déterminant défini + nom ....variable ....*Il travaille **tout** l'été,*
  toute la journée.
- *Tout, toute* + déterminant démonstratif + nom........variable ....*Elle repeint **tout** ce garage,*
  toute cette maison.
- *Tout, toute* + déterminant possessif + nom.............variable ....*Le chien a mangé **tout** son os,*
  toute sa viande.
- *Tout, toute* + nom ....variable ....*De **tout** cœur, en **toute** amitié,*
  de toute beauté.

  📏 En ces sens, le déterminant et le nom sont au singulier.

TOUT, TOUTE, TOUS, TOUTES, DÉTERMINANT INDÉFINI (receveur d'accord)

▶ **Aux sens de** «sans exception», «chaque», «n'importe lequel».

- *Tous, toutes* + déterminant + nom ou pronom ....variable ....*Vois **tous** les glands et **toutes***
  *les feuilles. **Tous** les miens.*
- *Tous, toutes* + déterminant démonstratif + nom.......variable ....*J'ai lu **tous** ces livres,*
  toutes ces histoires.
- *Tous, toutes* + déterminant possessif + nom............variable ....*Elle a écouté **tous** mes disques,*
  toutes mes chansons.
- *Tout, toute* + nom ou pronom..........................variable ....***Toute** réclamation sera considérée.*
  ***Tout** cela n'est qu'une illusion.*
- *Tout autre, toute autre* + nom..........................variable ....***Toute autre** personne viendrait.*

TOUT, ADVERBE

▶ **Au sens de** « entièrement, tout à fait ».

- *Tout* + adjectif masculin ....invariable .....*Ils sont **tout** joyeux.*
- *Tout* + adjectif féminin.......................................invariable .....*Tu as bu la coupe **tout** entière.*
  (commençant par une voyelle ou un *h* muet)   *Elles sont **tout** hésitantes (**h** muet).*
- *Toute, toutes* + adjectif féminin.........................variable ....*Elles sont **toutes** gracieuses et*
  (commençant par une consonne ou un *h* aspiré)   *toutes hâlées (**h** aspiré).*
  📏 L'adverbe change de forme pour des raisons d'harmonie de la phrase (euphonie).
- *Tout* + adverbe..invariable .....*Ils roulaient **tout** doucement.*
- *Tout autre* « entièrement autre ».......................invariable .....*Une **tout autre** signification.*

TOUS, TOUTES, TOUT, PRONOM MASCULIN ET FÉMININ (receveur et donneur d'accord)

- *Tous, toutes.* Le pronom est au pluriel et il prend
  la marque du genre..*Tous** et **toutes** étaient motivés.*
- *Tout.* Le pronom neutre est au singulier................................*Ils comprirent **tout**.*

TOUT, NOM MASCULIN (donneur d'accord)

- *Tout, touts.* Le nom masculin prend la marque du pluriel............*Réunir des **touts** complets.*

TRAIT D'UNION

Signe en forme de trait horizontal qui se place à mi-hauteur de l'écriture, sans espace avant ni après, et qui sert principalement à unir les éléments de certains mots composés, de certaines locutions et les syllabes d'un mot divisé en fin de ligne.

EMPLOIS

▶ Liaison des **éléments de certains mots composés.**
Des sous-marins, un presse-citron, un garde-côte, le bien-être, un arc-en-ciel, un en-tête, des va-et-vient, des qu'en-dira-t-on.

T Dans les mots composés, on a de plus en plus tendance à supprimer le trait d'union et à souder les éléments en vue de simplifier l'orthographe. À titre d'exemple, lors de sa création, le néologisme **microéconomie** s'écrivait avec un trait d'union *(micro-économie)*; aujourd'hui, les deux éléments qui le composent sont soudés.

VOIR TABLEAU ▶ NOMS COMPOSÉS.

▶ Liaison des **formes verbales inversées.**
« C'est ainsi », lui dit-il. Le savait-il? Prend-on ce train? Répondent-ils à vos demandes? Où vais-je?

T Le verbe se joint par un trait d'union au pronom sujet inversé. Le trait d'union s'emploie avant et après le *t* euphonique qui sépare le verbe du pronom sujet. *Mesure-t-elle les conséquences de ce geste? Pensa-t-elle à tout? Cela te convainc-t-il?*

▶ Liaison des **verbes à l'impératif aux pronoms** complément direct du verbe et complément indirect du verbe.

T Le verbe à l'impératif se joint par un trait d'union au pronom personnel complément direct ou indirect qui le suit. *Raconte-moi ce qu'il t'a dit.* Si le verbe à l'impératif est suivi de deux pronoms, le pronom complément direct s'écrit avant le pronom complément indirect et deux traits d'union sont alors nécessaires. *Dis-le-moi.*

⚓ Attention, le pronom *en* est joint au pronom personnel par un trait d'union, sauf lorsque le pronom est élidé. *Viens-t'en, va-t'en.*

VOIR TABLEAU ▶ IMPÉRATIF.

▶ Liaison du **pronom personnel** et de l'adjectif *même.*
Moi-même, toi-même, lui-même, elles-mêmes, nous-même(s), vous-même(s), eux-mêmes.

▶ Liaison de certains **préfixes (demi-, grand-, néo-, sous-,** etc.) à un nom.
Une politique de non-ingérence. Un grand-père. Des néo-Québécois. Une demi-mesure. La sous-ministre.

▶ Liaison des **nombres inférieurs à cent** qui ne sont pas reliés par la conjonction *et.*
Quatre-vingt-deux, vingt et un, cent dix, deux cent trente-deux.

T Selon la règle classique, le trait d'union s'emploie seulement entre les éléments qui sont l'un et l'autre inférieurs à *cent,* sauf s'ils sont joints par la conjonction *et.* Les *Rectifications orthographiques* (1990) admettent l'emploi du trait d'union dans tous les cas: «on peut lier par un trait d'union les numéraux formant un nombre complexe, inférieur ou supérieur à *cent*».

VOIR TABLEAU ▶ NOMBRES.

▶ Liaison des **éléments spécifiques des noms de lieux** composés de plusieurs mots.
Le boulevard René-Lévesque, Port-au-Persil, Cap-à-l'Aigle, la Nouvelle-Angleterre.

VOIR TABLEAU ▶ GÉOGRAPHIQUES (NOMS).

▶ Liaison des **prénoms**, des **patronymes.**
Marie-Ève. Philippe Dubois-Lalande.

▶ **Coupure d'un mot** en fin de ligne.
*Ce dictionnaire comporte des tableaux relatifs aux difficultés ortho-
graphiques.*

VOIR TABLEAU ▶ DIVISION DES MOTS.

UN

UN, UNE, DÉTERMINANT NUMÉRAL

Une unité. *Cette table mesure* **un** *mètre sur deux mètres. Elle a pris* **un** *café et deux croissants.*

▭ 1° Le déterminant numéral **un** prend la marque du féminin. *Vingt et* **une** *étudiantes.*

2° Selon la règle classique, le déterminant numéral **un** se joint aux dizaines à l'aide de la conjonction **et** sans traits d'union. *Trente* **et** *un, vingt* **et** *un.* Une seule exception : *quatre-vingt-***un**.

3° Selon la règle classique, le déterminant numéral **un** se joint aux centaines, aux milliers sans trait d'union et sans conjonction. *Cent* **un**, *mille* **un**.

4° Cependant, les *Rectifications orthographiques* (1990) admettent l'emploi du trait d'union dans tous les cas : « on peut lier par un trait d'union les déterminants numéraux formant un nombre complexe, inférieur ou supérieur à **cent** ». Nous observons que, malgré les *Rectifications,* la règle classique est généralement appliquée.

5° La préposition *de* ne s'élide pas devant le déterminant numéral dans les textes de nature scientifique, technique ou commerciale. *Une distance* **de un** *kilomètre, le total* **de un** *million de dollars.*

Emplois particuliers

– *Un par un, un à un.* Un seul à la fois. *Elles passeront une par une.*

UN, UNE, ADJECTIF ORDINAL

Premier. *Chapitre* **un**, *acte* **un**, *page* **un**. *L'an deux mille* **un** *(2001).*

🄣 L'adjectif ordinal s'écrit généralement en chiffre romain ou en chiffre arabe. *Chapitre I, page 1.*

VOIR TABLEAU ▸ **NOMBRES.**

UN, UNE, ADJECTIF

Simple, unique. *La vérité est* **une** *et indivisible.*

UN, NOM MASCULIN INVARIABLE

Nombre qui exprime l'unité. *Le nombre 111 s'écrit avec trois* **un**.

🄣 Devant le nom **un**, l'article **le** ne s'élide pas. *Ils habitent* **le un** *de la rue des Érables.*

UNE, NOM FÉMININ

Première page d'un quotidien. *Cet article figure* **à la une** *du journal du soir.*

▭ Devant le nom féminin *une,* l'article *la* ne s'élide pas.

UN, UNE, DÉTERMINANT INDÉFINI

• Le déterminant indéfini se rapporte à une personne, à une chose indéterminée ou non dénommée.

• Le déterminant indéfini indique le nombre (un et non plusieurs), mais ne précise pas l'identité de l'être ou de la chose.

Il a rencontré **un** *ami. Elle a vu* **un** *cheval et* **une** *jolie maison.*

▭ Le déterminant s'accorde en genre et en nombre avec le nom auquel il se rapporte. Le pluriel de l'article est *des.*

VOIR TABLEAU ▸ **DÉTERMINANT.**

UN, UNE, UNS, UNES, PRONOM INDÉFINI

• Quelqu'un, une certaine personne. *L'***un** *de vous peut-il m'aider ?*

UN | SUITE >

Emplois particuliers

– *L'un et l'autre.* Tous deux.

　L'un et l'autre viendra ou *viendront.*

　▭ Le verbe se met au singulier ou au pluriel.

– *L'un, l'une…, l'autre.* Celui-là, celle-là par opposition à *l'autre.*

　L'une chante, l'autre danse. L'un accepte, tandis que l'autre refuse.

– *L'un, l'une l'autre, les uns, les unes les autres.* Réciproquement.

　Ils s'aiment l'un l'autre. Elles s'aident les unes les autres. Les enfants se sont confiés aux uns et aux autres.

– *L'un ou l'autre.* Un seul des deux.

　▭ Le verbe se met au singulier. *L'une ou l'autre sera présente.*

– *Ni l'un ni l'autre, ni l'une ni l'autre.* Aucun des deux.

　Ni l'un ni l'autre n'a accepté ou *n'ont accepté.*

　▭ Le verbe se met au singulier ou au pluriel.

– *Pas un.* Aucun.

　Pas un ne réussira.

　↪ Le pronom se construit avec *ne.*

– *Plus d'un, plus d'une* + complément au pluriel.

　Plus d'un des candidats était déçu ou *étaient déçus.*

　▭ Le verbe se met au singulier ou au pluriel.

– *Plus d'un, plus d'une.*

　Plus d'une étudiante était satisfaite.

　▭ Le verbe s'accorde au singulier avec le pronom indéfini, malgré la logique.

– *Tout un chacun,* loc. pronom. Tout le monde.

　Tout un chacun (et non **tous et chacun*) *aspire au bonheur. Elle veut tenter sa chance, comme tout un chacun.*

　▭ Cette locution pronominale sujet est au singulier : le verbe dont elle est le sujet est donc à la troisième personne du singulier.

– *Un de ceux, une de celles qui, que.*

　Cette jeune étudiante est une de celles qui ont le plus travaillé.

　▭ Le verbe se met au pluriel.

– *L'un, l'une des…* Une certaine personne.

　L'une des participantes a appuyé la proposition.

　▭ Le verbe se met au singulier lorsque la locution a le sens de « une certaine personne », car on insiste alors sur l'individualité.

– *Un, une des…* Quelqu'un parmi.

　Un des auteurs qui se sont attachés à décrire cette situation.

　▭ Le verbe se met au pluriel lorsque l'action concerne le complément au pluriel du pronom indéfini (la pluralité).

– *Un, une des…* Celui, celle qui.

　Une des athlètes qui a été sélectionnée… Les juges ont désigné un des champions.

　▭ Le verbe se met au singulier lorsque la locution a le sens de « celui, celle qui », car on insiste alors sur l'individualité. *Une des personnes qui a le plus contribué, c'est le linguiste.*

VERBE

Le verbe exprime l'**action,** l'**état,** le **devenir** d'un sujet et porte les désinences de temps et de mode. Le verbe est le noyau du groupe du verbe. Ce dernier, ayant comme fonction d'être le prédicat de la phrase, exprime ce qui est dit à propos du sujet. Le verbe est un receveur d'accord : il s'accorde en personne et en nombre avec son sujet.

MODÈLES DE CONJUGAISON DES VERBES

Les verbes se répartissent en deux modèles de conjugaison :

▶ **Premier modèle**

Les verbes se terminant par **-er.**
Aimer, appeler, avancer, changer, congeler, créer, employer, envoyer, étudier, payer, posséder...

▶ **Deuxième modèle**

Les verbes se terminant à l'infinitif par **-ir** et au participe présent par **-issant.**
Aboutir, abrutir, affermir, agir, bannir, blêmir, bondir, choisir, divertir, éblouir, finir, investir...

Tous les autres verbes qui se terminent à l'infinitif par **-ir** et au participe présent par **-ant.**
Acquérir, bouillir, courir, cueillir, dormir, faillir, fuir, ouvrir, sortir, servir, tressaillir, venir, vêtir...

Les verbes qui se terminent à l'infinitif par **-oir.**
Apercevoir, devoir, émouvoir, falloir, pleuvoir, pouvoir, recevoir, savoir, valoir, voir, vouloir...

Les verbes qui se terminent à l'infinitif par **-re.**
Apprendre, combattre, craindre, éteindre, faire, fendre, joindre, plaire, remettre, soustraire, vaincre...

☞ La grammaire classique place dans un troisième groupe les verbes qui ne se terminent pas à l'infinitif par *-er* (1er groupe) et ceux qui ne se terminent pas à l'infinitif par *-ir* et au participe présent par *-issant* (2e groupe).

VOIR TABLEAU ▶ AUXILIAIRE.

CONJUGAISON DU VERBE

Les formes verbales se composent de deux éléments : le **radical** et la **terminaison,** appelée aussi *désinence.*

Alors que le radical porte la signification du verbe, la terminaison en indique le mode, le temps, la personne et le nombre.

La terminaison marque :

- le **mode** du verbe (indicatif, subjonctif, impératif, infinitif, participe). *Finissons* (indicatif), *finir* (infinitif) ;
- le **temps** (présent, passé, futur, conditionnel). *Aimez* (présent), *aimiez* (passé), *aimerez* (futur), *aimeriez* (conditionnel) ;
- la **personne,** le **nombre** du sujet (1re, 2e, 3e personne, singulier et pluriel). *Aimons* (1re personne), *aimez* (2e personne), *aiment* (3e personne) ; *finis* (singulier) et *finissez* (pluriel).

☞ Les terminaisons des verbes qui figurent dans cet ouvrage à titre de modèles de conjugaison sont notées en caractères gras.

VOIR TABLEAUX ▶ FUTUR. ▶ IMPÉRATIF. ▶ INDICATIF. ▶ INFINITIF. ▶ PARTICIPE PASSÉ.
▶ PARTICIPE PRÉSENT. ▶ PASSÉ (TEMPS DU). ▶ PRÉSENT. ▶ SUBJONCTIF.

VERBES TRANSITIFS ET INTRANSITIFS

- Les **verbes transitifs directs** ont un complément du verbe **joint directement au verbe, sans préposition.**

  L'enfant mange la pomme.
  L'enfant mange quoi ? La pomme.

- Les **verbes transitifs indirects** ont un complément du verbe **relié indirectement au verbe par une préposition** *(à, de,* etc.*).*

  *Il parle **à** sa sœur.*
  *Vous souvenez-vous **de** lui ?*
  Il parle à qui ? À sa sœur. Vous vous souvenez de qui ? De lui.

- Les **verbes intransitifs** sont construits **sans complément direct** ni **complément indirect** du verbe.

  Le soleil plombe.
  Pour être efficaces, tous les efforts doivent converger.
  L'enfant mange en ce moment.

- Les **verbes impersonnels** expriment un état qui ne comporte pas de sujet logique ; ils ne se construisent qu'**à la troisième personne du singulier** avec le sujet impersonnel *il.*

  Il neige à plein ciel et il vente.

VERBES ATTRIBUTIFS

Les **verbes attributifs** introduisent un attribut du sujet. Le verbe *être* est le verbe attributif par excellence. *Ces livres sont passionnants. Étienne est neurologue. Les pommiers étaient en fleurs.*

Plusieurs verbes peuvent également jouer un rôle attributif : *demeurer, devenir, paraître, rester, sembler, tomber* sont des verbes occasionnellement attributifs qui ajoutent à la notion d'état une nuance, un aspect (la durée, la répétition, le déroulement, l'achèvement). *La maison est demeurée vide depuis le départ de nos voisins. Son rêve est devenu réalité. Martine paraît contente. Malgré la retraite, ces collègues sont restées amies. Tu semblais inquiète.*

VERBES PRONOMINAUX

- Le **verbe pronominal** est accompagné d'un pronom réfléchi de la même personne que le sujet parce qu'il désigne le même être, le même objet que le sujet.

  Tu te laves. Elles se sont parlé.

- Le **verbe pronominal** est **réfléchi** lorsque l'action porte sur le sujet.

  Bruno s'est coupé. Brigitte s'est blessée.

- Le **verbe pronominal** est **réciproque** lorsque deux ou plusieurs sujets agissent l'un sur l'autre ou les uns sur les autres.

  Ils se sont aimés.

  Le verbe pronominal réciproque ne s'emploie qu'au pluriel.

- Le **verbe pronominal** est **non réfléchi** lorsque le verbe exprime par lui-même un sens complet et que le pronom n'a pas de valeur particulière.

  S'en aller, s'évanouir, se douter, se taire, se moquer, s'enfuir...

FORME PRONOMINALE		
SINGULIER		
1ʳᵉ pers.	*je me parfume*	*je m'enfuis*
2ᵉ pers.	*tu te parfumes*	*tu t'enfuis*
3ᵉ pers. du fém.	⌐ *elle se parfume*	⌐ *elle s'enfuit*
3ᵉ pers. du masc.	∟ *il se parfume*	∟ *il s'enfuit*
PLURIEL		
1ʳᵉ pers.	*nous nous parfumons*	*nous nous enfuyons*
2ᵉ pers.	*vous vous parfumez*	*vous vous enfuyez*
3ᵉ pers. du fém.	⌐ *elles se parfument*	⌐ *elles s'enfuient*
3ᵉ pers. du masc.	∟ *ils se parfument*	∟ *ils s'enfuient*

VOIR TABLEAUX ► **PRONOMINAUX.** ► **ACCORD DU VERBE.**

LA NOUVELLE GRAMMAIRE EN TABLEAUX

MODÈLES DE CONJUGAISON

CONJUGAISON DU VERBE **ACCROÎTRE**

INDICATIF

PRÉSENT

j'	accrois
tu	accrois
elle	accroît
il	accroît
nous	accroissons
vous	accroissez
elles	accroissent
ils	accroissent

PASSÉ COMPOSÉ

j'	ai	accru
tu	as	accru
elle	a	accru
il	a	accru
nous	avons	accru
vous	avez	accru
elles	ont	accru
ils	ont	accru

IMPARFAIT

j'	accroissais
tu	accroissais
elle	accroissait
il	accroissait
nous	accroissions
vous	accroissiez
elles	accroissaient
ils	accroissaient

PLUS-QUE-PARFAIT

j'	avais	accru
tu	avais	accru
elle	avait	accru
il	avait	accru
nous	avions	accru
vous	aviez	accru
elles	avaient	accru
ils	avaient	accru

PASSÉ SIMPLE

j'	accrus
tu	accrus
elle	accrut
il	accrut
nous	accrûmes
vous	accrûtes
elles	accrurent
ils	accrurent

PASSÉ ANTÉRIEUR

j'	eus	accru
tu	eus	accru
elle	eut	accru
il	eut	accru
nous	eûmes	accru
vous	eûtes	accru
elles	eurent	accru
ils	eurent	accru

FUTUR SIMPLE

j'	accroîtrai
tu	accroîtras
elle	accroîtra
il	accroîtra
nous	accroîtrons
vous	accroîtrez
elles	accroîtront
ils	accroîtront

FUTUR ANTÉRIEUR

j'	aurai	accru
tu	auras	accru
elle	aura	accru
il	aura	accru
nous	aurons	accru
vous	aurez	accru
elles	auront	accru
ils	auront	accru

CONDITIONNEL PRÉSENT

j'	accroîtrais
tu	accroîtrais
elle	accroîtrait
il	accroîtrait
nous	accroîtrions
vous	accroîtriez
elles	accroîtraient
ils	accroîtraient

CONDITIONNEL PASSÉ

j'	aurais	accru
tu	aurais	accru
elle	aurait	accru
il	aurait	accru
nous	aurions	accru
vous	auriez	accru
elles	auraient	accru
ils	auraient	accru

SUBJONCTIF

PRÉSENT

que	j'	accroisse
que	tu	accroisses
qu'	elle	accroisse
qu'	il	accroisse
que	nous	accroissions
que	vous	accroissiez
qu'	elles	accroissent
qu'	ils	accroissent

PASSÉ

que	j'	aie	accru
que	tu	aies	accru
qu'	elle	ait	accru
qu'	il	ait	accru
que	nous	ayons	accru
que	vous	ayez	accru
qu'	elles	aient	accru
qu'	ils	aient	accru

IMPARFAIT

que	j'	accrusse
que	tu	accrusses
qu'	elle	accrût
qu'	il	accrût
que	nous	accrussions
que	vous	accrussiez
qu'	elles	accrussent
qu'	ils	accrussent

PLUS-QUE-PARFAIT

que	j'	eusse	accru
que	tu	eusses	accru
qu'	elle	eût	accru
qu'	il	eût	accru
que	nous	eussions	accru
que	vous	eussiez	accru
qu'	elles	eussent	accru
qu'	ils	eussent	accru

IMPÉRATIF

PRÉSENT

accrois
accroissons
accroissez

PASSÉ

aie	accru
ayons	accru
ayez	accru

INFINITIF

PRÉSENT

accroître

PASSÉ

avoir accru

PARTICIPE

PRÉSENT

accroissant

PASSÉ

accru, ue
ayant accru

CONJUGAISON DU VERBE **ACQUÉRIR**

INDICATIF

PRÉSENT

j'	acquiers
tu	acquiers
elle	acquiert
il	acquiert
nous	acquérons
vous	acquérez
elles	acquièrent
ils	acquièrent

PASSÉ COMPOSÉ

j'	ai	acquis
tu	as	acquis
elle	a	acquis
il	a	acquis
nous	avons	acquis
vous	avez	acquis
elles	ont	acquis
ils	ont	acquis

IMPARFAIT

j'	acquérais
tu	acquérais
elle	acquérait
il	acquérait
nous	acquérions
vous	acquériez
elles	acquéraient
ils	acquéraient

PLUS-QUE-PARFAIT

j'	avais	acquis
tu	avais	acquis
elle	avait	acquis
il	avait	acquis
nous	avions	acquis
vous	aviez	acquis
elles	avaient	acquis
ils	avaient	acquis

PASSÉ SIMPLE

j'	acquis
tu	acquis
elle	acquit
il	acquit
nous	acquîmes
vous	acquîtes
elles	acquirent
ils	acquirent

PASSÉ ANTÉRIEUR

j'	eus	acquis
tu	eus	acquis
elle	eut	acquis
il	eut	acquis
nous	eûmes	acquis
vous	eûtes	acquis
elles	eurent	acquis
ils	eurent	acquis

FUTUR SIMPLE

j'	acquerrai
tu	acquerras
elle	acquerra
il	acquerra
nous	acquerrons
vous	acquerrez
elles	acquerront
ils	acquerront

FUTUR ANTÉRIEUR

j'	aurai	acquis
tu	auras	acquis
elle	aura	acquis
il	aura	acquis
nous	aurons	acquis
vous	aurez	acquis
elles	auront	acquis
ils	auront	acquis

CONDITIONNEL PRÉSENT

j'	acquerrais
tu	acquerrais
elle	acquerrait
il	acquerrait
nous	acquerrions
vous	acquerriez
elles	acquerraient
ils	acquerraient

CONDITIONNEL PASSÉ

j'	aurais	acquis
tu	aurais	acquis
elle	aurait	acquis
il	aurait	acquis
nous	aurions	acquis
vous	auriez	acquis
elles	auraient	acquis
ils	auraient	acquis

SUBJONCTIF

PRÉSENT

que	j'	acquière
que	tu	acquières
qu'	elle	acquière
qu'	il	acquière
que	nous	acquérions
que	vous	acquériez
qu'	elles	acquièrent
qu'	ils	acquièrent

PASSÉ

que	j'	aie	acquis
que	tu	aies	acquis
qu'	elle	ait	acquis
qu'	il	ait	acquis
que	nous	ayons	acquis
que	vous	ayez	acquis
qu'	elles	aient	acquis
qu'	ils	aient	acquis

IMPARFAIT

que	j'	acquisse
que	tu	acquisses
qu'	elle	acquît
qu'	il	acquît
que	nous	acquissions
que	vous	acquissiez
qu'	elles	acquissent
qu'	ils	acquissent

PLUS-QUE-PARFAIT

que	j'	eusse	acquis
que	tu	eusses	acquis
qu'	elle	eût	acquis
qu'	il	eût	acquis
que	nous	eussions	acquis
que	vous	eussiez	acquis
qu'	elles	eussent	acquis
qu'	ils	eussent	acquis

IMPÉRATIF

PRÉSENT

acquiers
acquérons
acquérez

PASSÉ

aie	acquis
ayons	acquis
ayez	acquis

INFINITIF

PRÉSENT

acquérir

PASSÉ

avoir acquis

PARTICIPE

PRÉSENT

acquérant

PASSÉ

acquis, ise
ayant acquis

CONJUGAISON DU VERBE **AIMER**

INDICATIF

PRÉSENT

j'   aime
tu   aimes
elle   aime
il   aime

nous   aimons
vous   aimez
elles   aiment
ils   aiment

PASSÉ COMPOSÉ

j'   ai   aimé
tu   as   aimé
elle   a   aimé
il   a   aimé

nous   avons   aimé
vous   avez   aimé
elles   ont   aimé
ils   ont   aimé

IMPARFAIT

j'   aimais
tu   aimais
elle   aimait
il   aimait

nous   aimions
vous   aimiez
elles   aimaient
ils   aimaient

PLUS-QUE-PARFAIT

j'   avais   aimé
tu   avais   aimé
elle   avait   aimé
il   avait   aimé

nous   avions aimé
vous   aviez   aimé
elles   avaient aimé
ils   avaient aimé

PASSÉ SIMPLE

j'   aimai
tu   aimas
elle   aima
il   aima

nous   aimâmes
vous   aimâtes
elles   aimèrent
ils   aimèrent

PASSÉ ANTÉRIEUR

j'   eus   aimé
tu   eus   aimé
elle   eut   aimé
il   eut   aimé

nous   eûmes   aimé
vous   eûtes   aimé
elles   eurent aimé
ils   eurent aimé

FUTUR SIMPLE

j'   aimerai
tu   aimeras
elle   aimera
il   aimera

nous   aimerons
vous   aimerez
elles   aimeront
ils   aimeront

FUTUR ANTÉRIEUR

j'   aurai   aimé
tu   auras   aimé
elle   aura   aimé
il   aura   aimé

nous   aurons aimé
vous   aurez   aimé
elles   auront aimé
ils   auront aimé

CONDITIONNEL PRÉSENT

j'   aimerais
tu   aimerais
elle   aimerait
il   aimerait

nous   aimerions
vous   aimeriez
elles   aimeraient
ils   aimeraient

CONDITIONNEL PASSÉ

j'   aurais   aimé
tu   aurais   aimé
elle   aurait   aimé
il   aurait   aimé

nous   aurions aimé
vous   auriez   aimé
elles   auraient aimé
ils   auraient aimé

SUBJONCTIF

PRÉSENT

que j'   aime
que tu   aimes
qu' elle   aime
qu' il   aime

que nous   aimions
que vous   aimiez
qu' elles   aiment
qu' ils   aiment

PASSÉ

que j'   aie   aimé
que tu   aies   aimé
qu' elle   ait   aimé
qu' il   ait   aimé

que nous   ayons   aimé
que vous   ayez   aimé
qu' elles   aient   aimé
qu' ils   aient   aimé

IMPARFAIT

que j'   aimasse
que tu   aimasses
qu' elle   aimât
qu' il   aimât

que nous   aimassions
que vous   aimassiez
qu' elles   aimassent
qu' ils   aimassent

PLUS-QUE-PARFAIT

que j'   eusse   aimé
que tu   eusses   aimé
qu' elle   eût   aimé
qu' il   eût   aimé

que nous   eussions aimé
que vous   eussiez aimé
qu' elles   eussent aimé
qu' ils   eussent aimé

IMPÉRATIF

PRÉSENT

aime
aimons
aimez

PASSÉ

aie   aimé
ayons aimé
ayez   aimé

INFINITIF

PRÉSENT

aimer

PASSÉ

avoir aimé

PARTICIPE

PRÉSENT

aimant

PASSÉ

aimé, ée
ayant aimé

CONJUGAISON DU VERBE **ALLER**

INDICATIF

PRÉSENT

je	vais
tu	vas
elle	va
il	va
nous	allons
vous	allez
elles	vont
ils	vont

PASSÉ COMPOSÉ

je	suis	allé, ée
tu	es	allé, ée
elle	est	allée
il	est	allé
nous	sommes	allés, ées
vous	êtes	allés, ées
elles	sont	allées
ils	sont	allés

IMPARFAIT

j'	allais
tu	allais
elle	allait
il	allait
nous	allions
vous	alliez
elles	allaient
ils	allaient

PLUS-QUE-PARFAIT

j'	étais	allé, ée
tu	étais	allé, ée
elle	était	allée
il	était	allé
nous	étions	allés, ées
vous	étiez	allés, ées
elles	étaient	allées
ils	étaient	allés

PASSÉ SIMPLE

j'	allai
tu	allas
elle	alla
il	alla
nous	allâmes
vous	allâtes
elles	allèrent
ils	allèrent

PASSÉ ANTÉRIEUR

je	fus	allé, ée
tu	fus	allé, ée
elle	fut	allée
il	fut	allé
nous	fûmes	allés, ées
vous	fûtes	allés, ées
elles	furent	allées
ils	furent	allés

FUTUR SIMPLE

j'	irai
tu	iras
elle	ira
il	ira
nous	irons
vous	irez
elles	iront
ils	iront

FUTUR ANTÉRIEUR

je	serai	allé, ée
tu	seras	allé, ée
elle	sera	allée
il	sera	allé
nous	serons	allés, ées
vous	serez	allés, ées
elles	seront	allées
ils	seront	allés

CONDITIONNEL PRÉSENT

j'	irais
tu	irais
elle	irait
il	irait
nous	irions
vous	iriez
elles	iraient
ils	iraient

CONDITIONNEL PASSÉ

je	serais	allé, ée
tu	serais	allé, ée
elle	serait	allée
il	serait	allé
nous	serions	allés, ées
vous	seriez	allés, ées
elles	seraient	allées
ils	seraient	allés

SUBJONCTIF

PRÉSENT

que	j'	aille
que	tu	ailles
qu'	elle	aille
qu'	il	aille
que	nous	allions
que	vous	alliez
qu'	elles	aillent
qu'	ils	aillent

PASSÉ

que	je	sois	allé, ée
que	tu	sois	allé, ée
qu'	elle	soit	allée
qu'	il	soit	allé
que	nous	soyons	allés, ées
que	vous	soyez	allés, ées
qu'	elles	soient	allées
qu'	ils	soient	allés

IMPARFAIT

que	j'	allasse
que	tu	allasses
qu'	elle	allât
qu'	il	allât
que	nous	allassions
que	vous	allassiez
qu'	elles	allassent
qu'	ils	allassent

PLUS-QUE-PARFAIT

que	je	fusse	allé, ée
que	tu	fusses	allé, ée
qu'	elle	fût	allée
qu'	il	fût	allé
que	nous	fussions	allés, ées
que	vous	fussiez	allés, ées
qu'	elles	fussent	allées
qu'	ils	fussent	allés

IMPÉRATIF

PRÉSENT

va
allons
allez

PASSÉ

sois	allé, ée
soyons	allés, ées
soyez	allés, ées

INFINITIF

PRÉSENT

aller

PASSÉ

être allé, ée

PARTICIPE

PRÉSENT

allant

PASSÉ

allé, ée
étant allé, ée

CONJUGAISON DU VERBE S'EN **ALLER**

INDICATIF

PRÉSENT

je	m'en	vais
tu	t'en	vas
elle	s'en	va
il	s'en	va

ns ns	en	allons
vs vs	en	allez
elles	s'en	vont
ils	s'en	vont

PASSÉ COMPOSÉ

je	m'en suis	allé, ée
tu	t'en es	allé, ée
elle	s'en est	allée
il	s'en est	allé

ns ns	en	sommes	allés, ées
vs vs	en	êtes	allés, ées
elles	s'en	sont	allées
ils	s'en	sont	allés

IMPARFAIT

je	m'en	allais
tu	t'en	allais
elle	s'en	allait
il	s'en	allait

ns ns	en	allions
vs vs	en	alliez
elles	s'en	allaient
ils	s'en	allaient

PLUS-QUE-PARFAIT

je	m'en étais	allé, ée
tu	t'en étais	allé, ée
elle	s'en était	allée
il	s'en était	allé

ns ns	en	étions	allés, ées
vs vs	en	étiez	allés, ées
elles	s'en	étaient	allées
ils	s'en	étaient	allés

PASSÉ SIMPLE

je	m'en	allai
tu	t'en	allas
elle	s'en	alla
il	s'en	alla

ns ns	en	allâmes
vs vs	en	allâtes
elles	s'en	allèrent
ils	s'en	allèrent

PASSÉ ANTÉRIEUR

je	m'en fus	allé, ée
tu	t'en fus	allé, ée
elle	s'en fut	allée
il	s'en fut	allé

ns ns	en	fûmes	allés, ées
vs vs	en	fûtes	allés, ées
elles	s'en	furent	allées
ils	s'en	furent	allés

FUTUR SIMPLE

je	m'en	irai
tu	t'en	iras
elle	s'en	ira
il	s'en	ira

ns ns	en	irons
vs vs	en	irez
elles	s'en	iront
ils	s'en	iront

FUTUR ANTÉRIEUR

je	m'en serai	allé, ée
tu	t'en seras	allé, ée
elle	s'en sera	allée
il	s'en sera	allé

ns ns	en	serons	allés, ées
vs vs	en	serez	allés, ées
elles	s'en	seront	allées
ils	s'en	seront	allés

CONDITIONNEL PRÉSENT

je	m'en	irais
tu	t'en	irais
elle	s'en	irait
il	s'en	irait

ns ns	en	irions
vs vs	en	iriez
elles	s'en	iraient
ils	s'en	iraient

CONDITIONNEL PASSÉ

je	m'en serais	allé, ée
tu	t'en serais	allé, ée
elle	s'en serait	allée
il	s'en serait	allé

ns ns	en	serions	allés, ées
vs vs	en	seriez	allés, ées
elles	s'en	seraient	allées
ils	s'en	seraient	allés

SUBJONCTIF

PRÉSENT

que	je	m'en	aille
que	tu	t'en	ailles
qu'	elle	s'en	aille
qu'	il	s'en	aille

que	ns ns	en	allions
que	vs vs	en	alliez
qu'	elles	s'en	aillent
qu'	ils	s'en	aillent

PASSÉ

que	je	m'en	sois	allé, ée
que	tu	t'en	sois	allé, ée
qu'	elle	s'en	soit	allée
qu'	il	s'en	soit	allé

que	ns ns	en	soyons	allés, ées
que	vs vs	en	soyez	allés, ées
qu'	elles	s'en	soient	allées
qu'	ils	s'en	soient	allés

IMPARFAIT

que	je	m'en	allasse
que	tu	t'en	allasses
qu'	elle	s'en	allât
qu'	il	s'en	allât

que	ns ns	en	allassions
que	vs vs	en	allassiez
qu'	elles	s'en	allassent
qu'	ils	s'en	allassent

PLUS-QUE-PARFAIT

que	je	m'en	fusse	allé, ée
que	tu	t'en	fusses	allé, ée
qu'	elle	s'en	fût	allée
qu'	il	s'en	fût	allé

que	ns ns	en	fussions	allés, ées
que	vs vs	en	fussiez	allés, ées
qu'	elles	s'en	fussent	allées
qu'	ils	s'en	fussent	allés

IMPÉRATIF

PRÉSENT

va-t'en
allons-nous-en
allez-vous-en

PASSÉ

(n'existe pas)

INFINITIF

PRÉSENT

s'en all**er**

PASSÉ

s'en être allé, ée

PARTICIPE

PRÉSENT

s'en all**ant**

PASSÉ

en allé, ée
s'en étant allé, ée

CONJUGAISON DU VERBE **APERCEVOIR**

INDICATIF

PRÉSENT

j'	aperçois
tu	aperçois
elle	aperçoit
il	aperçoit
nous	apercevons
vous	apercevez
elles	aperçoivent
ils	aperçoivent

PASSÉ COMPOSÉ

j'	ai	aperçu
tu	as	aperçu
elle	a	aperçu
il	a	aperçu
nous	avons	aperçu
vous	avez	aperçu
elles	ont	aperçu
ils	ont	aperçu

IMPARFAIT

j'	apercevais
tu	apercevais
elle	apercevait
il	apercevait
nous	apercevions
vous	aperceviez
elles	apercevaient
ils	apercevaient

PLUS-QUE-PARFAIT

j'	avais	aperçu
tu	avais	aperçu
elle	avait	aperçu
il	avait	aperçu
nous	avions	aperçu
vous	aviez	aperçu
elles	avaient	aperçu
ils	avaient	aperçu

PASSÉ SIMPLE

j'	aperçus
tu	aperçus
elle	aperçut
il	aperçut
nous	aperçûmes
vous	aperçûtes
elles	aperçurent
ils	aperçurent

PASSÉ ANTÉRIEUR

j'	eus	aperçu
tu	eus	aperçu
elle	eut	aperçu
il	eut	aperçu
nous	eûmes	aperçu
vous	eûtes	aperçu
elles	eurent	aperçu
ils	eurent	aperçu

FUTUR SIMPLE

j'	apercevrai
tu	apercevras
elle	apercevra
il	apercevra
nous	apercevrons
vous	apercevrez
elles	apercevront
ils	apercevront

FUTUR ANTÉRIEUR

j'	aurai	aperçu
tu	auras	aperçu
elle	aura	aperçu
il	aura	aperçu
nous	aurons	aperçu
vous	aurez	aperçu
elles	auront	aperçu
ils	auront	aperçu

CONDITIONNEL PRÉSENT

j'	apercevrais
tu	apercevrais
elle	apercevrait
il	apercevrait
nous	apercevrions
vous	apercevriez
elles	apercevraient
ils	apercevraient

CONDITIONNEL PASSÉ

j'	aurais	aperçu
tu	aurais	aperçu
elle	aurait	aperçu
il	aurait	aperçu
nous	aurions	aperçu
vous	auriez	aperçu
elles	auraient	aperçu
ils	auraient	aperçu

SUBJONCTIF

PRÉSENT

que	j'	aperçoive
que	tu	aperçoives
qu'	elle	aperçoive
qu'	il	aperçoive
que	nous	apercevions
que	vous	aperceviez
qu'	elles	aperçoivent
qu'	ils	aperçoivent

PASSÉ

que	j'	aie	aperçu
que	tu	aies	aperçu
qu'	elle	ait	aperçu
qu'	il	ait	aperçu
que	nous	ayons	aperçu
que	vous	ayez	aperçu
qu'	elles	aient	aperçu
qu'	ils	aient	aperçu

IMPARFAIT

que	j'	aperçusse
que	tu	aperçusses
qu'	elle	aperçût
qu'	il	aperçût
que	nous	aperçussions
que	vous	aperçussiez
qu'	elles	aperçussent
qu'	ils	aperçussent

PLUS-QUE-PARFAIT

que	j'	eusse	aperçu
que	tu	eusses	aperçu
qu'	elle	eût	aperçu
qu'	il	eût	aperçu
que	nous	eussions	aperçu
que	vous	eussiez	aperçu
qu'	elles	eussent	aperçu
qu'	ils	eussent	aperçu

IMPÉRATIF

PRÉSENT

aperçois
apercevons
apercevez

PASSÉ

aie	aperçu
ayons	aperçu
ayez	aperçu

INFINITIF

PRÉSENT

apercevoir

PASSÉ

avoir aperçu

PARTICIPE

PRÉSENT

apercevant

PASSÉ

aperçu, ue
ayant aperçu

CONJUGAISON DU VERBE **APPELER**

INDICATIF

PRÉSENT

j'	appelle
tu	appelles
elle	appelle
il	appelle
nous	appelons
vous	appelez
elles	appellent
ils	appellent

PASSÉ COMPOSÉ

j'	ai	appelé
tu	as	appelé
elle	a	appelé
il	a	appelé
nous	avons	appelé
vous	avez	appelé
elles	ont	appelé
ils	ont	appelé

IMPARFAIT

j'	appelais
tu	appelais
elle	appelait
il	appelait
nous	appelions
vous	appeliez
elles	appelaient
ils	appelaient

PLUS-QUE-PARFAIT

j'	avais	appelé
tu	avais	appelé
elle	avait	appelé
il	avait	appelé
nous	avions	appelé
vous	aviez	appelé
elles	avaient	appelé
ils	avaient	appelé

PASSÉ SIMPLE

j'	appelai
tu	appelas
elle	appela
il	appela
nous	appelâmes
vous	appelâtes
elles	appelèrent
ils	appelèrent

PASSÉ ANTÉRIEUR

j'	eus	appelé
tu	eus	appelé
elle	eut	appelé
il	eut	appelé
nous	eûmes	appelé
vous	eûtes	appelé
elles	eurent	appelé
ils	eurent	appelé

FUTUR SIMPLE

j'	appellerai
tu	appelleras
elle	appellera
il	appellera
nous	appellerons
vous	appellerez
elles	appelleront
ils	appelleront

FUTUR ANTÉRIEUR

j'	aurai	appelé
tu	auras	appelé
elle	aura	appelé
il	aura	appelé
nous	aurons	appelé
vous	aurez	appelé
elles	auront	appelé
ils	auront	appelé

CONDITIONNEL PRÉSENT

j'	appellerais
tu	appellerais
elle	appellerait
il	appellerait
nous	appellerions
vous	appelleriez
elles	appelleraient
ils	appelleraient

CONDITIONNEL PASSÉ

j'	aurais	appelé
tu	aurais	appelé
elle	aurait	appelé
il	aurait	appelé
nous	aurions	appelé
vous	auriez	appelé
elles	auraient	appelé
ils	auraient	appelé

SUBJONCTIF

PRÉSENT

que	j'	appelle
que	tu	appelles
qu'	elle	appelle
qu'	il	appelle
que	nous	appelions
que	vous	appeliez
qu'	elles	appellent
qu'	ils	appellent

PASSÉ

que	j'	aie	appelé
que	tu	aies	appelé
qu'	elle	ait	appelé
qu'	il	ait	appelé
que	nous	ayons	appelé
que	vous	ayez	appelé
qu'	elles	aient	appelé
qu'	ils	aient	appelé

IMPARFAIT

que	j'	appelasse
que	tu	appelasses
qu'	elle	appelât
qu'	il	appelât
que	nous	appelassions
que	vous	appelassiez
qu'	elles	appelassent
qu'	ils	appelassent

PLUS-QUE-PARFAIT

que	j'	eusse	appelé
que	tu	eusses	appelé
qu'	elle	eût	appelé
qu'	il	eût	appelé
que	nous	eussions	appelé
que	vous	eussiez	appelé
qu'	elles	eussent	appelé
qu'	ils	eussent	appelé

IMPÉRATIF

PRÉSENT

appelle
appelons
appelez

PASSÉ

aie	appelé
ayons	appelé
ayez	appelé

INFINITIF

PRÉSENT

appeler

PASSÉ

avoir appelé

PARTICIPE

PRÉSENT

appelant

PASSÉ

appelé, ée
ayant appelé

CONJUGAISON DU VERBE **APPRENDRE**

INDICATIF

PRÉSENT

j'	apprends
tu	apprends
elle	apprend
il	apprend
nous	apprenons
vous	apprenez
elles	apprennent
ils	apprennent

PASSÉ COMPOSÉ

j'	ai	appris
tu	as	appris
elle	a	appris
il	a	appris
nous	avons	appris
vous	avez	appris
elles	ont	appris
ils	ont	appris

IMPARFAIT

j'	apprenais
tu	apprenais
elle	apprenait
il	apprenait
nous	apprenions
vous	appreniez
elles	apprenaient
ils	apprenaient

PLUS-QUE-PARFAIT

j'	avais	appris
tu	avais	appris
elle	avait	appris
il	avait	appris
nous	avions	appris
vous	aviez	appris
elles	avaient	appris
ils	avaient	appris

PASSÉ SIMPLE

j'	appris
tu	appris
elle	apprit
il	apprit
nous	apprîmes
vous	apprîtes
elles	apprirent
ils	apprirent

PASSÉ ANTÉRIEUR

j'	eus	appris
tu	eus	appris
elle	eut	appris
il	eut	appris
nous	eûmes	appris
vous	eûtes	appris
elles	eurent	appris
ils	eurent	appris

FUTUR SIMPLE

j'	apprendrai
tu	apprendras
elle	apprendra
il	apprendra
nous	apprendrons
vous	apprendrez
elles	apprendront
ils	apprendront

FUTUR ANTÉRIEUR

j'	aurai	appris
tu	auras	appris
elle	aura	appris
il	aura	appris
nous	aurons	appris
vous	aurez	appris
elles	auront	appris
ils	auront	appris

CONDITIONNEL PRÉSENT

j'	apprendrais
tu	apprendrais
elle	apprendrait
il	apprendrait
nous	apprendrions
vous	apprendriez
elles	apprendraient
ils	apprendraient

CONDITIONNEL PASSÉ

j'	aurais	appris
tu	aurais	appris
elle	aurait	appris
il	aurait	appris
nous	aurions	appris
vous	auriez	appris
elles	auraient	appris
ils	auraient	appris

SUBJONCTIF

PRÉSENT

que	j'	apprenne
que	tu	apprennes
qu'	elle	apprenne
qu'	il	apprenne
que	nous	apprenions
que	vous	appreniez
qu'	elles	apprennent
qu'	ils	apprennent

PASSÉ

que	j'	aie	appris
que	tu	aies	appris
qu'	elle	ait	appris
qu'	il	ait	appris
que	nous	ayons	appris
que	vous	ayez	appris
qu'	elles	aient	appris
qu'	ils	aient	appris

IMPARFAIT

que	j'	apprisse
que	tu	apprisses
qu'	elle	apprît
qu'	il	apprît
que	nous	apprissions
que	vous	apprissiez
qu'	elles	apprissent
qu'	ils	apprissent

PLUS-QUE-PARFAIT

que	j'	eusse	appris
que	tu	eusses	appris
qu'	elle	eût	appris
qu'	il	eût	appris
que	nous	eussions	appris
que	vous	eussiez	appris
qu'	elles	eussent	appris
qu'	ils	eussent	appris

IMPÉRATIF

PRÉSENT

apprends
apprenons
apprenez

PASSÉ

aie	appris
ayons	appris
ayez	appris

INFINITIF

PRÉSENT

apprendre

PASSÉ

avoir appris

PARTICIPE

PRÉSENT

apprenant

PASSÉ

appris, ise
ayant appris

CONJUGAISON DU VERBE **ASSEOIR**

INDICATIF

PRÉSENT

j'	assois,	**ieds**
tu	assois,	**ieds**
elle	assoit,	**ied**
il	assoit,	**ied**
nous	assoyons,	**eyons**
vous	assoyez,	**eyez**
elles	assoient,	**eyent**
ils	assoient,	**eyent**

PASSÉ COMPOSÉ

j'	ai	assis
tu	as	assis
elle	a	assis
il	a	assis
nous	avons	assis
vous	avez	assis
elles	ont	assis
ils	ont	assis

IMPARFAIT

j'	assoyais,	**eyais**
tu	assoyais,	**eyais**
elle	assoyait,	**eyait**
il	assoyait,	**eyait**
nous	assoyions,	**eyions**
vous	assoyiez,	**eyiez**
elles	assoyaient,	**eyaient**
ils	assoyaient,	**eyaient**

PLUS-QUE-PARFAIT

j'	avais	assis
tu	avais	assis
elle	avait	assis
il	avait	assis
nous	avions	assis
vous	aviez	assis
elles	avaient	assis
ils	avaient	assis

PASSÉ SIMPLE

j'	assis
tu	assis
elle	assit
il	assit
nous	assîmes
vous	assîtes
elles	assirent
ils	assirent

PASSÉ ANTÉRIEUR

j'	eus	assis
tu	eus	assis
elle	eut	assis
il	eut	assis
nous	eûmes	assis
vous	eûtes	assis
elles	eurent	assis
ils	eurent	assis

FUTUR SIMPLE

j'	assoirai,	**iérai**
tu	assoiras,	**iéras**
elle	assoira,	**iéra**
il	assoira,	**iéra**
nous	assoirons,	**iérons**
vous	assoirez,	**iérez**
elles	assoiront,	**iéront**
ils	assoiront,	**iéront**

FUTUR ANTÉRIEUR

j'	aurai	assis
tu	auras	assis
elle	aura	assis
il	aura	assis
nous	aurons	assis
vous	aurez	assis
elles	auront	assis
ils	auront	assis

CONDITIONNEL PRÉSENT

j'	assoirais,	**iérais**
tu	assoirais,	**iérais**
elle	assoirait,	**iérait**
il	assoirait,	**iérait**
nous	assoirions,	**iérions**
vous	assoiriez,	**iériez**
elles	assoiraient,	**iéraient**
ils	assoiraient,	**iéraient**

CONDITIONNEL PASSÉ

j'	aurais	assis
tu	aurais	assis
elle	aurait	assis
il	aurait	assis
nous	aurions	assis
vous	auriez	assis
elles	auraient	assis
ils	auraient	assis

SUBJONCTIF

PRÉSENT

que	j'	assoie,	**eye**
que	tu	assoies,	**eyes**
qu'	elle	assoie,	**eye**
qu'	il	assoie,	**eye**
que	nous	assoyions,	**eyions**
que	vous	assoyiez,	**eyiez**
qu'	elles	assoient,	**eyent**
qu'	ils	assoient,	**eyent**

PASSÉ

que	j'	aie	assis
que	tu	aies	assis
qu'	elle	ait	assis
qu'	il	ait	assis
que	nous	ayons	assis
que	vous	ayez	assis
qu'	elles	aient	assis
qu'	ils	aient	assis

IMPARFAIT

que	j'	assisse
que	tu	assisses
qu'	elle	assît
qu'	il	assît
que	nous	assissions
que	vous	assissiez
qu'	elles	assissent
qu'	ils	assissent

PLUS-QUE-PARFAIT

que	j'	eusse	assis
que	tu	eusses	assis
qu'	elle	eût	assis
qu'	il	eût	assis
que	nous	eussions	assis
que	vous	eussiez	assis
qu'	elles	eussent	assis
qu'	ils	eussent	assis

IMPÉRATIF

PRÉSENT

assois, **ieds**
assoyons, **eyons**
assoyez, **eyez**

PASSÉ

aie assis
ayons assis
ayez assis

INFINITIF

PRÉSENT

asseoir

PASSÉ

avoir assis

PARTICIPE

PRÉSENT

assoyant, **eyant**

PASSÉ

assis, ise
ayant assis

CONJUGAISON DU VERBE **AVANCER**

INDICATIF

PRÉSENT

j'	avance
tu	avances
elle	avance
il	avance
nous	avançons
vous	avancez
elles	avancent
ils	avancent

PASSÉ COMPOSÉ

j'	ai	avancé
tu	as	avancé
elle	a	avancé
il	a	avancé
nous	avons	avancé
vous	avez	avancé
elles	ont	avancé
ils	ont	avancé

IMPARFAIT

j'	avançais
tu	avançais
elle	avançait
il	avançait
nous	avancions
vous	avanciez
elles	avançaient
ils	avançaient

PLUS-QUE-PARFAIT

j'	avais	avancé
tu	avais	avancé
elle	avait	avancé
il	avait	avancé
nous	avions	avancé
vous	aviez	avancé
elles	avaient	avancé
ils	avaient	avancé

PASSÉ SIMPLE

j'	avançai
tu	avanças
elle	avança
il	avança
nous	avançâmes
vous	avançâtes
elles	avancèrent
ils	avancèrent

PASSÉ ANTÉRIEUR

j'	eus	avancé
tu	eus	avancé
elle	eut	avancé
il	eut	avancé
nous	eûmes	avancé
vous	eûtes	avancé
elles	eurent	avancé
ils	eurent	avancé

FUTUR SIMPLE

j'	avancerai
tu	avanceras
elle	avancera
il	avancera
nous	avancerons
vous	avancerez
elles	avanceront
ils	avanceront

FUTUR ANTÉRIEUR

j'	aurai	avancé
tu	auras	avancé
elle	aura	avancé
il	aura	avancé
nous	aurons	avancé
vous	aurez	avancé
elles	auront	avancé
ils	auront	avancé

CONDITIONNEL PRÉSENT

j'	avancerais
tu	avancerais
elle	avancerait
il	avancerait
nous	avancerions
vous	avanceriez
elles	avanceraient
ils	avanceraient

CONDITIONNEL PASSÉ

j'	aurais	avancé
tu	aurais	avancé
elle	aurait	avancé
il	aurait	avancé
nous	aurions	avancé
vous	auriez	avancé
elles	auraient	avancé
ils	auraient	avancé

SUBJONCTIF

PRÉSENT

que	j'	avance
que	tu	avances
qu'	elle	avance
qu'	il	avance
que	nous	avancions
que	vous	avanciez
qu'	elles	avancent
qu'	ils	avancent

PASSÉ

que	j'	aie	avancé
que	tu	aies	avancé
qu'	elle	ait	avancé
qu'	il	ait	avancé
que	nous	ayons	avancé
que	vous	ayez	avancé
qu'	elles	aient	avancé
qu'	ils	aient	avancé

IMPARFAIT

que	j'	avançasse
que	tu	avançasses
qu'	elle	avançât
qu'	il	avançât
que	nous	avançassions
que	vous	avançassiez
qu'	elles	avançassent
qu'	ils	avançassent

PLUS-QUE-PARFAIT

que	j'	eusse	avancé
que	tu	eusses	avancé
qu'	elle	eût	avancé
qu'	il	eût	avancé
que	nous	eussions	avancé
que	vous	eussiez	avancé
qu'	elles	eussent	avancé
qu'	ils	eussent	avancé

IMPÉRATIF

PRÉSENT

avance
avançons
avancez

PASSÉ

aie	avancé
ayons	avancé
ayez	avancé

INFINITIF

PRÉSENT

avancer

PASSÉ

avoir avancé

PARTICIPE

PRÉSENT

avançant

PASSÉ

avancé, ée
ayant avancé

CONJUGAISON DU VERBE **AVOIR**

INDICATIF

PRÉSENT

j'	ai
tu	as
elle	a
il	a
nous	avons
vous	avez
elles	ont
ils	ont

PASSÉ COMPOSÉ

j'	ai	eu
tu	as	eu
elle	a	eu
il	a	eu
nous	avons	eu
vous	avez	eu
elles	ont	eu
ils	ont	eu

IMPARFAIT

j'	avais
tu	avais
elle	avait
il	avait
nous	avions
vous	aviez
elles	avaient
ils	avaient

PLUS-QUE-PARFAIT

j'	avais	eu
tu	avais	eu
elle	avait	eu
il	avait	eu
nous	avions	eu
vous	aviez	eu
elles	avaient	eu
ils	avaient	eu

PASSÉ SIMPLE

j'	eus
tu	eus
elle	eut
il	eut
nous	eûmes
vous	eûtes
elles	eurent
ils	eurent

PASSÉ ANTÉRIEUR

j'	eus	eu
tu	eus	eu
elle	eut	eu
il	eut	eu
nous	eûmes	eu
vous	eûtes	eu
elles	eurent	eu
ils	eurent	eu

FUTUR SIMPLE

j'	aurai
tu	auras
elle	aura
il	aura
nous	aurons
vous	aurez
elles	auront
ils	auront

FUTUR ANTÉRIEUR

j'	aurai	eu
tu	auras	eu
elle	aura	eu
il	aura	eu
nous	aurons	eu
vous	aurez	eu
elles	auront	eu
ils	auront	eu

CONDITIONNEL PRÉSENT

j'	aurais
tu	aurais
elle	aurait
il	aurait
nous	aurions
vous	auriez
elles	auraient
ils	auraient

CONDITIONNEL PASSÉ

j'	aurais	eu
tu	aurais	eu
elle	aurait	eu
il	aurait	eu
nous	aurions	eu
vous	auriez	eu
elles	auraient	eu
ils	auraient	eu

SUBJONCTIF

PRÉSENT

que	j'	aie
que	tu	aies
qu'	elle	ait
qu'	il	ait
que	nous	ayons
que	vous	ayez
qu'	elles	aient
qu'	ils	aient

PASSÉ

que	j'	aie	eu
que	tu	aies	eu
qu'	elle	ait	eu
qu'	il	ait	eu
que	nous	ayons	eu
que	vous	ayez	eu
qu'	elles	aient	eu
qu'	ils	aient	eu

IMPARFAIT

que	j'	eusse
que	tu	eusses
qu'	elle	eût
qu'	il	eût
que	nous	eussions
que	vous	eussiez
qu'	elles	eussent
qu'	ils	eussent

PLUS-QUE-PARFAIT

que	j'	eusse	eu
que	tu	eusses	eu
qu'	elle	eût	eu
qu'	il	eût	eu
que	nous	eussions	eu
que	vous	eussiez	eu
qu'	elles	eussent	eu
qu'	ils	eussent	eu

IMPÉRATIF

PRÉSENT

aie
ayons
ayez

PASSÉ

aie	eu
ayons	eu
ayez	eu

INFINITIF

PRÉSENT

avoir

PASSÉ

avoir eu

PARTICIPE

PRÉSENT

ayant

PASSÉ

eu, eue
ayant eu

CONJUGAISON DU VERBE **BOIRE**

INDICATIF

PRÉSENT

je	bois
tu	bois
elle	boit
il	boit
nous	buvons
vous	buvez
elles	boivent
ils	boivent

PASSÉ COMPOSÉ

j'	ai	bu
tu	as	bu
elle	a	bu
il	a	bu
nous	avons	bu
vous	avez	bu
elles	ont	bu
ils	ont	bu

IMPARFAIT

je	buvais
tu	buvais
elle	buvait
il	buvait
nous	buvions
vous	buviez
elles	buvaient
ils	buvaient

PLUS-QUE-PARFAIT

j'	avais	bu
tu	avais	bu
elle	avait	bu
il	avait	bu
nous	avions	bu
vous	aviez	bu
elles	avaient	bu
ils	avaient	bu

PASSÉ SIMPLE

je	bus
tu	bus
elle	but
il	but
nous	bûmes
vous	bûtes
elles	burent
ils	burent

PASSÉ ANTÉRIEUR

j'	eus	bu
tu	eus	bu
elle	eut	bu
il	eut	bu
nous	eûmes	bu
vous	eûtes	bu
elles	eurent	bu
ils	eurent	bu

FUTUR SIMPLE

je	boirai
tu	boiras
elle	boira
il	boira
nous	boirons
vous	boirez
elles	boiront
ils	boiront

FUTUR ANTÉRIEUR

j'	aurai	bu
tu	auras	bu
elle	aura	bu
il	aura	bu
nous	aurons	bu
vous	aurez	bu
elles	auront	bu
ils	auront	bu

CONDITIONNEL PRÉSENT

je	boirais
tu	boirais
elle	boirait
il	boirait
nous	boirions
vous	boiriez
elles	boiraient
ils	boiraient

CONDITIONNEL PASSÉ

j'	aurais	bu
tu	aurais	bu
elle	aurait	bu
il	aurait	bu
nous	aurions	bu
vous	auriez	bu
elles	auraient	bu
ils	auraient	bu

SUBJONCTIF

PRÉSENT

que	je	boive
que	tu	boives
qu'	elle	boive
qu'	il	boive
que	nous	buvions
que	vous	buviez
qu'	elles	boivent
qu'	ils	boivent

PASSÉ

que	j'	aie	bu
que	tu	aies	bu
qu'	elle	ait	bu
qu'	il	ait	bu
que	nous	ayons	bu
que	vous	ayez	bu
qu'	elles	aient	bu
qu'	ils	aient	bu

IMPARFAIT

que	je	busse
que	tu	busses
qu'	elle	bût
qu'	il	bût
que	nous	bussions
que	vous	bussiez
qu'	elles	bussent
qu'	ils	bussent

PLUS-QUE-PARFAIT

que	j'	eusse	bu
que	tu	eusses	bu
qu'	elle	eût	bu
qu'	il	eût	bu
que	nous	eussions	bu
que	vous	eussiez	bu
qu'	elles	eussent	bu
qu'	ils	eussent	bu

IMPÉRATIF

PRÉSENT

| bois |
| buvons |
| buvez |

PASSÉ

aie	bu
ayons	bu
ayez	bu

INFINITIF

PRÉSENT

boire

PASSÉ

avoir bu

PARTICIPE

PRÉSENT

buvant

PASSÉ

bu, bue
ayant bu

CONJUGAISON DU VERBE **BOUILLIR**

INDICATIF		SUBJONCTIF	

INDICATIF

PRÉSENT

je	bous
tu	bous
elle	bout
il	bout
nous	bouillons
vous	bouillez
elles	bouillent
ils	bouillent

PASSÉ COMPOSÉ

j'	ai	bouilli
tu	as	bouilli
elle	a	bouilli
il	a	bouilli
nous	avons	bouilli
vous	avez	bouilli
elles	ont	bouilli
ils	ont	bouilli

IMPARFAIT

je	bouillais
tu	bouillais
elle	bouillait
il	bouillait
nous	bouillions
vous	bouilliez
elles	bouillaient
ils	bouillaient

PLUS-QUE-PARFAIT

j'	avais	bouilli
tu	avais	bouilli
elle	avait	bouilli
il	avait	bouilli
nous	avions	bouilli
vous	aviez	bouilli
elles	avaient	bouilli
ils	avaient	bouilli

PASSÉ SIMPLE

je	bouillis
tu	bouillis
elle	bouillit
il	bouillit
nous	bouillîmes
vous	bouillîtes
elles	bouillirent
ils	bouillirent

PASSÉ ANTÉRIEUR

j'	eus	bouilli
tu	eus	bouilli
elle	eut	bouilli
il	eut	bouilli
nous	eûmes	bouilli
vous	eûtes	bouilli
elles	eurent	bouilli
ils	eurent	bouilli

FUTUR SIMPLE

je	bouillirai
tu	bouilliras
elle	bouillira
il	bouillira
nous	bouillirons
vous	bouillirez
elles	bouilliront
ils	bouilliront

FUTUR ANTÉRIEUR

j'	aurai	bouilli
tu	auras	bouilli
elle	aura	bouilli
il	aura	bouilli
nous	aurons	bouilli
vous	aurez	bouilli
elles	auront	bouilli
ils	auront	bouilli

CONDITIONNEL PRÉSENT

je	bouillirais
tu	bouillirais
elle	bouillirait
il	bouillirait
nous	bouillirions
vous	bouilliriez
elles	bouilliraient
ils	bouilliraient

CONDITIONNEL PASSÉ

j'	aurais	bouilli
tu	aurais	bouilli
elle	aurait	bouilli
il	aurait	bouilli
nous	aurions	bouilli
vous	auriez	bouilli
elles	auraient	bouilli
ils	auraient	bouilli

SUBJONCTIF

PRÉSENT

que	je	bouille
que	tu	bouilles
qu'	elle	bouille
qu'	il	bouille
que	nous	bouillions
que	vous	bouilliez
qu'	elles	bouillent
qu'	ils	bouillent

PASSÉ

que	j'	aie	bouilli
que	tu	aies	bouilli
qu'	elle	ait	bouilli
qu'	il	ait	bouilli
que	nous	ayons	bouilli
que	vous	ayez	bouilli
qu'	elles	aient	bouilli
qu'	ils	aient	bouilli

IMPARFAIT

que	je	bouillisse
que	tu	bouillisses
qu'	elle	bouillît
qu'	il	bouillît
que	nous	bouillissions
que	vous	bouillissiez
qu'	elles	bouillissent
qu'	ils	bouillissent

PLUS-QUE-PARFAIT

que	j'	eusse	bouilli
que	tu	eusses	bouilli
qu'	elle	eût	bouilli
qu'	il	eût	bouilli
que	nous	eussions	bouilli
que	vous	eussiez	bouilli
qu'	elles	eussent	bouilli
qu'	ils	eussent	bouilli

IMPÉRATIF

PRÉSENT

bous
bouillons
bouillez

PASSÉ

aie	bouilli
ayons	bouilli
ayez	bouilli

INFINITIF

PRÉSENT

bouillir

PASSÉ

avoir bouilli

PARTICIPE

PRÉSENT

bouillant

PASSÉ

bouilli, ie
ayant bouilli

CONJUGAISON DU VERBE **CHANGER**

INDICATIF

PRÉSENT

je	change
tu	changes
elle	change
il	change
nous	changeons
vous	changez
elles	changent
ils	changent

PASSÉ COMPOSÉ

j'	ai	changé
tu	as	changé
elle	a	changé
il	a	changé
nous	avons	changé
vous	avez	changé
elles	ont	changé
ils	ont	changé

IMPARFAIT

je	changeais
tu	changeais
elle	changeait
il	changeait
nous	changions
vous	changiez
elles	changeaient
ils	changeaient

PLUS-QUE-PARFAIT

j'	avais	changé
tu	avais	changé
elle	avait	changé
il	avait	changé
nous	avions	changé
vous	aviez	changé
elles	avaient	changé
ils	avaient	changé

PASSÉ SIMPLE

je	changeai
tu	changeas
elle	changea
il	changea
nous	changeâmes
vous	changeâtes
elles	changèrent
ils	changèrent

PASSÉ ANTÉRIEUR

j'	eus	changé
tu	eus	changé
elle	eut	changé
il	eut	changé
nous	eûmes	changé
vous	eûtes	changé
elles	eurent	changé
ils	eurent	changé

FUTUR SIMPLE

je	changerai
tu	changeras
elle	changera
il	changera
nous	changerons
vous	changerez
elles	changeront
ils	changeront

FUTUR ANTÉRIEUR

j'	aurai	changé
tu	auras	changé
elle	aura	changé
il	aura	changé
nous	aurons	changé
vous	aurez	changé
elles	auront	changé
ils	auront	changé

CONDITIONNEL PRÉSENT

je	changerais
tu	changerais
elle	changerait
il	changerait
nous	changerions
vous	changeriez
elles	changeraient
ils	changeraient

CONDITIONNEL PASSÉ

j'	aurais	changé
tu	aurais	changé
elle	aurait	changé
il	aurait	changé
nous	aurions	changé
vous	auriez	changé
elles	auraient	changé
ils	auraient	changé

SUBJONCTIF

PRÉSENT

que	je	change
que	tu	changes
qu'	elle	change
qu'	il	change
que	nous	changions
que	vous	changiez
qu'	elles	changent
qu'	ils	changent

PASSÉ

que	j'	aie	changé
que	tu	aies	changé
qu'	elle	ait	changé
qu'	il	ait	changé
que	nous	ayons	changé
que	vous	ayez	changé
qu'	elles	aient	changé
qu'	ils	aient	changé

IMPARFAIT

que	je	changeasse
que	tu	changeasses
qu'	elle	changeât
qu'	il	changeât
que	nous	changeassions
que	vous	changeassiez
qu'	elles	changeassent
qu'	ils	changeassent

PLUS-QUE-PARFAIT

que	j'	eusse	changé
que	tu	eusses	changé
qu'	elle	eût	changé
qu'	il	eût	changé
que	nous	eussions	changé
que	vous	eussiez	changé
qu'	elles	eussent	changé
qu'	ils	eussent	changé

IMPÉRATIF

PRÉSENT

change
changeons
changez

PASSÉ

aie	changé
ayons	changé
ayez	changé

INFINITIF

PRÉSENT

changer

PASSÉ

avoir changé

PARTICIPE

PRÉSENT

changeant

PASSÉ

changé, ée
ayant changé

CONJUGAISON DU VERBE **CLORE**

INDICATIF

PRÉSENT

je	clos
tu	clos
elle	clôt
il	clôt
elles	clo**sent**
ils	clo**sent**

PASSÉ COMPOSÉ

j'	ai	clos
tu	as	clos
elle	a	clos
il	a	clos
nous	avons	clos
vous	avez	clos
elles	ont	clos
ils	ont	clos

IMPARFAIT

(n'existe pas)

PLUS-QUE-PARFAIT

j'	avais	clos
tu	avais	clos
elle	avait	clos
il	avait	clos
nous	avions	clos
vous	aviez	clos
elles	avaient	clos
ils	avaient	clos

PASSÉ SIMPLE

(n'existe pas)

PASSÉ ANTÉRIEUR

j'	eus	clos
tu	eus	clos
elle	eut	clos
il	eut	clos
nous	eûmes	clos
vous	eûtes	clos
elles	eurent	clos
ils	eurent	clos

FUTUR SIMPLE

je	clo**rai**
tu	clo**ras**
elle	clo**ra**
il	clo**ra**
nous	clo**rons**
vous	clo**rez**
elles	clo**ront**
ils	clo**ront**

FUTUR ANTÉRIEUR

j'	aurai	clos
tu	auras	clos
elle	aura	clos
il	aura	clos
nous	aurons	clos
vous	aurez	clos
elles	auront	clos
ils	auront	clos

CONDITIONNEL PRÉSENT

je	clo**rais**
tu	clo**rais**
elle	clo**rait**
il	clo**rait**
nous	clo**rions**
vous	clo**riez**
elles	clo**raient**
ils	clo**raient**

CONDITIONNEL PASSÉ

j'	aurais	clos
tu	aurais	clos
elle	aurait	clos
il	aurait	clos
nous	aurions	clos
vous	auriez	clos
elles	auraient	clos
ils	auraient	clos

SUBJONCTIF

PRÉSENT

que	je	clo**se**
que	tu	clo**ses**
qu'	elle	clo**se**
qu'	il	clo**se**
que	nous	clo**sions**
que	vous	clo**siez**
qu'	elles	clo**sent**
qu'	ils	clo**sent**

PASSÉ

que	j'	aie	clos
que	tu	aies	clos
qu'	elle	ait	clos
qu'	il	ait	clos
que	nous	ayons	clos
que	vous	ayez	clos
qu'	elles	aient	clos
qu'	ils	aient	clos

IMPARFAIT

(n'existe pas)

PLUS-QUE-PARFAIT

que	j'	eusse	clos
que	tu	eusses	clos
qu'	elle	eût	clos
qu'	il	eût	clos
que	nous	eussions	clos
que	vous	eussiez	clos
qu'	elles	eussent	clos
qu'	ils	eussent	clos

IMPÉRATIF

PRÉSENT

clos

PASSÉ

aie	clos
ayons	clos
ayez	clos

INFINITIF

PRÉSENT

clore

PASSÉ

avoir clos

PARTICIPE

PRÉSENT

clo**sant**

PASSÉ

clos, close
ayant clos

CONJUGAISON DU VERBE **COMBATTRE**

INDICATIF

PRÉSENT

je	combats
tu	combats
elle	combat
il	combat
nous	combattons
vous	combattez
elles	combattent
ils	combattent

PASSÉ COMPOSÉ

j'	ai	combattu
tu	as	combattu
elle	a	combattu
il	a	combattu
nous	avons	combattu
vous	avez	combattu
elles	ont	combattu
ils	ont	combattu

IMPARFAIT

je	combattais
tu	combattais
elle	combattait
il	combattait
nous	combattions
vous	combattiez
elles	combattaient
ils	combattaient

PLUS-QUE-PARFAIT

j'	avais	combattu
tu	avais	combattu
elle	avait	combattu
il	avait	combattu
nous	avions	combattu
vous	aviez	combattu
elles	avaient	combattu
ils	avaient	combattu

PASSÉ SIMPLE

je	combattis
tu	combattis
elle	combattit
il	combattit
nous	combattîmes
vous	combattîtes
elles	combattirent
ils	combattirent

PASSÉ ANTÉRIEUR

j'	eus	combattu
tu	eus	combattu
elle	eut	combattu
il	eut	combattu
nous	eûmes	combattu
vous	eûtes	combattu
elles	eurent	combattu
ils	eurent	combattu

FUTUR SIMPLE

je	combattrai
tu	combattras
elle	combattra
il	combattra
nous	combattrons
vous	combattrez
elles	combattront
ils	combattront

FUTUR ANTÉRIEUR

j'	aurai	combattu
tu	auras	combattu
elle	aura	combattu
il	aura	combattu
nous	aurons	combattu
vous	aurez	combattu
elles	auront	combattu
ils	auront	combattu

CONDITIONNEL PRÉSENT

je	combattrais
tu	combattrais
elle	combattrait
il	combattrait
nous	combattrions
vous	combattriez
elles	combattraient
ils	combattraient

CONDITIONNEL PASSÉ

j'	aurais	combattu
tu	aurais	combattu
elle	aurait	combattu
il	aurait	combattu
nous	aurions	combattu
vous	auriez	combattu
elles	auraient	combattu
ils	auraient	combattu

SUBJONCTIF

PRÉSENT

que	je	combatte
que	tu	combattes
qu'	elle	combatte
qu'	il	combatte
que	nous	combattions
que	vous	combattiez
qu'	elles	combattent
qu'	ils	combattent

PASSÉ

que	j'	aie	combattu
que	tu	aies	combattu
qu'	elle	ait	combattu
qu'	il	ait	combattu
que	nous	ayons	combattu
que	vous	ayez	combattu
qu'	elles	aient	combattu
qu'	ils	aient	combattu

IMPARFAIT

que	je	combattisse
que	tu	combattisses
qu'	elle	combattît
qu'	il	combattît
que	nous	combattissions
que	vous	combattissiez
qu'	elles	combattissent
qu'	ils	combattissent

PLUS-QUE-PARFAIT

que	j'	eusse	combattu
que	tu	eusses	combattu
qu'	elle	eût	combattu
qu'	il	eût	combattu
que	nous	eussions	combattu
que	vous	eussiez	combattu
qu'	elles	eussent	combattu
qu'	ils	eussent	combattu

IMPÉRATIF

PRÉSENT

combats
combattons
combattez

PASSÉ

aie	combattu
ayons	combattu
ayez	combattu

INFINITIF

PRÉSENT

combattre

PASSÉ

avoir combattu

PARTICIPE

PRÉSENT

combattant

PASSÉ

combattu, ue
ayant combattu

CONJUGAISON DU VERBE **CONDUIRE**

INDICATIF

PRÉSENT

je	conduis
tu	conduis
elle	conduit
il	conduit
nous	conduisons
vous	conduisez
elles	conduisent
ils	conduisent

PASSÉ COMPOSÉ

j'	ai	conduit
tu	as	conduit
elle	a	conduit
il	a	conduit
nous	avons	conduit
vous	avez	conduit
elles	ont	conduit
ils	ont	conduit

IMPARFAIT

je	conduisais
tu	conduisais
elle	conduisait
il	conduisait
nous	conduisions
vous	conduisiez
elles	conduisaient
ils	conduisaient

PLUS-QUE-PARFAIT

j'	avais	conduit
tu	avais	conduit
elle	avait	conduit
il	avait	conduit
nous	avions	conduit
vous	aviez	conduit
elles	avaient	conduit
ils	avaient	conduit

PASSÉ SIMPLE

je	conduisis
tu	conduisis
elle	conduisit
il	conduisit
nous	conduisîmes
vous	conduisîtes
elles	conduisirent
ils	conduisirent

PASSÉ ANTÉRIEUR

j'	eus	conduit
tu	eus	conduit
elle	eut	conduit
il	eut	conduit
nous	eûmes	conduit
vous	eûtes	conduit
elles	eurent	conduit
ils	eurent	conduit

FUTUR SIMPLE

je	conduirai
tu	conduiras
elle	conduira
il	conduira
nous	conduirons
vous	conduirez
elles	conduiront
ils	conduiront

FUTUR ANTÉRIEUR

j'	aurai	conduit
tu	auras	conduit
elle	aura	conduit
il	aura	conduit
nous	aurons	conduit
vous	aurez	conduit
elles	auront	conduit
ils	auront	conduit

CONDITIONNEL PRÉSENT

je	conduirais
tu	conduirais
elle	conduirait
il	conduirait
nous	conduirions
vous	conduiriez
elles	conduiraient
ils	conduiraient

CONDITIONNEL PASSÉ

j'	aurais	conduit
tu	aurais	conduit
elle	aurait	conduit
il	aurait	conduit
nous	aurions	conduit
vous	auriez	conduit
elles	auraient	conduit
ils	auraient	conduit

SUBJONCTIF

PRÉSENT

que	je	conduise
que	tu	conduises
qu'	elle	conduise
qu'	il	conduise
que	nous	conduisions
que	vous	conduisiez
qu'	elles	conduisent
qu'	ils	conduisent

PASSÉ

que	j'	aie	conduit
que	tu	aies	conduit
qu'	elle	ait	conduit
qu'	il	ait	conduit
que	nous	ayons	conduit
que	vous	ayez	conduit
qu'	elles	aient	conduit
qu'	ils	aient	conduit

IMPARFAIT

que	je	conduisisse
que	tu	conduisisses
qu'	elle	conduisît
qu'	il	conduisît
que	nous	conduisissions
que	vous	conduisissiez
qu'	elles	conduisissent
qu'	ils	conduisissent

PLUS-QUE-PARFAIT

que	j'	eusse	conduit
que	tu	eusses	conduit
qu'	elle	eût	conduit
qu'	il	eût	conduit
que	nous	eussions	conduit
que	vous	eussiez	conduit
qu'	elles	eussent	conduit
qu'	ils	eussent	conduit

IMPÉRATIF

PRÉSENT

conduis
conduisons
conduisez

PASSÉ

aie	conduit
ayons	conduit
ayez	conduit

INFINITIF

PRÉSENT

conduire

PASSÉ

avoir conduit

PARTICIPE

PRÉSENT

conduisant

PASSÉ

conduit, ite
ayant conduit

CONJUGAISON DU VERBE **CONGELER**

INDICATIF

PRÉSENT
je	congèle
tu	congèles
elle	congèle
il	congèle
nous	congelons
vous	congelez
elles	congèlent
ils	congèlent

PASSÉ COMPOSÉ
j'	ai	congelé
tu	as	congelé
elle	a	congelé
il	a	congelé
nous	avons	congelé
vous	avez	congelé
elles	ont	congelé
ils	ont	congelé

IMPARFAIT
je	congelais
tu	congelais
elle	congelait
il	congelait
nous	congelions
vous	congeliez
elles	congelaient
ils	congelaient

PLUS-QUE-PARFAIT
j'	avais	congelé
tu	avais	congelé
elle	avait	congelé
il	avait	congelé
nous	avions	congelé
vous	aviez	congelé
elles	avaient	congelé
ils	avaient	congelé

PASSÉ SIMPLE
je	congelai
tu	congelas
elle	congela
il	congela
nous	congelâmes
vous	congelâtes
elles	congelèrent
ils	congelèrent

PASSÉ ANTÉRIEUR
j'	eus	congelé
tu	eus	congelé
elle	eut	congelé
il	eut	congelé
nous	eûmes	congelé
vous	eûtes	congelé
elles	eurent	congelé
ils	eurent	congelé

FUTUR SIMPLE
je	congèlerai
tu	congèleras
elle	congèlera
il	congèlera
nous	congèlerons
vous	congèlerez
elles	congèleront
ils	congèleront

FUTUR ANTÉRIEUR
j'	aurai	congelé
tu	auras	congelé
elle	aura	congelé
il	aura	congelé
nous	aurons	congelé
vous	aurez	congelé
elles	auront	congelé
ils	auront	congelé

CONDITIONNEL PRÉSENT
je	congèlerais
tu	congèlerais
elle	congèlerait
il	congèlerait
nous	congèlerions
vous	congèleriez
elles	congèleraient
ils	congèleraient

CONDITIONNEL PASSÉ
j'	aurais	congelé
tu	aurais	congelé
elle	aurait	congelé
il	aurait	congelé
nous	aurions	congelé
vous	auriez	congelé
elles	auraient	congelé
ils	auraient	congelé

SUBJONCTIF

PRÉSENT
que	je	congèle
que	tu	congèles
qu'	elle	congèle
qu'	il	congèle
que	nous	congelions
que	vous	congeliez
qu'	elles	congèlent
qu'	ils	congèlent

PASSÉ
que	j'	aie	congelé
que	tu	aies	congelé
qu'	elle	ait	congelé
qu'	il	ait	congelé
que	nous	ayons	congelé
que	vous	ayez	congelé
qu'	elles	aient	congelé
qu'	ils	aient	congelé

IMPARFAIT
que	je	congelasse
que	tu	congelasses
qu'	elle	congelât
qu'	il	congelât
que	nous	congelassions
que	vous	congelassiez
qu'	elles	congelassent
qu'	ils	congelassent

PLUS-QUE-PARFAIT
que	j'	eusse	congelé
que	tu	eusses	congelé
qu'	elle	eût	congelé
qu'	il	eût	congelé
que	nous	eussions	congelé
que	vous	eussiez	congelé
qu'	elles	eussent	congelé
qu'	ils	eussent	congelé

IMPÉRATIF

PRÉSENT
congèle
congelons
congelez

PASSÉ
aie	congelé
ayons	congelé
ayez	congelé

INFINITIF

PRÉSENT
congeler

PASSÉ
avoir congelé

PARTICIPE

PRÉSENT
congelant

PASSÉ
congelé, ée
ayant congelé

CONJUGAISON DU VERBE **COUDRE**

INDICATIF

PRÉSENT

je	couds
tu	couds
elle	coud
il	coud
nous	cousons
vous	cousez
elles	cousent
ils	cousent

PASSÉ COMPOSÉ

j'	ai	cousu
tu	as	cousu
elle	a	cousu
il	a	cousu
nous	avons	cousu
vous	avez	cousu
elles	ont	cousu
ils	ont	cousu

IMPARFAIT

je	cousais
tu	cousais
elle	cousait
il	cousait
nous	cousions
vous	cousiez
elles	cousaient
ils	cousaient

PLUS-QUE-PARFAIT

j'	avais	cousu
tu	avais	cousu
elle	avait	cousu
il	avait	cousu
nous	avions	cousu
vous	aviez	cousu
elles	avaient	cousu
ils	avaient	cousu

PASSÉ SIMPLE

je	cousis
tu	cousis
elle	cousit
il	cousit
nous	cousîmes
vous	cousîtes
elles	cousirent
ils	cousirent

PASSÉ ANTÉRIEUR

j'	eus	cousu
tu	eus	cousu
elle	eut	cousu
il	eut	cousu
nous	eûmes	cousu
vous	eûtes	cousu
elles	eurent	cousu
ils	eurent	cousu

FUTUR SIMPLE

je	coudrai
tu	coudras
elle	coudra
il	coudra
nous	coudrons
vous	coudrez
elles	coudront
ils	coudront

FUTUR ANTÉRIEUR

j'	aurai	cousu
tu	auras	cousu
elle	aura	cousu
il	aura	cousu
nous	aurons	cousu
vous	aurez	cousu
elles	auront	cousu
ils	auront	cousu

CONDITIONNEL PRÉSENT

je	coudrais
tu	coudrais
elle	coudrait
il	coudrait
nous	coudrions
vous	coudriez
elles	coudraient
ils	coudraient

CONDITIONNEL PASSÉ

j'	aurais	cousu
tu	aurais	cousu
elle	aurait	cousu
il	aurait	cousu
nous	aurions	cousu
vous	auriez	cousu
elles	auraient	cousu
ils	auraient	cousu

SUBJONCTIF

PRÉSENT

que	je	couse
que	tu	couses
qu'	elle	couse
qu'	il	couse
que	nous	cousions
que	vous	cousiez
qu'	elles	cousent
qu'	ils	cousent

PASSÉ

que	j'	aie	cousu
que	tu	aies	cousu
qu'	elle	ait	cousu
qu'	il	ait	cousu
que	nous	ayons	cousu
que	vous	ayez	cousu
qu'	elles	aient	cousu
qu'	ils	aient	cousu

IMPARFAIT

que	je	cousisse
que	tu	cousisses
qu'	elle	cousît
qu'	il	cousît
que	nous	cousissions
que	vous	cousissiez
qu'	elles	cousissent
qu'	ils	cousissent

PLUS-QUE-PARFAIT

que	j'	eusse	cousu
que	tu	eusses	cousu
qu'	elle	eût	cousu
qu'	il	eût	cousu
que	nous	eussions	cousu
que	vous	eussiez	cousu
qu'	elles	eussent	cousu
qu'	ils	eussent	cousu

IMPÉRATIF

PRÉSENT

couds
cousons
cousez

PASSÉ

aie	cousu
ayons	cousu
ayez	cousu

INFINITIF

PRÉSENT

coudre

PASSÉ

avoir cousu

PARTICIPE

PRÉSENT

cousant

PASSÉ

cousu, ue
ayant cousu

CONJUGAISON DU VERBE **COURIR**

INDICATIF

PRÉSENT

je	cours
tu	cours
elle	court
il	court
nous	courons
vous	courez
elles	courent
ils	courent

PASSÉ COMPOSÉ

j'	ai	couru
tu	as	couru
elle	a	couru
il	a	couru
nous	avons	couru
vous	avez	couru
elles	ont	couru
ils	ont	couru

IMPARFAIT

je	courais
tu	courais
elle	courait
il	courait
nous	courions
vous	couriez
elles	couraient
ils	couraient

PLUS-QUE-PARFAIT

j'	avais	couru
tu	avais	couru
elle	avait	couru
il	avait	couru
nous	avions	couru
vous	aviez	couru
elles	avaient	couru
ils	avaient	couru

PASSÉ SIMPLE

je	courus
tu	courus
elle	courut
il	courut
nous	courûmes
vous	courûtes
elles	coururent
ils	coururent

PASSÉ ANTÉRIEUR

j'	eus	couru
tu	eus	couru
elle	eut	couru
il	eut	couru
nous	eûmes	couru
vous	eûtes	couru
elles	eurent	couru
ils	eurent	couru

FUTUR SIMPLE

je	courrai
tu	courras
elle	courra
il	courra
nous	courrons
vous	courrez
elles	courront
ils	courront

FUTUR ANTÉRIEUR

j'	aurai	couru
tu	auras	couru
elle	aura	couru
il	aura	couru
nous	aurons	couru
vous	aurez	couru
elles	auront	couru
ils	auront	couru

CONDITIONNEL PRÉSENT

je	courrais
tu	courrais
elle	courrait
il	courrait
nous	courrions
vous	courriez
elles	courraient
ils	courraient

CONDITIONNEL PASSÉ

j'	aurais	couru
tu	aurais	couru
elle	aurait	couru
il	aurait	couru
nous	aurions	couru
vous	auriez	couru
elles	auraient	couru
ils	auraient	couru

SUBJONCTIF

PRÉSENT

que	je	coure
que	tu	coures
qu'	elle	coure
qu'	il	coure
que	nous	courions
que	vous	couriez
qu'	elles	courent
qu'	ils	courent

PASSÉ

que	j'	aie	couru
que	tu	aies	couru
qu'	elle	ait	couru
qu'	il	ait	couru
que	nous	ayons	couru
que	vous	ayez	couru
qu'	elles	aient	couru
qu'	ils	aient	couru

IMPARFAIT

que	je	courusse
que	tu	courusses
qu'	elle	courût
qu'	il	courût
que	nous	courussions
que	vous	courussiez
qu'	elles	courussent
qu'	ils	courussent

PLUS-QUE-PARFAIT

que	j'	eusse	couru
que	tu	eusses	couru
qu'	elle	eût	couru
qu'	il	eût	couru
que	nous	eussions	couru
que	vous	eussiez	couru
qu'	elles	eussent	couru
qu'	ils	eussent	couru

IMPÉRATIF

PRÉSENT

cours
courons
courez

PASSÉ

aie	couru
ayons	couru
ayez	couru

INFINITIF

PRÉSENT

courir

PASSÉ

avoir couru

PARTICIPE

PRÉSENT

courant

PASSÉ

couru, ue
ayant couru

CONJUGAISON DU VERBE **CRAINDRE**

INDICATIF

PRÉSENT

je	crains
tu	crains
elle	craint
il	craint
nous	craignons
vous	craignez
elles	craignent
ils	craignent

PASSÉ COMPOSÉ

j'	ai	craint
tu	as	craint
elle	a	craint
il	a	craint
nous	avons	craint
vous	avez	craint
elles	ont	craint
ils	ont	craint

IMPARFAIT

je	craignais
tu	craignais
elle	craignait
il	craignait
nous	craignions
vous	craigniez
elles	craignaient
ils	craignaient

PLUS-QUE-PARFAIT

j'	avais	craint
tu	avais	craint
elle	avait	craint
il	avait	craint
nous	avions	craint
vous	aviez	craint
elles	avaient	craint
ils	avaient	craint

PASSÉ SIMPLE

je	craignis
tu	craignis
elle	craignit
il	craignit
nous	craignîmes
vous	craignîtes
elles	craignirent
ils	craignirent

PASSÉ ANTÉRIEUR

j'	eus	craint
tu	eus	craint
elle	eut	craint
il	eut	craint
nous	eûmes	craint
vous	eûtes	craint
elles	eurent	craint
ils	eurent	craint

FUTUR SIMPLE

je	craindrai
tu	craindras
elle	craindra
il	craindra
nous	craindrons
vous	craindrez
elles	craindront
ils	craindront

FUTUR ANTÉRIEUR

j'	aurai	craint
tu	auras	craint
elle	aura	craint
il	aura	craint
nous	aurons	craint
vous	aurez	craint
elles	auront	craint
ils	auront	craint

CONDITIONNEL PRÉSENT

je	craindrais
tu	craindrais
elle	craindrait
il	craindrait
nous	craindrions
vous	craindriez
elles	craindraient
ils	craindraient

CONDITIONNEL PASSÉ

j'	aurais	craint
tu	aurais	craint
elle	aurait	craint
il	aurait	craint
nous	aurions	craint
vous	auriez	craint
elles	auraient	craint
ils	auraient	craint

SUBJONCTIF

PRÉSENT

que	je	craigne
que	tu	craignes
qu'	elle	craigne
qu'	il	craigne
que	nous	craignions
que	vous	craigniez
qu'	elles	craignent
qu'	ils	craignent

PASSÉ

que	j'	aie	craint
que	tu	aies	craint
qu'	elle	ait	craint
qu'	il	ait	craint
que	nous	ayons	craint
que	vous	ayez	craint
qu'	elles	aient	craint
qu'	ils	aient	craint

IMPARFAIT

que	je	craignisse
que	tu	craignisses
qu'	elle	craignît
qu'	il	craignît
que	nous	craignissions
que	vous	craignissiez
qu'	elles	craignissent
qu'	ils	craignissent

PLUS-QUE-PARFAIT

que	j'	eusse	craint
que	tu	eusses	craint
qu'	elle	eût	craint
qu'	il	eût	craint
que	nous	eussions	craint
que	vous	eussiez	craint
qu'	elles	eussent	craint
qu'	ils	eussent	craint

IMPÉRATIF

PRÉSENT

crains
craignons
craignez

PASSÉ

aie	craint
ayons	craint
ayez	craint

INFINITIF

PRÉSENT

craindre

PASSÉ

avoir craint

PARTICIPE

PRÉSENT

craignant

PASSÉ

craint, crainte
ayant craint

CONJUGAISON DU VERBE **CRÉER**

INDICATIF

PRÉSENT			PASSÉ COMPOSÉ		
je	crée	j'	ai	créé
tu	crées	tu	as	créé
elle	crée	elle	a	créé
il	crée	il	a	créé
nous	créons	nous	avons	créé
vous	créez	vous	avez	créé
elles	créent	elles	ont	créé
ils	créent	ils	ont	créé

IMPARFAIT			PLUS-QUE-PARFAIT		
je	créais	j'	avais	créé
tu	créais	tu	avais	créé
elle	créait	elle	avait	créé
il	créait	il	avait	créé
nous	créions	nous	avions	créé
vous	créiez	vous	aviez	créé
elles	créaient	elles	avaient	créé
ils	créaient	ils	avaient	créé

PASSÉ SIMPLE			PASSÉ ANTÉRIEUR		
je	créai	j'	eus	créé
tu	créas	tu	eus	créé
elle	créa	elle	eut	créé
il	créa	il	eut	créé
nous	créâmes	nous	eûmes	créé
vous	créâtes	vous	eûtes	créé
elles	créèrent	elles	eurent	créé
ils	créèrent	ils	eurent	créé

FUTUR SIMPLE			FUTUR ANTÉRIEUR		
je	créerai	j'	aurai	créé
tu	créeras	tu	auras	créé
elle	créera	elle	aura	créé
il	créera	il	aura	créé
nous	créerons	nous	aurons	créé
vous	créerez	vous	aurez	créé
elles	créeront	elles	auront	créé
ils	créeront	ils	auront	créé

CONDITIONNEL PRÉSENT			CONDITIONNEL PASSÉ		
je	créerais	j'	aurais	créé
tu	créerais	tu	aurais	créé
elle	créerait	elle	aurait	créé
il	créerait	il	aurait	créé
nous	créerions	nous	aurions	créé
vous	créeriez	vous	auriez	créé
elles	créeraient	elles	auraient	créé
ils	créeraient	ils	auraient	créé

SUBJONCTIF

PRÉSENT				PASSÉ			
que	je	crée	que	j'	aie	créé
que	tu	crées	que	tu	aies	créé
qu'	elle	crée	qu'	elle	ait	créé
qu'	il	crée	qu'	il	ait	créé
que	nous	créions	que	nous	ayons	créé
que	vous	créiez	que	vous	ayez	créé
qu'	elles	créent	qu'	elles	aient	créé
qu'	ils	créent	qu'	ils	aient	créé

IMPARFAIT				PLUS-QUE-PARFAIT			
que	je	créasse	que	j'	eusse	créé
que	tu	créasses	que	tu	eusses	créé
qu'	elle	créât	qu'	elle	eût	créé
qu'	il	créât	qu'	il	eût	créé
que	nous	créassions	que	nous	eussions	créé
que	vous	créassiez	que	vous	eussiez	créé
qu'	elles	créassent	qu'	elles	eussent	créé
qu'	ils	créassent	qu'	ils	eussent	créé

IMPÉRATIF

PRÉSENT	PASSÉ	
crée	aie	créé
créons	ayons	créé
créez	ayez	créé

INFINITIF

PRÉSENT	PASSÉ	
créer	avoir	créé

PARTICIPE

PRÉSENT	PASSÉ	
créant	créé, ée	
	ayant	créé

C

CONJUGAISON DU VERBE **CROIRE**

INDICATIF

PRÉSENT

je	crois
tu	crois
elle	croit
il	croit
nous	croyons
vous	croyez
elles	croient
ils	croient

PASSÉ COMPOSÉ

j'	ai	cru
tu	as	cru
elle	a	cru
il	a	cru
nous	avons	cru
vous	avez	cru
elles	ont	cru
ils	ont	cru

IMPARFAIT

je	croyais
tu	croyais
elle	croyait
il	croyait
nous	croyions
vous	croyiez
elles	croyaient
ils	croyaient

PLUS-QUE-PARFAIT

j'	avais	cru
tu	avais	cru
elle	avait	cru
il	avait	cru
nous	avions	cru
vous	aviez	cru
elles	avaient	cru
ils	avaient	cru

PASSÉ SIMPLE

je	crus
tu	crus
elle	crut
il	crut
nous	crûmes
vous	crûtes
elles	crurent
ils	crurent

PASSÉ ANTÉRIEUR

j'	eus	cru
tu	eus	cru
elle	eut	cru
il	eut	cru
nous	eûmes	cru
vous	eûtes	cru
elles	eurent	cru
ils	eurent	cru

FUTUR SIMPLE

je	croirai
tu	croiras
elle	croira
il	croira
nous	croirons
vous	croirez
elles	croiront
ils	croiront

FUTUR ANTÉRIEUR

j'	aurai	cru
tu	auras	cru
elle	aura	cru
il	aura	cru
nous	aurons	cru
vous	aurez	cru
elles	auront	cru
ils	auront	cru

CONDITIONNEL PRÉSENT

je	croirais
tu	croirais
elle	croirait
il	croirait
nous	croirions
vous	croiriez
elles	croiraient
ils	croiraient

CONDITIONNEL PASSÉ

j'	aurais	cru
tu	aurais	cru
elle	aurait	cru
il	aurait	cru
nous	aurions	cru
vous	auriez	cru
elles	auraient	cru
ils	auraient	cru

SUBJONCTIF

PRÉSENT

que	je	croie
que	tu	croies
qu'	elle	croie
qu'	il	croie
que	nous	croyions
que	vous	croyiez
qu'	elles	croient
qu'	ils	croient

PASSÉ

que	j'	aie	cru
que	tu	aies	cru
qu'	elle	ait	cru
qu'	il	ait	cru
que	nous	ayons	cru
que	vous	ayez	cru
qu'	elles	aient	cru
qu'	ils	aient	cru

IMPARFAIT

que	je	crusse
que	tu	crusses
qu'	elle	crût
qu'	il	crût
que	nous	crussions
que	vous	crussiez
qu'	elles	crussent
qu'	ils	crussent

PLUS-QUE-PARFAIT

que	j'	eusse	cru
que	tu	eusses	cru
qu'	elle	eût	cru
qu'	il	eût	cru
que	nous	eussions	cru
que	vous	eussiez	cru
qu'	elles	eussent	cru
qu'	ils	eussent	cru

IMPÉRATIF

PRÉSENT

crois
croyons
croyez

PASSÉ

aie	cru
ayons	cru
ayez	cru

INFINITIF

PRÉSENT

croire

PASSÉ

avoir cru

PARTICIPE

PRÉSENT

croyant

PASSÉ

cru, crue
ayant cru

CONJUGAISON DU VERBE **CUEILLIR**

INDICATIF

PRÉSENT

je	cueille
tu	cueilles
elle	cueille
il	cueille
nous	cueillons
vous	cueillez
elles	cueillent
ils	cueillent

PASSÉ COMPOSÉ

j'	ai	cueilli
tu	as	cueilli
elle	a	cueilli
il	a	cueilli
nous	avons	cueilli
vous	avez	cueilli
elles	ont	cueilli
ils	ont	cueilli

IMPARFAIT

je	cueillais
tu	cueillais
elle	cueillait
il	cueillait
nous	cueillions
vous	cueilliez
elles	cueillaient
ils	cueillaient

PLUS-QUE-PARFAIT

j'	avais	cueilli
tu	avais	cueilli
elle	avait	cueilli
il	avait	cueilli
nous	avions	cueilli
vous	aviez	cueilli
elles	avaient	cueilli
ils	avaient	cueilli

PASSÉ SIMPLE

je	cueillis
tu	cueillis
elle	cueillit
il	cueillit
nous	cueillîmes
vous	cueillîtes
elles	cueillirent
ils	cueillirent

PASSÉ ANTÉRIEUR

j'	eus	cueilli
tu	eus	cueilli
elle	eut	cueilli
il	eut	cueilli
nous	eûmes	cueilli
vous	eûtes	cueilli
elles	eurent	cueilli
ils	eurent	cueilli

FUTUR SIMPLE

je	cueillerai
tu	cueilleras
elle	cueillera
il	cueillera
nous	cueillerons
vous	cueillerez
elles	cueilleront
ils	cueilleront

FUTUR ANTÉRIEUR

j'	aurai	cueilli
tu	auras	cueilli
elle	aura	cueilli
il	aura	cueilli
nous	aurons	cueilli
vous	aurez	cueilli
elles	auront	cueilli
ils	auront	cueilli

CONDITIONNEL PRÉSENT

je	cueillerais
tu	cueillerais
elle	cueillerait
il	cueillerait
nous	cueillerions
vous	cueilleriez
elles	cueilleraient
ils	cueilleraient

CONDITIONNEL PASSÉ

j'	aurais	cueilli
tu	aurais	cueilli
elle	aurait	cueilli
il	aurait	cueilli
nous	aurions	cueilli
vous	auriez	cueilli
elles	auraient	cueilli
ils	auraient	cueilli

SUBJONCTIF

PRÉSENT

que	je	cueille
que	tu	cueilles
qu'	elle	cueille
qu'	il	cueille
que	nous	cueillions
que	vous	cueilliez
qu'	elles	cueillent
qu'	ils	cueillent

PASSÉ

que	j'	aie	cueilli
que	tu	aies	cueilli
qu'	elle	ait	cueilli
qu'	il	ait	cueilli
que	nous	ayons	cueilli
que	vous	ayez	cueilli
qu'	elles	aient	cueilli
qu'	ils	aient	cueilli

IMPARFAIT

que	je	cueillisse
que	tu	cueillisses
qu'	elle	cueillît
qu'	il	cueillît
que	nous	cueillissions
que	vous	cueillissiez
qu'	elles	cueillissent
qu'	ils	cueillissent

PLUS-QUE-PARFAIT

que	j'	eusse	cueilli
que	tu	eusses	cueilli
qu'	elle	eût	cueilli
qu'	il	eût	cueilli
que	nous	eussions	cueilli
que	vous	eussiez	cueilli
qu'	elles	eussent	cueilli
qu'	ils	eussent	cueilli

IMPÉRATIF

PRÉSENT

cueille
cueillons
cueillez

PASSÉ

aie	cueilli
ayons	cueilli
ayez	cueilli

INFINITIF

PRÉSENT

cueillir

PASSÉ

avoir cueilli

PARTICIPE

PRÉSENT

cueillant

PASSÉ

cueilli, ie
ayant cueilli

CONJUGAISON DU VERBE **DEVOIR**

INDICATIF

PRÉSENT

je	dois
tu	dois
elle	doit
il	doit

nous	devons
vous	devez
elles	doivent
ils	doivent

PASSÉ COMPOSÉ

j'	ai	dû
tu	as	dû
elle	a	dû
il	a	dû

nous	avons	dû
vous	avez	dû
elles	ont	dû
ils	ont	dû

IMPARFAIT

je	devais
tu	devais
elle	devait
il	devait

nous	devions
vous	deviez
elles	devaient
ils	devaient

PLUS-QUE-PARFAIT

j'	avais	dû
tu	avais	dû
elle	avait	dû
il	avait	dû

nous	avions	dû
vous	aviez	dû
elles	avaient	dû
ils	avaient	dû

PASSÉ SIMPLE

je	dus
tu	dus
elle	dut
il	dut

nous	dûmes
vous	dûtes
elles	durent
ils	durent

PASSÉ ANTÉRIEUR

j'	eus	dû
tu	eus	dû
elle	eut	dû
il	eut	dû

nous	eûmes	dû
vous	eûtes	dû
elles	eurent	dû
ils	eurent	dû

FUTUR SIMPLE

je	devrai
tu	devras
elle	devra
il	devra

nous	devrons
vous	devrez
elles	devront
ils	devront

FUTUR ANTÉRIEUR

j'	aurai	dû
tu	auras	dû
elle	aura	dû
il	aura	dû

nous	aurons	dû
vous	aurez	dû
elles	auront	dû
ils	auront	dû

CONDITIONNEL PRÉSENT

je	devrais
tu	devrais
elle	devrait
il	devrait

nous	devrions
vous	devriez
elles	devraient
ils	devraient

CONDITIONNEL PASSÉ

j'	aurais	dû
tu	aurais	dû
elle	aurait	dû
il	aurait	dû

nous	aurions	dû
vous	auriez	dû
elles	auraient	dû
ils	auraient	dû

SUBJONCTIF

PRÉSENT

que	je	doive
que	tu	doives
qu'	elle	doive
qu'	il	doive

que	nous	devions
que	vous	deviez
qu'	elles	doivent
qu'	ils	doivent

PASSÉ

que	j'	aie	dû
que	tu	aies	dû
qu'	elle	ait	dû
qu'	il	ait	dû

que	nous	ayons	dû
que	vous	ayez	dû
qu'	elles	aient	dû
qu'	ils	aient	dû

IMPARFAIT

que	je	dusse
que	tu	dusses
qu'	elle	dût
qu'	il	dût

que	nous	dussions
que	vous	dussiez
qu'	elles	dussent
qu'	ils	dussent

PLUS-QUE-PARFAIT

que	j'	eusse	dû
que	tu	eusses	dû
qu'	elle	eût	dû
qu'	il	eût	dû

que	nous	eussions	dû
que	vous	eussiez	dû
qu'	elles	eussent	dû
qu'	ils	eussent	dû

IMPÉRATIF

PRÉSENT

dois
devons
devez

PASSÉ

aie	dû
ayons	dû
ayez	dû

INFINITIF

PRÉSENT

devoir

PASSÉ

avoir dû

PARTICIPE

PRÉSENT

devant

PASSÉ

dû, due
ayant dû

CONJUGAISON DU VERBE **DIRE**

INDICATIF

PRÉSENT

je	dis
tu	dis
elle	dit
il	dit
nous	disons
vous	dites
elles	disent
ils	disent

PASSÉ COMPOSÉ

j'	ai	dit
tu	as	dit
elle	a	dit
il	a	dit
nous	avons	dit
vous	avez	dit
elles	ont	dit
ils	ont	dit

IMPARFAIT

je	disais
tu	disais
elle	disait
il	disait
nous	disions
vous	disiez
elles	disaient
ils	disaient

PLUS-QUE-PARFAIT

j'	avais	dit
tu	avais	dit
elle	avait	dit
il	avait	dit
nous	avions	dit
vous	aviez	dit
elles	avaient	dit
ils	avaient	dit

PASSÉ SIMPLE

je	dis
tu	dis
elle	dit
il	dit
nous	dîmes
vous	dîtes
elles	dirent
ils	dirent

PASSÉ ANTÉRIEUR

j'	eus	dit
tu	eus	dit
elle	eut	dit
il	eut	dit
nous	eûmes	dit
vous	eûtes	dit
elles	eurent	dit
ils	eurent	dit

FUTUR SIMPLE

je	dirai
tu	diras
elle	dira
il	dira
nous	dirons
vous	direz
elles	diront
ils	diront

FUTUR ANTÉRIEUR

j'	aurai	dit
tu	auras	dit
elle	aura	dit
il	aura	dit
nous	aurons	dit
vous	aurez	dit
elles	auront	dit
ils	auront	dit

CONDITIONNEL PRÉSENT

je	dirais
tu	dirais
elle	dirait
il	dirait
nous	dirions
vous	diriez
elles	diraient
ils	diraient

CONDITIONNEL PASSÉ

j'	aurais	dit
tu	aurais	dit
elle	aurait	dit
il	aurait	dit
nous	aurions	dit
vous	auriez	dit
elles	auraient	dit
ils	auraient	dit

SUBJONCTIF

PRÉSENT

que	je	dise
que	tu	dises
qu'	elle	dise
qu'	il	dise
que	nous	disions
que	vous	disiez
qu'	elles	disent
qu'	ils	disent

PASSÉ

que	j'	aie	dit
que	tu	aies	dit
qu'	elle	ait	dit
qu'	il	ait	dit
que	nous	ayons	dit
que	vous	ayez	dit
qu'	elles	aient	dit
qu'	ils	aient	dit

IMPARFAIT

que	je	disse
que	tu	disses
qu'	elle	dît
qu'	il	dît
que	nous	dissions
que	vous	dissiez
qu'	elles	dissent
qu'	ils	dissent

PLUS-QUE-PARFAIT

que	j'	eusse	dit
que	tu	eusses	dit
qu'	elle	eût	dit
qu'	il	eût	dit
que	nous	eussions	dit
que	vous	eussiez	dit
qu'	elles	eussent	dit
qu'	ils	eussent	dit

IMPÉRATIF

PRÉSENT

dis
disons
dites

PASSÉ

aie	dit
ayons	dit
ayez	dit

INFINITIF

PRÉSENT

dire

PASSÉ

avoir dit

PARTICIPE

PRÉSENT

disant

PASSÉ

dit, dite
ayant dit

CONJUGAISON DU VERBE **DORMIR**

INDICATIF

PRÉSENT

je	dors
tu	dors
elle	dort
il	dort
nous	dormons
vous	dormez
elles	dorment
ils	dorment

PASSÉ COMPOSÉ

j'	ai	dormi
tu	as	dormi
elle	a	dormi
il	a	dormi
nous	avons	dormi
vous	avez	dormi
elles	ont	dormi
ils	ont	dormi

IMPARFAIT

je	dormais
tu	dormais
elle	dormait
il	dormait
nous	dormions
vous	dormiez
elles	dormaient
ils	dormaient

PLUS-QUE-PARFAIT

j'	avais	dormi
tu	avais	dormi
elle	avait	dormi
il	avait	dormi
nous	avions	dormi
vous	aviez	dormi
elles	avaient	dormi
ils	avaient	dormi

PASSÉ SIMPLE

je	dormis
tu	dormis
elle	dormit
il	dormit
nous	dormîmes
vous	dormîtes
elles	dormirent
ils	dormirent

PASSÉ ANTÉRIEUR

j'	eus	dormi
tu	eus	dormi
elle	eut	dormi
il	eut	dormi
nous	eûmes	dormi
vous	eûtes	dormi
elles	eurent	dormi
ils	eurent	dormi

FUTUR SIMPLE

je	dormirai
tu	dormiras
elle	dormira
il	dormira
nous	dormirons
vous	dormirez
elles	dormiront
ils	dormiront

FUTUR ANTÉRIEUR

j'	aurai	dormi
tu	auras	dormi
elle	aura	dormi
il	aura	dormi
nous	aurons	dormi
vous	aurez	dormi
elles	auront	dormi
ils	auront	dormi

CONDITIONNEL PRÉSENT

je	dormirais
tu	dormirais
elle	dormirait
il	dormirait
nous	dormirions
vous	dormiriez
elles	dormiraient
ils	dormiraient

CONDITIONNEL PASSÉ

j'	aurais	dormi
tu	aurais	dormi
elle	aurait	dormi
il	aurait	dormi
nous	aurions	dormi
vous	auriez	dormi
elles	auraient	dormi
ils	auraient	dormi

SUBJONCTIF

PRÉSENT

que	je	dorme
que	tu	dormes
qu'	elle	dorme
qu'	il	dorme
que	nous	dormions
que	vous	dormiez
qu'	elles	dorment
qu'	ils	dorment

PASSÉ

que	j'	aie	dormi
que	tu	aies	dormi
qu'	elle	ait	dormi
qu'	il	ait	dormi
que	nous	ayons	dormi
que	vous	ayez	dormi
qu'	elles	aient	dormi
qu'	ils	aient	dormi

IMPARFAIT

que	je	dormisse
que	tu	dormisses
qu'	elle	dormît
qu'	il	dormît
que	nous	dormissions
que	vous	dormissiez
qu'	elles	dormissent
qu'	ils	dormissent

PLUS-QUE-PARFAIT

que	j'	eusse	dormi
que	tu	eusses	dormi
qu'	elle	eût	dormi
qu'	il	eût	dormi
que	nous	eussions	dormi
que	vous	eussiez	dormi
qu'	elles	eussent	dormi
qu'	ils	eussent	dormi

IMPÉRATIF

PRÉSENT

dors
dormons
dormez

PASSÉ

aie	dormi
ayons	dormi
ayez	dormi

INFINITIF

PRÉSENT

dormir

PASSÉ

avoir dormi

PARTICIPE

PRÉSENT

dormant

PASSÉ

dormi
ayant dormi

CONJUGAISON DU VERBE **ÉCRIRE**

INDICATIF

PRÉSENT

j'	écris
tu	écris
elle	écrit
il	écrit
nous	écrivons
vous	écrivez
elles	écrivent
ils	écrivent

PASSÉ COMPOSÉ

j'	ai	écrit
tu	as	écrit
elle	a	écrit
il	a	écrit
nous	avons	écrit
vous	avez	écrit
elles	ont	écrit
ils	ont	écrit

IMPARFAIT

j'	écrivais
tu	écrivais
elle	écrivait
il	écrivait
nous	écrivions
vous	écriviez
elles	écrivaient
ils	écrivaient

PLUS-QUE-PARFAIT

j'	avais	écrit
tu	avais	écrit
elle	avait	écrit
il	avait	écrit
nous	avions	écrit
vous	aviez	écrit
elles	avaient	écrit
ils	avaient	écrit

PASSÉ SIMPLE

j'	écrivis
tu	écrivis
elle	écrivit
il	écrivit
nous	écrivîmes
vous	écrivîtes
elles	écrivirent
ils	écrivirent

PASSÉ ANTÉRIEUR

j'	eus	écrit
tu	eus	écrit
elle	eut	écrit
il	eut	écrit
nous	eûmes	écrit
vous	eûtes	écrit
elles	eurent	écrit
ils	eurent	écrit

FUTUR SIMPLE

j'	écrirai
tu	écriras
elle	écrira
il	écrira
nous	écrirons
vous	écrirez
elles	écriront
ils	écriront

FUTUR ANTÉRIEUR

j'	aurai	écrit
tu	auras	écrit
elle	aura	écrit
il	aura	écrit
nous	aurons	écrit
vous	aurez	écrit
elles	auront	écrit
ils	auront	écrit

CONDITIONNEL PRÉSENT

j'	écrirais
tu	écrirais
elle	écrirait
il	écrirait
nous	écririons
vous	écririez
elles	écriraient
ils	écriraient

CONDITIONNEL PASSÉ

j'	aurais	écrit
tu	aurais	écrit
elle	aurait	écrit
il	aurait	écrit
nous	aurions	écrit
vous	auriez	écrit
elles	auraient	écrit
ils	auraient	écrit

SUBJONCTIF

PRÉSENT

que	j'	écrive
que	tu	écrives
qu'	elle	écrive
qu'	il	écrive
que	nous	écrivions
que	vous	écriviez
qu'	elles	écrivent
qu'	ils	écrivent

PASSÉ

que	j'	aie	écrit
que	tu	aies	écrit
qu'	elle	ait	écrit
qu'	il	ait	écrit
que	nous	ayons	écrit
que	vous	ayez	écrit
qu'	elles	aient	écrit
qu'	ils	aient	écrit

IMPARFAIT

que	j'	écrivisse
que	tu	écrivisses
qu'	elle	écrivît
qu'	il	écrivît
que	nous	écrivissions
que	vous	écrivissiez
qu'	elles	écrivissent
qu'	ils	écrivissent

PLUS-QUE-PARFAIT

que	j'	eusse	écrit
que	tu	eusses	écrit
qu'	elle	eût	écrit
qu'	il	eût	écrit
que	nous	eussions	écrit
que	vous	eussiez	écrit
qu'	elles	eussent	écrit
qu'	ils	eussent	écrit

IMPÉRATIF

PRÉSENT

écris
écrivons
écrivez

PASSÉ

aie	écrit
ayons	écrit
ayez	écrit

INFINITIF

PRÉSENT

écrire

PASSÉ

avoir écrit

PARTICIPE

PRÉSENT

écrivant

PASSÉ

écrit, te
ayant écrit

CONJUGAISON DU VERBE **ÉMOUVOIR**

INDICATIF

PRÉSENT

j'	émeus
tu	émeus
elle	émeut
il	émeut
nous	émouvons
vous	émouvez
elles	émeuvent
ils	émeuvent

PASSÉ COMPOSÉ

j'	ai	ému
tu	as	ému
elle	a	ému
il	a	ému
nous	avons	ému
vous	avez	ému
elles	ont	ému
ils	ont	ému

IMPARFAIT

j'	émouvais
tu	émouvais
elle	émouvait
il	émouvait
nous	émouvions
vous	émouviez
elles	émouvaient
ils	émouvaient

PLUS-QUE-PARFAIT

j'	avais	ému
tu	avais	ému
elle	avait	ému
il	avait	ému
nous	avions	ému
vous	aviez	ému
elles	avaient	ému
ils	avaient	ému

PASSÉ SIMPLE

j'	émus
tu	émus
elle	émut
il	émut
nous	émûmes
vous	émûtes
elles	émurent
ils	émurent

PASSÉ ANTÉRIEUR

j'	eus	ému
tu	eus	ému
elle	eut	ému
il	eut	ému
nous	eûmes	ému
vous	eûtes	ému
elles	eurent	ému
ils	eurent	ému

FUTUR SIMPLE

j'	émouvrai
tu	émouvras
elle	émouvra
il	émouvra
nous	émouvrons
vous	émouvrez
elles	émouvront
ils	émouvront

FUTUR ANTÉRIEUR

j'	aurai	ému
tu	auras	ému
elle	aura	ému
il	aura	ému
nous	aurons	ému
vous	aurez	ému
elles	auront	ému
ils	auront	ému

CONDITIONNEL PRÉSENT

j'	émouvrais
tu	émouvrais
elle	émouvrait
il	émouvrait
nous	émouvrions
vous	émouvriez
elles	émouvraient
ils	émouvraient

CONDITIONNEL PASSÉ

j'	aurais	ému
tu	aurais	ému
elle	aurait	ému
il	aurait	ému
nous	aurions	ému
vous	auriez	ému
elles	auraient	ému
ils	auraient	ému

SUBJONCTIF

PRÉSENT

que	j'	émeuve
que	tu	émeuves
qu'	elle	émeuve
qu'	il	émeuve
que	nous	émouvions
que	vous	émouviez
qu'	elles	émeuvent
qu'	ils	émeuvent

PASSÉ

que	j'	aie	ému
que	tu	aies	ému
qu'	elle	ait	ému
qu'	il	ait	ému
que	nous	ayons	ému
que	vous	ayez	ému
qu'	elles	aient	ému
qu'	ils	aient	ému

IMPARFAIT

que	j'	émusse
que	tu	émusses
qu'	elle	émût
qu'	il	émût
que	nous	émussions
que	vous	émussiez
qu'	elles	émussent
qu'	ils	émussent

PLUS-QUE-PARFAIT

que	j'	eusse	ému
que	tu	eusses	ému
qu'	elle	eût	ému
qu'	il	eût	ému
que	nous	eussions	ému
que	vous	eussiez	ému
qu'	elles	eussent	ému
qu'	ils	eussent	ému

IMPÉRATIF

PRÉSENT

émeus
émouvons
émouvez

PASSÉ

aie	ému
ayons	ému
ayez	ému

INFINITIF

PRÉSENT

émouvoir

PASSÉ

avoir ému

PARTICIPE

PRÉSENT

émouvant

PASSÉ

ému, ue
ayant ému

CONJUGAISON DU VERBE **EMPLOYER**

INDICATIF

PRÉSENT
j'	emploie
tu	emploies
elle	emploie
il	emploie
nous	employons
vous	employez
elles	emploient
ils	emploient

PASSÉ COMPOSÉ
j'	ai	employé
tu	as	employé
elle	a	employé
il	a	employé
nous	avons	employé
vous	avez	employé
elles	ont	employé
ils	ont	employé

IMPARFAIT
j'	employais
tu	employais
elle	employait
il	employait
nous	employions
vous	employiez
elles	employaient
ils	employaient

PLUS-QUE-PARFAIT
j'	avais	employé
tu	avais	employé
elle	avait	employé
il	avait	employé
nous	avions	employé
vous	aviez	employé
elles	avaient	employé
ils	avaient	employé

PASSÉ SIMPLE
j'	employai
tu	employas
elle	employa
il	employa
nous	employâmes
vous	employâtes
elles	employèrent
ils	employèrent

PASSÉ ANTÉRIEUR
j'	eus	employé
tu	eus	employé
elle	eut	employé
il	eut	employé
nous	eûmes	employé
vous	eûtes	employé
elles	eurent	employé
ils	eurent	employé

FUTUR SIMPLE
j'	emploierai
tu	emploieras
elle	emploiera
il	emploiera
nous	emploierons
vous	emploierez
elles	emploieront
ils	emploieront

FUTUR ANTÉRIEUR
j'	aurai	employé
tu	auras	employé
elle	aura	employé
il	aura	employé
nous	aurons	employé
vous	aurez	employé
elles	auront	employé
ils	auront	employé

CONDITIONNEL PRÉSENT
j'	emploierais
tu	emploierais
elle	emploierait
il	emploierait
nous	emploierions
vous	emploieriez
elles	emploieraient
ils	emploieraient

CONDITIONNEL PASSÉ
j'	aurais	employé
tu	aurais	employé
elle	aurait	employé
il	aurait	employé
nous	aurions	employé
vous	auriez	employé
elles	auraient	employé
ils	auraient	employé

SUBJONCTIF

PRÉSENT
que	j'	emploie
que	tu	emploies
qu'	elle	emploie
qu'	il	emploie
que	nous	employions
que	vous	employiez
qu'	elles	emploient
qu'	ils	emploient

PASSÉ
que	j'	aie	employé
que	tu	aies	employé
qu'	elle	ait	employé
qu'	il	ait	employé
que	nous	ayons	employé
que	vous	ayez	employé
qu'	elles	aient	employé
qu'	ils	aient	employé

IMPARFAIT
que	j'	employasse
que	tu	employasses
qu'	elle	employât
qu'	il	employât
que	nous	employassions
que	vous	employassiez
qu'	elles	employassent
qu'	ils	employassent

PLUS-QUE-PARFAIT
que	j'	eusse	employé
que	tu	eusses	employé
qu'	elle	eût	employé
qu'	il	eût	employé
que	nous	eussions	employé
que	vous	eussiez	employé
qu'	elles	eussent	employé
qu'	ils	eussent	employé

IMPÉRATIF

PRÉSENT
emploie
employons
employez

PASSÉ
aie	employé
ayons	employé
ayez	employé

INFINITIF

PRÉSENT
employer

PASSÉ
avoir employé

PARTICIPE

PRÉSENT
employant

PASSÉ
employé, ée
ayant employé

CONJUGAISON DU VERBE **ENVOYER**

INDICATIF		SUBJONCTIF	

INDICATIF

PRÉSENT

j' envoie
tu envoies
elle envoie
il envoie

nous envoyons
vous envoyez
elles envoient
ils envoient

PASSÉ COMPOSÉ

j' ai envoyé
tu as envoyé
elle a envoyé
il a envoyé

nous avons envoyé
vous avez envoyé
elles ont envoyé
ils ont envoyé

IMPARFAIT

j' envoyais
tu envoyais
elle envoyait
il envoyait

nous envoyions
vous envoyiez
elles envoyaient
ils envoyaient

PLUS-QUE-PARFAIT

j' avais envoyé
tu avais envoyé
elle avait envoyé
il avait envoyé

nous avions envoyé
vous aviez envoyé
elles avaient envoyé
ils avaient envoyé

PASSÉ SIMPLE

j' envoyai
tu envoyas
elle envoya
il envoya

nous envoyâmes
vous envoyâtes
elles envoyèrent
ils envoyèrent

PASSÉ ANTÉRIEUR

j' eus envoyé
tu eus envoyé
elle eut envoyé
il eut envoyé

nous eûmes envoyé
vous eûtes envoyé
elles eurent envoyé
ils eurent envoyé

FUTUR SIMPLE

j' enverrai
tu enverras
elle enverra
il enverra

nous enverrons
vous enverrez
elles enverront
ils enverront

FUTUR ANTÉRIEUR

j' aurai envoyé
tu auras envoyé
elle aura envoyé
il aura envoyé

nous aurons envoyé
vous aurez envoyé
elles auront envoyé
ils auront envoyé

CONDITIONNEL PRÉSENT

j' enverrais
tu enverrais
elle enverrait
il enverrait

nous enverrions
vous enverriez
elles enverraient
ils enverraient

CONDITIONNEL PASSÉ

j' aurais envoyé
tu aurais envoyé
elle aurait envoyé
il aurait envoyé

nous aurions envoyé
vous auriez envoyé
elles auraient envoyé
ils auraient envoyé

SUBJONCTIF

PRÉSENT

que j' envoie
que tu envoies
qu' elle envoie
qu' il envoie

que nous envoyions
que vous envoyiez
qu' elles envoient
qu' ils envoient

PASSÉ

que j' aie envoyé
que tu aies envoyé
qu' elle ait envoyé
qu' il ait envoyé

que nous ayons envoyé
que vous ayez envoyé
qu' elles aient envoyé
qu' ils aient envoyé

IMPARFAIT

que j' envoyasse
que tu envoyasses
qu' elle envoyât
qu' il envoyât

que nous envoyassions
que vous envoyassiez
qu' elles envoyassent
qu' ils envoyassent

PLUS-QUE-PARFAIT

que j' eusse envoyé
que tu eusses envoyé
qu' elle eût envoyé
qu' il eût envoyé

que nous eussions envoyé
que vous eussiez envoyé
qu' elles eussent envoyé
qu' ils eussent envoyé

IMPÉRATIF

PRÉSENT

envoie
envoyons
envoyez

PASSÉ

aie envoyé
ayons envoyé
ayez envoyé

INFINITIF

PRÉSENT

envoyer

PASSÉ

avoir envoyé

PARTICIPE

PRÉSENT

envoyant

PASSÉ

envoyé, ée
ayant envoyé

CONJUGAISON DU VERBE **ÉTEINDRE**

INDICATIF

PRÉSENT

j'	éteins
tu	éteins
elle	éteint
il	éteint
nous	éteignons
vous	éteignez
elles	éteignent
ils	éteignent

PASSÉ COMPOSÉ

j'	ai	éteint
tu	as	éteint
elle	a	éteint
il	a	éteint
nous	avons	éteint
vous	avez	éteint
elles	ont	éteint
ils	ont	éteint

IMPARFAIT

j'	éteignais
tu	éteignais
elle	éteignait
il	éteignait
nous	éteignions
vous	éteigniez
elles	éteignaient
ils	éteignaient

PLUS-QUE-PARFAIT

j'	avais	éteint
tu	avais	éteint
elle	avait	éteint
il	avait	éteint
nous	avions	éteint
vous	aviez	éteint
elles	avaient	éteint
ils	avaient	éteint

PASSÉ SIMPLE

j'	éteignis
tu	éteignis
elle	éteignit
il	éteignit
nous	éteignîmes
vous	éteignîtes
elles	éteignirent
ils	éteignirent

PASSÉ ANTÉRIEUR

j'	eus	éteint
tu	eus	éteint
elle	eut	éteint
il	eut	éteint
nous	eûmes	éteint
vous	eûtes	éteint
elles	eurent	éteint
ils	eurent	éteint

FUTUR SIMPLE

j'	éteindrai
tu	éteindras
elle	éteindra
il	éteindra
nous	éteindrons
vous	éteindrez
elles	éteindront
ils	éteindront

FUTUR ANTÉRIEUR

j'	aurai	éteint
tu	auras	éteint
elle	aura	éteint
il	aura	éteint
nous	aurons	éteint
vous	aurez	éteint
elles	auront	éteint
ils	auront	éteint

CONDITIONNEL PRÉSENT

j'	éteindrais
tu	éteindrais
elle	éteindrait
il	éteindrait
nous	éteindrions
vous	éteindriez
elles	éteindraient
ils	éteindraient

CONDITIONNEL PASSÉ

j'	aurais	éteint
tu	aurais	éteint
elle	aurait	éteint
il	aurait	éteint
nous	aurions	éteint
vous	auriez	éteint
elles	auraient	éteint
ils	auraient	éteint

SUBJONCTIF

PRÉSENT

que	j'	éteigne
que	tu	éteignes
qu'	elle	éteigne
qu'	il	éteigne
que	nous	éteignions
que	vous	éteigniez
qu'	elles	éteignent
qu'	ils	éteignent

PASSÉ

que	j'	aie	éteint
que	tu	aies	éteint
qu'	elle	ait	éteint
qu'	il	ait	éteint
que	nous	ayons	éteint
que	vous	ayez	éteint
qu'	elles	aient	éteint
qu'	ils	aient	éteint

IMPARFAIT

que	j'	éteignisse
que	tu	éteignisses
qu'	elle	éteignît
qu'	il	éteignît
que	nous	éteignissions
que	vous	éteignissiez
qu'	elles	éteignissent
qu'	ils	éteignissent

PLUS-QUE-PARFAIT

que	j'	eusse	éteint
que	tu	eusses	éteint
qu'	elle	eût	éteint
qu'	il	eût	éteint
que	nous	eussions	éteint
que	vous	eussiez	éteint
qu'	elles	eussent	éteint
qu'	ils	eussent	éteint

IMPÉRATIF

PRÉSENT

éteins
éteignons
éteignez

PASSÉ

aie	éteint
ayons	éteint
ayez	éteint

INFINITIF

PRÉSENT

éteindre

PASSÉ

avoir éteint

PARTICIPE

PRÉSENT

éteignant

PASSÉ

éteint, einte
ayant éteint

CONJUGAISON DU VERBE **ÊTRE**

INDICATIF

PRÉSENT

je	suis
tu	es
elle	est
il	est
nous	sommes
vous	êtes
elles	sont
ils	sont

PASSÉ COMPOSÉ

j'	ai	été
tu	as	été
elle	a	été
il	a	été
nous	avons	été
vous	avez	été
elles	ont	été
ils	ont	été

IMPARFAIT

j'	étais
tu	étais
elle	était
il	était
nous	étions
vous	étiez
elles	étaient
ils	étaient

PLUS-QUE-PARFAIT

j'	avais	été
tu	avais	été
elle	avait	été
il	avait	été
nous	avions	été
vous	aviez	été
elles	avaient	été
ils	avaient	été

PASSÉ SIMPLE

je	fus
tu	fus
elle	fut
il	fut
nous	fûmes
vous	fûtes
elles	furent
ils	furent

PASSÉ ANTÉRIEUR

j'	eus	été
tu	eus	été
elle	eut	été
il	eut	été
nous	eûmes	été
vous	eûtes	été
elles	eurent	été
ils	eurent	été

FUTUR SIMPLE

je	serai
tu	seras
elle	sera
il	sera
nous	serons
vous	serez
elles	seront
ils	seront

FUTUR ANTÉRIEUR

j'	aurai	été
tu	auras	été
elle	aura	été
il	aura	été
nous	aurons	été
vous	aurez	été
elles	auront	été
ils	auront	été

CONDITIONNEL PRÉSENT

je	serais
tu	serais
elle	serait
il	serait
nous	serions
vous	seriez
elles	seraient
ils	seraient

CONDITIONNEL PASSÉ

j'	aurais	été
tu	aurais	été
elle	aurait	été
il	aurait	été
nous	aurions	été
vous	auriez	été
elles	auraient	été
ils	auraient	été

SUBJONCTIF

PRÉSENT

que	je	sois
que	tu	sois
qu'	elle	soit
qu'	il	soit
que	nous	soyons
que	vous	soyez
qu'	elles	soient
qu'	ils	soient

PASSÉ

que	j'	aie	été
que	tu	aies	été
qu'	elle	ait	été
qu'	il	ait	été
que	nous	ayons	été
que	vous	ayez	été
qu'	elles	aient	été
qu'	ils	aient	été

IMPARFAIT

que	je	fusse
que	tu	fusses
qu'	elle	fût
qu'	il	fût
que	nous	fussions
que	vous	fussiez
qu'	elles	fussent
qu'	ils	fussent

PLUS-QUE-PARFAIT

que	j'	eusse	été
que	tu	eusses	été
qu'	elle	eût	été
qu'	il	eût	été
que	nous	eussions	été
que	vous	eussiez	été
qu'	elles	eussent	été
qu'	ils	eussent	été

IMPÉRATIF

PRÉSENT

| sois |
| soyons |
| soyez |

PASSÉ

aie	été
ayons	été
ayez	été

INFINITIF

PRÉSENT

être

PASSÉ

avoir été

PARTICIPE

PRÉSENT

étant

PASSÉ

été
ayant été

CONJUGAISON DU VERBE **ÉTUDIER**

INDICATIF

PRÉSENT

j'	étudie
tu	étudies
elle	étudie
il	étudie
nous	étudions
vous	étudiez
elles	étudient
ils	étudient

PASSÉ COMPOSÉ

j'	ai	étudié
tu	as	étudié
elle	a	étudié
il	a	étudié
nous	avons	étudié
vous	avez	étudié
elles	ont	étudié
ils	ont	étudié

IMPARFAIT

j'	étudiais
tu	étudiais
elle	étudiait
il	étudiait
nous	étudiions
vous	étudiiez
elles	étudiaient
ils	étudiaient

PLUS-QUE-PARFAIT

j'	avais	étudié
tu	avais	étudié
elle	avait	étudié
il	avait	étudié
nous	avions	étudié
vous	aviez	étudié
elles	avaient	étudié
ils	avaient	étudié

PASSÉ SIMPLE

j'	étudiai
tu	étudias
elle	étudia
il	étudia
nous	étudiâmes
vous	étudiâtes
elles	étudièrent
ils	étudièrent

PASSÉ ANTÉRIEUR

j'	eus	étudié
tu	eus	étudié
elle	eut	étudié
il	eut	étudié
nous	eûmes	étudié
vous	eûtes	étudié
elles	eurent	étudié
ils	eurent	étudié

FUTUR SIMPLE

j'	étudierai
tu	étudieras
elle	étudiera
il	étudiera
nous	étudierons
vous	étudierez
elles	étudieront
ils	étudieront

FUTUR ANTÉRIEUR

j'	aurai	étudié
tu	auras	étudié
elle	aura	étudié
il	aura	étudié
nous	aurons	étudié
vous	aurez	étudié
elles	auront	étudié
ils	auront	étudié

CONDITIONNEL PRÉSENT

j'	étudierais
tu	étudierais
elle	étudierait
il	étudierait
nous	étudierions
vous	étudieriez
elles	étudieraient
ils	étudieraient

CONDITIONNEL PASSÉ

j'	aurais	étudié
tu	aurais	étudié
elle	aurait	étudié
il	aurait	étudié
nous	aurions	étudié
vous	auriez	étudié
elles	auraient	étudié
ils	auraient	étudié

SUBJONCTIF

PRÉSENT

que	j'	étudie
que	tu	étudies
qu'	elle	étudie
qu'	il	étudie
que	nous	étudiions
que	vous	étudiiez
qu'	elles	étudient
qu'	ils	étudient

PASSÉ

que	j'	aie	étudié
que	tu	aies	étudié
qu'	elle	ait	étudié
qu'	il	ait	étudié
que	nous	ayons	étudié
que	vous	ayez	étudié
qu'	elles	aient	étudié
qu'	ils	aient	étudié

IMPARFAIT

que	j'	étudiasse
que	tu	étudiasses
qu'	elle	étudiât
qu'	il	étudiât
que	nous	étudiassions
que	vous	étudiassiez
qu'	elles	étudiassent
qu'	ils	étudiassent

PLUS-QUE-PARFAIT

que	j'	eusse	étudié
que	tu	eusses	étudié
qu'	elle	eût	étudié
qu'	il	eût	étudié
que	nous	eussions	étudié
que	vous	eussiez	étudié
qu'	elles	eussent	étudié
qu'	ils	eussent	étudié

IMPÉRATIF

PRÉSENT

étudie
étudions
étudiez

PASSÉ

aie	étudié
ayons	étudié
ayez	étudié

INFINITIF

PRÉSENT

étudier

PASSÉ

avoir étudié

PARTICIPE

PRÉSENT

étudiant

PASSÉ

étudié, ée
ayant étudié

CONJUGAISON DU VERBE **FAILLIR**

| INDICATIF | | | | | SUBJONCTIF | | | | |

INDICATIF

PRÉSENT / PASSÉ COMPOSÉ

je	faux	j'	ai	failli
tu	faux	tu	as	failli
elle	faut	elle	a	failli
il	faut	il	a	failli
nous	faillons	nous	avons	failli
vous	faillez	vous	avez	failli
elles	faillent	elles	ont	failli
ils	faillent	ils	ont	failli

IMPARFAIT / PLUS-QUE-PARFAIT

je	faillais	j'	avais	failli
tu	faillais	tu	avais	failli
elle	faillait	elle	avait	failli
il	faillait	il	avait	failli
nous	faillions	nous	avions	failli
vous	failliez	vous	aviez	failli
elles	faillaient	elles	avaient	failli
ils	faillaient	ils	avaient	failli

PASSÉ SIMPLE / PASSÉ ANTÉRIEUR

je	faillis	j'	eus	failli
tu	faillis	tu	eus	failli
elle	faillit	elle	eut	failli
il	faillit	il	eut	failli
nous	faillîmes	nous	eûmes	failli
vous	faillîtes	vous	eûtes	failli
elles	faillirent	elles	eurent	failli
ils	faillirent	ils	eurent	failli

FUTUR SIMPLE / FUTUR ANTÉRIEUR

je	faillirai	j'	aurai	failli
tu	failliras	tu	auras	failli
elle	faillira	elle	aura	failli
il	faillira	il	aura	failli
nous	faillirons	nous	aurons	failli
vous	faillirez	vous	aurez	failli
elles	failliront	elles	auront	failli
ils	failliront	ils	auront	failli

CONDITIONNEL PRÉSENT / CONDITIONNEL PASSÉ

je	faillirais	j'	aurais	failli
tu	faillirais	tu	aurais	failli
elle	faillirait	elle	aurait	failli
il	faillirait	il	aurait	failli
nous	faillirions	nous	aurions	failli
vous	failliriez	vous	auriez	failli
elles	failliraient	elles	auraient	failli
ils	failliraient	ils	auraient	failli

SUBJONCTIF

PRÉSENT / PASSÉ

que	je	faille	que	j'	aie	failli
que	tu	failles	que	tu	aies	failli
qu'	elle	faille	qu'	elle	ait	failli
qu'	il	faille	qu'	il	ait	failli
que	nous	faillions	que	nous	ayons	failli
que	vous	failliez	que	vous	ayez	failli
qu'	elles	faillent	qu'	elles	aient	failli
qu'	ils	faillent	qu'	ils	aient	failli

IMPARFAIT / PLUS-QUE-PARFAIT

que	je	faillisse	que	j'	eusse	failli
que	tu	faillisses	que	tu	eusses	failli
qu'	elle	faillît	qu'	elle	eût	failli
qu'	il	faillît	qu'	il	eût	failli
que	nous	faillissions	que	nous	eussions	failli
que	vous	faillissiez	que	vous	eussiez	failli
qu'	elles	faillissent	qu'	elles	eussent	failli
qu'	ils	faillissent	qu'	ils	eussent	failli

IMPÉRATIF

PRÉSENT / PASSÉ

(n'existe pas)   (n'existe pas)

INFINITIF

PRÉSENT / PASSÉ

faillir   avoir failli

PARTICIPE

PRÉSENT / PASSÉ

faillant   failli
          ayant failli

CONJUGAISON DU VERBE **FAIRE**

INDICATIF

PRÉSENT

je	fais
tu	fais
elle	fait
il	fait
nous	faisons
vous	faites
elles	font
ils	font

PASSÉ COMPOSÉ

j'	ai	fait
tu	as	fait
elle	a	fait
il	a	fait
nous	avons	fait
vous	avez	fait
elles	ont	fait
ils	ont	fait

IMPARFAIT

je	faisais
tu	faisais
elle	faisait
il	faisait
nous	faisions
vous	faisiez
elles	faisaient
ils	faisaient

PLUS-QUE-PARFAIT

j'	avais	fait
tu	avais	fait
elle	avait	fait
il	avait	fait
nous	avions	fait
vous	aviez	fait
elles	avaient	fait
ils	avaient	fait

PASSÉ SIMPLE

je	fis
tu	fis
elle	fit
il	fit
nous	fîmes
vous	fîtes
elles	firent
ils	firent

PASSÉ ANTÉRIEUR

j'	eus	fait
tu	eus	fait
elle	eut	fait
il	eut	fait
nous	eûmes	fait
vous	eûtes	fait
elles	eurent	fait
ils	eurent	fait

FUTUR SIMPLE

je	ferai
tu	feras
elle	fera
il	fera
nous	ferons
vous	ferez
elles	feront
ils	feront

FUTUR ANTÉRIEUR

j'	aurai	fait
tu	auras	fait
elle	aura	fait
il	aura	fait
nous	aurons	fait
vous	aurez	fait
elles	auront	fait
ils	auront	fait

CONDITIONNEL PRÉSENT

je	ferais
tu	ferais
elle	ferait
il	ferait
nous	ferions
vous	feriez
elles	feraient
ils	feraient

CONDITIONNEL PASSÉ

j'	aurais	fait
tu	aurais	fait
elle	aurait	fait
il	aurait	fait
nous	aurions	fait
vous	auriez	fait
elles	auraient	fait
ils	auraient	fait

SUBJONCTIF

PRÉSENT

que	je	fasse
que	tu	fasses
qu'	elle	fasse
qu'	il	fasse
que	nous	fassions
que	vous	fassiez
qu'	elles	fassent
qu'	ils	fassent

PASSÉ

que	j'	aie	fait
que	tu	aies	fait
qu'	elle	ait	fait
qu'	il	ait	fait
que	nous	ayons	fait
que	vous	ayez	fait
qu'	elles	aient	fait
qu'	ils	aient	fait

IMPARFAIT

que	je	fisse
que	tu	fisses
qu'	elle	fît
qu'	il	fît
que	nous	fissions
que	vous	fissiez
qu'	elles	fissent
qu'	ils	fissent

PLUS-QUE-PARFAIT

que	j'	eusse	fait
que	tu	eusses	fait
qu'	elle	eût	fait
qu'	il	eût	fait
que	nous	eussions	fait
que	vous	eussiez	fait
qu'	elles	eussent	fait
qu'	ils	eussent	fait

IMPÉRATIF

PRÉSENT

fais
faisons
faites

PASSÉ

aie fait
ayons fait
ayez fait

INFINITIF

PRÉSENT

faire

PASSÉ

avoir fait

PARTICIPE

PRÉSENT

faisant

PASSÉ

fait, faite
ayant fait

CONJUGAISON DU VERBE **FALLOIR**

INDICATIF

PRÉSENT		PASSÉ COMPOSÉ		
il	faut	il	a	fallu

IMPARFAIT		PLUS-QUE-PARFAIT		
il	fallait	il	avait	fallu

PASSÉ SIMPLE		PASSÉ ANTÉRIEUR		
il	fallut	il	eut	fallu

FUTUR SIMPLE		FUTUR ANTÉRIEUR		
il	faudra	il	aura	fallu

CONDITIONNEL PRÉSENT		CONDITIONNEL PASSÉ		
il	faudrait	il	aurait	fallu

SUBJONCTIF

PRÉSENT			PASSÉ		
qu'	il	faille	qu'	il	ait	fallu

IMPARFAIT			PLUS-QUE-PARFAIT		
qu'	il	fallût	qu'	il	eût	fallu

IMPÉRATIF

PRÉSENT	PASSÉ
(n'existe pas)	*(n'existe pas)*

INFINITIF

PRÉSENT	PASSÉ
falloir	*(n'existe pas)*

PARTICIPE

PRÉSENT	PASSÉ
(n'existe pas)	fallu
	ayant fallu

CONJUGAISON DU VERBE **FENDRE**

INDICATIF

PRÉSENT

je	fends
tu	fends
elle	fend
il	fend
nous	fendons
vous	fendez
elles	fendent
ils	fendent

PASSÉ COMPOSÉ

j'	ai	fendu
tu	as	fendu
elle	a	fendu
il	a	fendu
nous	avons	fendu
vous	avez	fendu
elles	ont	fendu
ils	ont	fendu

IMPARFAIT

je	fendais
tu	fendais
elle	fendait
il	fendait
nous	fendions
vous	fendiez
elles	fendaient
ils	fendaient

PLUS-QUE-PARFAIT

j'	avais	fendu
tu	avais	fendu
elle	avait	fendu
il	avait	fendu
nous	avions	fendu
vous	aviez	fendu
elles	avaient	fendu
ils	avaient	fendu

PASSÉ SIMPLE

je	fendis
tu	fendis
elle	fendit
il	fendit
nous	fendîmes
vous	fendîtes
elles	fendirent
ils	fendirent

PASSÉ ANTÉRIEUR

j'	eus	fendu
tu	eus	fendu
elle	eut	fendu
il	eut	fendu
nous	eûmes	fendu
vous	eûtes	fendu
elles	eurent	fendu
ils	eurent	fendu

FUTUR SIMPLE

je	fendrai
tu	fendras
elle	fendra
il	fendra
nous	fendrons
vous	fendrez
elles	fendront
ils	fendront

FUTUR ANTÉRIEUR

j'	aurai	fendu
tu	auras	fendu
elle	aura	fendu
il	aura	fendu
nous	aurons	fendu
vous	aurez	fendu
elles	auront	fendu
ils	auront	fendu

CONDITIONNEL PRÉSENT

je	fendrais
tu	fendrais
elle	fendrait
il	fendrait
nous	fendrions
vous	fendriez
elles	fendraient
ils	fendraient

CONDITIONNEL PASSÉ

j'	aurais	fendu
tu	aurais	fendu
elle	aurait	fendu
il	aurait	fendu
nous	aurions	fendu
vous	auriez	fendu
elles	auraient	fendu
ils	auraient	fendu

SUBJONCTIF

PRÉSENT

que	je	fende
que	tu	fendes
qu'	elle	fende
qu'	il	fende
que	nous	fendions
que	vous	fendiez
qu'	elles	fendent
qu'	ils	fendent

PASSÉ

que	j'	aie	fendu
que	tu	aies	fendu
qu'	elle	ait	fendu
qu'	il	ait	fendu
que	nous	ayons	fendu
que	vous	ayez	fendu
qu'	elles	aient	fendu
qu'	ils	aient	fendu

IMPARFAIT

que	je	fendisse
que	tu	fendisses
qu'	elle	fendît
qu'	il	fendît
que	nous	fendissions
que	vous	fendissiez
qu'	elles	fendissent
qu'	ils	fendissent

PLUS-QUE-PARFAIT

que	j'	eusse	fendu
que	tu	eusses	fendu
qu'	elle	eût	fendu
qu'	il	eût	fendu
que	nous	eussions	fendu
que	vous	eussiez	fendu
qu'	elles	eussent	fendu
qu'	ils	eussent	fendu

IMPÉRATIF

PRÉSENT

fends
fendons
fendez

PASSÉ

aie	fendu
ayons	fendu
ayez	fendu

INFINITIF

PRÉSENT

fendre

PASSÉ

avoir fendu

PARTICIPE

PRÉSENT

fendant

PASSÉ

fendu, ue
ayant fendu

CONJUGAISON DU VERBE **FINIR**

INDICATIF

PRÉSENT

je	finis
tu	finis
elle	finit
il	finit
nous	finissons
vous	finissez
elles	finissent
ils	finissent

PASSÉ COMPOSÉ

j'	ai	fini
tu	as	fini
elle	a	fini
il	a	fini
nous	avons	fini
vous	avez	fini
elles	ont	fini
ils	ont	fini

IMPARFAIT

je	finissais
tu	finissais
elle	finissait
il	finissait
nous	finissions
vous	finissiez
elles	finissaient
ils	finissaient

PLUS-QUE-PARFAIT

j'	avais	fini
tu	avais	fini
elle	avait	fini
il	avait	fini
nous	avions	fini
vous	aviez	fini
elles	avaient	fini
ils	avaient	fini

PASSÉ SIMPLE

je	finis
tu	finis
elle	finit
il	finit
nous	finîmes
vous	finîtes
elles	finirent
ils	finirent

PASSÉ ANTÉRIEUR

j'	eus	fini
tu	eus	fini
elle	eut	fini
il	eut	fini
nous	eûmes	fini
vous	eûtes	fini
elles	eurent	fini
ils	eurent	fini

FUTUR SIMPLE

je	finirai
tu	finiras
elle	finira
il	finira
nous	finirons
vous	finirez
elles	finiront
ils	finiront

FUTUR ANTÉRIEUR

j'	aurai	fini
tu	auras	fini
elle	aura	fini
il	aura	fini
nous	aurons	fini
vous	aurez	fini
elles	auront	fini
ils	auront	fini

CONDITIONNEL PRÉSENT

je	finirais
tu	finirais
elle	finirait
il	finirait
nous	finirions
vous	finiriez
elles	finiraient
ils	finiraient

CONDITIONNEL PASSÉ

j'	aurais	fini
tu	aurais	fini
elle	aurait	fini
il	aurait	fini
nous	aurions	fini
vous	auriez	fini
elles	auraient	fini
ils	auraient	fini

SUBJONCTIF

PRÉSENT

que	je	finisse
que	tu	finisses
qu'	elle	finisse
qu'	il	finisse
que	nous	finissions
que	vous	finissiez
qu'	elles	finissent
qu'	ils	finissent

PASSÉ

que	j'	aie	fini
que	tu	aies	fini
qu'	elle	ait	fini
qu'	il	ait	fini
que	nous	ayons	fini
que	vous	ayez	fini
qu'	elles	aient	fini
qu'	ils	aient	fini

IMPARFAIT

que	je	finisse
que	tu	finisses
qu'	elle	finît
qu'	il	finît
que	nous	finissions
que	vous	finissiez
qu'	elles	finissent
qu'	ils	finissent

PLUS-QUE-PARFAIT

que	j'	eusse	fini
que	tu	eusses	fini
qu'	elle	eût	fini
qu'	il	eût	fini
que	nous	eussions	fini
que	vous	eussiez	fini
qu'	elles	eussent	fini
qu'	ils	eussent	fini

IMPÉRATIF

PRÉSENT

finis
finissons
finissez

PASSÉ

aie fini
ayons fini
ayez fini

INFINITIF

PRÉSENT

finir

PASSÉ

avoir fini

PARTICIPE

PRÉSENT

finissant

PASSÉ

fini, ie
ayant fini

CONJUGAISON DU VERBE **FUIR**

INDICATIF

PRÉSENT
je	fuis
tu	fuis
elle	fuit
il	fuit

nous	fuyons
vous	fuyez
elles	fuient
ils	fuient

PASSÉ COMPOSÉ
j'	ai	fui
tu	as	fui
elle	a	fui
il	a	fui

nous	avons	fui
vous	avez	fui
elles	ont	fui
ils	ont	fui

IMPARFAIT
je	fuyais
tu	fuyais
elle	fuyait
il	fuyait

nous	fuyions
vous	fuyiez
elles	fuyaient
ils	fuyaient

PLUS-QUE-PARFAIT
j'	avais	fui
tu	avais	fui
elle	avait	fui
il	avait	fui

nous	avions	fui
vous	aviez	fui
elles	avaient	fui
ils	avaient	fui

PASSÉ SIMPLE
je	fuis
tu	fuis
elle	fuit
il	fuit

nous	fuîmes
vous	fuîtes
elles	fuirent
ils	fuirent

PASSÉ ANTÉRIEUR
j'	eus	fui
tu	eus	fui
elle	eut	fui
il	eut	fui

nous	eûmes	fui
vous	eûtes	fui
elles	eurent	fui
ils	eurent	fui

FUTUR SIMPLE
je	fuirai
tu	fuiras
elle	fuira
il	fuira

nous	fuirons
vous	fuirez
elles	fuiront
ils	fuiront

FUTUR ANTÉRIEUR
j'	aurai	fui
tu	auras	fui
elle	aura	fui
il	aura	fui

nous	aurons	fui
vous	aurez	fui
elles	auront	fui
ils	auront	fui

CONDITIONNEL PRÉSENT
je	fuirais
tu	fuirais
elle	fuirait
il	fuirait

nous	fuirions
vous	fuiriez
elles	fuiraient
ils	fuiraient

CONDITIONNEL PASSÉ
j'	aurais	fui
tu	aurais	fui
elle	aurait	fui
il	aurait	fui

nous	aurions	fui
vous	auriez	fui
elles	auraient	fui
ils	auraient	fui

SUBJONCTIF

PRÉSENT
que	je	fuie
que	tu	fuies
qu'	elle	fuie
qu'	il	fuie

que	nous	fuyions
que	vous	fuyiez
qu'	elles	fuient
qu'	ils	fuient

PASSÉ
que	j'	aie	fui
que	tu	aies	fui
qu'	elle	ait	fui
qu'	il	ait	fui

que	nous	ayons	fui
que	vous	ayez	fui
qu'	elles	aient	fui
qu'	ils	aient	fui

IMPARFAIT
que	je	fuisse
que	tu	fuisses
qu'	elle	fuît
qu'	il	fuît

que	nous	fuissions
que	vous	fuissiez
qu'	elles	fuissent
qu'	ils	fuissent

PLUS-QUE-PARFAIT
que	j'	eusse	fui
que	tu	eusses	fui
qu'	elle	eût	fui
qu'	il	eût	fui

que	nous	eussions	fui
que	vous	eussiez	fui
qu'	elles	eussent	fui
qu'	ils	eussent	fui

IMPÉRATIF

PRÉSENT
fuis
fuyons
fuyez

PASSÉ
aie	fui
ayons	fui
ayez	fui

INFINITIF

PRÉSENT
fuir

PASSÉ
avoir fui

PARTICIPE

PRÉSENT
fuyant

PASSÉ
fui, fuie
ayant fui

CONJUGAISON DU VERBE **HAÏR**

INDICATIF

PRÉSENT
je	hais
tu	hais
elle	hait
il	hait
nous	haïssons
vous	haïssez
elles	haïssent
ils	haïssent

PASSÉ COMPOSÉ
j'	ai	haï
tu	as	haï
elle	a	haï
il	a	haï
nous	avons	haï
vous	avez	haï
elles	ont	haï
ils	ont	haï

IMPARFAIT
je	haïssais
tu	haïssais
elle	haïssait
il	haïssait
nous	haïssions
vous	haïssiez
elles	haïssaient
ils	haïssaient

PLUS-QUE-PARFAIT
j'	avais	haï
tu	avais	haï
elle	avait	haï
il	avait	haï
nous	avions	haï
vous	aviez	haï
elles	avaient	haï
ils	avaient	haï

PASSÉ SIMPLE
je	haïs
tu	haïs
elle	haït
il	haït
nous	haïmes
vous	haïtes
elles	haïrent
ils	haïrent

PASSÉ ANTÉRIEUR
j'	eus	haï
tu	eus	haï
elle	eut	haï
il	eut	haï
nous	eûmes	haï
vous	eûtes	haï
elles	eurent	haï
ils	eurent	haï

FUTUR SIMPLE
je	haïrai
tu	haïras
elle	haïra
il	haïra
nous	haïrons
vous	haïrez
elles	haïront
ils	haïront

FUTUR ANTÉRIEUR
j'	aurai	haï
tu	auras	haï
elle	aura	haï
il	aura	haï
nous	aurons	haï
vous	aurez	haï
elles	auront	haï
ils	auront	haï

CONDITIONNEL PRÉSENT
je	haïrais
tu	haïrais
elle	haïrait
il	haïrait
nous	haïrions
vous	haïriez
elles	haïraient
ils	haïraient

CONDITIONNEL PASSÉ
j'	aurais	haï
tu	aurais	haï
elle	aurait	haï
il	aurait	haï
nous	aurions	haï
vous	auriez	haï
elles	auraient	haï
ils	auraient	haï

SUBJONCTIF

PRÉSENT
que	je	haïsse
que	tu	haïsses
qu'	elle	haïsse
qu'	il	haïsse
que	nous	haïssions
que	vous	haïssiez
qu'	elles	haïssent
qu'	ils	haïssent

PASSÉ
que	j'	aie	haï
que	tu	aies	haï
qu'	elle	ait	haï
qu'	il	ait	haï
que	nous	ayons	haï
que	vous	ayez	haï
qu'	elles	aient	haï
qu'	ils	aient	haï

IMPARFAIT
que	je	haïsse
que	tu	haïsses
qu'	elle	haït
qu'	il	haït
que	nous	haïssions
que	vous	haïssiez
qu'	elles	haïssent
qu'	ils	haïssent

PLUS-QUE-PARFAIT
que	j'	eusse	haï
que	tu	eusses	haï
qu'	elle	eût	haï
qu'	il	eût	haï
que	nous	eussions	haï
que	vous	eussiez	haï
qu'	elles	eussent	haï
qu'	ils	eussent	haï

IMPÉRATIF

PRÉSENT
hais
haïssons
haïssez

PASSÉ
aie	haï
ayons	haï
ayez	haï

INFINITIF

PRÉSENT
haïr

PASSÉ
avoir haï

PARTICIPE

PRÉSENT
haïssant

PASSÉ
haï, haïe
ayant haï

CONJUGAISON DU VERBE **INCLURE**

INDICATIF

PRÉSENT
j'	inclus
tu	inclus
elle	inclut
il	inclut
nous	incluons
vous	incluez
elles	incluent
ils	incluent

PASSÉ COMPOSÉ
j'	ai	inclus
tu	as	inclus
elle	a	inclus
il	a	inclus
nous	avons	inclus
vous	avez	inclus
elles	ont	inclus
ils	ont	inclus

IMPARFAIT
j'	incluais
tu	incluais
elle	incluait
il	incluait
nous	incluions
vous	incluiez
elles	incluaient
ils	incluaient

PLUS-QUE-PARFAIT
j'	avais	inclus
tu	avais	inclus
elle	avait	inclus
il	avait	inclus
nous	avions	inclus
vous	aviez	inclus
elles	avaient	inclus
ils	avaient	inclus

PASSÉ SIMPLE
j'	inclus
tu	inclus
elle	inclut
il	inclut
nous	inclûmes
vous	inclûtes
elles	inclurent
ils	inclurent

PASSÉ ANTÉRIEUR
j'	eus	inclus
tu	eus	inclus
elle	eut	inclus
il	eut	inclus
nous	eûmes	inclus
vous	eûtes	inclus
elles	eurent	inclus
ils	eurent	inclus

FUTUR SIMPLE
j'	inclurai
tu	incluras
elle	inclura
il	inclura
nous	inclurons
vous	inclurez
elles	incluront
ils	incluront

FUTUR ANTÉRIEUR
j'	aurai	inclus
tu	auras	inclus
elle	aura	inclus
il	aura	inclus
nous	aurons	inclus
vous	aurez	inclus
elles	auront	inclus
ils	auront	inclus

CONDITIONNEL PRÉSENT
j'	inclurais
tu	inclurais
elle	inclurait
il	inclurait
nous	inclurions
vous	incluriez
elles	incluraient
ils	incluraient

CONDITIONNEL PASSÉ
j'	aurais	inclus
tu	aurais	inclus
elle	aurait	inclus
il	aurait	inclus
nous	aurions	inclus
vous	auriez	inclus
elles	auraient	inclus
ils	auraient	inclus

SUBJONCTIF

PRÉSENT
que	j'	inclue
que	tu	inclues
qu'	elle	inclue
qu'	il	inclue
que	nous	incluions
que	vous	incluiez
qu'	elles	incluent
qu'	ils	incluent

PASSÉ
que	j'	aie	inclus
que	tu	aies	inclus
qu'	elle	ait	inclus
qu'	il	ait	inclus
que	nous	ayons	inclus
que	vous	ayez	inclus
qu'	elles	aient	inclus
qu'	ils	aient	inclus

IMPARFAIT
que	j'	inclusse
que	tu	inclusses
qu'	elle	inclût
qu'	il	inclût
que	nous	inclussions
que	vous	inclussiez
qu'	elles	inclussent
qu'	ils	inclussent

PLUS-QUE-PARFAIT
que	j'	eusse	inclus
que	tu	eusses	inclus
qu'	elle	eût	inclus
qu'	il	eût	inclus
que	nous	eussions	inclus
que	vous	eussiez	inclus
qu'	elles	eussent	inclus
qu'	ils	eussent	inclus

IMPÉRATIF

PRÉSENT
inclus
incluons
incluez

PASSÉ
aie	inclus
ayons	inclus
ayez	inclus

INFINITIF

PRÉSENT
inclure

PASSÉ
avoir inclus

PARTICIPE

PRÉSENT
incluant

PASSÉ
inclus, use
ayant inclus

CONJUGAISON DU VERBE **JOINDRE**

INDICATIF

PRÉSENT

je	joins
tu	joins
elle	joint
il	joint
nous	joignons
vous	joignez
elles	joignent
ils	joignent

PASSÉ COMPOSÉ

j'	ai	joint
tu	as	joint
elle	a	joint
il	a	joint
nous	avons	joint
vous	avez	joint
elles	ont	joint
ils	ont	joint

IMPARFAIT

je	joignais
tu	joignais
elle	joignait
il	joignait
nous	joignions
vous	joigniez
elles	joignaient
ils	joignaient

PLUS-QUE-PARFAIT

j'	avais	joint
tu	avais	joint
elle	avait	joint
il	avait	joint
nous	avions	joint
vous	aviez	joint
elles	avaient	joint
ils	avaient	joint

PASSÉ SIMPLE

je	joignis
tu	joignis
elle	joignit
il	joignit
nous	joignîmes
vous	joignîtes
elles	joignirent
ils	joignirent

PASSÉ ANTÉRIEUR

j'	eus	joint
tu	eus	joint
elle	eut	joint
il	eut	joint
nous	eûmes	joint
vous	eûtes	joint
elles	eurent	joint
ils	eurent	joint

FUTUR SIMPLE

je	joindrai
tu	joindras
elle	joindra
il	joindra
nous	joindrons
vous	joindrez
elles	joindront
ils	joindront

FUTUR ANTÉRIEUR

j'	aurai	joint
tu	auras	joint
elle	aura	joint
il	aura	joint
nous	aurons	joint
vous	aurez	joint
elles	auront	joint
ils	auront	joint

CONDITIONNEL PRÉSENT

je	joindrais
tu	joindrais
elle	joindrait
il	joindrait
nous	joindrions
vous	joindriez
elles	joindraient
ils	joindraient

CONDITIONNEL PASSÉ

j'	aurais	joint
tu	aurais	joint
elle	aurait	joint
il	aurait	joint
nous	aurions	joint
vous	auriez	joint
elles	auraient	joint
ils	auraient	joint

SUBJONCTIF

PRÉSENT

que	je	joigne
que	tu	joignes
qu'	elle	joigne
qu'	il	joigne
que	nous	joignions
que	vous	joigniez
qu'	elles	joignent
qu'	ils	joignent

PASSÉ

que	j'	aie	joint
que	tu	aies	joint
qu'	elle	ait	joint
qu'	il	ait	joint
que	nous	ayons	joint
que	vous	ayez	joint
qu'	elles	aient	joint
qu'	ils	aient	joint

IMPARFAIT

que	je	joignisse
que	tu	joignisses
qu'	elle	joignît
qu'	il	joignît
que	nous	joignissions
que	vous	joignissiez
qu'	elles	joignissent
qu'	ils	joignissent

PLUS-QUE-PARFAIT

que	j'	eusse	joint
que	tu	eusses	joint
qu'	elle	eût	joint
qu'	il	eût	joint
que	nous	eussions	joint
que	vous	eussiez	joint
qu'	elles	eussent	joint
qu'	ils	eussent	joint

IMPÉRATIF

PRÉSENT

joins
joignons
joignez

PASSÉ

aie joint
ayons joint
ayez joint

INFINITIF

PRÉSENT

joindre

PASSÉ

avoir joint

PARTICIPE

PRÉSENT

joignant

PASSÉ

joint, jointe
ayant joint

CONJUGAISON DU VERBE **LEVER**

INDICATIF

PRÉSENT

je	lève
tu	lèves
elle	lève
il	lève
nous	levons
vous	levez
elles	lèvent
ils	lèvent

PASSÉ COMPOSÉ

j'	ai	levé
tu	as	levé
elle	a	levé
il	a	levé
nous	avons	levé
vous	avez	levé
elles	ont	levé
ils	ont	levé

IMPARFAIT

je	levais
tu	levais
elle	levait
il	levait
nous	levions
vous	leviez
elles	levaient
ils	levaient

PLUS-QUE-PARFAIT

j'	avais	levé
tu	avais	levé
elle	avait	levé
il	avait	levé
nous	avions	levé
vous	aviez	levé
elles	avaient	levé
ils	avaient	levé

PASSÉ SIMPLE

je	levai
tu	levas
elle	leva
il	leva
nous	levâmes
vous	levâtes
elles	levèrent
ils	levèrent

PASSÉ ANTÉRIEUR

j'	eus	levé
tu	eus	levé
elle	eut	levé
il	eut	levé
nous	eûmes	levé
vous	eûtes	levé
elles	eurent	levé
ils	eurent	levé

FUTUR SIMPLE

je	lèverai
tu	lèveras
elle	lèvera
il	lèvera
nous	lèverons
vous	lèverez
elles	lèveront
ils	lèveront

FUTUR ANTÉRIEUR

j'	aurai	levé
tu	auras	levé
elle	aura	levé
il	aura	levé
nous	aurons	levé
vous	aurez	levé
elles	auront	levé
ils	auront	levé

CONDITIONNEL PRÉSENT

je	lèverais
tu	lèverais
elle	lèverait
il	lèverait
nous	lèverions
vous	lèveriez
elles	lèveraient
ils	lèveraient

CONDITIONNEL PASSÉ

j'	aurais	levé
tu	aurais	levé
elle	aurait	levé
il	aurait	levé
nous	aurions	levé
vous	auriez	levé
elles	auraient	levé
ils	auraient	levé

SUBJONCTIF

PRÉSENT

que	je	lève
que	tu	lèves
qu'	elle	lève
qu'	il	lève
que	nous	levions
que	vous	leviez
qu'	elles	lèvent
qu'	ils	lèvent

PASSÉ

que	j'	aie	levé
que	tu	aies	levé
qu'	elle	ait	levé
qu'	il	ait	levé
que	nous	ayons	levé
que	vous	ayez	levé
qu'	elles	aient	levé
qu'	ils	aient	levé

IMPARFAIT

que	je	levasse
que	tu	levasses
qu'	elle	levât
qu'	il	levât
que	nous	levassions
que	vous	levassiez
qu'	elles	levassent
qu'	ils	levassent

PLUS-QUE-PARFAIT

que	j'	eusse	levé
que	tu	eusses	levé
qu'	elle	eût	levé
qu'	il	eût	levé
que	nous	eussions	levé
que	vous	eussiez	levé
qu'	elles	eussent	levé
qu'	ils	eussent	levé

IMPÉRATIF

PRÉSENT

lève
levons
levez

PASSÉ

aie	levé
ayons	levé
ayez	levé

INFINITIF

PRÉSENT

lever

PASSÉ

avoir levé

PARTICIPE

PRÉSENT

levant

PASSÉ

levé, ée
ayant levé

CONJUGAISON DU VERBE **LIRE**

INDICATIF

PRÉSENT

je	lis
tu	lis
elle	lit
il	lit
nous	lisons
vous	lisez
elles	lisent
ils	lisent

PASSÉ COMPOSÉ

j'	ai	lu
tu	as	lu
elle	a	lu
il	a	lu
nous	avons	lu
vous	avez	lu
elles	ont	lu
ils	ont	lu

IMPARFAIT

je	lisais
tu	lisais
elle	lisait
il	lisait
nous	lisions
vous	lisiez
elles	lisaient
ils	lisaient

PLUS-QUE-PARFAIT

j'	avais	lu
tu	avais	lu
elle	avait	lu
il	avait	lu
nous	avions	lu
vous	aviez	lu
elles	avaient	lu
ils	avaient	lu

PASSÉ SIMPLE

je	lus
tu	lus
elle	lut
il	lut
nous	lûmes
vous	lûtes
elles	lurent
ils	lurent

PASSÉ ANTÉRIEUR

j'	eus	lu
tu	eus	lu
elle	eut	lu
il	eut	lu
nous	eûmes	lu
vous	eûtes	lu
elles	eurent	lu
ils	eurent	lu

FUTUR SIMPLE

je	lirai
tu	liras
elle	lira
il	lira
nous	lirons
vous	lirez
elles	liront
ils	liront

FUTUR ANTÉRIEUR

j'	aurai	lu
tu	auras	lu
elle	aura	lu
il	aura	lu
nous	aurons	lu
vous	aurez	lu
elles	auront	lu
ils	auront	lu

CONDITIONNEL PRÉSENT

je	lirais
tu	lirais
elle	lirait
il	lirait
nous	lirions
vous	liriez
elles	liraient
ils	liraient

CONDITIONNEL PASSÉ

j'	aurais	lu
tu	aurais	lu
elle	aurait	lu
il	aurait	lu
nous	aurions	lu
vous	auriez	lu
elles	auraient	lu
ils	auraient	lu

SUBJONCTIF

PRÉSENT

que	je	lise
que	tu	lises
qu'	elle	lise
qu'	il	lise
que	nous	lisions
que	vous	lisiez
qu'	elles	lisent
qu'	ils	lisent

PASSÉ

que	j'	aie	lu
que	tu	aies	lu
qu'	elle	ait	lu
qu'	il	ait	lu
que	nous	ayons	lu
que	vous	ayez	lu
qu'	elles	aient	lu
qu'	ils	aient	lu

IMPARFAIT

que	je	lusse
que	tu	lusses
qu'	elle	lût
qu'	il	lût
que	nous	lussions
que	vous	lussiez
qu'	elles	lussent
qu'	ils	lussent

PLUS-QUE-PARFAIT

que	j'	eusse	lu
que	tu	eusses	lu
qu'	elle	eût	lu
qu'	il	eût	lu
que	nous	eussions	lu
que	vous	eussiez	lu
qu'	elles	eussent	lu
qu'	ils	eussent	lu

IMPÉRATIF

PRÉSENT

| lis |
| lisons |
| lisez |

PASSÉ

aie	lu
ayons	lu
ayez	lu

INFINITIF

PRÉSENT

lire

PASSÉ

avoir lu

PARTICIPE

PRÉSENT

lisant

PASSÉ

lu, lue
ayant lu

CONJUGAISON DU VERBE **MOUDRE**

INDICATIF

PRÉSENT

je	mouds			
tu	mouds			
elle	moud			
il	moud			
nous	moulons			
vous	moulez			
elles	moulent			
ils	moulent			

PASSÉ COMPOSÉ

j'	ai	moulu
tu	as	moulu
elle	a	moulu
il	a	moulu
nous	avons	moulu
vous	avez	moulu
elles	ont	moulu
ils	ont	moulu

IMPARFAIT

je	moulais
tu	moulais
elle	moulait
il	moulait
nous	moulions
vous	mouliez
elles	moulaient
ils	moulaient

PLUS-QUE-PARFAIT

j'	avais	moulu
tu	avais	moulu
elle	avait	moulu
il	avait	moulu
nous	avions	moulu
vous	aviez	moulu
elles	avaient	moulu
ils	avaient	moulu

PASSÉ SIMPLE

je	moulus
tu	moulus
elle	moulut
il	moulut
nous	moulûmes
vous	moulûtes
elles	moulurent
ils	moulurent

PASSÉ ANTÉRIEUR

j'	eus	moulu
tu	eus	moulu
elle	eut	moulu
il	eut	moulu
nous	eûmes	moulu
vous	eûtes	moulu
elles	eurent	moulu
ils	eurent	moulu

FUTUR SIMPLE

je	moudrai
tu	moudras
elle	moudra
il	moudra
nous	moudrons
vous	moudrez
elles	moudront
ils	moudront

FUTUR ANTÉRIEUR

j'	aurai	moulu
tu	auras	moulu
elle	aura	moulu
il	aura	moulu
nous	aurons	moulu
vous	aurez	moulu
elles	auront	moulu
ils	auront	moulu

CONDITIONNEL PRÉSENT

je	moudrais
tu	moudrais
elle	moudrait
il	moudrait
nous	moudrions
vous	moudriez
elles	moudraient
ils	moudraient

CONDITIONNEL PASSÉ

j'	aurais	moulu
tu	aurais	moulu
elle	aurait	moulu
il	aurait	moulu
nous	aurions	moulu
vous	auriez	moulu
elles	auraient	moulu
ils	auraient	moulu

SUBJONCTIF

PRÉSENT

que	je	moule
que	tu	moules
qu'	elle	moule
qu'	il	moule
que	nous	moulions
que	vous	mouliez
qu'	elles	moulent
qu'	ils	moulent

PASSÉ

que	j'	aie	moulu
que	tu	aies	moulu
qu'	elle	ait	moulu
qu'	il	ait	moulu
que	nous	ayons	moulu
que	vous	ayez	moulu
qu'	elles	aient	moulu
qu'	ils	aient	moulu

IMPARFAIT

que	je	moulusse
que	tu	moulusses
qu'	elle	moulût
qu'	il	moulût
que	nous	moulussions
que	vous	moulussiez
qu'	elles	moulussent
qu'	ils	moulussent

PLUS-QUE-PARFAIT

que	j'	eusse	moulu
que	tu	eusses	moulu
qu'	elle	eût	moulu
qu'	il	eût	moulu
que	nous	eussions	moulu
que	vous	eussiez	moulu
qu'	elles	eussent	moulu
qu'	ils	eussent	moulu

IMPÉRATIF

PRÉSENT

mouds
moulons
moulez

PASSÉ

aie	moulu
ayons	moulu
ayez	moulu

INFINITIF

PRÉSENT

moudre

PASSÉ

avoir moulu

PARTICIPE

PRÉSENT

moulant

PASSÉ

moulu, ue
ayant moulu

CONJUGAISON DU VERBE **MOURIR**

INDICATIF

PRÉSENT

je	meurs
tu	meurs
elle	meurt
il	meurt
nous	mourons
vous	mourez
elles	meurent
ils	meurent

PASSÉ COMPOSÉ

je	suis	mort, te
tu	es	mort, te
elle	est	morte
il	est	mort
nous	sommes	morts, tes
vous	êtes	morts, tes
elles	sont	mortes
ils	sont	morts

IMPARFAIT

je	mourais
tu	mourais
elle	mourait
il	mourait
nous	mourions
vous	mouriez
elles	mouraient
ils	mouraient

PLUS-QUE-PARFAIT

j'	étais	mort, te
tu	étais	mort, te
elle	était	morte
il	était	mort
nous	étions	morts, tes
vous	étiez	morts, tes
elles	étaient	mortes
ils	étaient	morts

PASSÉ SIMPLE

je	mourus
tu	mourus
elle	mourut
il	mourut
nous	mourûmes
vous	mourûtes
elles	moururent
ils	moururent

PASSÉ ANTÉRIEUR

je	fus	mort, te
tu	fus	mort, te
elle	fut	morte
il	fut	mort
nous	fûmes	morts, tes
vous	fûtes	morts, tes
elles	furent	mortes
ils	furent	morts

FUTUR SIMPLE

je	mourrai
tu	mourras
elle	mourra
il	mourra
nous	mourrons
vous	mourrez
elles	mourront
ils	mourront

FUTUR ANTÉRIEUR

je	serai	mort, te
tu	seras	mort, te
elle	sera	morte
il	sera	mort
nous	serons	morts, tes
vous	serez	morts, tes
elles	seront	mortes
ils	seront	morts

CONDITIONNEL PRÉSENT

je	mourrais
tu	mourrais
elle	mourrait
il	mourrait
nous	mourrions
vous	mourriez
elles	mourraient
ils	mourraient

CONDITIONNEL PASSÉ

je	serais	mort, te
tu	serais	mort, te
elle	serait	morte
il	serait	mort
nous	serions	morts, tes
vous	seriez	morts, tes
elles	seraient	mortes
ils	seraient	morts

SUBJONCTIF

PRÉSENT

que	je	meure
que	tu	meures
qu'	elle	meure
qu'	il	meure
que	nous	mourions
que	vous	mouriez
qu'	elles	meurent
qu'	ils	meurent

PASSÉ

que	je	sois	mort, te
que	tu	sois	mort, te
qu'	elle	soit	morte
qu'	il	soit	mort
que	nous	soyons	morts, tes
que	vous	soyez	morts, tes
qu'	elles	soient	mortes
qu'	ils	soient	morts

IMPARFAIT

que	je	mourusse
que	tu	mourusses
qu'	elle	mourût
qu'	il	mourût
que	nous	mourussions
que	vous	mourussiez
qu'	elles	mourussent
qu'	ils	mourussent

PLUS-QUE-PARFAIT

que	je	fusse	mort, te
que	tu	fusses	mort, te
qu'	elle	fût	morte
qu'	il	fût	mort
que	nous	fussions	morts, tes
que	vous	fussiez	morts, tes
qu'	elles	fussent	mortes
qu'	ils	fussent	morts

IMPÉRATIF

PRÉSENT

meurs
mourons
mourez

PASSÉ

sois	mort, te
soyons	morts, tes
soyez	morts, tes

INFINITIF

PRÉSENT

mourir

PASSÉ

être	mort, te

PARTICIPE

PRÉSENT

mourant

PASSÉ

mort, te
étant mort, te

CONJUGAISON DU VERBE **NAÎTRE**

INDICATIF

PRÉSENT

je	nais
tu	nais
elle	naît
il	naît
nous	naissons
vous	naissez
elles	naissent
ils	naissent

PASSÉ COMPOSÉ

je	suis	né, ée
tu	es	né, ée
elle	est	née
il	est	né
nous	sommes	nés, ées
vous	êtes	nés, ées
elles	sont	nées
ils	sont	nés

IMPARFAIT

je	naissais
tu	naissais
elle	naissait
il	naissait
nous	naissions
vous	naissiez
elles	naissaient
ils	naissaient

PLUS-QUE-PARFAIT

j'	étais	né, ée
tu	étais	né, ée
elle	était	née
il	était	né
nous	étions	nés, ées
vous	étiez	nés, ées
elles	étaient	nées
ils	étaient	nés

PASSÉ SIMPLE

je	naquis
tu	naquis
elle	naquit
il	naquit
nous	naquîmes
vous	naquîtes
elles	naquirent
ils	naquirent

PASSÉ ANTÉRIEUR

je	fus	né, ée
tu	fus	né, ée
elle	fut	née
il	fut	né
nous	fûmes	nés, ées
vous	fûtes	nés, ées
elles	furent	nées
ils	furent	nés

FUTUR SIMPLE

je	naîtrai
tu	naîtras
elle	naîtra
il	naîtra
nous	naîtrons
vous	naîtrez
elles	naîtront
ils	naîtront

FUTUR ANTÉRIEUR

je	serai	né, ée
tu	seras	né, ée
elle	sera	née
il	sera	né
nous	serons	nés, ées
vous	serez	nés, ées
elles	seront	nées
ils	seront	nés

CONDITIONNEL PRÉSENT

je	naîtrais
tu	naîtrais
elle	naîtrait
il	naîtrait
nous	naîtrions
vous	naîtriez
elles	naîtraient
ils	naîtraient

CONDITIONNEL PASSÉ

je	serais	né, ée
tu	serais	né, ée
elle	serait	née
il	serait	né
nous	serions	nés, ées
vous	seriez	nés, ées
elles	seraient	nées
ils	seraient	nés

SUBJONCTIF

PRÉSENT

que	je	naisse
que	tu	naisses
qu'	elle	naisse
qu'	il	naisse
que	nous	naissions
que	vous	naissiez
qu'	elles	naissent
qu'	ils	naissent

PASSÉ

que	je	sois	né, ée
que	tu	sois	né, ée
qu'	elle	soit	née
qu'	il	soit	né
que	nous	soyons	nés, ées
que	vous	soyez	nés, ées
qu'	elles	soient	nées
qu'	ils	soient	nés

IMPARFAIT

que	je	naquisse
que	tu	naquisses
qu'	elle	naquît
qu'	il	naquît
que	nous	naquissions
que	vous	naquissiez
qu'	elles	naquissent
qu'	ils	naquissent

PLUS-QUE-PARFAIT

que	je	fusse	né, ée
que	tu	fusses	né, ée
qu'	elle	fût	née
qu'	il	fût	né
que	nous	fussions	nés, ées
que	vous	fussiez	nés, ées
qu'	elles	fussent	nées
qu'	ils	fussent	nés

IMPÉRATIF

PRÉSENT

nais
naissons
naissez

PASSÉ

sois	né, ée
soyons	nés, ées
soyez	nés, ées

INFINITIF

PRÉSENT

naître

PASSÉ

être	né, ée

PARTICIPE

PRÉSENT

naissant

PASSÉ

	né, née
étant	né, ée

CONJUGAISON DU VERBE **OUVRIR**

INDICATIF

PRÉSENT

j'	ouvre
tu	ouvres
elle	ouvre
il	ouvre
nous	ouvrons
vous	ouvrez
elles	ouvrent
ils	ouvrent

PASSÉ COMPOSÉ

j'	ai	ouvert
tu	as	ouvert
elle	a	ouvert
il	a	ouvert
nous	avons	ouvert
vous	avez	ouvert
elles	ont	ouvert
ils	ont	ouvert

IMPARFAIT

j'	ouvrais
tu	ouvrais
elle	ouvrait
il	ouvrait
nous	ouvrions
vous	ouvriez
elles	ouvraient
ils	ouvraient

PLUS-QUE-PARFAIT

j'	avais	ouvert
tu	avais	ouvert
elle	avait	ouvert
il	avait	ouvert
nous	avions	ouvert
vous	aviez	ouvert
elles	avaient	ouvert
ils	avaient	ouvert

PASSÉ SIMPLE

j'	ouvris
tu	ouvris
elle	ouvrit
il	ouvrit
nous	ouvrîmes
vous	ouvrîtes
elles	ouvrirent
ils	ouvrirent

PASSÉ ANTÉRIEUR

j'	eus	ouvert
tu	eus	ouvert
elle	eut	ouvert
il	eut	ouvert
nous	eûmes	ouvert
vous	eûtes	ouvert
elles	eurent	ouvert
ils	eurent	ouvert

FUTUR SIMPLE

j'	ouvrirai
tu	ouvriras
elle	ouvrira
il	ouvrira
nous	ouvrirons
vous	ouvrirez
elles	ouvriront
ils	ouvriront

FUTUR ANTÉRIEUR

j'	aurai	ouvert
tu	auras	ouvert
elle	aura	ouvert
il	aura	ouvert
nous	aurons	ouvert
vous	aurez	ouvert
elles	auront	ouvert
ils	auront	ouvert

CONDITIONNEL PRÉSENT

j'	ouvrirais
tu	ouvrirais
elle	ouvrirait
il	ouvrirait
nous	ouvririons
vous	ouvririez
elles	ouvriraient
ils	ouvriraient

CONDITIONNEL PASSÉ

j'	aurais	ouvert
tu	aurais	ouvert
elle	aurait	ouvert
il	aurait	ouvert
nous	aurions	ouvert
vous	auriez	ouvert
elles	auraient	ouvert
ils	auraient	ouvert

SUBJONCTIF

PRÉSENT

que	j'	ouvre
que	tu	ouvres
qu'	elle	ouvre
qu'	il	ouvre
que	nous	ouvrions
que	vous	ouvriez
qu'	elles	ouvrent
qu'	ils	ouvrent

PASSÉ

que	j'	aie	ouvert
que	tu	aies	ouvert
qu'	elle	ait	ouvert
qu'	il	ait	ouvert
que	nous	ayons	ouvert
que	vous	ayez	ouvert
qu'	elles	aient	ouvert
qu'	ils	aient	ouvert

IMPARFAIT

que	j'	ouvrisse
que	tu	ouvrisses
qu'	elle	ouvrît
qu'	il	ouvrît
que	nous	ouvrissions
que	vous	ouvrissiez
qu'	elles	ouvrissent
qu'	ils	ouvrissent

PLUS-QUE-PARFAIT

que	j'	eusse	ouvert
que	tu	eusses	ouvert
qu'	elle	eût	ouvert
qu'	il	eût	ouvert
que	nous	eussions	ouvert
que	vous	eussiez	ouvert
qu'	elles	eussent	ouvert
qu'	ils	eussent	ouvert

IMPÉRATIF

PRÉSENT

ouvre
ouvrons
ouvrez

PASSÉ

aie	ouvert
ayons	ouvert
ayez	ouvert

INFINITIF

PRÉSENT

ouvrir

PASSÉ

avoir ouvert

PARTICIPE

PRÉSENT

ouvrant

PASSÉ

ouvert, erte
ayant ouvert

CONJUGAISON DU VERBE **PAÎTRE**

INDICATIF

PRÉSENT
je pais
tu pais
elle paît
il paît

nous paissons
vous paissez
elles paissent
ils paissent

PASSÉ COMPOSÉ
(n'existe pas)

IMPARFAIT
je paissais
tu paissais
elle paissait
il paissait

nous paissions
vous paissiez
elles paissaient
ils paissaient

PLUS-QUE-PARFAIT
(n'existe pas)

PASSÉ SIMPLE
(n'existe pas)

PASSÉ ANTÉRIEUR
(n'existe pas)

FUTUR SIMPLE
je paîtrai
tu paîtras
elle paîtra
il paîtra

nous paîtrons
vous paîtrez
elles paîtront
ils paîtront

FUTUR ANTÉRIEUR
(n'existe pas)

CONDITIONNEL PRÉSENT
je paîtrais
tu paîtrais
elle paîtrait
il paîtrait

nous paîtrions
vous paîtriez
elles paîtraient
ils paîtraient

CONDITIONNEL PASSÉ
(n'existe pas)

SUBJONCTIF

PRÉSENT
que je paisse
que tu paisses
qu' elle paisse
qu' il paisse

que nous paissions
que vous paissiez
qu' elles paissent
qu' ils paissent

PASSÉ
(n'existe pas)

IMPARFAIT
(n'existe pas)

PLUS-QUE-PARFAIT
(n'existe pas)

IMPÉRATIF

PRÉSENT
pais
paissons
paissez

PASSÉ
(n'existe pas)

INFINITIF

PRÉSENT
paître

PASSÉ
(n'existe pas)

PARTICIPE

PRÉSENT
paissant

PASSÉ
(n'existe pas)

CONJUGAISON DU VERBE **PARAÎTRE**

INDICATIF

PRÉSENT
je	parais
tu	parais
elle	paraît
il	paraît
nous	paraissons
vous	paraissez
elles	paraissent
ils	paraissent

PASSÉ COMPOSÉ
j'	ai	paru
tu	as	paru
elle	a	paru
il	a	paru
nous	avons	paru
vous	avez	paru
elles	ont	paru
ils	ont	paru

IMPARFAIT
je	paraissais
tu	paraissais
elle	paraissait
il	paraissait
nous	paraissions
vous	paraissiez
elles	paraissaient
ils	paraissaient

PLUS-QUE-PARFAIT
j'	avais	paru
tu	avais	paru
elle	avait	paru
il	avait	paru
nous	avions	paru
vous	aviez	paru
elles	avaient	paru
ils	avaient	paru

PASSÉ SIMPLE
je	parus
tu	parus
elle	parut
il	parut
nous	parûmes
vous	parûtes
elles	parurent
ils	parurent

PASSÉ ANTÉRIEUR
j'	eus	paru
tu	eus	paru
elle	eut	paru
il	eut	paru
nous	eûmes	paru
vous	eûtes	paru
elles	eurent	paru
ils	eurent	paru

FUTUR SIMPLE
je	paraîtrai
tu	paraîtras
elle	paraîtra
il	paraîtra
nous	paraîtrons
vous	paraîtrez
elles	paraîtront
ils	paraîtront

FUTUR ANTÉRIEUR
j'	aurai	paru
tu	auras	paru
elle	aura	paru
il	aura	paru
nous	aurons	paru
vous	aurez	paru
elles	auront	paru
ils	auront	paru

CONDITIONNEL PRÉSENT
je	paraîtrais
tu	paraîtrais
elle	paraîtrait
il	paraîtrait
nous	paraîtrions
vous	paraîtriez
elles	paraîtraient
ils	paraîtraient

CONDITIONNEL PASSÉ
j'	aurais	paru
tu	aurais	paru
elle	aurait	paru
il	aurait	paru
nous	aurions	paru
vous	auriez	paru
elles	auraient	paru
ils	auraient	paru

SUBJONCTIF

PRÉSENT
que	je	paraisse
que	tu	paraisses
qu'	elle	paraisse
qu'	il	paraisse
que	nous	paraissions
que	vous	paraissiez
qu'	elles	paraissent
qu'	ils	paraissent

PASSÉ
que	j'	aie	paru
que	tu	aies	paru
qu'	elle	ait	paru
qu'	il	ait	paru
que	nous	ayons	paru
que	vous	ayez	paru
qu'	elles	aient	paru
qu'	ils	aient	paru

IMPARFAIT
que	je	parusse
que	tu	parusses
qu'	elle	parût
qu'	il	parût
que	nous	parussions
que	vous	parussiez
qu'	elles	parussent
qu'	ils	parussent

PLUS-QUE-PARFAIT
que	j'	eusse	paru
que	tu	eusses	paru
qu'	elle	eût	paru
qu'	il	eût	paru
que	nous	eussions	paru
que	vous	eussiez	paru
qu'	elles	eussent	paru
qu'	ils	eussent	paru

IMPÉRATIF

PRÉSENT
parais
paraissons
paraissez

PASSÉ
aie	paru
ayons	paru
ayez	paru

INFINITIF

PRÉSENT
paraître

PASSÉ
avoir paru

PARTICIPE

PRÉSENT
paraissant

PASSÉ
paru
ayant paru

CONJUGAISON DU VERBE **PAYER**

INDICATIF

PRÉSENT

je	paie,	ye
tu	paies,	yes
elle	paie,	ye
il	paie,	ye
nous	payons	
vous	payez	
elles	paient,	yent
ils	paient,	yent

PASSÉ COMPOSÉ

j'	ai	payé
tu	as	payé
elle	a	payé
il	a	payé
nous	avons	payé
vous	avez	payé
elles	ont	payé
ils	ont	payé

IMPARFAIT

je	payais
tu	payais
elle	payait
il	payait
nous	payions
vous	payiez
elles	payaient
ils	payaient

PLUS-QUE-PARFAIT

j'	avais	payé
tu	avais	payé
elle	avait	payé
il	avait	payé
nous	avions	payé
vous	aviez	payé
elles	avaient	payé
ils	avaient	payé

PASSÉ SIMPLE

je	payai
tu	payas
elle	paya
il	paya
nous	payâmes
vous	payâtes
elles	payèrent
ils	payèrent

PASSÉ ANTÉRIEUR

j'	eus	payé
tu	eus	payé
elle	eut	payé
il	eut	payé
nous	eûmes	payé
vous	eûtes	payé
elles	eurent	payé
ils	eurent	payé

FUTUR SIMPLE

je	paierai,	yerai
tu	paieras,	yeras
elle	paiera,	yera
il	paiera,	yera
nous	paierons,	yerons
vous	paierez,	yerez
elles	paieront,	yeront
ils	paieront,	yeront

FUTUR ANTÉRIEUR

j'	aurai	payé
tu	auras	payé
elle	aura	payé
il	aura	payé
nous	aurons	payé
vous	aurez	payé
elles	auront	payé
ils	auront	payé

CONDITIONNEL PRÉSENT

je	paierais,	yerais
tu	paierais,	yerais
elle	paierait,	yerait
il	paierait,	yerait
nous	paierions,	yerions
vous	paieriez,	yeriez
elles	paieraient,	yeraient
ils	paieraient,	yeraient

CONDITIONNEL PASSÉ

j'	aurais	payé
tu	aurais	payé
elle	aurait	payé
il	aurait	payé
nous	aurions	payé
vous	auriez	payé
elles	auraient	payé
ils	auraient	payé

SUBJONCTIF

PRÉSENT

que	je	paie,	ye
que	tu	paies,	yes
qu'	elle	paie,	ye
qu'	il	paie,	ye
que	nous	payions	
que	vous	payiez	
qu'	elles	paient,	yent
qu'	ils	paient,	yent

PASSÉ

que	j'	aie	payé
que	tu	aies	payé
qu'	elle	ait	payé
qu'	il	ait	payé
que	nous	ayons	payé
que	vous	ayez	payé
qu'	elles	aient	payé
qu'	ils	aient	payé

IMPARFAIT

que	je	payasse
que	tu	payasses
qu'	elle	payât
qu'	il	payât
que	nous	payassions
que	vous	payassiez
qu'	elles	payassent
qu'	ils	payassent

PLUS-QUE-PARFAIT

que	j'	eusse	payé
que	tu	eusses	payé
qu'	elle	eût	payé
qu'	il	eût	payé
que	nous	eussions	payé
que	vous	eussiez	payé
qu'	elles	eussent	payé
qu'	ils	eussent	payé

IMPÉRATIF

PRÉSENT

paie, ye
payons
payez

PASSÉ

aie	payé
ayons	payé
ayez	payé

INFINITIF

PRÉSENT

payer

PASSÉ

avoir payé

PARTICIPE

PRÉSENT

payant

PASSÉ

payé, ée
ayant payé

CONJUGAISON DU VERBE **PLAIRE**

INDICATIF

PRÉSENT

je	plais
tu	plais
elle	plaît
il	plaît
nous	plaisons
vous	plaisez
elles	plaisent
ils	plaisent

PASSÉ COMPOSÉ

j'	ai	plu
tu	as	plu
elle	a	plu
il	a	plu
nous	avons	plu
vous	avez	plu
elles	ont	plu
ils	ont	plu

IMPARFAIT

je	plaisais
tu	plaisais
elle	plaisait
il	plaisait
nous	plaisions
vous	plaisiez
elles	plaisaient
ils	plaisaient

PLUS-QUE-PARFAIT

j'	avais	plu
tu	avais	plu
elle	avait	plu
il	avait	plu
nous	avions	plu
vous	aviez	plu
elles	avaient	plu
ils	avaient	plu

PASSÉ SIMPLE

je	plus
tu	plus
elle	plut
il	plut
nous	plûmes
vous	plûtes
elles	plurent
ils	plurent

PASSÉ ANTÉRIEUR

j'	eus	plu
tu	eus	plu
elle	eut	plu
il	eut	plu
nous	eûmes	plu
vous	eûtes	plu
elles	eurent	plu
ils	eurent	plu

FUTUR SIMPLE

je	plairai
tu	plairas
elle	plaira
il	plaira
nous	plairons
vous	plairez
elles	plairont
ils	plairont

FUTUR ANTÉRIEUR

j'	aurai	plu
tu	auras	plu
elle	aura	plu
il	aura	plu
nous	aurons	plu
vous	aurez	plu
elles	auront	plu
ils	auront	plu

CONDITIONNEL PRÉSENT

je	plairais
tu	plairais
elle	plairait
il	plairait
nous	plairions
vous	plairiez
elles	plairaient
ils	plairaient

CONDITIONNEL PASSÉ

j'	aurais	plu
tu	aurais	plu
elle	aurait	plu
il	aurait	plu
nous	aurions	plu
vous	auriez	plu
elles	auraient	plu
ils	auraient	plu

SUBJONCTIF

PRÉSENT

que	je	plaise
que	tu	plaises
qu'	elle	plaise
qu'	il	plaise
que	nous	plaisions
que	vous	plaisiez
qu'	elles	plaisent
qu'	ils	plaisent

PASSÉ

que	j'	aie	plu
que	tu	aies	plu
qu'	elle	ait	plu
qu'	il	ait	plu
que	nous	ayons	plu
que	vous	ayez	plu
qu'	elles	aient	plu
qu'	ils	aient	plu

IMPARFAIT

que	je	plusse
que	tu	plusses
qu'	elle	plût
qu'	il	plût
que	nous	plussions
que	vous	plussiez
qu'	elles	plussent
qu'	ils	plussent

PLUS-QUE-PARFAIT

que	j'	eusse	plu
que	tu	eusses	plu
qu'	elle	eût	plu
qu'	il	eût	plu
que	nous	eussions	plu
que	vous	eussiez	plu
qu'	elles	eussent	plu
qu'	ils	eussent	plu

IMPÉRATIF

PRÉSENT

plais
plaisons
plaisez

PASSÉ

aie	plu
ayons	plu
ayez	plu

INFINITIF

PRÉSENT

plaire

PASSÉ

avoir plu

PARTICIPE

PRÉSENT

plaisant

PASSÉ

	plu
ayant	plu

CONJUGAISON DU VERBE **PLEUVOIR**

INDICATIF

PRÉSENT

il pleut
elles pleuvent
ils pleuvent

PASSÉ COMPOSÉ

il a plu
elles ont plu
ils ont plu

IMPARFAIT

il pleuvait
elles pleuvaient
ils pleuvaient

PLUS-QUE-PARFAIT

il avait plu
elles avaient plu
ils avaient plu

PASSÉ SIMPLE

il plut
elles plurent
ils plurent

PASSÉ ANTÉRIEUR

il eut plu
elles eurent plu
ils eurent plu

FUTUR SIMPLE

il pleuvra
elles pleuvront
ils pleuvront

FUTUR ANTÉRIEUR

il aura plu
elles auront plu
ils auront plu

CONDITIONNEL PRÉSENT

il pleuvrait
elles pleuvraient
ils pleuvraient

CONDITIONNEL PASSÉ

il aurait plu
elles auraient plu
ils auraient plu

SUBJONCTIF

PRÉSENT

qu' il pleuve
qu' elles pleuvent
qu' ils pleuvent

PASSÉ

qu' il ait plu
qu' elles aient plu
qu' ils aient plu

IMPARFAIT

qu' il plût
qu' elles plussent
qu' ils plussent

PLUS-QUE-PARFAIT

qu' il eût plu
qu' elles eussent plu
qu' ils eussent plu

IMPÉRATIF

PRÉSENT

(n'existe pas)

PASSÉ

(n'existe pas)

INFINITIF

PRÉSENT

pleuvoir

PASSÉ

avoir plu

PARTICIPE

PRÉSENT

pleuvant

PASSÉ

plu
ayant plu

CONJUGAISON DU VERBE **POSSÉDER**

INDICATIF

PRÉSENT

je	possède
tu	possèdes
elle	possède
il	possède
nous	possédons
vous	possédez
elles	possèdent
ils	possèdent

PASSÉ COMPOSÉ

j'	ai	possédé
tu	as	possédé
elle	a	possédé
il	a	possédé
nous	avons	possédé
vous	avez	possédé
elles	ont	possédé
ils	ont	possédé

IMPARFAIT

je	possédais
tu	possédais
elle	possédait
il	possédait
nous	possédions
vous	possédiez
elles	possédaient
ils	possédaient

PLUS-QUE-PARFAIT

j'	avais	possédé
tu	avais	possédé
elle	avait	possédé
il	avait	possédé
nous	avions	possédé
vous	aviez	possédé
elles	avaient	possédé
ils	avaient	possédé

PASSÉ SIMPLE

je	possédai
tu	possédas
elle	posséda
il	posséda
nous	possédâmes
vous	possédâtes
elles	possédèrent
ils	possédèrent

PASSÉ ANTÉRIEUR

j'	eus	possédé
tu	eus	possédé
elle	eut	possédé
il	eut	possédé
nous	eûmes	possédé
vous	eûtes	possédé
elles	eurent	possédé
ils	eurent	possédé

FUTUR SIMPLE

je	posséderai
tu	posséderas
elle	possédera
il	possédera
nous	posséderons
vous	posséderez
elles	posséderont
ils	posséderont

FUTUR ANTÉRIEUR

j'	aurai	possédé
tu	auras	possédé
elle	aura	possédé
il	aura	possédé
nous	aurons	possédé
vous	aurez	possédé
elles	auront	possédé
ils	auront	possédé

CONDITIONNEL PRÉSENT

je	posséderais
tu	posséderais
elle	posséderait
il	posséderait
nous	posséderions
vous	posséderiez
elles	posséderaient
ils	posséderaient

CONDITIONNEL PASSÉ

j'	aurais	possédé
tu	aurais	possédé
elle	aurait	possédé
il	aurait	possédé
nous	aurions	possédé
vous	auriez	possédé
elles	auraient	possédé
ils	auraient	possédé

SUBJONCTIF

PRÉSENT

que	je	possède
que	tu	possèdes
qu'	elle	possède
qu'	il	possède
que	nous	possédions
que	vous	possédiez
qu'	elles	possèdent
qu'	ils	possèdent

PASSÉ

que	j'	aie	possédé
que	tu	aies	possédé
qu'	elle	ait	possédé
qu'	il	ait	possédé
que	nous	ayons	possédé
que	vous	ayez	possédé
qu'	elles	aient	possédé
qu'	ils	aient	possédé

IMPARFAIT

que	je	possédasse
que	tu	possédasses
qu'	elle	possédât
qu'	il	possédât
que	nous	possédassions
que	vous	possédassiez
qu'	elles	possédassent
qu'	ils	possédassent

PLUS-QUE-PARFAIT

que	j'	eusse	possédé
que	tu	eusses	possédé
qu'	elle	eût	possédé
qu'	il	eût	possédé
que	nous	eussions	possédé
que	vous	eussiez	possédé
qu'	elles	eussent	possédé
qu'	ils	eussent	possédé

IMPÉRATIF

PRÉSENT

possède
possédons
possédez

PASSÉ

aie	possédé
ayons	possédé
ayez	possédé

INFINITIF

PRÉSENT

posséder

PASSÉ

avoir possédé

PARTICIPE

PRÉSENT

possédant

PASSÉ

possédé, ée
ayant possédé

CONJUGAISON DU VERBE **POURVOIR**

INDICATIF

PRÉSENT

je	pourvois
tu	pourvois
elle	pourvoit
il	pourvoit
nous	pourvoyons
vous	pourvoyez
elles	pourvoient
ils	pourvoient

PASSÉ COMPOSÉ

j'	ai	pourvu
tu	as	pourvu
elle	a	pourvu
il	a	pourvu
nous	avons	pourvu
vous	avez	pourvu
elles	ont	pourvu
ils	ont	pourvu

IMPARFAIT

je	pourvoyais
tu	pourvoyais
elle	pourvoyait
il	pourvoyait
nous	pourvoyions
vous	pourvoyiez
elles	pourvoyaient
ils	pourvoyaient

PLUS-QUE-PARFAIT

j'	avais	pourvu
tu	avais	pourvu
elle	avait	pourvu
il	avait	pourvu
nous	avions	pourvu
vous	aviez	pourvu
elles	avaient	pourvu
ils	avaient	pourvu

PASSÉ SIMPLE

je	pourvus
tu	pourvus
elle	pourvut
il	pourvut
nous	pourvûmes
vous	pourvûtes
elles	pourvurent
ils	pourvurent

PASSÉ ANTÉRIEUR

j'	eus	pourvu
tu	eus	pourvu
elle	eut	pourvu
il	eut	pourvu
nous	eûmes	pourvu
vous	eûtes	pourvu
elles	eurent	pourvu
ils	eurent	pourvu

FUTUR SIMPLE

je	pourvoirai
tu	pourvoiras
elle	pourvoira
il	pourvoira
nous	pourvoirons
vous	pourvoirez
elles	pourvoiront
ils	pourvoiront

FUTUR ANTÉRIEUR

j'	aurai	pourvu
tu	auras	pourvu
elle	aura	pourvu
il	aura	pourvu
nous	aurons	pourvu
vous	aurez	pourvu
elles	auront	pourvu
ils	auront	pourvu

CONDITIONNEL PRÉSENT

je	pourvoirais
tu	pourvoirais
elle	pourvoirait
il	pourvoirait
nous	pourvoirions
vous	pourvoiriez
elles	pourvoiraient
ils	pourvoiraient

CONDITIONNEL PASSÉ

j'	aurais	pourvu
tu	aurais	pourvu
elle	aurait	pourvu
il	aurait	pourvu
nous	aurions	pourvu
vous	auriez	pourvu
elles	auraient	pourvu
ils	auraient	pourvu

SUBJONCTIF

PRÉSENT

que	je	pourvoie
que	tu	pourvoies
qu'	elle	pourvoie
qu'	il	pourvoie
que	nous	pourvoyions
que	vous	pourvoyiez
qu'	elles	pourvoient
qu'	ils	pourvoient

PASSÉ

que	j'	aie	pourvu
que	tu	aies	pourvu
qu'	elle	ait	pourvu
qu'	il	ait	pourvu
que	nous	ayons	pourvu
que	vous	ayez	pourvu
qu'	elles	aient	pourvu
qu'	ils	aient	pourvu

IMPARFAIT

que	je	pourvusse
que	tu	pourvusses
qu'	elle	pourvût
qu'	il	pourvût
que	nous	pourvussions
que	vous	pourvussiez
qu'	elles	pourvussent
qu'	ils	pourvussent

PLUS-QUE-PARFAIT

que	j'	eusse	pourvu
que	tu	eusses	pourvu
qu'	elle	eût	pourvu
qu'	il	eût	pourvu
que	nous	eussions	pourvu
que	vous	eussiez	pourvu
qu'	elles	eussent	pourvu
qu'	ils	eussent	pourvu

IMPÉRATIF

PRÉSENT

pourvois
pourvoyons
pourvoyez

PASSÉ

aie	pourvu
ayons	pourvu
ayez	pourvu

INFINITIF

PRÉSENT

pourvoir

PASSÉ

avoir pourvu

PARTICIPE

PRÉSENT

pourvoyant

PASSÉ

pourvu, ue
ayant pourvu

CONJUGAISON DU VERBE **POUVOIR**

INDICATIF

PRÉSENT
je	peux
tu	peux
elle	peut
il	peut
nous	pouvons
vous	pouvez
elles	peuvent
ils	peuvent

PASSÉ COMPOSÉ
j'	ai	pu
tu	as	pu
elle	a	pu
il	a	pu
nous	avons	pu
vous	avez	pu
elles	ont	pu
ils	ont	pu

IMPARFAIT
je	pouvais
tu	pouvais
elle	pouvait
il	pouvait
nous	pouvions
vous	pouviez
elles	pouvaient
ils	pouvaient

PLUS-QUE-PARFAIT
j'	avais	pu
tu	avais	pu
elle	avait	pu
il	avait	pu
nous	avions	pu
vous	aviez	pu
elles	avaient	pu
ils	avaient	pu

PASSÉ SIMPLE
je	pus
tu	pus
elle	put
il	put
nous	pûmes
vous	pûtes
elles	purent
ils	purent

PASSÉ ANTÉRIEUR
j'	eus	pu
tu	eus	pu
elle	eut	pu
il	eut	pu
nous	eûmes	pu
vous	eûtes	pu
elles	eurent	pu
ils	eurent	pu

FUTUR SIMPLE
je	pourrai
tu	pourras
elle	pourra
il	pourra
nous	pourrons
vous	pourrez
elles	pourront
ils	pourront

FUTUR ANTÉRIEUR
j'	aurai	pu
tu	auras	pu
elle	aura	pu
il	aura	pu
nous	aurons	pu
vous	aurez	pu
elles	auront	pu
ils	auront	pu

CONDITIONNEL PRÉSENT
je	pourrais
tu	pourrais
elle	pourrait
il	pourrait
nous	pourrions
vous	pourriez
elles	pourraient
ils	pourraient

CONDITIONNEL PASSÉ
j'	aurais	pu
tu	aurais	pu
elle	aurait	pu
il	aurait	pu
nous	aurions	pu
vous	auriez	pu
elles	auraient	pu
ils	auraient	pu

SUBJONCTIF

PRÉSENT
que	je	puisse
que	tu	puisses
qu'	elle	puisse
qu'	il	puisse
que	nous	puissions
que	vous	puissiez
qu'	elles	puissent
qu'	ils	puissent

PASSÉ
que	j'	aie	pu
que	tu	aies	pu
qu'	elle	ait	pu
qu'	il	ait	pu
que	nous	ayons	pu
que	vous	ayez	pu
qu'	elles	aient	pu
qu'	ils	aient	pu

IMPARFAIT
que	je	pusse
que	tu	pusses
qu'	elle	pût
qu'	il	pût
que	nous	pussions
que	vous	pussiez
qu'	elles	pussent
qu'	ils	pussent

PLUS-QUE-PARFAIT
que	j'	eusse	pu
que	tu	eusses	pu
qu'	elle	eût	pu
qu'	il	eût	pu
que	nous	eussions	pu
que	vous	eussiez	pu
qu'	elles	eussent	pu
qu'	ils	eussent	pu

IMPÉRATIF

PRÉSENT
(n'existe pas)

PASSÉ
(n'existe pas)

INFINITIF

PRÉSENT
pouvoir

PASSÉ
avoir pu

PARTICIPE

PRÉSENT
pouvant

PASSÉ
pu
ayant pu

CONJUGAISON DU VERBE **PROTÉGER**

INDICATIF

PRÉSENT

je	prot**è**ge
tu	prot**è**ges
elle	prot**è**ge
il	prot**è**ge
nous	prot**é**geons
vous	prot**é**gez
elles	prot**è**gent
ils	prot**è**gent

PASSÉ COMPOSÉ

j'	ai	protégé
tu	as	protégé
elle	a	protégé
il	a	protégé
nous	avons	protégé
vous	avez	protégé
elles	ont	protégé
ils	ont	protégé

IMPARFAIT

je	prot**é**geais
tu	prot**é**geais
elle	prot**é**geait
il	prot**é**geait
nous	prot**é**gions
vous	prot**é**giez
elles	prot**é**geaient
ils	prot**é**geaient

PLUS-QUE-PARFAIT

j'	avais	protégé
tu	avais	protégé
elle	avait	protégé
il	avait	protégé
nous	avions	protégé
vous	aviez	protégé
elles	avaient	protégé
ils	avaient	protégé

PASSÉ SIMPLE

je	prot**é**geai
tu	prot**é**geas
elle	prot**é**gea
il	prot**é**gea
nous	prot**é**geâmes
vous	prot**é**geâtes
elles	prot**é**gèrent
ils	prot**é**gèrent

PASSÉ ANTÉRIEUR

j'	eus	protégé
tu	eus	protégé
elle	eut	protégé
il	eut	protégé
nous	eûmes	protégé
vous	eûtes	protégé
elles	eurent	protégé
ils	eurent	protégé

FUTUR SIMPLE

je	prot**é**gerai
tu	prot**é**geras
elle	prot**é**gera
il	prot**é**gera
nous	prot**é**gerons
vous	prot**é**gerez
elles	prot**é**geront
ils	prot**é**geront

FUTUR ANTÉRIEUR

j'	aurai	protégé
tu	auras	protégé
elle	aura	protégé
il	aura	protégé
nous	aurons	protégé
vous	aurez	protégé
elles	auront	protégé
ils	auront	protégé

CONDITIONNEL PRÉSENT

je	prot**é**gerais
tu	prot**é**gerais
elle	prot**é**gerait
il	prot**é**gerait
nous	prot**é**gerions
vous	prot**é**geriez
elles	prot**é**geraient
ils	prot**é**geraient

CONDITIONNEL PASSÉ

j'	aurais	protégé
tu	aurais	protégé
elle	aurait	protégé
il	aurait	protégé
nous	aurions	protégé
vous	auriez	protégé
elles	auraient	protégé
ils	auraient	protégé

SUBJONCTIF

PRÉSENT

que	je	prot**è**ge
que	tu	prot**è**ges
qu'	elle	prot**è**ge
qu'	il	prot**è**ge
que	nous	prot**é**gions
que	vous	prot**é**giez
qu'	elles	prot**è**gent
qu'	ils	prot**è**gent

PASSÉ

que	j'	aie	protégé
que	tu	aies	protégé
qu'	elle	ait	protégé
qu'	il	ait	protégé
que	nous	ayons	protégé
que	vous	ayez	protégé
qu'	elles	aient	protégé
qu'	ils	aient	protégé

IMPARFAIT

que	je	prot**é**geasse
que	tu	prot**é**geasses
qu'	elle	prot**é**geât
qu'	il	prot**é**geât
que	nous	prot**é**geassions
que	vous	prot**é**geassiez
qu'	elles	prot**é**geassent
qu'	ils	prot**é**geassent

PLUS-QUE-PARFAIT

que	j'	eusse	protégé
que	tu	eusses	protégé
qu'	elle	eût	protégé
qu'	il	eût	protégé
que	nous	eussions	protégé
que	vous	eussiez	protégé
qu'	elles	eussent	protégé
qu'	ils	eussent	protégé

IMPÉRATIF

PRÉSENT

prot**è**ge
prot**é**geons
prot**é**gez

PASSÉ

aie	protégé
ayons	protégé
ayez	protégé

INFINITIF

PRÉSENT

prot**é**ger

PASSÉ

avoir protégé

PARTICIPE

PRÉSENT

prot**é**geant

PASSÉ

protégé, ée
ayant protégé

CONJUGAISON DU VERBE **REMETTRE**

INDICATIF

PRÉSENT

je	remets
tu	remets
elle	remet
il	remet
nous	remettons
vous	remettez
elles	remettent
ils	remettent

PASSÉ COMPOSÉ

j'	ai	remis
tu	as	remis
elle	a	remis
il	a	remis
nous	avons	remis
vous	avez	remis
elles	ont	remis
ils	ont	remis

IMPARFAIT

je	remettais
tu	remettais
elle	remettait
il	remettait
nous	remettions
vous	remettiez
elles	remettaient
ils	remettaient

PLUS-QUE-PARFAIT

j'	avais	remis
tu	avais	remis
elle	avait	remis
il	avait	remis
nous	avions	remis
vous	aviez	remis
elles	avaient	remis
ils	avaient	remis

PASSÉ SIMPLE

je	remis
tu	remis
elle	remit
il	remit
nous	remîmes
vous	remîtes
elles	remirent
ils	remirent

PASSÉ ANTÉRIEUR

j'	eus	remis
tu	eus	remis
elle	eut	remis
il	eut	remis
nous	eûmes	remis
vous	eûtes	remis
elles	eurent	remis
ils	eurent	remis

FUTUR SIMPLE

je	remettrai
tu	remettras
elle	remettra
il	remettra
nous	remettrons
vous	remettrez
elles	remettront
ils	remettront

FUTUR ANTÉRIEUR

j'	aurai	remis
tu	auras	remis
elle	aura	remis
il	aura	remis
nous	aurons	remis
vous	aurez	remis
elles	auront	remis
ils	auront	remis

CONDITIONNEL PRÉSENT

je	remettrais
tu	remettrais
elle	remettrait
il	remettrait
nous	remettrions
vous	remettriez
elles	remettraient
ils	remettraient

CONDITIONNEL PASSÉ

j'	aurais	remis
tu	aurais	remis
elle	aurait	remis
il	aurait	remis
nous	aurions	remis
vous	auriez	remis
elles	auraient	remis
ils	auraient	remis

SUBJONCTIF

PRÉSENT

que	je	remette
que	tu	remettes
qu'	elle	remette
qu'	il	remette
que	nous	remettions
que	vous	remettiez
qu'	elles	remettent
qu'	ils	remettent

PASSÉ

que	j'	aie	remis
que	tu	aies	remis
qu'	elle	ait	remis
qu'	il	ait	remis
que	nous	ayons	remis
que	vous	ayez	remis
qu'	elles	aient	remis
qu'	ils	aient	remis

IMPARFAIT

que	je	remisse
que	tu	remisses
qu'	elle	remît
qu'	il	remît
que	nous	remissions
que	vous	remissiez
qu'	elles	remissent
qu'	ils	remissent

PLUS-QUE-PARFAIT

que	j'	eusse	remis
que	tu	eusses	remis
qu'	elle	eût	remis
qu'	il	eût	remis
que	nous	eussions	remis
que	vous	eussiez	remis
qu'	elles	eussent	remis
qu'	ils	eussent	remis

IMPÉRATIF

PRÉSENT

remets
remettons
remettez

PASSÉ

aie remis
ayons remis
ayez remis

INFINITIF

PRÉSENT

remettre

PASSÉ

avoir remis

PARTICIPE

PRÉSENT

remettant

PASSÉ

remis, ise
ayant remis

CONJUGAISON DU VERBE **RÉSOUDRE**

INDICATIF

PRÉSENT

je	résous
tu	résous
elle	résout
il	résout
nous	résolvons
vous	résolvez
elles	résolvent
ils	résolvent

PASSÉ COMPOSÉ

j'	ai	résolu
tu	as	résolu
elle	a	résolu
il	a	résolu
nous	avons	résolu
vous	avez	résolu
elles	ont	résolu
ils	ont	résolu

IMPARFAIT

je	résolvais
tu	résolvais
elle	résolvait
il	résolvait
nous	résolvions
vous	résolviez
elles	résolvaient
ils	résolvaient

PLUS-QUE-PARFAIT

j'	avais	résolu
tu	avais	résolu
elle	avait	résolu
il	avait	résolu
nous	avions	résolu
vous	aviez	résolu
elles	avaient	résolu
ils	avaient	résolu

PASSÉ SIMPLE

je	résolus
tu	résolus
elle	résolut
il	résolut
nous	résolûmes
vous	résolûtes
elles	résolurent
ils	résolurent

PASSÉ ANTÉRIEUR

j'	eus	résolu
tu	eus	résolu
elle	eut	résolu
il	eut	résolu
nous	eûmes	résolu
vous	eûtes	résolu
elles	eurent	résolu
ils	eurent	résolu

FUTUR SIMPLE

je	résoudrai
tu	résoudras
elle	résoudra
il	résoudra
nous	résoudrons
vous	résoudrez
elles	résoudront
ils	résoudront

FUTUR ANTÉRIEUR

j'	aurai	résolu
tu	auras	résolu
elle	aura	résolu
il	aura	résolu
nous	aurons	résolu
vous	aurez	résolu
elles	auront	résolu
ils	auront	résolu

CONDITIONNEL PRÉSENT

je	résoudrais
tu	résoudrais
elle	résoudrait
il	résoudrait
nous	résoudrions
vous	résoudriez
elles	résoudraient
ils	résoudraient

CONDITIONNEL PASSÉ

j'	aurais	résolu
tu	aurais	résolu
elle	aurait	résolu
il	aurait	résolu
nous	aurions	résolu
vous	auriez	résolu
elles	auraient	résolu
ils	auraient	résolu

SUBJONCTIF

PRÉSENT

que	je	résolve
que	tu	résolves
qu'	elle	résolve
qu'	il	résolve
que	nous	résolvions
que	vous	résolviez
qu'	elles	résolvent
qu'	ils	résolvent

PASSÉ

que	j'	aie	résolu
que	tu	aies	résolu
qu'	elle	ait	résolu
qu'	il	ait	résolu
que	nous	ayons	résolu
que	vous	ayez	résolu
qu'	elles	aient	résolu
qu'	ils	aient	résolu

IMPARFAIT

que	je	résolusse
que	tu	résolusses
qu'	elle	résolût
qu'	il	résolût
que	nous	résolussions
que	vous	résolussiez
qu'	elles	résolussent
qu'	ils	résolussent

PLUS-QUE-PARFAIT

que	j'	eusse	résolu
que	tu	eusses	résolu
qu'	elle	eût	résolu
qu'	il	eût	résolu
que	nous	eussions	résolu
que	vous	eussiez	résolu
qu'	elles	eussent	résolu
qu'	ils	eussent	résolu

IMPÉRATIF

PRÉSENT

résous
résolvons
résolvez

PASSÉ

aie	résolu
ayons	résolu
ayez	résolu

INFINITIF

PRÉSENT

résoudre

PASSÉ

avoir résolu

PARTICIPE

PRÉSENT

résolvant

PASSÉ

résolu, ue
ayant résolu

CONJUGAISON DU VERBE **SAVOIR**

INDICATIF

PRÉSENT

je	sais
tu	sais
elle	sait
il	sait
nous	savons
vous	savez
elles	savent
ils	savent

PASSÉ COMPOSÉ

j'	ai	su
tu	as	su
elle	a	su
il	a	su
nous	avons	su
vous	avez	su
elles	ont	su
ils	ont	su

IMPARFAIT

je	savais
tu	savais
elle	savait
il	savait
nous	savions
vous	saviez
elles	savaient
ils	savaient

PLUS-QUE-PARFAIT

j'	avais	su
tu	avais	su
elle	avait	su
il	avait	su
nous	avions	su
vous	aviez	su
elles	avaient	su
ils	avaient	su

PASSÉ SIMPLE

je	sus
tu	sus
elle	sut
il	sut
nous	sûmes
vous	sûtes
elles	surent
ils	surent

PASSÉ ANTÉRIEUR

j'	eus	su
tu	eus	su
elle	eut	su
il	eut	su
nous	eûmes	su
vous	eûtes	su
elles	eurent	su
ils	eurent	su

FUTUR SIMPLE

je	saurai
tu	sauras
elle	saura
il	saura
nous	saurons
vous	saurez
elles	sauront
ils	sauront

FUTUR ANTÉRIEUR

j'	aurai	su
tu	auras	su
elle	aura	su
il	aura	su
nous	aurons	su
vous	aurez	su
elles	auront	su
ils	auront	su

CONDITIONNEL PRÉSENT

je	saurais
tu	saurais
elle	saurait
il	saurait
nous	saurions
vous	sauriez
elles	sauraient
ils	sauraient

CONDITIONNEL PASSÉ

j'	aurais	su
tu	aurais	su
elle	aurait	su
il	aurait	su
nous	aurions	su
vous	auriez	su
elles	auraient	su
ils	auraient	su

SUBJONCTIF

PRÉSENT

que	je	sache
que	tu	saches
qu'	elle	sache
qu'	il	sache
que	nous	sachions
que	vous	sachiez
qu'	elles	sachent
qu'	ils	sachent

PASSÉ

que	j'	aie	su
que	tu	aies	su
qu'	elle	ait	su
qu'	il	ait	su
que	nous	ayons	su
que	vous	ayez	su
qu'	elles	aient	su
qu'	ils	aient	su

IMPARFAIT

que	je	susse
que	tu	susses
qu'	elle	sût
qu'	il	sût
que	nous	sussions
que	vous	sussiez
qu'	elles	sussent
qu'	ils	sussent

PLUS-QUE-PARFAIT

que	j'	eusse	su
que	tu	eusses	su
qu'	elle	eût	su
qu'	il	eût	su
que	nous	eussions	su
que	vous	eussiez	su
qu'	elles	eussent	su
qu'	ils	eussent	su

IMPÉRATIF

PRÉSENT

sache
sachons
sachez

PASSÉ

aie	su
ayons	su
ayez	su

INFINITIF

PRÉSENT

savoir

PASSÉ

avoir su

PARTICIPE

PRÉSENT

sachant

PASSÉ

su, sue
ayant su

CONJUGAISON DU VERBE **SERVIR**

INDICATIF

PRÉSENT

je	sers
tu	sers
elle	sert
il	sert
nous	servons
vous	servez
elles	servent
ils	servent

PASSÉ COMPOSÉ

j'	ai	servi
tu	as	servi
elle	a	servi
il	a	servi
nous	avons	servi
vous	avez	servi
elles	ont	servi
ils	ont	servi

IMPARFAIT

je	servais
tu	servais
elle	servait
il	servait
nous	servions
vous	serviez
elles	servaient
ils	servaient

PLUS-QUE-PARFAIT

j'	avais	servi
tu	avais	servi
elle	avait	servi
il	avait	servi
nous	avions	servi
vous	aviez	servi
elles	avaient	servi
ils	avaient	servi

PASSÉ SIMPLE

je	servis
tu	servis
elle	servit
il	servit
nous	servîmes
vous	servîtes
elles	servirent
ils	servirent

PASSÉ ANTÉRIEUR

j'	eus	servi
tu	eus	servi
elle	eut	servi
il	eut	servi
nous	eûmes	servi
vous	eûtes	servi
elles	eurent	servi
ils	eurent	servi

FUTUR SIMPLE

je	servirai
tu	serviras
elle	servira
il	servira
nous	servirons
vous	servirez
elles	serviront
ils	serviront

FUTUR ANTÉRIEUR

j'	aurai	servi
tu	auras	servi
elle	aura	servi
il	aura	servi
nous	aurons	servi
vous	aurez	servi
elles	auront	servi
ils	auront	servi

CONDITIONNEL PRÉSENT

je	servirais
tu	servirais
elle	servirait
il	servirait
nous	servirions
vous	serviriez
elles	serviraient
ils	serviraient

CONDITIONNEL PASSÉ

j'	aurais	servi
tu	aurais	servi
elle	aurait	servi
il	aurait	servi
nous	aurions	servi
vous	auriez	servi
elles	auraient	servi
ils	auraient	servi

SUBJONCTIF

PRÉSENT

que	je	serve
que	tu	serves
qu'	elle	serve
qu'	il	serve
que	nous	servions
que	vous	serviez
qu'	elles	servent
qu'	ils	servent

PASSÉ

que	j'	aie	servi
que	tu	aies	servi
qu'	elle	ait	servi
qu'	il	ait	servi
que	nous	ayons	servi
que	vous	ayez	servi
qu'	elles	aient	servi
qu'	ils	aient	servi

IMPARFAIT

que	je	servisse
que	tu	servisses
qu'	elle	servît
qu'	il	servît
que	nous	servissions
que	vous	servissiez
qu'	elles	servissent
qu'	ils	servissent

PLUS-QUE-PARFAIT

que	j'	eusse	servi
que	tu	eusses	servi
qu'	elle	eût	servi
qu'	il	eût	servi
que	nous	eussions	servi
que	vous	eussiez	servi
qu'	elles	eussent	servi
qu'	ils	eussent	servi

IMPÉRATIF

PRÉSENT

sers
servons
servez

PASSÉ

aie	servi
ayons	servi
ayez	servi

INFINITIF

PRÉSENT

servir

PASSÉ

avoir servi

PARTICIPE

PRÉSENT

servant

PASSÉ

servi, ie
ayant servi

CONJUGAISON DU VERBE **SORTIR**

INDICATIF

PRÉSENT

je	sors
tu	sors
elle	sort
il	sort
nous	sortons
vous	sortez
elles	sortent
ils	sortent

PASSÉ COMPOSÉ

je	suis	sorti, ie
tu	es	sorti, ie
elle	est	sortie
il	est	sorti
nous	sommes	sortis, ies
vous	êtes	sortis, ies
elles	sont	sorties
ils	sont	sortis

IMPARFAIT

je	sortais
tu	sortais
elle	sortait
il	sortait
nous	sortions
vous	sortiez
elles	sortaient
ils	sortaient

PLUS-QUE-PARFAIT

j'	étais	sorti, ie
tu	étais	sorti, ie
elle	était	sortie
il	était	sorti
nous	étions	sortis, ies
vous	étiez	sortis, ies
elles	étaient	sorties
ils	étaient	sortis

PASSÉ SIMPLE

je	sortis
tu	sortis
elle	sortit
il	sortit
nous	sortîmes
vous	sortîtes
elles	sortirent
ils	sortirent

PASSÉ ANTÉRIEUR

je	fus	sorti, ie
tu	fus	sorti, ie
elle	fut	sortie
il	fut	sorti
nous	fûmes	sortis, ies
vous	fûtes	sortis, ies
elles	furent	sorties
ils	furent	sortis

FUTUR SIMPLE

je	sortirai
tu	sortiras
elle	sortira
il	sortira
nous	sortirons
vous	sortirez
elles	sortiront
ils	sortiront

FUTUR ANTÉRIEUR

je	serai	sorti, ie
tu	seras	sorti, ie
elle	sera	sortie
il	sera	sorti
nous	serons	sortis, ies
vous	serez	sortis, ies
elles	seront	sorties
ils	seront	sortis

CONDITIONNEL PRÉSENT

je	sortirais
tu	sortirais
elle	sortirait
il	sortirait
nous	sortirions
vous	sortiriez
elles	sortiraient
ils	sortiraient

CONDITIONNEL PASSÉ

je	serais	sorti, ie
tu	serais	sorti, ie
elle	serait	sortie
il	serait	sorti
nous	serions	sortis, ies
vous	seriez	sortis, ies
elles	seraient	sorties
ils	seraient	sortis

SUBJONCTIF

PRÉSENT

que	je	sorte
que	tu	sortes
qu'	elle	sorte
qu'	il	sorte
que	nous	sortions
que	vous	sortiez
qu'	elles	sortent
qu'	ils	sortent

PASSÉ

que	je	sois	sorti, ie
que	tu	sois	sorti, ie
qu'	elle	soit	sortie
qu'	il	soit	sorti
que	nous	soyons	sortis, ies
que	vous	soyez	sortis, ies
qu'	elles	soient	sorties
qu'	ils	soient	sortis

IMPARFAIT

que	je	sortisse
que	tu	sortisses
qu'	elle	sortît
qu'	il	sortît
que	nous	sortissions
que	vous	sortissiez
qu'	elles	sortissent
qu'	ils	sortissent

PLUS-QUE-PARFAIT

que	je	fusse	sorti, ie
que	tu	fusses	sorti, ie
qu'	elle	fût	sortie
qu'	il	fût	sorti
que	nous	fussions	sortis, ies
que	vous	fussiez	sortis, ies
qu'	elles	fussent	sorties
qu'	ils	fussent	sortis

IMPÉRATIF

PRÉSENT

| sors |
| sortons |
| sortez |

PASSÉ

sois	sorti, ie
soyons	sortis, ies
soyez	sortis, ies

INFINITIF

PRÉSENT

sortir

PASSÉ

être sorti, ie

PARTICIPE

PRÉSENT

sortant

PASSÉ

| sorti, ie |
| étant | sorti, ie |

CONJUGAISON DU VERBE **SOURIRE**

INDICATIF

PRÉSENT

je	souris
tu	souris
elle	sourit
il	sourit
nous	sourions
vous	souriez
elles	sourient
ils	sourient

PASSÉ COMPOSÉ

j'	ai	souri
tu	as	souri
elle	a	souri
il	a	souri
nous	avons	souri
vous	avez	souri
elles	ont	souri
ils	ont	souri

IMPARFAIT

je	souriais
tu	souriais
elle	souriait
il	souriait
nous	souriions
vous	souriiez
elles	souriaient
ils	souriaient

PLUS-QUE-PARFAIT

j'	avais	souri
tu	avais	souri
elle	avait	souri
il	avait	souri
nous	avions	souri
vous	aviez	souri
elles	avaient	souri
ils	avaient	souri

PASSÉ SIMPLE

je	souris
tu	souris
elle	sourit
il	sourit
nous	sourîmes
vous	sourîtes
elles	sourirent
ils	sourirent

PASSÉ ANTÉRIEUR

j'	eus	souri
tu	eus	souri
elle	eut	souri
il	eut	souri
nous	eûmes	souri
vous	eûtes	souri
elles	eurent	souri
ils	eurent	souri

FUTUR SIMPLE

je	sourirai
tu	souriras
elle	sourira
il	sourira
nous	sourirons
vous	sourirez
elles	souriront
ils	souriront

FUTUR ANTÉRIEUR

j'	aurai	souri
tu	auras	souri
elle	aura	souri
il	aura	souri
nous	aurons	souri
vous	aurez	souri
elles	auront	souri
ils	auront	souri

CONDITIONNEL PRÉSENT

je	sourirais
tu	sourirais
elle	sourirait
il	sourirait
nous	souririons
vous	souririez
elles	souriraient
ils	souriraient

CONDITIONNEL PASSÉ

j'	aurais	souri
tu	aurais	souri
elle	aurait	souri
il	aurait	souri
nous	aurions	souri
vous	auriez	souri
elles	auraient	souri
ils	auraient	souri

SUBJONCTIF

PRÉSENT

que	je	sourie
que	tu	souries
qu'	elle	sourie
qu'	il	sourie
que	nous	souriions
que	vous	souriiez
qu'	elles	sourient
qu'	ils	sourient

PASSÉ

que	j'	aie	souri
que	tu	aies	souri
qu'	elle	ait	souri
qu'	il	ait	souri
que	nous	ayons	souri
que	vous	ayez	souri
qu'	elles	aient	souri
qu'	ils	aient	souri

IMPARFAIT

que	je	sourisse
que	tu	sourisses
qu'	elle	sourît
qu'	il	sourît
que	nous	sourissions
que	vous	sourissiez
qu'	elles	sourissent
qu'	ils	sourissent

PLUS-QUE-PARFAIT

que	j'	eusse	souri
que	tu	eusses	souri
qu'	elle	eût	souri
qu'	il	eût	souri
que	nous	eussions	souri
que	vous	eussiez	souri
qu'	elles	eussent	souri
qu'	ils	eussent	souri

IMPÉRATIF

PRÉSENT

souris
sourions
souriez

PASSÉ

aie souri
ayons souri
ayez souri

INFINITIF

PRÉSENT

sourire

PASSÉ

avoir souri

PARTICIPE

PRÉSENT

souriant

PASSÉ

souri
ayant souri

CONJUGAISON DU VERBE **SOUSTRAIRE**

INDICATIF

PRÉSENT

je	soustrais
tu	soustrais
elle	soustrait
il	soustrait
nous	soustrayons
vous	soustrayez
elles	soustraient
ils	soustraient

PASSÉ COMPOSÉ

j'	ai	soustrait
tu	as	soustrait
elle	a	soustrait
il	a	soustrait
nous	avons	soustrait
vous	avez	soustrait
elles	ont	soustrait
ils	ont	soustrait

IMPARFAIT

je	soustrayais
tu	soustrayais
elle	soustrayait
il	soustrayait
nous	soustrayions
vous	soustrayiez
elles	soustrayaient
ils	soustrayaient

PLUS-QUE-PARFAIT

j'	avais	soustrait
tu	avais	soustrait
elle	avait	soustrait
il	avait	soustrait
nous	avions	soustrait
vous	aviez	soustrait
elles	avaient	soustrait
ils	avaient	soustrait

PASSÉ SIMPLE

(n'existe pas)

PASSÉ ANTÉRIEUR

j'	eus	soustrait
tu	eus	soustrait
elle	eut	soustrait
il	eut	soustrait
nous	eûmes	soustrait
vous	eûtes	soustrait
elles	eurent	soustrait
ils	eurent	soustrait

FUTUR SIMPLE

je	soustrairai
tu	soustrairas
elle	soustraira
il	soustraira
nous	soustrairons
vous	soustrairez
elles	soustrairont
ils	soustrairont

FUTUR ANTÉRIEUR

j'	aurai	soustrait
tu	auras	soustrait
elle	aura	soustrait
il	aura	soustrait
nous	aurons	soustrait
vous	aurez	soustrait
elles	auront	soustrait
ils	auront	soustrait

CONDITIONNEL PRÉSENT

je	soustrairais
tu	soustrairais
elle	soustrairait
il	soustrairait
nous	soustrairions
vous	soustrairiez
elles	soustrairaient
ils	soustrairaient

CONDITIONNEL PASSÉ

j'	aurais	soustrait
tu	aurais	soustrait
elle	aurait	soustrait
il	aurait	soustrait
nous	aurions	soustrait
vous	auriez	soustrait
elles	auraient	soustrait
ils	auraient	soustrait

SUBJONCTIF

PRÉSENT

que	je	soustraie
que	tu	soustraies
qu'	elle	soustraie
qu'	il	soustraie
que	nous	soustrayions
que	vous	soustrayiez
qu'	elles	soustraient
qu'	ils	soustraient

PASSÉ

que	j'	aie	soustrait
que	tu	aies	soustrait
qu'	elle	ait	soustrait
qu'	il	ait	soustrait
que	nous	ayons	soustrait
que	vous	ayez	soustrait
qu'	elles	aient	soustrait
qu'	ils	aient	soustrait

IMPARFAIT

(n'existe pas)

PLUS-QUE-PARFAIT

que	j'	eusse	soustrait
que	tu	eusses	soustrait
qu'	elle	eût	soustrait
qu'	il	eût	soustrait
que	nous	eussions	soustrait
que	vous	eussiez	soustrait
qu'	elles	eussent	soustrait
qu'	ils	eussent	soustrait

IMPÉRATIF

PRÉSENT

soustrais
soustrayons
soustrayez

PASSÉ

aie	soustrait
ayons	soustrait
ayez	soustrait

INFINITIF

PRÉSENT

soustraire

PASSÉ

avoir soustrait

PARTICIPE

PRÉSENT

soustrayant

PASSÉ

soustrait, aite
ayant soustrait

CONJUGAISON DU VERBE **SUFFIRE**

INDICATIF

PRÉSENT

je	suffis
tu	suffis
elle	suffit
il	suffit

nous	suffisons
vous	suffisez
elles	suffisent
ils	suffisent

PASSÉ COMPOSÉ

j'	ai	suffi
tu	as	suffi
elle	a	suffi
il	a	suffi

nous	avons	suffi
vous	avez	suffi
elles	ont	suffi
ils	ont	suffi

IMPARFAIT

je	suffisais
tu	suffisais
elle	suffisait
il	suffisait

nous	suffisions
vous	suffisiez
elles	suffisaient
ils	suffisaient

PLUS-QUE-PARFAIT

j'	avais	suffi
tu	avais	suffi
elle	avait	suffi
il	avait	suffi

nous	avions	suffi
vous	aviez	suffi
elles	avaient	suffi
ils	avaient	suffi

PASSÉ SIMPLE

je	suffis
tu	suffis
elle	suffit
il	suffit

nous	suffîmes
vous	suffîtes
elles	suffirent
ils	suffirent

PASSÉ ANTÉRIEUR

j'	eus	suffi
tu	eus	suffi
elle	eut	suffi
il	eut	suffi

nous	eûmes	suffi
vous	eûtes	suffi
elles	eurent	suffi
ils	eurent	suffi

FUTUR SIMPLE

je	suffirai
tu	suffiras
elle	suffira
il	suffira

nous	suffirons
vous	suffirez
elles	suffiront
ils	suffiront

FUTUR ANTÉRIEUR

j'	aurai	suffi
tu	auras	suffi
elle	aura	suffi
il	aura	suffi

nous	aurons	suffi
vous	aurez	suffi
elles	auront	suffi
ils	auront	suffi

CONDITIONNEL PRÉSENT

je	suffirais
tu	suffirais
elle	suffirait
il	suffirait

nous	suffirions
vous	suffiriez
elles	suffiraient
ils	suffiraient

CONDITIONNEL PASSÉ

j'	aurais	suffi
tu	aurais	suffi
elle	aurait	suffi
il	aurait	suffi

nous	aurions	suffi
vous	auriez	suffi
elles	auraient	suffi
ils	auraient	suffi

SUBJONCTIF

PRÉSENT

que	je	suffise
que	tu	suffises
qu'	elle	suffise
qu'	il	suffise

que	nous	suffisions
que	vous	suffisiez
qu'	elles	suffisent
qu'	ils	suffisent

PASSÉ

que	j'	aie	suffi
que	tu	aies	suffi
qu'	elle	ait	suffi
qu'	il	ait	suffi

que	nous	ayons	suffi
que	vous	ayez	suffi
qu'	elles	aient	suffi
qu'	ils	aient	suffi

IMPARFAIT

que	je	suffisse
que	tu	suffisses
qu'	elle	suffît
qu'	il	suffît

que	nous	suffissions
que	vous	suffissiez
qu'	elles	suffissent
qu'	ils	suffissent

PLUS-QUE-PARFAIT

que	j'	eusse	suffi
que	tu	eusses	suffi
qu'	elle	eût	suffi
qu'	il	eût	suffi

que	nous	eussions	suffi
que	vous	eussiez	suffi
qu'	elles	eussent	suffi
qu'	ils	eussent	suffi

IMPÉRATIF

PRÉSENT

suffis
suffisons
suffisez

PASSÉ

aie suffi
ayons suffi
ayez suffi

INFINITIF

PRÉSENT

suffire

PASSÉ

avoir suffi

PARTICIPE

PRÉSENT

suffisant

PASSÉ

suffi
ayant suffi

CONJUGAISON DU VERBE **SUIVRE**

INDICATIF

PRÉSENT

je	suis
tu	suis
elle	suit
il	suit
nous	suivons
vous	suivez
elles	suivent
ils	suivent

PASSÉ COMPOSÉ

j'	ai	suivi
tu	as	suivi
elle	a	suivi
il	a	suivi
nous	avons	suivi
vous	avez	suivi
elles	ont	suivi
ils	ont	suivi

IMPARFAIT

je	suivais
tu	suivais
elle	suivait
il	suivait
nous	suivions
vous	suiviez
elles	suivaient
ils	suivaient

PLUS-QUE-PARFAIT

j'	avais	suivi
tu	avais	suivi
elle	avait	suivi
il	avait	suivi
nous	avions	suivi
vous	aviez	suivi
elles	avaient	suivi
ils	avaient	suivi

PASSÉ SIMPLE

je	suivis
tu	suivis
elle	suivit
il	suivit
nous	suivîmes
vous	suivîtes
elles	suivirent
ils	suivirent

PASSÉ ANTÉRIEUR

j'	eus	suivi
tu	eus	suivi
elle	eut	suivi
il	eut	suivi
nous	eûmes	suivi
vous	eûtes	suivi
elles	eurent	suivi
ils	eurent	suivi

FUTUR SIMPLE

je	suivrai
tu	suivras
elle	suivra
il	suivra
nous	suivrons
vous	suivrez
elles	suivront
ils	suivront

FUTUR ANTÉRIEUR

j'	aurai	suivi
tu	auras	suivi
elle	aura	suivi
il	aura	suivi
nous	aurons	suivi
vous	aurez	suivi
elles	auront	suivi
ils	auront	suivi

CONDITIONNEL PRÉSENT

je	suivrais
tu	suivrais
elle	suivrait
il	suivrait
nous	suivrions
vous	suivriez
elles	suivraient
ils	suivraient

CONDITIONNEL PASSÉ

j'	aurais	suivi
tu	aurais	suivi
elle	aurait	suivi
il	aurait	suivi
nous	aurions	suivi
vous	auriez	suivi
elles	auraient	suivi
ils	auraient	suivi

SUBJONCTIF

PRÉSENT

que	je	suive
que	tu	suives
qu'	elle	suive
qu'	il	suive
que	nous	suivions
que	vous	suiviez
qu'	elles	suivent
qu'	ils	suivent

PASSÉ

que	j'	aie	suivi
que	tu	aies	suivi
qu'	elle	ait	suivi
qu'	il	ait	suivi
que	nous	ayons	suivi
que	vous	ayez	suivi
qu'	elles	aient	suivi
qu'	ils	aient	suivi

IMPARFAIT

que	je	suivisse
que	tu	suivisses
qu'	elle	suivît
qu'	il	suivît
que	nous	suivissions
que	vous	suivissiez
qu'	elles	suivissent
qu'	ils	suivissent

PLUS-QUE-PARFAIT

que	j'	eusse	suivi
que	tu	eusses	suivi
qu'	elle	eût	suivi
qu'	il	eût	suivi
que	nous	eussions	suivi
que	vous	eussiez	suivi
qu'	elles	eussent	suivi
qu'	ils	eussent	suivi

IMPÉRATIF

PRÉSENT

suis
suivons
suivez

PASSÉ

aie suivi
ayons suivi
ayez suivi

INFINITIF

PRÉSENT

suivre

PASSÉ

avoir suivi

PARTICIPE

PRÉSENT

suivant

PASSÉ

suivi, ie
ayant suivi

CONJUGAISON DU VERBE **SURSEOIR**

INDICATIF

PRÉSENT
je	sursois
tu	sursois
elle	sursoit
il	sursoit
nous	sursoyons
vous	sursoyez
elles	sursoient
ils	sursoient

PASSÉ COMPOSÉ
j'	ai	sursis
tu	as	sursis
elle	a	sursis
il	a	sursis
nous	avons	sursis
vous	avez	sursis
elles	ont	sursis
ils	ont	sursis

IMPARFAIT
je	sursoyais
tu	sursoyais
elle	sursoyait
il	sursoyait
nous	sursoyions
vous	sursoyiez
elles	sursoyaient
ils	sursoyaient

PLUS-QUE-PARFAIT
j'	avais	sursis
tu	avais	sursis
elle	avait	sursis
il	avait	sursis
nous	avions	sursis
vous	aviez	sursis
elles	avaient	sursis
ils	avaient	sursis

PASSÉ SIMPLE
je	sursis
tu	sursis
elle	sursit
il	sursit
nous	sursîmes
vous	sursîtes
elles	sursirent
ils	sursirent

PASSÉ ANTÉRIEUR
j'	eus	sursis
tu	eus	sursis
elle	eut	sursis
il	eut	sursis
nous	eûmes	sursis
vous	eûtes	sursis
elles	eurent	sursis
ils	eurent	sursis

FUTUR SIMPLE
je	surseoirai
tu	surseoiras
elle	surseoira
il	surseoira
nous	surseoirons
vous	surseoirez
elles	surseoiront
ils	surseoiront

FUTUR ANTÉRIEUR
j'	aurai	sursis
tu	auras	sursis
elle	aura	sursis
il	aura	sursis
nous	aurons	sursis
vous	aurez	sursis
elles	auront	sursis
ils	auront	sursis

CONDITIONNEL PRÉSENT
je	surseoirais
tu	surseoirais
elle	surseoirait
il	surseoirait
nous	surseoirions
vous	surseoiriez
elles	surseoiraient
ils	surseoiraient

CONDITIONNEL PASSÉ
j'	aurais	sursis
tu	aurais	sursis
elle	aurait	sursis
il	aurait	sursis
nous	aurions	sursis
vous	auriez	sursis
elles	auraient	sursis
ils	auraient	sursis

SUBJONCTIF

PRÉSENT
que	je	sursoie
que	tu	sursoies
qu'	elle	sursoie
qu'	il	sursoie
que	nous	sursoyions
que	vous	sursoyiez
qu'	elles	sursoient
qu'	ils	sursoient

PASSÉ
que	j'	aie	sursis
que	tu	aies	sursis
qu'	elle	ait	sursis
qu'	il	ait	sursis
que	nous	ayons	sursis
que	vous	ayez	sursis
qu'	elles	aient	sursis
qu'	ils	aient	sursis

IMPARFAIT
que	je	sursisse
que	tu	sursisses
qu'	elle	sursît
qu'	il	sursît
que	nous	sursissions
que	vous	sursissiez
qu'	elles	sursissent
qu'	ils	sursissent

PLUS-QUE-PARFAIT
que	j'	eusse	sursis
que	tu	eusses	sursis
qu'	elle	eût	sursis
qu'	il	eût	sursis
que	nous	eussions	sursis
que	vous	eussiez	sursis
qu'	elles	eussent	sursis
qu'	ils	eussent	sursis

IMPÉRATIF

PRÉSENT
sursois
sursoyons
sursoyez

PASSÉ
aie	sursis
ayons	sursis
ayez	sursis

INFINITIF

PRÉSENT
surseoir

PASSÉ
avoir sursis

PARTICIPE

PRÉSENT
sursoyant

PASSÉ
sursis, ise
ayant sursis

CONJUGAISON DU VERBE **TRESSAILLIR**

INDICATIF

PRÉSENT

je	tressaille
tu	tressailles
elle	tressaille
il	tressaille
nous	tressaillons
vous	tressaillez
elles	tressaillent
ils	tressaillent

PASSÉ COMPOSÉ

j'	ai	tressailli
tu	as	tressailli
elle	a	tressailli
il	a	tressailli
nous	avons	tressailli
vous	avez	tressailli
elles	ont	tressailli
ils	ont	tressailli

IMPARFAIT

je	tressaillais
tu	tressaillais
elle	tressaillait
il	tressaillait
nous	tressaillions
vous	tressailliez
elles	tressaillaient
ils	tressaillaient

PLUS-QUE-PARFAIT

j'	avais	tressailli
tu	avais	tressailli
elle	avait	tressailli
il	avait	tressailli
nous	avions	tressailli
vous	aviez	tressailli
elles	avaient	tressailli
ils	avaient	tressailli

PASSÉ SIMPLE

je	tressaillis
tu	tressaillis
elle	tressaillit
il	tressaillit
nous	tressaillîmes
vous	tressaillîtes
elles	tressaillirent
ils	tressaillirent

PASSÉ ANTÉRIEUR

j'	eus	tressailli
tu	eus	tressailli
elle	eut	tressailli
il	eut	tressailli
nous	eûmes	tressailli
vous	eûtes	tressailli
elles	eurent	tressailli
ils	eurent	tressailli

FUTUR SIMPLE

je	tressaillirai
tu	tressailliras
elle	tressaillira
il	tressaillira
nous	tressaillirons
vous	tressaillirez
elles	tressailliront
ils	tressailliront

FUTUR ANTÉRIEUR

j'	aurai	tressailli
tu	auras	tressailli
elle	aura	tressailli
il	aura	tressailli
nous	aurons	tressailli
vous	aurez	tressailli
elles	auront	tressailli
ils	auront	tressailli

CONDITIONNEL PRÉSENT

je	tressaillirais
tu	tressaillirais
elle	tressaillirait
il	tressaillirait
nous	tressaillirions
vous	tressailliriez
elles	tressailliraient
ils	tressailliraient

CONDITIONNEL PASSÉ

j'	aurais	tressailli
tu	aurais	tressailli
elle	aurait	tressailli
il	aurait	tressailli
nous	aurions	tressailli
vous	auriez	tressailli
elles	auraient	tressailli
ils	auraient	tressailli

SUBJONCTIF

PRÉSENT

que	je	tressaille
que	tu	tressailles
qu'	elle	tressaille
qu'	il	tressaille
que	nous	tressaillions
que	vous	tressailliez
qu'	elles	tressaillent
qu'	ils	tressaillent

PASSÉ

que	j'	aie	tressailli
que	tu	aies	tressailli
qu'	elle	ait	tressailli
qu'	il	ait	tressailli
que	nous	ayons	tressailli
que	vous	ayez	tressailli
qu'	elles	aient	tressailli
qu'	ils	aient	tressailli

IMPARFAIT

que	je	tressaillisse
que	tu	tressaillisses
qu'	elle	tressaillît
qu'	il	tressaillît
que	nous	tressaillissions
que	vous	tressaillissiez
qu'	elles	tressaillissent
qu'	ils	tressaillissent

PLUS-QUE-PARFAIT

que	j'	eusse	tressailli
que	tu	eusses	tressailli
qu'	elle	eût	tressailli
qu'	il	eût	tressailli
que	nous	eussions	tressailli
que	vous	eussiez	tressailli
qu'	elles	eussent	tressailli
qu'	ils	eussent	tressailli

IMPÉRATIF

PRÉSENT

tressaille
tressaillons
tressaillez

PASSÉ

aie tressailli
ayons tressailli
ayez tressailli

INFINITIF

PRÉSENT

tressaillir

PASSÉ

avoir tressailli

PARTICIPE

PRÉSENT

tressaillant

PASSÉ

tressailli
ayant tressailli

CONJUGAISON DU VERBE **VAINCRE**

INDICATIF

PRÉSENT

je	vaincs
tu	vaincs
elle	vainc
il	vainc

nous	vainquons
vous	vainquez
elles	vainquent
ils	vainquent

PASSÉ COMPOSÉ

j'	ai	vaincu
tu	as	vaincu
elle	a	vaincu
il	a	vaincu

nous	avons	vaincu
vous	avez	vaincu
elles	ont	vaincu
ils	ont	vaincu

IMPARFAIT

je	vainquais
tu	vainquais
elle	vainquait
il	vainquait

nous	vainquions
vous	vainquiez
elles	vainquaient
ils	vainquaient

PLUS-QUE-PARFAIT

j'	avais	vaincu
tu	avais	vaincu
elle	avait	vaincu
il	avait	vaincu

nous	avions	vaincu
vous	aviez	vaincu
elles	avaient	vaincu
ils	avaient	vaincu

PASSÉ SIMPLE

je	vainquis
tu	vainquis
elle	vainquit
il	vainquit

nous	vainquîmes
vous	vainquîtes
elles	vainquirent
ils	vainquirent

PASSÉ ANTÉRIEUR

j'	eus	vaincu
tu	eus	vaincu
elle	eut	vaincu
il	eut	vaincu

nous	eûmes	vaincu
vous	eûtes	vaincu
elles	eurent	vaincu
ils	eurent	vaincu

FUTUR SIMPLE

je	vaincrai
tu	vaincras
elle	vaincra
il	vaincra

nous	vaincrons
vous	vaincrez
elles	vaincront
ils	vaincront

FUTUR ANTÉRIEUR

j'	aurai	vaincu
tu	auras	vaincu
elle	aura	vaincu
il	aura	vaincu

nous	aurons	vaincu
vous	aurez	vaincu
elles	auront	vaincu
ils	auront	vaincu

CONDITIONNEL PRÉSENT

je	vaincrais
tu	vaincrais
elle	vaincrait
il	vaincrait

nous	vaincrions
vous	vaincriez
elles	vaincraient
ils	vaincraient

CONDITIONNEL PASSÉ

j'	aurais	vaincu
tu	aurais	vaincu
elle	aurait	vaincu
il	aurait	vaincu

nous	aurions	vaincu
vous	auriez	vaincu
elles	auraient	vaincu
ils	auraient	vaincu

SUBJONCTIF

PRÉSENT

que	je	vainque
que	tu	vainques
qu'	elle	vainque
qu'	il	vainque

que	nous	vainquions
que	vous	vainquiez
qu'	elles	vainquent
qu'	ils	vainquent

PASSÉ

que	j'	aie	vaincu
que	tu	aies	vaincu
qu'	elle	ait	vaincu
qu'	il	ait	vaincu

que	nous	ayons	vaincu
que	vous	ayez	vaincu
qu'	elles	aient	vaincu
qu'	ils	aient	vaincu

IMPARFAIT

que	je	vainquisse
que	tu	vainquisses
qu'	elle	vainquît
qu'	il	vainquît

que	nous	vainquissions
que	vous	vainquissiez
qu'	elles	vainquissent
qu'	ils	vainquissent

PLUS-QUE-PARFAIT

que	j'	eusse	vaincu
que	tu	eusses	vaincu
qu'	elle	eût	vaincu
qu'	il	eût	vaincu

que	nous	eussions	vaincu
que	vous	eussiez	vaincu
qu'	elles	eussent	vaincu
qu'	ils	eussent	vaincu

IMPÉRATIF

PRÉSENT

vaincs
vainquons
vainquez

PASSÉ

aie vaincu
ayons vaincu
ayez vaincu

INFINITIF

PRÉSENT

vaincre

PASSÉ

avoir vaincu

PARTICIPE

PRÉSENT

vainquant

PASSÉ

vaincu, ue
ayant vaincu

CONJUGAISON DU VERBE **VALOIR**

INDICATIF

PRÉSENT

je	vaux
tu	vaux
elle	vaut
il	vaut
nous	valons
vous	valez
elles	valent
ils	valent

PASSÉ COMPOSÉ

j'	ai	valu
tu	as	valu
elle	a	valu
il	a	valu
nous	avons	valu
vous	avez	valu
elles	ont	valu
ils	ont	valu

IMPARFAIT

je	valais
tu	valais
elle	valait
il	valait
nous	valions
vous	valiez
elles	valaient
ils	valaient

PLUS-QUE-PARFAIT

j'	avais	valu
tu	avais	valu
elle	avait	valu
il	avait	valu
nous	avions	valu
vous	aviez	valu
elles	avaient	valu
ils	avaient	valu

PASSÉ SIMPLE

je	valus
tu	valus
elle	valut
il	valut
nous	valûmes
vous	valûtes
elles	valurent
ils	valurent

PASSÉ ANTÉRIEUR

j'	eus	valu
tu	eus	valu
elle	eut	valu
il	eut	valu
nous	eûmes	valu
vous	eûtes	valu
elles	eurent	valu
ils	eurent	valu

FUTUR SIMPLE

je	vaudrai
tu	vaudras
elle	vaudra
il	vaudra
nous	vaudrons
vous	vaudrez
elles	vaudront
ils	vaudront

FUTUR ANTÉRIEUR

j'	aurai	valu
tu	auras	valu
elle	aura	valu
il	aura	valu
nous	aurons	valu
vous	aurez	valu
elles	auront	valu
ils	auront	valu

CONDITIONNEL PRÉSENT

je	vaudrais
tu	vaudrais
elle	vaudrait
il	vaudrait
nous	vaudrions
vous	vaudriez
elles	vaudraient
ils	vaudraient

CONDITIONNEL PASSÉ

j'	aurais	valu
tu	aurais	valu
elle	aurait	valu
il	aurait	valu
nous	aurions	valu
vous	auriez	valu
elles	auraient	valu
ils	auraient	valu

SUBJONCTIF

PRÉSENT

que	je	vaille
que	tu	vailles
qu'	elle	vaille
qu'	il	vaille
que	nous	valions
que	vous	valiez
qu'	elles	vaillent
qu'	ils	vaillent

PASSÉ

que	j'	aie	valu
que	tu	aies	valu
qu'	elle	ait	valu
qu'	il	ait	valu
que	nous	ayons	valu
que	vous	ayez	valu
qu'	elles	aient	valu
qu'	ils	aient	valu

IMPARFAIT

que	je	valusse
que	tu	valusses
qu'	elle	valût
qu'	il	valût
que	nous	valussions
que	vous	valussiez
qu'	elles	valussent
qu'	ils	valussent

PLUS-QUE-PARFAIT

que	j'	eusse	valu
que	tu	eusses	valu
qu'	elle	eût	valu
qu'	il	eût	valu
que	nous	eussions	valu
que	vous	eussiez	valu
qu'	elles	eussent	valu
qu'	ils	eussent	valu

IMPÉRATIF

PRÉSENT

vaux
valons
valez

PASSÉ

aie valu
ayons valu
ayez valu

INFINITIF

PRÉSENT

valoir

PASSÉ

avoir valu

PARTICIPE

PRÉSENT

valant

PASSÉ

valu, ue
ayant valu

CONJUGAISON DU VERBE **VENIR**

INDICATIF

PRÉSENT

je	viens
tu	viens
elle	vient
il	vient
nous	venons
vous	venez
elles	viennent
ils	viennent

PASSÉ COMPOSÉ

je	suis	venu, ue
tu	es	venu, ue
elle	est	venue
il	est	venu
nous	sommes	venus, ues
vous	êtes	venus, ues
elles	sont	venues
ils	sont	venus

IMPARFAIT

je	venais
tu	venais
elle	venait
il	venait
nous	venions
vous	veniez
elles	venaient
ils	venaient

PLUS-QUE-PARFAIT

j'	étais	venu, ue
tu	étais	venu, ue
elle	était	venue
il	était	venu
nous	étions	venus, ues
vous	étiez	venus, ues
elles	étaient	venues
ils	étaient	venus

PASSÉ SIMPLE

je	vins
tu	vins
elle	vint
il	vint
nous	vînmes
vous	vîntes
elles	vinrent
ils	vinrent

PASSÉ ANTÉRIEUR

je	fus	venu, ue
tu	fus	venu, ue
elle	fut	venue
il	fut	venu
nous	fûmes	venus, ues
vous	fûtes	venus, ues
elles	furent	venues
ils	furent	venus

FUTUR SIMPLE

je	viendrai
tu	viendras
elle	viendra
il	viendra
nous	viendrons
vous	viendrez
elles	viendront
ils	viendront

FUTUR ANTÉRIEUR

je	serai	venu, ue
tu	seras	venu, ue
elle	sera	venue
il	sera	venu
nous	serons	venus, ues
vous	serez	venus, ues
elles	seront	venues
ils	seront	venus

CONDITIONNEL PRÉSENT

je	viendrais
tu	viendrais
elle	viendrait
il	viendrait
nous	viendrions
vous	viendriez
elles	viendraient
ils	viendraient

CONDITIONNEL PASSÉ

je	serais	venu, ue
tu	serais	venu, ue
elle	serait	venue
il	serait	venu
nous	serions	venus, ues
vous	seriez	venus, ues
elles	seraient	venues
ils	seraient	venus

SUBJONCTIF

PRÉSENT

que	je	vienne
que	tu	viennes
qu'	elle	vienne
qu'	il	vienne
que	nous	venions
que	vous	veniez
qu'	elles	viennent
qu'	ils	viennent

PASSÉ

que	je	sois	venu, ue
que	tu	sois	venu, ue
qu'	elle	soit	venue
qu'	il	soit	venu
que	nous	soyons	venus, ues
que	vous	soyez	venus, ues
qu'	elles	soient	venues
qu'	ils	soient	venus

IMPARFAIT

que	je	vinsse
que	tu	vinsses
qu'	elle	vînt
qu'	il	vînt
que	nous	vinssions
que	vous	vinssiez
qu'	elles	vinssent
qu'	ils	vinssent

PLUS-QUE-PARFAIT

que	je	fusse	venu, ue
que	tu	fusses	venu, ue
qu'	elle	fût	venue
qu'	il	fût	venu
que	nous	fussions	venus, ues
que	vous	fussiez	venus, ues
qu'	elles	fussent	venues
qu'	ils	fussent	venus

IMPÉRATIF

PRÉSENT

| viens |
| venons |
| venez |

PASSÉ

sois	venu, ue
soyons	venus, ues
soyez	venus, ues

INFINITIF

PRÉSENT

venir

PASSÉ

| être | venu, ue |

PARTICIPE

PRÉSENT

venant

PASSÉ

| | venu, ue |
| étant | venu, ue |

CONJUGAISON DU VERBE **VÊTIR**

INDICATIF

PRÉSENT

je	vêts
tu	vêts
elle	vêt
il	vêt
nous	vêtons
vous	vêtez
elles	vêtent
ils	vêtent

PASSÉ COMPOSÉ

j'	ai	vêtu
tu	as	vêtu
elle	a	vêtu
il	a	vêtu
nous	avons	vêtu
vous	avez	vêtu
elles	ont	vêtu
ils	ont	vêtu

IMPARFAIT

je	vêtais
tu	vêtais
elle	vêtait
il	vêtait
nous	vêtions
vous	vêtiez
elles	vêtaient
ils	vêtaient

PLUS-QUE-PARFAIT

j'	avais	vêtu
tu	avais	vêtu
elle	avait	vêtu
il	avait	vêtu
nous	avions	vêtu
vous	aviez	vêtu
elles	avaient	vêtu
ils	avaient	vêtu

PASSÉ SIMPLE

je	vêtis
tu	vêtis
elle	vêtit
il	vêtit
nous	vêtîmes
vous	vêtîtes
elles	vêtirent
ils	vêtirent

PASSÉ ANTÉRIEUR

j'	eus	vêtu
tu	eus	vêtu
elle	eut	vêtu
il	eut	vêtu
nous	eûmes	vêtu
vous	eûtes	vêtu
elles	eurent	vêtu
ils	eurent	vêtu

FUTUR SIMPLE

je	vêtirai
tu	vêtiras
elle	vêtira
il	vêtira
nous	vêtirons
vous	vêtirez
elles	vêtiront
ils	vêtiront

FUTUR ANTÉRIEUR

j'	aurai	vêtu
tu	auras	vêtu
elle	aura	vêtu
il	aura	vêtu
nous	aurons	vêtu
vous	aurez	vêtu
elles	auront	vêtu
ils	auront	vêtu

CONDITIONNEL PRÉSENT

je	vêtirais
tu	vêtirais
elle	vêtirait
il	vêtirait
nous	vêtirions
vous	vêtiriez
elles	vêtiraient
ils	vêtiraient

CONDITIONNEL PASSÉ

j'	aurais	vêtu
tu	aurais	vêtu
elle	aurait	vêtu
il	aurait	vêtu
nous	aurions	vêtu
vous	auriez	vêtu
elles	auraient	vêtu
ils	auraient	vêtu

SUBJONCTIF

PRÉSENT

que	je	vête
que	tu	vêtes
qu'	elle	vête
qu'	il	vête
que	nous	vêtions
que	vous	vêtiez
qu'	elles	vêtent
qu'	ils	vêtent

PASSÉ

que	j'	aie	vêtu
que	tu	aies	vêtu
qu'	elle	ait	vêtu
qu'	il	ait	vêtu
que	nous	ayons	vêtu
que	vous	ayez	vêtu
qu'	elles	aient	vêtu
qu'	ils	aient	vêtu

IMPARFAIT

que	je	vêtisse
que	tu	vêtisses
qu'	elle	vêtît
qu'	il	vêtît
que	nous	vêtissions
que	vous	vêtissiez
qu'	elles	vêtissent
qu'	ils	vêtissent

PLUS-QUE-PARFAIT

que	j'	eusse	vêtu
que	tu	eusses	vêtu
qu'	elle	eût	vêtu
qu'	il	eût	vêtu
que	nous	eussions	vêtu
que	vous	eussiez	vêtu
qu'	elles	eussent	vêtu
qu'	ils	eussent	vêtu

IMPÉRATIF

PRÉSENT

vêts
vêtons
vêtez

PASSÉ

aie	vêtu
ayons	vêtu
ayez	vêtu

INFINITIF

PRÉSENT

vêtir

PASSÉ

avoir vêtu

PARTICIPE

PRÉSENT

vêtant

PASSÉ

vêtu, ue
ayant vêtu

CONJUGAISON DU VERBE **VIVRE**

INDICATIF

PRÉSENT

je	vis
tu	vis
elle	vit
il	vit
nous	vivons
vous	vivez
elles	vivent
ils	vivent

PASSÉ COMPOSÉ

j'	ai	vécu
tu	as	vécu
elle	a	vécu
il	a	vécu
nous	avons	vécu
vous	avez	vécu
elles	ont	vécu
ils	ont	vécu

IMPARFAIT

je	vivais
tu	vivais
elle	vivait
il	vivait
nous	vivions
vous	viviez
elles	vivaient
ils	vivaient

PLUS-QUE-PARFAIT

j'	avais	vécu
tu	avais	vécu
elle	avait	vécu
il	avait	vécu
nous	avions	vécu
vous	aviez	vécu
elles	avaient	vécu
ils	avaient	vécu

PASSÉ SIMPLE

je	vécus
tu	vécus
elle	vécut
il	vécut
nous	vécûmes
vous	vécûtes
elles	vécurent
ils	vécurent

PASSÉ ANTÉRIEUR

j'	eus	vécu
tu	eus	vécu
elle	eut	vécu
il	eut	vécu
nous	eûmes	vécu
vous	eûtes	vécu
elles	eurent	vécu
ils	eurent	vécu

FUTUR SIMPLE

je	vivrai
tu	vivras
elle	vivra
il	vivra
nous	vivrons
vous	vivrez
elles	vivront
ils	vivront

FUTUR ANTÉRIEUR

j'	aurai	vécu
tu	auras	vécu
elle	aura	vécu
il	aura	vécu
nous	aurons	vécu
vous	aurez	vécu
elles	auront	vécu
ils	auront	vécu

CONDITIONNEL PRÉSENT

je	vivrais
tu	vivrais
elle	vivrait
il	vivrait
nous	vivrions
vous	vivriez
elles	vivraient
ils	vivraient

CONDITIONNEL PASSÉ

j'	aurais	vécu
tu	aurais	vécu
elle	aurait	vécu
il	aurait	vécu
nous	aurions	vécu
vous	auriez	vécu
elles	auraient	vécu
ils	auraient	vécu

SUBJONCTIF

PRÉSENT

que	je	vive
que	tu	vives
qu'	elle	vive
qu'	il	vive
que	nous	vivions
que	vous	viviez
qu'	elles	vivent
qu'	ils	vivent

PASSÉ

que	j'	aie	vécu
que	tu	aies	vécu
qu'	elle	ait	vécu
qu'	il	ait	vécu
que	nous	ayons	vécu
que	vous	ayez	vécu
qu'	elles	aient	vécu
qu'	ils	aient	vécu

IMPARFAIT

que	je	vécusse
que	tu	vécusses
qu'	elle	vécût
qu'	il	vécût
que	nous	vécussions
que	vous	vécussiez
qu'	elles	vécussent
qu'	ils	vécussent

PLUS-QUE-PARFAIT

que	j'	eusse	vécu
que	tu	eusses	vécu
qu'	elle	eût	vécu
qu'	il	eût	vécu
que	nous	eussions	vécu
que	vous	eussiez	vécu
qu'	elles	eussent	vécu
qu'	ils	eussent	vécu

IMPÉRATIF

PRÉSENT

vis
vivons
vivez

PASSÉ

aie	vécu
ayons	vécu
ayez	vécu

INFINITIF

PRÉSENT

vivre

PASSÉ

avoir vécu

PARTICIPE

PRÉSENT

vivant

PASSÉ

vécu, ue
ayant vécu

CONJUGAISON DU VERBE **VOIR**

INDICATIF

PRÉSENT

je	vois
tu	vois
elle	voit
il	voit
nous	voyons
vous	voyez
elles	voient
ils	voient

PASSÉ COMPOSÉ

j'	ai	vu
tu	as	vu
elle	a	vu
il	a	vu
nous	avons	vu
vous	avez	vu
elles	ont	vu
ils	ont	vu

IMPARFAIT

je	voyais
tu	voyais
elle	voyait
il	voyait
nous	voyions
vous	voyiez
elles	voyaient
ils	voyaient

PLUS-QUE-PARFAIT

j'	avais	vu
tu	avais	vu
elle	avait	vu
il	avait	vu
nous	avions	vu
vous	aviez	vu
elles	avaient	vu
ils	avaient	vu

PASSÉ SIMPLE

je	vis
tu	vis
elle	vit
il	vit
nous	vîmes
vous	vîtes
elles	virent
ils	virent

PASSÉ ANTÉRIEUR

j'	eus	vu
tu	eus	vu
elle	eut	vu
il	eut	vu
nous	eûmes	vu
vous	eûtes	vu
elles	eurent	vu
ils	eurent	vu

FUTUR SIMPLE

je	verrai
tu	verras
elle	verra
il	verra
nous	verrons
vous	verrez
elles	verront
ils	verront

FUTUR ANTÉRIEUR

j'	aurai	vu
tu	auras	vu
elle	aura	vu
il	aura	vu
nous	aurons	vu
vous	aurez	vu
elles	auront	vu
ils	auront	vu

CONDITIONNEL PRÉSENT

je	verrais
tu	verrais
elle	verrait
il	verrait
nous	verrions
vous	verriez
elles	verraient
ils	verraient

CONDITIONNEL PASSÉ

j'	aurais	vu
tu	aurais	vu
elle	aurait	vu
il	aurait	vu
nous	aurions	vu
vous	auriez	vu
elles	auraient	vu
ils	auraient	vu

SUBJONCTIF

PRÉSENT

que	je	voie
que	tu	voies
qu'	elle	voie
qu'	il	voie
que	nous	voyions
que	vous	voyiez
qu'	elles	voient
qu'	ils	voient

PASSÉ

que	j'	aie	vu
que	tu	aies	vu
qu'	elle	ait	vu
qu'	il	ait	vu
que	nous	ayons	vu
que	vous	ayez	vu
qu'	elles	aient	vu
qu'	ils	aient	vu

IMPARFAIT

que	je	visse
que	tu	visses
qu'	elle	vît
qu'	il	vît
que	nous	vissions
que	vous	vissiez
qu'	elles	vissent
qu'	ils	vissent

PLUS-QUE-PARFAIT

que	j'	eusse	vu
que	tu	eusses	vu
qu'	elle	eût	vu
qu'	il	eût	vu
que	nous	eussions	vu
que	vous	eussiez	vu
qu'	elles	eussent	vu
qu'	ils	eussent	vu

IMPÉRATIF

PRÉSENT

| vois |
| voyons |
| voyez |

PASSÉ

aie	vu
ayons	vu
ayez	vu

INFINITIF

PRÉSENT

voir

PASSÉ

avoir vu

PARTICIPE

PRÉSENT

voyant

PASSÉ

vu, vue
ayant vu

CONJUGAISON DU VERBE **VOULOIR**

INDICATIF

PRÉSENT

je	veux
tu	veux
elle	veut
il	veut
nous	voulons
vous	voulez
elles	veulent
ils	veulent

PASSÉ COMPOSÉ

j'	ai	voulu
tu	as	voulu
elle	a	voulu
il	a	voulu
nous	avons	voulu
vous	avez	voulu
elles	ont	voulu
ils	ont	voulu

IMPARFAIT

je	voulais
tu	voulais
elle	voulait
il	voulait
nous	voulions
vous	vouliez
elles	voulaient
ils	voulaient

PLUS-QUE-PARFAIT

j'	avais	voulu
tu	avais	voulu
elle	avait	voulu
il	avait	voulu
nous	avions	voulu
vous	aviez	voulu
elles	avaient	voulu
ils	avaient	voulu

PASSÉ SIMPLE

je	voulus
tu	voulus
elle	voulut
il	voulut
nous	voulûmes
vous	voulûtes
elles	voulurent
ils	voulurent

PASSÉ ANTÉRIEUR

j'	eus	voulu
tu	eus	voulu
elle	eut	voulu
il	eut	voulu
nous	eûmes	voulu
vous	eûtes	voulu
elles	eurent	voulu
ils	eurent	voulu

FUTUR SIMPLE

je	voudrai
tu	voudras
elle	voudra
il	voudra
nous	voudrons
vous	voudrez
elles	voudront
ils	voudront

FUTUR ANTÉRIEUR

j'	aurai	voulu
tu	auras	voulu
elle	aura	voulu
il	aura	voulu
nous	aurons	voulu
vous	aurez	voulu
elles	auront	voulu
ils	auront	voulu

CONDITIONNEL PRÉSENT

je	voudrais
tu	voudrais
elle	voudrait
il	voudrait
nous	voudrions
vous	voudriez
elles	voudraient
ils	voudraient

CONDITIONNEL PASSÉ

j'	aurais	voulu
tu	aurais	voulu
elle	aurait	voulu
il	aurait	voulu
nous	aurions	voulu
vous	auriez	voulu
elles	auraient	voulu
ils	auraient	voulu

SUBJONCTIF

PRÉSENT

que	je	veuille
que	tu	veuilles
qu'	elle	veuille
qu'	il	veuille
que	nous	voulions
que	vous	vouliez
qu'	elles	veuillent
qu'	ils	veuillent

PASSÉ

que	j'	aie	voulu
que	tu	aies	voulu
qu'	elle	ait	voulu
qu'	il	ait	voulu
que	nous	ayons	voulu
que	vous	ayez	voulu
qu'	elles	aient	voulu
qu'	ils	aient	voulu

IMPARFAIT

que	je	voulusse
que	tu	voulusses
qu'	elle	voulût
qu'	il	voulût
que	nous	voulussions
que	vous	voulussiez
qu'	elles	voulussent
qu'	ils	voulussent

PLUS-QUE-PARFAIT

que	j'	eusse	voulu
que	tu	eusses	voulu
qu'	elle	eût	voulu
qu'	il	eût	voulu
que	nous	eussions	voulu
que	vous	eussiez	voulu
qu'	elles	eussent	voulu
qu'	ils	eussent	voulu

IMPÉRATIF

PRÉSENT

veuille	veux
veuillons	voulons
veuillez	voulez

PASSÉ

aie	voulu
ayons	voulu
ayez	voulu

INFINITIF

PRÉSENT

vouloir

PASSÉ

avoir voulu

PARTICIPE

PRÉSENT

voulant

PASSÉ

voulu, ue
ayant voulu

DICTIONNAIRE DES VERBES

Le dictionnaire des verbes répertorie dans l'ordre alphabétique
la majorité des verbes de la langue française et renvoie aux 76 modèles
complets de conjugaison (p. 194 à 269). Le numéro de la page du modèle
de conjugaison figure à la droite de chaque verbe.

LA NOUVELLE GRAMMAIRE EN TABLEAUX
INDEX DES MOTS CLÉS

A